21 世纪普通高等教育规划教材·国际经济与贸易系列

世界经济概论

（第三版）

刘继森　周少芳　主编

上海财经大学出版社

图书在版编目(CIP)数据

世界经济概论/刘继森,周少芳主编. —3版. —上海:上海财经大学出版社,2018.9
(21世纪普通高等教育规划教材·国际经济与贸易系列)
ISBN 978-7-5642-3085-2/F·3085

Ⅰ.①世… Ⅱ.①刘… ②周… Ⅲ.①世界经济-高等学校-教材
Ⅳ.①F112

中国版本图书馆CIP数据核字(2018)第177199号

□责任编辑 陈 佶
□封面设计 晨 宇

世 界 经 济 概 论
(第三版)
刘继森 周少芳 主编

上海财经大学出版社出版发行
(上海市中山北一路369号 邮编200083)
网 址:http://www.sufep.com
电子邮箱:webmaster @ sufep.com
全国新华书店经销
上海华教印务有限公司印刷装订
2018年9月第3版 2018年9月第1次印刷

787mm×1092mm 1/16 19.75印张 506千字
印数:9 001—13 000 定价:43.00元

21世纪普通高等教育规划教材

21 SHI JI PU TONG GAO DENG JIAO YU GUI HUA JIAO CAI

编委会

BIAN WEI HUI

第三版前言

党的十九大报告为中国发展勾勒了"两个一百年"奋斗目标的宏伟蓝图,中国特色社会主义进入了新时代,这是我国发展新的历史方位,我们已经站在新的历史起点上,要不忘初心、砥砺前行。

新时代的世界经济出现了一股反全球化浪潮。欧美等西方国家"退、缩、反、逆"情绪蔓延,如美国退出TPP、退出联合国教科文组织、退出《巴黎气候协定》,英国进行脱欧公投,"黑天鹅""灰犀牛"等现象频发。而中国引领了新时代的全球化,将自己的发展与世界发展融合在一起:落实共建"一带一路"倡议,发起创办亚洲基础设施投资银行,设立丝路基金,举办首届"一带一路"国际合作高峰论坛、亚太经合组织领导人非正式会议、二十国集团领导人杭州峰会、金砖国家领导人厦门会晤、亚信峰会;倡导构建人类命运共同体,促进全球治理体系变革。

自2007年金融危机以来,全球的跨境资本流动缩水了65%。在一个去全球化的时代中,老牌资本主义国家不再像以前那样热衷于到世界各地进行投资,而纷纷提出"本国优先"的口号,内向性、排斥性增强。据统计,发达国家对外投资的规模由1.8万亿美元下降至近1万亿美元。而中国对外直接投资的规模却与日俱增,未来5年,中国将继续坚持以投资带动贸易,加大区域价值链投资,中方对"一带一路"沿线国家和地区的投资预计将达到1 500亿美元。

"开放带来进步,封闭必然落后。"中国开放的大门不会关闭,只会越开越大。要以"一带一路"建设为重点,坚持引进来和走出去并重,遵循共商共建共享原则,加强创新能力开放合作,形成陆海内外联动、东西双向互济的开放格局。"一带一路"是中国全面对外开放的升级版。

"一带一路"就中国自身而言,要解决中国经济由高速增长阶段转向高质量发展阶段的相关问题,通过"一带一路"等务实路径转变发展方式,优化经济结构,转换增长动力,建设现代化经济体系,推进中国经济平稳、健康、可持续发展。就全球经济而言,要通过"一带一路"等新合作动能解决和平赤字、发展赤字、治理赤字,让世界经济走上正轨、走出危机的阴霾,实现一个创新、开放、联动、包容的世界经济。

未来,"一带一路"将务实推动中国成为综合国力和国际话语权领先的国家,助力"两个一百年"奋斗目标的实现,中华民族将以更加昂扬的姿态、更加负责任的态度、更综合全面的能力屹立于世界民族之林。

这是《世界经济概论》第三次修订，我们根据时代的新发展、世界经济的新趋势和新特征，对相关表述进行了调整，对全书的数据尽最大努力修改为最新，对相关图表和案例进行了替换。但由于我们的水平有限，教材中难免还存在错漏，读者在使用过程中如发现错漏，可通过邮箱反馈给我们，以便下次修订更改。

E-mail：200511343@oamil. gdufs. edu. cn

编　者
2018年5月

目 录

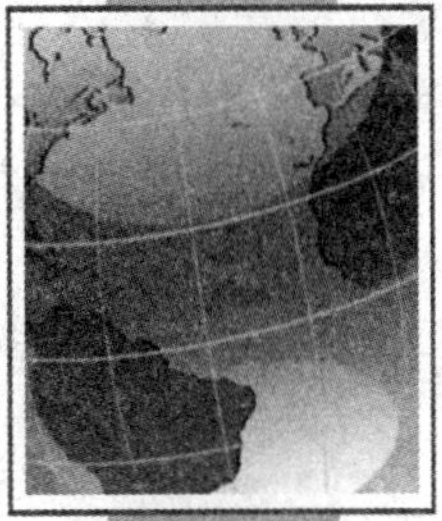

第一章 导 论

本章要点

本章主要以第一次科技革命和第二次科技革命为主线，介绍了世界经济萌芽、形成的过程；分析了新时代世界经济在发展过程中可能出现的一些新变化和新趋势；指出了学习世界经济应该把握的原则和主要的学习方法。

本章需要重点掌握的内容是科技革命与世界经济的关系。

本章的难点内容是世界经济范畴的历史性。

案例引导

是什么在主导大国的兴衰？

中国正走在中华民族伟大复兴的道路上，中国从站起来、富起来到强起来的历程将创造人类发展史上的奇迹，这一过程深刻影响着世界格局。中国在近代以来160多年的追赶，使我们更需要去探索自己的强国之路，我们的发展要吸收和借鉴全人类的文明成果。那么，中国在现代化进程中应该以怎样的胸怀和态度来看待曾经在近现代历史上引领世界潮流的国家？中国的和平发展可以从中吸取怎样的经验和教训呢？

12集大型电视纪录片《大国崛起》记录了葡萄牙、西班牙、荷兰、英国、法国、德国、俄罗斯、日本、美国9个世界级大国相继崛起的过程，并总结了大国崛起的规律，解读了15世纪以来世界性大国崛起的历史，探究其兴盛背后的原因。

是什么在主导大国的兴衰呢？如果你能静下心来认真观看这一部大型电视纪录片，相信你一定能从中找到答案。同时，再推荐你去看一本有关这一问题的畅销书——保罗·肯尼迪(Paul Kennedy)的《大国的兴衰》，这本书总结了公元1500年以来大国兴衰的历史，并对今后世界政治的格局作了预言。当中国准备在21世纪和平崛起之际，这本书显然是很值得国人一读的。有人读完这本长达500多页的书后得出的结论是：经济基础决定国家的兴亡。还有人认为世界上大国兴衰的变化力量来自于长期战争的结果，但这种战争的力量又基于经济的实力，取决于国家生产性经济资源的有效利用率的高低以及经济上的兴衰情况。这两种观点虽然视角不同，但最终的落脚点都是经济因素。

除了经济因素以外，是否还有文化因素、科学技术因素、制度因素？可能每一个人在解读大国兴衰原因的时候很难得出完全一样的结论。那么请你也加入这一解读的行列中来吧！

我们期待你给出不同的答案。

第一节 科技驱动世界经济形成与发展

科学技术革命作为社会生产力发展中质变的标志，综合地体现了科学、技术、生产之间相互联系和相互促进的辩证关系，展现了科学技术和社会生产力不断融合的过程，推动了世界经济萌芽及其逐步形成。

一、第一次科技革命与世界经济的萌芽

（一）国际分工和世界市场的萌芽

国际分工（international division of labor）是世界经济发展过程中的一个基本概念，很多其他概念，如世界市场（world market）和世界经济（world economy）等都是在它的基础上衍生出来的。

国际分工是指世界上各国（地区）之间的劳动分工，是各国生产者通过世界市场形成的劳动联系，是国际贸易和各国（地区）经济联系的基础。它是社会生产力发展到一定阶段的产物，是社会分工从一国国内向国际延伸的结果，是生产社会化向国际化发展的趋势。

社会分工产生于原始社会末期，但由于当时的生产力水平低，还没有从社会分工发展到国际分工。直到资本主义生产方式确立以后，国际分工才发展起来。

从一国内部地区之间的分工来看，各地区根据自己的比较优势进行社会分工，所生产的产品不都是用来满足自己需要的。因此，形成了诸多用于交换劳动产品的商品市场。例如，在我国江浙一带，根据不同的地域形成了不同的产业集群，有的乡镇专门生产领带，有的乡镇专门生产拉链，有的乡镇专门生产袜子，有的乡镇专门生产低压电器，等等。这些商品并非都是供江浙商人自己使用，而是通过专业化的市场（如浙江义乌的小商品批发市场）远销到全国乃至世界各地。

当社会分工超越国界在国际之间进行分工时，便出现了世界市场的萌芽。世界市场就是用于国际之间交换产品的场所，它是随着生产力水平的提高而逐渐出现的范畴。在资本主义生产方式确立之前，由于生产力水平还停留在自给自足的自然经济时代，这时的生产能力除了满足本国的需要以外，几乎没有什么剩余，因此，专门为世界市场提供商品的国际分工也就没有出现。

资本主义生产方式确立以后，极大地改变了生产方式，尤其是工场制的出现，使得劳动生产率成倍提升，促使过剩产品超越国界进入到了世界市场，尽管这时的世界市场的覆盖面十分有限，还仅仅停留在商品市场的阶段；尽管这时的世界市场的触角延伸的广度十分有限，还只是刚刚跨越国界，所能到达的范围受制于当时的航海技术等技术条件。

在这一阶段必须提及的核心事件是“地理大发现”，它对国际分工和世界市场的形成具有里程碑式的意义。“地理大发现”是 15～18 世纪欧洲航海者开辟新航路和“发现”新大陆的通称，它是地理学发展史中的重大事件。

在西欧，葡萄牙首先发起了大规模的航海探险活动。15 世纪早期，航海家恩里克王子创办地理研究机构，为取得黄金、象牙和奴隶，组织了多次对非洲西岸的探险活动。1473 年，葡萄牙船只驶过赤道，后到达刚果河口；1487 年，迪亚斯的探险队到达非洲南端，发现了好望角，并进入印度洋；1497 年，以达伽马为首的船队沿迪亚斯航线继续向前，经非洲东岸的莫桑比克、肯尼亚，于 1498 年到达印度西南部的卡利卡特，开辟了从大西洋绕非洲南端到印度的航

线，从而打破了阿拉伯人控制印度洋航路的局面。葡萄牙通过新航路，垄断了欧洲对东亚、南亚的贸易，成为海上强国。

在葡萄牙人探寻新航路的同时，西班牙统治者也极力从事海外扩张。“哥伦布发现美洲”这一事件就是这种扩张的最重要收获。哥伦布的西航计划得到西班牙国王的支持。1492 年，他携带着西班牙国王致中国皇帝的国书，率领船队从帕洛斯港出发，经加那利群岛后向西航行，先后到达巴哈马群岛、古巴和海地。但是，哥伦布误以为巴哈马群岛是印度的辖地，把当地土著居民称为印第安人，并误认为古巴是中国的一个省。1493～1496 年、1498～1500 年和 1502～1504 年，哥伦布又进行了第二、第三和第四次航行，先后发现了多米尼加、波多黎各、牙买加、特立尼达等地以及由洪都拉斯到巴拿马的海岸。第三次航行中在帕里亚湾首次登上美洲大陆。哥伦布至死也没意识到，他发现的这些地方并非中国和印度，而是新大陆。

为了到达亚洲，欧洲人努力寻找新航路。基于这种愿望，葡萄牙航海家麦哲伦在西班牙国王查理一世的支持下，开始了新的航海探险活动。麦哲伦曾经参加葡萄牙远征队，到过非洲、印度、苏门答腊、爪哇和马六甲海峡等地。

发现新大陆后，欧洲至印度、印度尼西亚、中国和美洲的最有利的通商航路都被西班牙和葡萄牙所占据。荷兰、英国等为发展海上贸易，开始在高纬度地区寻找通往印度和中国的新航路，并探险世界其他地区。

“地理大发现”的原动力来自于对新的殖民地和财富的渴望以及对未知世界的向往，但是如果没有航海技术的支撑，这些渴望和向往也只能是“望洋兴叹”了。

对于航海家而言，他们能够在海上活动，更多的是依靠来自于各地的科技：由天文学发展的方向辨识、指南针；从单桅三角帆船发展而来的大三角帆技术——这项技术将三角帆从横帆的替代物转化为推进船只的重要附加物；本国发达的造船业才是在海上最可信赖的依靠。而在欧洲出现这些科技之前，没有人会打算到世界“边缘”去冒险，“地圆说”的出现打消了航海家从地球边缘摔向地狱的担忧。另外，从 12 世纪开始，欧洲人便开始制造用于航海的大型船只。1200～1500 年间，欧洲普通船舶的吨位普遍增加了 1～2 倍。在短短的几个世纪之内，他们学会了使用或改造了罗盘、六分仪、海图、三角帆、三桅帆船等工具或技术，使得欧洲人拥有了在各种复杂条件下进行远航的能力。

综上所述，在资本主义发展的初期，虽然出现了大分工，但当时的生产力发展水平尚不足以推动一国国内的社会分工演进到国际分工。15 世纪末，“地理大发现”和工场手工业的出现，使得世界市场初步形成，出现了国际分工的萌芽，主要是宗主国与殖民地之间的分工。

（二）国际分工和世界市场的形成

科技革命的兴起和机器大工业促进了生产力的迅速增长，推动了国际分工和世界市场的形成。这一阶段的核心事件是第一次科技革命（the first scientific and technological revolution）。

18 世纪 60 年代资产阶级统治在英国确立；海外贸易、奴隶贸易和殖民掠夺积累了大量资本；圈地运动的进一步推行形成了大批雇佣劳动力；工场手工业的发展积累了一定的生产技术；18 世纪中叶，英国成为世界上最大的资本主义殖民国家，国外市场急剧扩大。所有这一切都为第一次科技革命创造了必要的条件。

第一次科技革命以牛顿建立的经典力学为背景，以纺织机械的变革为起点，以蒸汽机的发明和广泛使用为标志，从而实现了工业生产从手工工具到机械化的转变。

在纺织业的推动下，冶金、采矿等工业部门也很快采用以蒸汽机做动力的机器进行生产。

蒸汽机的强大动力为机器大生产奠定了基础，推动了工业革命的深入发展，加快了资本主义国家工业化的步伐，将人类带进了“蒸汽时代”。蒸汽机的应用，推动了交通运输工具的发明和改进，出现了火车和汽船。

我们通常以劳动工具来划分经济时代，用机械替代手工工具是一个质的飞跃。以纺织行业为例，一方面，蒸汽动力使得纺织机械对棉花和羊毛等原材料的加工能力大大增强，英国本土的原材料已经不能满足其机械化生产的需要；另一方面，强大的生产能力使得英国生产的纺织品在满足自身需要以外有极大的剩余。因此，英国在全球拓展殖民地，其实质是为其国内的纺织产业寻找更多稳定的原材料来源，为其过剩的产品寻找更宽广的世界市场。正是在这个意义上，英国作为宗主国与殖民地之间的垂直型国际分工形成了，为第一次科技革命提供原材料和吸收过剩产品的世界市场形成了。

正是由于国际分工、世界市场由萌芽到形成才导致联结世界各国经济活动、经济关系的世界经济开始萌芽。

所谓世界经济，是世界各国经济主体、经济活动及其经济关系的总称。

二、第二次科技革命与世界经济的形成

19 世纪 70 年代，资本主义在世界范围内扩张，资本积累和对殖民地的肆意掠夺积累了大量资金，自然科学取得突破性进展，世界市场的出现和资本主义世界体系的形成进一步扩大了对商品的需求，所有这一切为第二次科技革命（the second scientific and technological revolution）创造了必要的条件。

美国是第二次科技革命的主导国。为什么这次科技革命没有首先发生在英国？众所周知，英国正是得益于率先完成了以机器制造机器为成功标志的产业革命。工业革命使英国变成了“世界工厂”，并取得了世界工业霸主的地位，英国资产阶级及其代表因而更具备了“到处落户，到处创业，到处建立关系”的有利条件。1914 年其拥有殖民地面积达 3 500 万平方公里，这是其最有利的投资场所；1911 年，英国的国外投资收入为 19 400 万英镑，而该年英国国内的工业收入仅为 5 000 万英镑。

而美国则不同，尽管在 19 世纪 60 年代最终走上资本主义道路，但此时世界上的不发达国家和地区已被欧洲列强基本上瓜分完毕。没有太多殖民地的美国为了保证高额利润的实现，转而在很大程度上注重于本国生产水平的提高、技术的进步和机器的改良。虽然法国、德国等欧洲列强也对第二次科技革命作出了贡献，但却忙于欧洲战事，加之英国“海外投资饥渴症”的存在，使其难以成为这次科技革命的主导国。

正是得益于第二次科技革命主导国的地位，美国从此崛起为世界性大国，而英国失去第二次科技革命主导国地位也决定了其“日不落帝国”的衰落。

第二次科技革命具有以下一些显著特点：

第一，理论上群体性突破。

第二次科技革命以热力学、电磁学、化学和生物学为代表，其规模远远超过了前一次科技革命。因为第一次科技革命仅仅是以牛顿的经典力学作为理论上的突破口，它是单一的，而第二次科技革命是以多个理论群体性突破为特征的。这也决定了第二次科技革命对世界经济的影响远远超过第一次科技革命。

第二，技术上群体性应用。

第二次科技革命以电力技术为先导，以化工技术、钢铁技术、内燃机技术及其他技术的全

面发展为基础，创造了巨大的生产力，给整个社会经济带来了广泛而深远的影响。在电力技术的应用方面，西门子发明了发电机，格拉姆发明了电动机；在内燃机技术的应用方面，卡尔·本茨发明了内燃机驱动的汽车，莱特兄弟发明了飞机；在通信技术应用方面，贝尔发明了电话，马可尼发明了电报。上述技术的群体性应用不仅为当时技术的发明者带来了巨额财富，在21世纪与新的技术结合后仍然能焕发出新的生命力。

第三，产业上群体性诞生。

技术孵化出产业，技术上群体性应用造就了产业的群体性诞生。作为一国国民经济支柱的重化工业、交通运输业、通信产业等在第二次科技革命时代就已经奠定了其自身的基础。从时间上来讲，这些产业也许很古老了，被有些人称为“夕阳产业”。但同样是通信产业，现代意义上的通信产业已经实现了革命性飞跃，因为通过新技术的应用，古老的产业重新焕发出生机和活力。因此，只有“夕阳”的技术，没有“夕阳”的产业。

第二次科技革命拓展了国际分工的广度和深度，使各国间的经济联系走出商品输出的狭小空间，向资本输出扩展，并由此将世界上各种经济发展水平的国家和地区都纳入国际分工体系中，并最终形成了无所不包的世界市场，促使世界经济最终形成。

第二节 新时代世界经济的新特征及发展趋势

从2017年起，就世界经济发展趋势来看，全球经济依然延续着“三低、三失衡、三分化”的发展特征，但也不断表现出一些新的发展特征和趋势，着重表现为旧动能、旧观念的弱化以及新力量、新规则的诞生。而中国经济依然是调控世界经济增长的主导力量，我国在复杂多变的国际形势下，坚持贯彻落实“十三五”规划和“一带一路”经济发展战略，并积极把握国际经济新动态，着力推动经济的变革和发展，推动我国经济实现可持续发展的战略目标，促进世界经济向着蓬勃态势不断发展。

一、新时代世界经济的新特征

从2010年开始，我国针对国际经济的发展形势，已经连续7年向国际经济交流中心递交了《世界经济形势分析报告》，报告中指出，从2014年起世界经济开始进入低速增长的发展模式。2015年的分析报告指出，中国经济和世界经济已经同时进入低速增 长的新常态。这说明世界经济的巨轮在“浅水域”中游荡。而就当今世界经济发展形势来看，世界经济这艘巨轮依然没有驶入“深海”，但已经激起了“浪花”，即世界经济正处于新旧规则交替的动荡期。世界各国的经济思维已产生“三新”式的变化，即新旧观念的碰撞、新旧动力转换以及新旧力量对比。而在这个调整期，又出现了“三低、三失衡、三分化”的发展特征。“三低”指的是经济呈“低速率、低利率、低通胀”式增长；“三失衡”即指“收入与支出失衡、贫富两端失衡、宏观经济调控机制失衡”；而“三分化”是指经济增长的速度、调控政策以及国际贸易格局三个方面的分化。从2017年起，全球经济持续体现上述特点，但在新旧经济观念的转换过程中，也不断涌现出一些新的发展特征和趋势，给国际经济发展带来了惊喜和挑战。

从短期看，世界经济增长的旧动力逐渐弱化，经济的复苏受到各种各样因素的阻碍，但从影响世界经济发展的宏观变量来看，当前世界经济发展仍然具有新的特征。

(一)全球化4.0时代的世界经济新秩序和新格局的诞生

目前，随着中国的不断崛起，世界经济体系已经进入了在新兴经济体推动下的全球化4.0

时代。在这第四次革命浪潮当中，国际投资、收支以及全球所面临的经济需求都发生了翻天覆地的变化。从硬件来看，货币、全球贸易投资以及技术正在进行重新组合，产业在全球贸易机制作用下进行转型和整合；再从软件来看，经济政策协调、国际经济治理新体系以及国际经济新秩序的形成，都为全球化 4.0 时代的经济复苏注入了新鲜的血液。其中最为突出的是国际经济新秩序的重塑，其帮助各个国家在刚刚建立起来的全球经济新格局中找到自身的位置，并实现经济体制中新旧动能的转换、调整和变革。

(二)主要国家创新战略驱动全球经济回暖复苏

创新驱动战略可以为全球经济复苏拓展出新的空间。从过往的历史中，我们可以总结出一条经验，任何一次局势的变革都离不开技术的创新。在金融危机发生后，很多发达国家都开始在技术创新方面寻求新的突破口，由此诞生了许多新兴技术，如互联网技术、人工智能技术、3D 打印、AI 技术、生物医药技术等。由互联网引发的产业链融合为世界经济的复苏带来了新的希望，并不断推动科技革命，势必为世界经济的崛起开辟新的征程。比如，美国的 3D 打印技术是世界科技的前沿，为了提高产业经济效益，美国将 3D 打印技术作为提高产业竞争力的战略级技术；德国政府也在利用科技革命推动“工业 4.0”的战略计划，主要通过提升产业的智能化水平，如网络信息技术、计算机技术以及自动化技术，打开生产模式的新格局，积极推进智能生产线、智能物流等重要战略内容；同时，中国也在进行“中国制造 2025”等战略项目，通过创新驱动战略使国内乃至国际经济焕发出新的生机。

(三)新兴经济体对全球经济增长的贡献率创新高

作为新兴经济体和发展中国家，我国与亚洲其他国家依然是世界经济增长的主要驱动力。2015 年国内经济报告指出，我国经济增速为 6.9%，而在国际货币基金组织发布的《世界经济展望》中，2017 年为 6.6%，2018 年为 6.2%。这些数据表明我国经济增长势头依然强劲。除此之外，亚洲和非洲地区仍在不断涌现出一批又一批的新兴经济体，包括孟加拉国、埃塞俄比亚、缅甸、菲律宾、越南等国，经济发展迅速，同时也带动着国际经济向着繁荣方向积极发展，对全球经济增长的贡献率高达 44%，并且将继续为全球经济的复苏添砖加瓦。另外，随着我国“一带一路”倡议的实施，中国已经与沿线 60 余个国家展开项目合作，中国经济总量有望在 2030 年实现质的飞跃，从而创造出更多的投资机遇。届时，中国将成为引领世界经济增长的主要力量，在国际经济贸易中产生更大的影响力。

二、世界经济发展的新挑战和新趋势

始于 2008 年并且目前仍在延续的世界经济危机，深刻地影响了世界经济的结构与走向，一系列新的重大挑战摆到了世人面前，多个领域新的发展趋势和发展格局开始显现。深刻把握这些新挑战和新趋势，不仅关系到中国如何更好地应对危机，顺应世界经济发展趋势实现战略转型，而且关系到中国如何更好地参与到全球事务中去。

(一)五大挑战

从长期看，当前这场危机将会是世界经济发展史上的一个重要节点。这不仅是因为在 21 世纪初的 20 年间世界经济发展中出现了一些重大变化，正是这场危机使发展中积累起来的矛盾集中地暴露出来，还因为这场危机对世界经济领域中的很多基础问题已经带来重大影响。在当今的世界经济中，至少有以下五个重大挑战需要高度关注。

1. 世界经济格局将发生怎样的变化

危机发生以来，以“金砖国家”为代表的新兴经济体保持了高速增长，而以美国为代表的发达国家增长放缓乃至出现负增长。增长重心的转移进一步改变了两大板块在世界经济中的比重,影响了这两类国家在世界经济中的地位与作用。新兴经济体正在成为世界经济增长的主要动力。增长格局的变化直接导致了贸易格局的变化,新兴市场在全球贸易流向上的地位日益凸显,在流量比重上不断提高,国际贸易的主导正由发达国家逐步转向新兴经济体。以前,新兴经济体是国际直接投资的主要吸收国,而近年来已经开始转变为投资的来源国,全球跨国并购的格局开始发生变化。就全球产业分布格局而言,新兴经济体在接受传统产业转移后实现了工业化,制造业发展的主体地位已经形成,发达国家面临着再工业化的新课题却又一时难有作为。危机严重冲击了发达国家的金融业,建立在衍生产品过度膨胀基础上的金融业严重受损,金融创新与扩张能力严重削弱,加强金融监管、控制金融风险成为发达国家的政策主题,而新兴经济体的基础金融开始发展,金融力量开始提升。

2. 世界经济的不平衡性如何校正

这场危机的直接原因是美国次级债违约及金融泡沫破裂。但实际上,危机的爆发具有宏观基础,那就是世界经济的不平衡,其中最重要的是发展不平衡和贸易不平衡。在全球化进程中,中国、印度等新兴经济体的崛起改变了世界原有的产业布局,打破了长期以来形成的国际分工格局。由于这一发展趋势是在产业的国际转移和重新布局下形成的,新兴经济体承担了传统制造业的生产分工。如果发达国家在产业向外转移后不能及时发展起一批新兴产业和服务业,那么就必然带来国家之间贸易上的不平衡。新兴经济体的发展是世界历史的进步,贸易的这种不平衡本身是全球化发展特点的结果。然而,这也会使原来国际贸易的平衡机制、体制乃至观念都受到冲击。美国与新兴经济体之间整体上存在着贸易不平衡,这种不平衡虽然与美国老龄化、低储蓄率的经济特征以及新兴经济体“人口红利”、高储蓄率的经济特征相关,但更重要的还在于全球化的产业转移。发展与贸易的不平衡又导致了虚拟经济与实体经济发展的不平衡。新兴经济体发展起来后的大量货币财富回流到美国,其中包括新兴经济体的外汇储备和美国资本在对外投资中的盈利。但是,美国没有把这些集聚的资金投资到新产业的开发上,而是过度发展金融衍生产品,形成金融泡沫。

3. 世界如何通过产业创新实现经济增长

房地产泡沫出现的原因,是 20 世纪 90 年代信息技术革命带来一轮高增长后缺乏新的增长点和动力源,前一轮增长的主导产业已经形成,而后一轮增长的主导产业尚未形成,特别表现在发达国家中。因此,世界真正走出危机有赖于新一轮的产业突破,特别是在高新技术产业中出现主导性产业,因为传统产业已经供给过度。目前各国采用的扩张性财政货币政策只能缓解短期需求不足问题,却不能形成长期增长的条件。从整体科技开发能力和经济创新机制上看,最有条件实现这种产业突破的仍然是美国,但美国整体国力的下降以及更偏向于拯救一些大型金融机构的政策,却又不得不使人们对此产生怀疑。

4. 国际货币体系改革应走向何方

现有的国际货币体系有着积极稳定的作用,但也存在重要缺陷。其根本问题就是一个主权国家的货币承担了世界货币的职能,而这就使该国的经济和货币问题成为世界性问题。这次金融危机再次显现了这一体系的根本缺陷,因此对该体系进行改革变得更为迫切。从危机的成因和传导过程来看,美元本位制助长了美国金融危机向各国传递;从危机的影响来看,美元危机构成了对国际货币体系的威胁;从应对危机的政策来看,美国的量化宽松政策下的美元泛滥诱发了世界性通货膨胀,形成了对其他国家货币升值的压力,从而引发货币战;从美元作为国际储备货币来看,美元贬值预期削弱了美元的国际地位,从而动摇国际货币体系的稳定性。各种可兑换货币在国际货币体系中的地位与作用，是与相关国家的经济实力及其国际地位相对应的，发达国家之间的力量变化曾经导致了欧元、日元等货币国际地位的上升。今天，新兴经济体的崛起也提出了同样的问题。能否建立超主权储备货币、多元货币下的国际货币体系如何运行等，都是需要回答的问题。

5. 国际社会如何在全球治理中进行合作

金融危机迅速向世界各国蔓延的事实表明，当代世界经济中各国已经高度相互依存。经济全球化大大增强了世界经济的整体性，并因此迫切需要高水平的全球治理以及加强各国之间的合作。但是，现行的全球治理制度基本上是在第二次世界大战以后形成的，是发达国家从发达市场经济的特点、原则和价值取向出发建立的。一大批国家走上发展道路，特别是新兴经济体的崛起改变了世界的经济结构，现行治理结构显现出其滞后性。商议国际重大事务的重要机制，从原来西方7国首脑会议演变为危机期间形成的20国集团会议，表明了当今全球治理必须包括更多国家共商国际事务的要求。危机发生以后出现的贸易保护主义盛行、一国企图用国内立法对他国汇率施压等现象，说明世界迫切需要更加公正合理的规则与制度来对国际经济秩序加以约束。

(二)五大趋势折射世界经济新格局

当前，世界经济也在一些重要方面显现出长期的发展趋势，其中至少有以下五大趋势值得高度关注。

1. 美国国际经济地位相对下降

虽然不能简单地说美国会从此走向衰弱，但也必须承认今天正在发生的变化会产生长期历史性影响。美国地位的下降来自于其经济规模的相对缩小；金融产业受损影响了美国的整体国力与美元的主导地位。危机也使美国的经济制度和发展模式受到挑战：政府干预市场与美国历来信奉的自由市场经济相背离；金融家进行冒险的投资活动而由社会和政府承担责任使道德风险问题严峻，并使人们对社会的公平性产生怀疑。"占领华尔街"游行及其在全美的扩散表明，美国社会不仅对政府应对危机的政策表示不满，而且对其制度中偏爱金融业和只占人口中极小部分的金融业人士表示质疑。这场运动在未来的结果不是削弱美国的金融实力，就是激化美国国内制度中存在的矛盾，这两者都将影响美国在世界经济中的地位。

2. 贸易保护主义继续蔓延

危机发生以来，维护本国的经济增长成为各国的首要任务。这使得一些国家在国内借助宏观刺激政策的同时对外又重新走上了贸易保护的老路，并使正在继续深化的经济全球化进程出现了不和谐之音。英国脱欧，美国退出 TPP、在与墨西哥的边界修墙、重新谈判 NAFTA 等，世界出现一股逆全球化风潮。"匹兹堡峰会"后，各国采取的贸易保护主义措施已近650种，几乎所有类型的国家都受到影响。值得注意的是，无论已经受影响的还是将要受影响的，中国都是这几年来受保护主义措施影响在数量上居第一位的国家，而危机的延续还将继续加剧各国保护主义势力的抬头。因此，中国应当重视并学会应对他国的贸易保护主义行为，在更大范围内合理维护好中国在对外经济领域中的利益。

3. 世界产业竞争更趋平行化

近年来，新兴经济体的高速发展已经导致了人类经济发展生产消耗与大自然资源供给之间的不平衡；新兴经济体普遍崛起导致对原材料和能源的需求大增，促使价格上涨。国际社会关于减排和低碳化的共识是历史的进步，并提出了全球产业结构调整与升级的历史性任务。世界各国也普遍提出了新战略，例如，美国提出了"以创新战略推动可持续增长的高质量就业"

战略,要使“低碳经济成为带动增长的新引擎”;欧盟提出了“聪慧的可持续与包容性增长”战略,要“以低碳经济调结构、促增长”;日本提出了“优势产业与新领域增长”战略,要“从低碳经济走向低碳社会”。新兴经济体各国产业结构调整的基本动向则是加大科技投入力度,在新兴产业领域寻求战略突破;积极开展国际经济技术合作,谋求更加合理的产业结构,期待长期均衡的经济增长。中国需要顺应这一发展趋势,也要面对这一发展的新挑战。必须看到,对中国而言,依靠国际产业转移实现发展的历史机遇已经过去,各国之间竞争性的、站在同一起跑线上的、平行发展的低碳经济与产业创新时代正在开始,中国不能继续依靠产业向内转移与低价格竞争而实现发展。在新能源开发与低碳经济的发展上,发达国家已经将大量传统产业转移出来并处于更有利的地位,而中国与其他新兴经济体则要警惕因大量发展传统产业而处于需要完成大规模转型的相对被动地位。

4. 国际直接投资更加青睐新兴经济体

危机冲击了发达国家及其跨国公司,改变了世界经济版图,广泛影响着跨国公司的全球布局、产业转移和投资方向,这将导致全球产业布局的又一次大调整。无论是从国际直接投资的区位结构来看还是从产业结构来看,变化的趋势都已经显现。从区位结构来看,新兴经济体的崛起提升了引资能力,使美、欧、日等发达国家和地区作为东道国的引资优势相对下降。新兴经济体正日益成为跨国公司全球战略中的重要环节。在引资问题上,中国与其他新兴经济体之间存在着一定的竞争关系。从产业结构来看,传统制造业的对外投资深受危机影响,资源类等基础产业的投资有较大增长,商用服务、信息技术服务等行业已经成为危机后的投资热点,跨国公司服务外包需求也将不断扩大。这既关系到中国对外投资的重点选择,也关系到引进外资的产业结构。

5. 全球性通货膨胀继续恶化

全球性通胀已经成为危机延续中世界经济所面临的一个重大而值得高度关注的新问题。这一局面的出现,是在世界经济发展结构与危机时期全球普遍采取扩张政策的双重原因下形成的:一方面,全球性价格上涨与世界经济当前的发展阶段有一定联系,一大批新兴经济体的高速发展迅速提高了对自然资源的需求,成为世界范围内原材料和能源价格上升的主要原因,进而推动了相关产业成本的上升;另一方面,美国的量化宽松政策给世界许多国家和地区制造了通货膨胀的压力。当前,世界尚未走出危机,担心世界经济再次探底或“二次衰退”的氛围依然浓重,各国的扩张性政策还会持续。

在世界经济面临重大挑战的发展趋势中,一个最显著的趋势是中国在世界经济中的地位将进一步提升,而未来这种提升如何影响世界,已成为世界经济令人关注的焦点之一。历史证明,近 20 年来中国所实现的国际地位的持续提升,其根本原因是中国综合经济规模和实力的提升,这导致了中国对世界经济拉动力的提升,以及在广泛国际事务中作用和影响力的提升。更重要的是,中国选择的是一条和平发展道路,推进的是与各国共商共建共享的包容性增长。随着国际地位的提升,中国也将在国际事务中承担更多的大国责任。

第三节 学习世界经济的基本方法与基本原则

由于与世界经济这门学科相关联的理论仍处在变化之中,因此,世界经济不同于其他成熟的经济学,如微观经济学,它必须更加贴近现实,更加关注世界经济领域的最新动态,力求用世界经济的基本原理解决世界经济中的现实问题。另外,作为中国的大学生,学习世界经济时必须把握学习这门课的基本原则。

一、学习世界经济的基本方法

(一)案例解析法

理论学习的目的重在提高运用理论成果解决现实问题的能力,而案例解析法正是将理论与现实连接起来的桥梁。细心的读者可能已经发现,本教材不仅在每一章的开篇有一个案例引导,而且在每一章的结尾还安排有案例剖析。案例引导是将这一章所要涉及的核心思想以案例的形式引起学生的思考,让他们带着思考中可能存在的疑问继续理论学习。案例剖析则着重用规范分析的方法给出具有逻辑性的结论。这种“双案例夹理论”的写作方法是本教材的一大特色,相信对于提高学生理论联系实际的能力会起到一定的锻炼作用。我们之所以有这样的信心,是由案例解析法本身的特点决定的:

(1)明确的目的性。通过一个或几个独特而又具有代表性的典型事件,让学生在案例的阅读、思考、分析、讨论中,建立起一套适合自己的完整而又严密的逻辑思维方法和思考问题的方式,以提高学生分析问题、解决问题的能力,进而提高学习素养。

(2)客观真实性。案例所描述的事件基本上都是真实的,案例的真实性决定了案例解析法的真实性,学生可以根据自己所学的知识得出自己的结论。

(3)较强的综合性。原因有二:一是案例较之一般的举例内涵丰富;二是案例的分析、解决过程也较为复杂。学生不仅需要具备基本的理论知识,而且应具有审时度势、权衡应变、果断决策的能力。案例解析法的实施,需要学生综合运用各种知识和灵活的技巧来处理。

(4)深刻的启发性。案例解析法不存在绝对正确的答案,目的在于启发学生独立自主地去思考、探索,注重培养学生独立思考能力,启发学生建立一套分析、解决问题的思维方式。

(5)突出实践性。学生在校园内就能接触并学习到大量的世界经济实际问题,实现从理论到实践的转化。

(6)学生主体性。学生在教师的指导下,参与案例讨论,可以深入案例、解析案例。

(7)过程动态性。在教学过程中存在着老师与学生的交流,教师个体与学生群体、学生个体与学生个体、学生群体与学生群体的交流,也就是师生互动、生生互动。

(8)结果多元化。由于没有标准答案,因此案例解析法不可能得出千篇一律的结论,不同思想的碰撞和交锋,可能闪烁出智慧的火花,经过充分的辩论,对于某一问题的思考会令人记忆深刻,真正将理论变成一种能力。

(二)角色模拟法

角色模拟法是一种将角色扮演和情景学习融为一体的、能够将学习和兴趣结合起来的仿真模拟演习学习法,具有仿真性、参与性、互动性等特点,可充分激发学生学习的热情和积极性,增强学生的角色情感和责任感,提高学生交流与合作、随机应变等能力。

例如,在学习国际金融秩序的建立与改革的相关内容时,可以设计不同的场景,让学生扮演不同的角色。不同的学生扮演不同国家的央行行长、财政部长,在参加布雷顿森林会议时每个角色如何站在各自国家的立场上发表各自的观点,这就很能锻炼学生独立思考的能力。又如,要建立超主权国家的货币体系,就要对现有的世界金融体系进行必要的改革,同样可以设置 G20 峰会的场景,让不同的学生扮演“金砖五国”的央行行长、美国和欧洲主要国家的央行行长,在峰会上进行激烈的交锋。

二、学习世界经济的基本原则

（一）中国国家利益至高无上

世界经济运行不仅会涉及国与国之间尤其是大国之间的经济关系，还会涉及国际贸易、国际投资和国际金融等经济活动，在处理国家之间的经济关系和经济活动时，都必须站在中国的立场上使得中国的国家利益最大化。例如，中国参与国际贸易，其目的是什么呢？只是为了追求贸易顺差和好看的GDP数据吗？要回答这一问题，就必须回到经济活动的本质上来，作为国际上的交换活动，国际贸易的根本目的是通过国家之间互通有无，使双方国民的福利都得到改善。但改革开放以来，跨国公司将产业转移到具有廉价劳动力资源的中国，进行大规模的加工贸易，按GDP统计的“国土原则”，只要是在中国生产的，哪怕利润的绝大部分由跨国公司所拥有，也都统计在中国的GDP中，形成GDP高速增长而国民财富没有同步增长的巨大反差。不仅如此，目前还造成世界各国对中国产品进行全方位的“围堵”。如果要从根本上扭转这一局面，一方面要培育中国高素质的劳动力，使得中国国民在财富的分配中按要素能够得到更多；另一方面，要转变贸易的增长方式，在完整的产业链中更多地占领高端环节，提升贸易对象的附加值。

又如国际投资。如果说在改革开放初期资金短缺的情况下以引进外资的数量作为工作业绩的衡量标准有其合理性的话，那么，经过40年的发展，可以肯定地说中国不再是一个资金短缺的国家：2017年末全部金融机构本外币各项存款余额169.3万亿元，比年初增加13.7万亿元，其中人民币各项存款余额164.1万亿元，增加13.5万亿元，另有31 428.2亿美元的巨额外汇储备（截至2018年3月底数据）。因此，再继续以引进外资的数量和项目的数量作为考核地方政府官员业绩的标准已经不合时宜了；继续给予跨国公司以税收优惠等超国民待遇已经不合时宜了；不顾资源约束和环境压力继续引进高能耗、高污染的项目已经不合时宜了。因为上述做法已经严重损害了中国国民福利的改善和经济发展的进程，与中国国家利益最大化是背道而驰的。

（二）开放与兼收并蓄

学习世界经济学必须具备一个开放的心态，吸收世界其他国家的文明成果，这对中华民族的伟大复兴至关重要。实践也证明并将继续证明：凡是对外开放的国家，凡是与世界其他国家充分进行政治、经济、文化等交往的国家，其综合实力的提升就越快，人民生活水平的改善就越明显；凡是闭关锁国的国家，经济发展就比较迟缓，综合国力就比较弱。用开放的态度学习世界经济，就能够更好地掌握中国经济与世界经济相互关联的机理，更好地掌握世界其他国家的经济风险影响中国经济的传导机制，更好地化解国际交往中的矛盾和摩擦，实现互利和共赢。

案例剖析

从大国兴衰的历史中你能找到中华文明复兴的关键点吗？

世界历史上，大国兴衰沉浮屡见不鲜。回顾世界历史上这种“你方唱罢我登场”的大国兴衰历程，探讨大国兴衰的规律和影响大国兴衰的因素，对于我们今天建设社会主义和谐社会、复兴中华民族、实现国家的和平崛起，有着重要的现实意义和深远的历史意义。

从世界各个强国的兴衰史中可以总结出以下几个基本观点：

1. 国力增长的速度影响并决定大国地位的变化

最好例证是:16世纪以后世界贸易集中地由地中海地区逐渐移向大西洋和西北欧地区,西班牙、荷兰等强国走向衰落,代之而起的是法国、英国、德国等;1890年后的几十年中,世界工业品集中产地又由西欧慢慢移向世界其他地区,美国、日本顺势崛起。这两个例子说明,经济力量的转移预示着新的大国的崛起。

2. 技术突破和组织形式变革的力度是取得大国优势的要件

英国在17世纪中叶完成了资产阶级革命,在人类历史上率先过渡到资本主义这一社会制度上来。封建制度被推翻加速了统一民族市场的形成,为资本主义发展扫清了道路;资本主义制度的建立又为英国产业革命提供了重要的政治前提,推动了英国生产力的迅速发展,为英国建立世界工商业霸权和殖民帝国奠定了坚实的基础。

3. 经济实力与军事实力之间是否适度是决定大国兴衰的原因

显然战争是解决问题(包括掠夺财富)最便捷的手段,战争也是决定大国兴衰的关键。但在本质上,战争并不能创造财富;相反,它却是吞噬财富、毁灭经济的机器。因此,经济实力和军事实力之间存在着一种辩证关系。如果一个国家把它的很大一部分资源不用于创造财富,而用于军事目的,那么,从长远来看,这很可能将导致该国国力的削弱。换句话说,如果一个国家在战略上过分扩张(如侵占大片领土和进行代价高昂的战争),它就要冒一种风险:对外扩张得到的潜在好处很可能被它付出的巨大代价所抵消。如果这个国家正处于相对经济衰退时期,这种困境将可能变得更加严重。

16世纪以来西欧发达国家如西班牙、荷兰、法国、英国以及20世纪苏联等一流强国的兴衰史表明:经济实力必须与军事实力保持适度平衡。不顾经济发展水平、透支国力、过度扩张军事实力,是导致大国迅速衰落的主要原因。

4. 合理改革和体制创新是决定大国兴衰的关键

一个国家的崛起是否构成对他国的威胁,是否表现为具有挑战性和扩张性,与其自身的制度和结构密切相关。民族国家的建立是国家发展的前提,而民族国家又要为适应不同历史阶段的要求而进行制度变革和创新。

对照19世纪中英两国的悬殊地位不难发现:决定大国胜败兴衰的关键因素无疑是实力,而隐藏在“坚船利炮”等实力背后的则是先进的社会制度这一决定因素。可以说,制度上的革命和政策上的革新是英国迅速崛起的有力保证。相反,制度上的保守落后和政策上的因循守旧则是大清帝国衰落的致命因素。

5. 大规模战争的频繁发生是造成大国兴衰转换的直接因素

大国、强国、富国的兴衰起落的一个直接原因就是战争。一次大规模的战争可能导致一些古老的大国、富国衰落,并由此崛起一批新的大国。持续的大规模战争尤其是超出国力的战争往往也会导致大国走向衰落。第一次世界大战中惨不忍睹、血淋淋的大规模战争产生了深远的影响:奥匈帝国从地球上消失,俄国发生了革命,德国战败,法国、意大利和英国也为争取胜利而付出了惨重的代价。而日本和美国却在此次战争中崛起,前者进一步加强了在太平洋地区的大国地位,后者则成为世界无可争辩的头等强国。

历史经验表明:地区性守成则国强,世界性扩张则国亡。历史上没有一个大国的国力能经得住向世界扩张的透支。

6. 民族文化底蕴是决定大国兴衰的深层原因

崛起中的大国对在崛起中各个阶段的发展目标,应该有一个准确的定位,定位的标准应该是政治、经济、军事、文化、社会等多方面的综合平衡,不能超越国力而提出不切实际的战略目标。在全球化和国际竞争日益激烈的时代,一个国家能否崛起、在国际社会立于不败之地,不仅取决于经济、军事等某一个方面的力量,更在于它所具有的综合国力,也就是一个主权国家赖以生存和发展所拥有的全部实力及国际影响力。

中国的强国之路,要更加充分和自觉地依靠自身的体制创新,把制度建设作为挖掘发展潜力、解决发展矛盾这一基本国策的基本点。从崛起到强盛的道路依然艰辛且漫长,但中国选择顺应和平与发展的世界潮流,必将得道多助!

思考与练习

一、关键概念

国际分工、世界市场、世界经济、第一次科技革命、第二次科技革命

二、思考题

1. 世界经济的萌芽、形成到发展这一全过程中的主线是什么?
2. 第一次科技革命和第二次科技革命有什么不同?
3. 新时代世界经济可能出现哪些新的特征和新的趋势?

三、讨论题

我们应该如何学习世界经济?

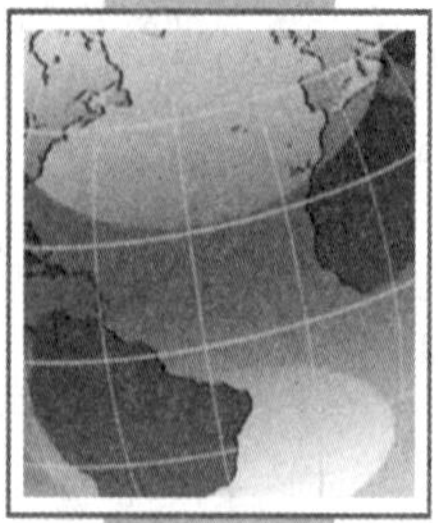

第二章 第三次科技革命与世界经济的进一步发展

本章要点

第三次科技革命所出现的新技术具有群体性。本章主要介绍了信息技术、新能源技术、新材料技术、生物技术、空间技术、海洋技术。同时，本章还分析了新技术革命对世界经济的影响，并预测了未来科技革命可能的发展方向。

本章的重点是新技术革命对世界经济可能产生的影响。

本章的难点是对世界经济可持续发展的理解。

案例引导

未来我们将生活在怎样的空间里？

美国麻省理工学院教授及媒体实验室的创办人尼葛洛庞帝所著的畅销书《数字化生存》描绘了数字科技为我们的生活、工作、教育和娱乐带来的各种冲击和其中值得深思的问题，是跨入数字化新世界的最佳指南。信息技术革命将把受制于键盘和显示器的计算机解放出来，使之成为我们能够与之交谈、一起旅行、能够抚摸甚至能够穿戴的对象。这些发展将改变我们的学习方式、工作方式、娱乐方式——我们的生活方式。

我们现在的生存空间不再是单纯的物理空间，在很多方面已经被数字化了，其实我们生活在一个数字化的空间里面。把你的钱包拿出来看看，里面装得最多的可能不是钱，而是各式各样的卡。第二代居民身份证里面的芯片集成了有关你个人丰富的信息；各类银行卡和信用卡的磁条也可以通过读卡器轻松反映你的财富状况；交通卡方便你在一个城市乘坐不同的交通工具，如地铁、公共汽车、轮渡等；你看的电视是数字信号的，机顶盒的使用实现了人机对话，让你不再被动地接收电视信号，而可以主动地选择自己喜欢的电视节目；手机的功能越来越强大，听音乐、上网与朋友聊天、照相、GPS 导航、看电视，俨然一个移动的数码平台；U 盘的容量越来越大，价格越来越便宜……

请你好好想一想，在这份数字化生存空间的清单上还能加上哪些项目呢？

第三次科技革命(the third scientific and technological revolution)又称当代科技革命，是以物理学变革为先导，以现代天文学、分子生物学、系统科学等软科学的产生为重要内容，以自然科学、社会科学和思维科学相互渗透形成交叉科学为特征的一次新的科学革命。

第一节　新技术革命阶段的主流技术

第三次科技革命的发展过程经历了两个阶段。从20世纪70年代开始的第二阶段通常被称为新技术革命(the new technological revolution)阶段，在这一阶段以微电子技术为核心的新兴技术群引起当代技术领域的巨大变革。新技术主要包括信息技术、新能源技术、新材料技术、生物技术、空间技术和海洋技术。

一、信息技术

信息技术(information technology，IT)是主要用于管理和处理信息所采用的各种技术的总称。它主要是应用计算机科学和通信技术来设计、开发、安装和实施信息系统及应用软件。它也常被称为信息和通信技术(information and communications technology，ICT)，主要包括传感技术、计算机技术和通信技术。

对于信息技术，人们从不同的角度会有不同的描述：

信息技术是指有关信息的收集、识别、提取、变换、存储、处理、检索、检测、分析和利用等技术。

信息技术是指利用电子计算机和现代通信手段获取、传递、存储、处理、显示和分配信息的技术。

我国有些专家学者认为，信息技术是指研究信息如何产生、获取、传输、变换、识别和应用的科学技术。

……

信息技术的研究包括工程、管理等学科在信息的管理、传递和处理中的应用以及相关的软件和设备及其相互作用。

信息技术的应用包括计算机硬件和软件、网络和通信技术、应用软件开发工具等。人们普遍使用计算机来生产、处理、交换和传播各种形式的信息(如书籍、商业文件、报刊、唱片、电影、电视节目、语音、图形、影像等)。

在企业、学校和其他组织中，信息技术体系结构是一个为达成战略目标而采用和发展信息技术的综合结构。它包括管理和技术两个成分。其管理成分包括使命、职能、信息需求、系统配置以及信息流程；技术成分包括用于实现管理体系结构的信息技术标准、规则等。由于计算机是信息管理的中心，计算机部门通常被称为"信息技术部门"。有些公司称其为"信息服务"(information services，IS)或"管理信息服务"(management information services，MIS)部门。另一些企业选择外包信息技术工作，以获得更好的效益。

具体来讲，信息技术主要包括以下几方面：

(一)传感技术

它包括信息识别、信息提取、信息检测等技术。这类技术的总称是"传感技术"。它几乎可以扩展人类所有感觉器官的传感功能。传感技术、测量技术与通信技术相结合而产生的遥感技术，使人感知信息的能力得到进一步的加强。信息识别包括文字识别、语音识别和图形识别等。通常采用一种名为"模式识别"的方法。

(二)信息传递技术

它的主要功能是实现信息快速、可靠、安全的转移。各种通信技术都属于这个范畴。广播技术也是一种传递信息的技术。由于存储、记录可以看成是从“现在”向“未来”或从“过去”向“现在”传递信息的一种活动，因而也可将它看作是信息传递技术的一种。

（三）信息处理与再生技术

信息处理包括对信息的编码、压缩、加密等。在对信息进行处理的基础上，还可形成一些新的、更深层次的决策信息，这称为信息的“再生”。信息的处理与再生都有赖于现代电子计算机的功能。

（四）信息施用技术

它是信息过程的最后环节，包括控制技术、显示技术等。

二、新能源技术

所谓新能源技术（new energy technology），是指开发运用太阳能、风能、生物质能、地热能、海洋能、氢能等能源以替代石油、煤炭等化石能源的技术的统称。

（一）发展新能源技术的原因

2017 年中国原油进口量为 4.2 亿吨，国际能源署（IEA）2018 年 4 月在北京发布的《石油市场报告 2018》中预计，尽管中国石油需求增速将有所放缓，但到 2023 年中国原油净进口量仍有望增至 1 000 万桶/日（约合 5 亿吨/年），届时美国和印度年原油净进口量均为中国的一半左右。中国对石油战略储备规模的规划设计，一方面从中国的经济发展状况出发，同时也考虑到对世界能源市场的影响，避免造成国际油价的剧烈波动。美国能源部下属的美国能源信息局（EIA）公布的数据显示，2013 年 9 月中国原油净进口量超过美国，成为全球最大的原油净进口国。目前，美国、日本等国家都建立了 90 天使用量的石油战略储备规模。中国也要建设自己的石油战略储备基地，整体项目分三期建设。一期项目已在 2008 年完工，石油总储备量为 1.02 亿桶；二期项目已在 2012 年完工，石油总储备量为 1.69 亿桶；三期项目计划在 2020 年完工，届时中国的石油战略储备可达 8 500 万吨，达到 90 天原油进口量。

（二）发展新能源技术的方式

1. 政策扶持

2012 年 12 月，国务院召开常务会议研究光伏产业发展问题，提出推进分布式光伏发电，根据资源条件制定光伏电站分区域上网标杆电价，对分布式光伏发电实行按照电量补贴等一系列政策。随后，财政部宣布中央财政拨付 70 亿元资金，支持启动光伏发电应用示范项目。

最大的政策利好是科技部、财政部、国家发改委能源局联合启动的“金太阳示范工程”，综合采取财政补助、科技支持和市场拉动方式，加快国内光伏发电的产业化和规模化发展。其中光伏发电工程总投资的财政补助最高达到 70%，总共将支持不低于 500 兆瓦的光伏发电示范项目。对于光伏发电关键技术产业化和基础能力建设项目，“金太阳示范工程”还将以贴息和补助等方式给予支持。

我国光伏市场迟迟不能启动的原因主要是成本太高，以致影响大规模推广。企业期盼从三个方面获得支持：一是 20 元/W 的补贴；二是“金太阳示范工程”出台实施细则；三是确定光伏项目并网标杆价。而“金太阳示范工程”以项目建设成本 50%和 70%的力度实施补贴，将有助于降低成本，实现“平价光伏”。

目前，光伏项目并网标杆价尚未出台。不过，根据国内光伏发电技术的成本为每千瓦时 1.1～1.5 元的行情，获得 50%的补贴后其上网成本可降低到 0.55～0.75 元，获得 70%的补贴后其上网成本可降低到 0.33～0.45 元，至少后者是有价格竞争力的。目前，水电、火电的发电成本每千瓦时只有0.35～0.45元。

在上网价格方面，风能发电已经确定。国家发改委已发布了通知，规定自2009年8月1日起，按风能资源状况和工程建设条件，将全国分为四类风能资源区。四类资源区风电标杆电价水平分别为每千瓦时0.51元、0.54元、0.58元和0.61元。

风电上网价格明朗，有助于促进投资建设。据中国可再生能源学会风能专委会秘书长秦海岩介绍，招标刚开始时，中标价格最低只有0.3元，而经过了多个大型风场的建设，开发商和地方政府都掌握了基本的成本水平，而此时制定的上网价格能与近期的投标价格相符，比较合理。

为解决并网难题，2012年10月26日，国家电网公司发布《关于做好分布式发电并网服务工作的意见(暂行)》，提出自2012年11月1日起，国内分布式光伏发电项目将可享受全程免费的并网服务，并可以自发自用、余量上网。

2. 防止一哄而上

据《2017～2022年中国新能源材料行业专项调研及投资价值预测报告》，我国已成为全球新能源装机最大的国家，2016年上半年，全国风电累计并网容量达1.37亿千瓦，同比增长30%；2016年11月，我国累计并网光伏电站超过7 400万千瓦，同比增长40%。专家表示，预计到2020年，我国新能源发电装机将达到2.9亿千瓦，占到总装机的17%，未来的发展空间十分巨大。

目前最直接的问题是要防止过热。国家发改委能源研究所专家表示，在中国，对新能源的热情很高，市场需求也很大，但是应该避免利益驱动下的盲目发展和一哄而上。

国家发改委能源研究所副所长李俊峰指出，目前一些地方政府和企业盲目上马新能源项目或者重复建设产业链，致使某些产业刚刚起步就已出现发展失衡或盲目跟风的现象。

3. 科技创新

尽管政策利好有助于刺激新能源产业，但业内人士认为，从根本上看，产业的发展最终还要依靠技术的推动。

虽然我国新能源产业规模已经很大，但关键技术和设备依然靠进口，财政政策主要是发挥引导和推动作用，新兴产业的发展最终要靠技术突破，提高产业自身的竞争力。而对于国内光伏产业来说，目前面临的最大"瓶颈"就是技术无法真正突破而导致成本过高，如果不从根本上解决这一问题，即使国家的财政支持再多，产业也不会真正实现可持续发展。

虽然光伏发电工程总投资的财政补助最高达到70%，但毕竟范围有限，总共将支持不低于500兆瓦的光伏发电示范项目。2016年底，我国新能源发电装机约2.15亿千瓦，500兆瓦在其中的份额不足1%。可见能否打开市场，最终还是要靠降低自身的成本。

国家在新能源配套电网建设上有了进步，国家电网已制定了风电和太阳能并网技术标准，今后也将加强新能源项目前期指导工作，确保新能源发电及时上网。另外，国家电网正在规划建设适应新能源特点的智能电网。

三、新材料技术

新材料技术(new material technology)是通过物理研究、材料设计、材料加工、试验评价等一系列过程，创造出能满足各种需要的新型材料的技术。

新材料是指那些新近发展或正在发展的、具有优异性能的材料。材料是工业的基础，是技术进步的关键，现代新兴技术的兴起是以新材料为基础的，有的甚至以新材料的出现为先导。

没有新材料，便没有电子计算机技术、当前迅速发展的光通信技术以及太空技术。因此，有些专家指出，现代化工业的骨头是材料，血液是能源。日本则把能源、材料和信息誉为现代文明的三大支柱。

材料种类繁多，据测算目前世界上已有材料40多万种，而且每年在以5%的速度增长。综合世界各国新材料技术的发展情况，新材料大致可分为信息材料、能源材料、高分子有机合成材料、复合材料和新型金属材料。

信息材料的特点是要求高（超纯、超净、高精度）、专用性强、涉及面广、技术更新快。它可分为4种：①半导体材料。硅是最关键的半导体材料，全世界年产量近3 000吨，近年由于制作大规模集成电路的需要，逐步向大直径、高纯度等方向发展。按目前的发展趋势，从直径来看，大约每四年增大1英寸；从纯度来看，高纯硅的杂质浓度为0.1ppb（即每100亿个原子中才有1个杂质原子），在实验室中能达到的纯度已接近理论极限纯度。②信息记录材料。信息记录材料是计算机外围设备的关键，是软件和信息库的基础。没有信息记录材料大容量、高密度及高速度的存取，也就没有现在的信息库。③敏感材料。它是指物理性质对电、光、声、力、热、磁以及气体有敏感的材料。它是传感器的核心，敏感材料的灵敏度决定着控制的精度。如材料的电阻随温度而变，便可制成温敏元件。④光导纤维。主要有石英型、多组分玻璃型光纤和塑料光纤。光导纤维主要用于通信，还广泛用于传感、测量、数据处理、医疗和照明等方面。

能源新材料是发展新能源及节约能源的关键。这类材料种类较多，当前引起世界各国重视的有：①非晶硅薄膜。这种薄膜的光吸收系数比单晶硅高一个数量级，用作电池材料只有1微米厚，原材料消耗仅为单晶硅的1/200，成本低。②高温结构陶瓷。这类材料具有高强度、抗氧化、耐腐蚀等优点。当前世界发达国家正在大量应用结构陶瓷，使工业设备性能发生改变。例如，如果美国热能设备广泛采用结构陶瓷，其热效率可提高15%～30%，由此每年可节省能源费用近千亿美元。结构陶瓷将是陶瓷、复合材料以及特种合金等材料中发展最快的一种新材料。③超导材料是有广阔发展前途的新材料。如果用这类材料制造电机，可增大极限输出量20倍，质量减小90%左右，造价减少一半，还可实现电力的无损耗远距离传输。

复合材料是将两种或多种不同的人工材料以一定的形式组合起来，使它们取长补短，综合发挥优异特性的人工合成材料。它是今后新型材料发展的重点之一。这种材料由基体材料和增强材料两部分组成。当前正在发展的有：①纤维增强塑料，其中用量最大的是玻璃纤维增强塑料；②碳纤维增强塑料；③芳纶。例如，碳化硅纤维复合材料，其耐高温性和化学稳定性都超过碳纤维复合材料，美国已将碳化硅纤维增强陶瓷用于导弹制造方面。可以认为复合材料是“21世纪材料”。

高分子有机合成材料具有原料丰富、耗能低、便于加工等特点。现在最有发展前途的有：①高强度工程塑料。通过合金化、结晶化和其他各种增强方式，塑料的强度就能与钢相近，但密度却只有钢的1/6。②功能高分子材料。如高效分离膜可用于化工中多种分离工序；化学反应膜把催化剂、微生物和促进反应的其他物质固定在膜里，可以简化反应工序、节约能源，有利于连续生产。具有导电功能的高分子材料称为导电高分子材料，可分为复合型和结构型。复合型是由绝缘性高分子材料和各种导电材料通过填充复合和表面复合等方式制成。目前，特种复合技术的研究已成为这类材料发展的主要方向之一。结构型是指高分子结构本身或经过掺杂之后具有导电功能的高分子材料。根据导电率大小又可分为高分子半导体、高分子金属和高分子超导体。导电高分子材料不像金属那样具有自由电子，而是通过共轭π电子的活化来进行的。近年来，离子导电高分子发展较快，但由于存在导电稳定性差和脆性等缺点，尚未进入商品化阶段。目前有数以千种的有机合成胶粘剂正在各种领域被广泛应用，如现代飞机用粘接代替铆钉铆接以减轻质量。

新型金属材料是随着新工艺和新技术的发展而问世的。它包括非晶态金属、新型合金及金属氢等。非晶态金属是原子以杂乱无章的非晶态排列的金属。这种金属既不失金属的固有特征，又有许多比晶态金属更可贵的特性。例如，非晶态金属是高韧性材料；它有优异的化学稳定性；具有良好的软磁特性。新型合金主要是指记忆合金、防震合金、超导合金等。记忆合金在外力作用下会产生变形，当把外力去掉，在一定温度下能恢复原来的形状。这种合金不仅具有很强的恢复功能，还具有耐磨、耐蚀、无磁性、无毒性等优点，用途十分广泛。除此之外，还有超导合金、硬质合金、贮氢合金和金属氢等。

新材料按组成成分分，有金属材料、无机非金属材料、有机高分子材料、先进复合材料四大类。按材料性能分，有结构材料和功能材料。结构材料主要是利用材料的力学和理化性能，以满足高强度、高刚度、高硬度、耐高温、耐磨、耐蚀等性能要求；功能材料主要是利用材料具有的电、磁、声、光、热等效应，以实现某种功能，如半导体材料、磁性材料、光敏材料、热敏材料、隐形材料等。

新材料在国防建设上作用重大。例如，超纯硅、砷化镓的研制成功，导致大规模和超大规模集成电路的诞生，使计算机运算速度从每秒几十万次提高到现在的每秒百亿次以上；航空发动机材料的工作温度每提高 100℃，推力可增大 24%；隐形材料能吸收电磁波或降低武器装备的红外辐射，使敌方探测系统难以发现我方武器设备。

新材料技术与我们的生活息息相关，新材料正在改变着我们的生活，新材料的发明创造，让我们的生产更有效率，让我们的技术有了飞跃的提升。

在现代化的家居方面，我们可以看到明快的颜色，这是涂料的作用，通过先进的新材料加工技术，我们将粉末涂料的颗粒控制在某一个范围，这样的涂料不仅附着力强，而且不容易沉淀，还有就是色彩和光泽更加均匀。NBA 篮球明星的球衣应用了纳米技术抗菌，使得球衣的透气性和吸汗性能更好。当然，对于一个球员来说，没有比球鞋更重要的了，球鞋同样因为新材料技术的应用，为球星们带来了更多的好处。

四、生物技术

按照《生物多样性公约》的阐述，“利用生物系统、活生物体或者其衍生物为特定用途而生产或改变产品或过程的任何技术应用”都是生物技术(biotechnology)。

20 世纪 80 年代生物技术开始从实验室走向市场；1982 年美国 FDA 批准胰岛素和生长激素投放市场，这是作为生物技术产业化发展第一次浪潮的标志；20 世纪 90 年代生物技术迅速发展到农业的各个领域，这是生物技术产业化发展的第二次浪潮；21 世纪以来，随着人类基因组工程的提前完成，生物技术产业化的进程产生了质的飞跃，生物技术产业化几乎遍及人类经济生活的各个领域，标志着生物经济时代的来临，这是全球生物技术产业化发展的第三次浪潮。

生物技术作为 21 世纪高新技术的核心，对人类解决所面临的食物、资源、健康、环境等重大问题将发挥越来越大的作用。大力发展生物技术及其产业已成为世界各国经济发展的战略重点。近十多年是世界生物技术迅速发展时期，无论在基础研究方面还是在应用开发方面，都取得了令人瞩目的成就，生物技术的研究成果越来越广泛地应用于农业、医药、轻工食品、海洋开发及环境保护等多个领域。生物技术将是 21 世纪的主导技术之一，甚至可能引发一次新的工业革命，对人类社会的生产、生活等各方面必将产生全面而深刻的影响。

(一)生物技术在农业方面的应用进展

最近几年来，国际农业生物技术发展之快、对农业产业结构的改善和产量增加的作用之大，已引起世界各国政府和科学家们的高度重视。农业生物技术领域中研究最活跃的是应用转基因技术，将目的基因导入动植物体内，对家畜、家禽及农作物进行品种改良，从而获得高产、优质、抗病虫害的转基因动植物新品种，达到充分提高资源利用效率、降低生产成本的目的。经过长期不断的努力，农业生物技术已取得重大突破，表现在以下几个方面：

1. 提高了农产品的产量和品质

根据人类的需要，可以把特定基因导入植物体，达到改良品质和增加产量的目的。如美国每年消费月桂酸油达 3.5 亿美元。为了满足市场需求，美国生物技术研究人员把月桂树基因导入油菜，生产出含月桂酸油达 40%的油菜籽，大大降低了成本并增加了产量。康乃馨花期较短，为了延长花期，澳大利亚的生物技术专家在康乃馨植株中引入一种基因，使花期延长了 1 倍，提高了观赏性。转基因番茄只有 5%的发病率，基本上不减产，而对照组番茄发病率为 99%，减产 30%。应用植物细胞工程技术培养的无融合杂交稻，具有丰产性好、米质优、抗性强、适应性广等优点，克服了杂交稻需要年年制种和杂交品种只能利用一次的缺点，为水稻育种开辟了新途径。

2. 抗病虫农作物育种

农作物病虫害是造成农业产量下降的主要因素之一。常规的喷施农药，不但增加成本，而且对环境和产品产生污染。利用转基因育种技术可以把抗病、抗虫基因导入植物，避免或减少病虫害。目前应用最广的抗虫基因是将苏芸金杆菌的结晶蛋白基因导入植物。该基因已被转入棉花、玉米、烟草、番茄、马铃薯、水稻等多种作物，并取得了良好的效果。荷兰一家植物生物技术公司应用转基因技术培育出一种抗真菌草莓新品种，减少了草莓病害，并延长了草莓保鲜期，经济效益明显增加。

3. 转基因动物育种

动物基因工程研究不如植物基因工程研究开展得那样普遍，主要集中在改善家畜、家禽方面，现已取得了一些显著的成就，已先后培育出转基因的兔、羊、猪、牛、鸡等。美国伊利诺伊大学研究出一种带牛基因的猪，这种转基因猪生长快、个体大、饲料利用率高、瘦肉多，可为养猪业带来丰厚的经济效益。转人体基因猪的获得，有望能解决人体移植动物器官的异体排斥问题。转基因动物育种技术的进步，不仅可提高畜牧业的生产效率，还可拓展家畜的新用途，为发展高效益畜牧业提供技术力量。

(二)海洋生物技术

海洋生物学与生物技术相结合，产生了海洋生物技术这一新的领域。海洋生物技术作为加速开发利用海洋生物资源、改良海洋生物品种、提高海产养殖业产量和质量、获取有特殊药用和保健价值的生物活性物质的新途径，越来越受到人们的重视，许多国家已将海洋生物技术作为 21 世纪发展战略的重要组成部分。目前，在海洋生物技术方面的主要研究工作，一是应用基因工程和细胞工程技术，培养鱼、虾、贝、藻类优良品种，大幅度提高海洋水产养殖的产量与质量；二是从海洋生物中提取生理活性物质。现已在上述两方面取得了大批重要科技成果，部分成果已经产业化。

我国在世界上首次研究成功海带单倍体育种技术、紫菜体细胞育苗技术、对虾三倍体与四倍体育苗技术、对虾精英移植技术等。在海水鱼、贝类的三倍体育苗技术和鱼类性别控制技术等研究方面也取得了重大进展。在代谢产物的研究与开发方面，利用海藻生产褐藻胶、琼胶、卡拉胶在世界上占有重要的地位。利用甲壳素和甲壳胺制成人工皮肤、创伤愈合海绵、生产化妆品用的类透明质酸等新产品。已从软体动物和腔肠动物中初步提取出抗血凝、降血压、防治心血管病、抗病毒病和抗癌的生物活性物质。

(三)轻工、食品生物技术

轻工、食品行业是生物技术应用的重要领域之一，主要体现在以下三个方面：一是利用生物技术进行农副原料加工直接制成商品，如发酵制品、酿造等产品；二是以生物技术产品为基础，进行二次开发形成的新产业，如低聚糖加酶洗涤剂、高果糖浆等；三是以生物技术为手段对传统工艺进行改造，从而降低消耗、提高产品质量。食品生物技术产业的产值占食品工业产值的15%以上。现代生物技术与轻工、食品制造技术相结合，开发新一代的生物技术产品，为轻工、食品产业结构与产品结构调整提供成熟技术。轻工、食品生物技术重点开发的领域有以下几个：

1. 高产菌株和耐特殊环境微生物的遗传育种。对产量上已占优势的产品，提高生产菌的发酵能力；分离筛选生物合成新资源、新材料的微生物；采用DNA重组技术构建适应特殊环境的新菌种。

2. 新型食品添加剂的开发和应用。人们要求食品更加天然、低脂低热、低胆固醇、不用或少用化学合成的添加剂，因此，用生物法代替化学合成法开发新型保鲜剂、香料、防腐剂、天然色素以及具有免疫调节、延缓衰老、抗辐射、保健肠胃的功能性食品添加剂，具有广阔的发展前景。

3. 新酶种的开发应用。自淀粉水解酶的品种配套和应用开拓取得显著成效以来，洗涤用酶制剂在国际上已成为一门新的产业。三大酶种(淀粉酶、糖化酶、蛋白酶)的活力实现翻番。加酶化妆品有皮肤柔软剂、脸部光洁剂、长发剂等，品种繁多，应用效果也很显著。

(四)医药生物技术的应用研究新进展

医药生物技术是生物技术研究开发的热点，近十多年来，一些发达国家投放大量的人、财、物力研究和开发医药领域的生物技术，已取得新的进展，其中基因治疗技术和新型生物药剂方面的开发应用最为广泛。

1. 基因治疗研究取得突破

基因治疗是将基因直接导入人体，通过控制目的基因的表达、抑制替代或补偿缺陷基因，从而恢复受体细胞、组织或器官的生理功能，达到治疗疾病的一种方法。目前，基因治疗已从实验室研究阶段进入临床试验与应用阶段，发达国家的基因治疗技术可谓日新月异，有可能革新整个医学预防和治疗领域。原本用于治疗单基因缺陷遗传的基因治疗技术，现已快速扩展到治疗癌症、艾滋病、心血管病等严重疾病，长期困扰人类的某些不治之症有望得到治愈。1996年医学生物技术已在肥胖病基因治疗、血液替代品开发等方面取得重大进展。我国的血友病的基因治疗已进入临床试验，并取得了明显的治疗效果。针对肝癌等恶性肿瘤的基因治疗，已开展多方面的实验研究，为通过药审从而进入临床试验奠定了技术基础。

2. 生物技术药物的开发

采用DNA重组技术或其他生物技术研制的蛋白质或核酸类药物称为生物技术药物。自20世纪80年代以来，仅日、美两国开发的生物技术新药物就达200余种，大多是重组蛋白质药物和重组DNA药物。美国已有50多种生物药物、疫苗和各种生物制剂投放市场，另有400多种各类生物制剂正在临床试验。目前，世界范围内应用最多的生物技术药物有免疫干扰素、治疗贫血病的EPO以及溶血栓药。

我国已在生物技术药物研究开发方面取得了令人瞩目的成就,已研制成功的有基因工程乙肝疫苗;正在研制的病毒性疫苗有新型乙肝疫苗和流行性出血热疫苗等7种;已研制或正在研制的有基因工程干扰素、白细胞介素、心钠素等近20种多肽药物;在应用酶工程技术上,研制出了一批相应的诊断酶、试剂盒、酶电极以及诊断测试仪器。

(五)生物技术在其他领域的应用与研究

随着世界生物技术的迅速发展,生物技术除广泛应用于农业、海洋、食品、医药等领域外,在其他诸如环境保护、石油化工等领域也开展了大量的研究工作。

环境问题越来越受到各国政府和全人类的关注,生物技术在环境的治理上可发挥其不可替代的作用。美国已将环境生物技术作为21世纪生物技术六个主要研究领域之一。生物技术在环保方面,主要开展了有关工业污染物的微生物降解和治理研究。今后将重点开展以下几项研究:用工程微生物处理原煤脱硫的工艺、高效转基因微生物农药、生物来源的可降解的透明膜材料。

生物技术在石油工业方面的研究,主要有应用微生物提高油田开采率和石油脱蜡等方面的研究。将生物技术应用于矿冶工业,开展了生物湿法冶金(即细菌浸矿)研究。在化工领域,研究用酶工程技术生产丙烯酰胺等化工产品,以生物方法的常温、常压生产工艺替代高温、高压的化学法,这些研究成果应用于生产后取得了良好的社会效益和经济效益。

(六)生物技术发展的展望

生物技术及产业发展的前景是美好的。首先,在国际上,发展生物技术的步伐一直没有停止过,这是由生物技术多方面的应用价值所决定的。这种应用价值不是一般性的,不会很快就被别的技术所替代,它是一项带有革命性的、战略作用的高技术。其次,发展生物技术及产业得到各国政府、科技界和产业界的普遍重视。生物技术及产业是发达国家科技发展计划重点支持的领域之一。生物技术与产业对经济和社会发展所作的贡献将会不断增加。可以这么说,20世纪的生物技术主要还是科研阶段的工作,产业建设尚在初创阶段;21世纪的生物技术将进入广泛的大规模产业化阶段,将对人类社会作出更大贡献。

五、空间技术

空间技术(space technology)是探索、开发和利用宇宙空间的技术,又称为太空技术和航天技术。目的是利用空间飞行器作为手段来研究发生在空间的物理、化学和生物等自然现象。

目前专家们对"天"有两种理解:一种是把地球大气层以外的无限遥远空间称为"天";另一种是把地球大气层外、太阳系以内的有限空间称为"天"。若按前一种理解,空间技术和航天技术完全是一回事;若按后一种理解,人们把地球大气层以外、太阳系以内的空间活动称为航天,超出太阳系以外的空间活动称为航宇。这样,空间技术则应涵盖航天技术和航宇技术。但由于在相当长的时间内,人类主要还是在太阳系内从事活动,因此,当今把航天技术和空间技术视为同义词已得到公认。

我国的航天专家将空间技术的主要特点概括为两个方面:

首先,空间技术是一门高度综合性的科学技术,是很多现代科学和技术成就的综合集成。它主要依赖于电子技术、自动化技术、遥感技术和计算机技术等众多先进技术的发展程度。因此,一个国家空间技术的成就最能体现其科学技术的水平,是衡量其科技实力的重要标志。中国的"神舟"五号、六号载人航天工程的成功,天宫一号和神舟八号交会对接技术获15项国家专利，标志着中国已经进入航天大国的行列。

其次，空间技术是一门快速的、大范围的、在宏观尺度上最能发挥作用的科学技术。例如，通信卫星可以大面积覆盖地面以至全球区域；气象卫星可以进行全球天气预报；侦察卫星可以及时监视广大地区的军事活动；等等。空间技术区别于一般常规技术的特点，使其对一个国家的实力和进步起到意想不到的战略性作用：在经济上能产生很高的经济和社会效益。普遍认为，开发利用外层空间资源，其投资效益能达到 1 ∶ 10 以上；在军事上最能显示一个国家的军事实力，一个国家只要占有空间优势，就掌握了军事战略上的主动权；在政治上对提高一个国家在国际活动中的地位影响深远。一项重大空间成就，往往成为国际谈判的重要筹码；在科学技术上还能带动电子、自动化、遥感、生物等学科的发展，并形成包括卫星气象学、卫星海洋学、空间生物学和空间材料工艺学等一系列新的边缘科学。

六、海洋技术

海洋技术(marine technology)是开发与利用海洋能源、资源，探索海洋与全球变化以及海洋环境与生态关系的技术的总称。

人类为了维持自身的生存与发展，拓展生存空间，一方面向外层空间发展，另一方面向海洋要空间、要资源，而海洋确实蕴藏着丰富的资源。

海洋开发，需要获取大范围的、精确的海洋环境数据，需要进行海底勘探、取样、水下施工等。要完成上述任务，需要一系列的海洋开发的支撑技术，包括深海探测、深潜、海洋遥感、海洋导航等。

向海洋要淡水已成定势。淡水资源奇缺的中东地区，数十年前就把海水淡化作为获取淡水资源的重要途径。美国正在积极建造海水淡化厂，以满足人们目前与将来对淡水的需求。全世界共有近 8 000 座海水淡化厂，每天生产的淡水超过 60 亿立方米。俄罗斯海洋学家探测查明，世界各大洋底部也拥有极为丰富的淡水资源，其蕴藏量约占海水总量的 20%。这为人类解决淡水危机展示了光明的前景。

深海是指深度超过 6 000 米的海域。世界上深度超过 6 000 米的海沟有 30 多处，其中的 20 多处位于太平洋洋底，马里亚纳海沟的深度达 11 000 米，是迄今为止发现的最深的海域。深海探测，对于深海生态的研究和利用、深海矿物的开采以及深海地质结构的研究，均具有非常重要的意义。

美国是世界上最早进行深海研究和开发的国家，“阿尔文”号深潜器曾在水下 4 000 米处发现了海洋生物群落，“杰逊”号机器人潜入到了 6 000 米深处。1960 年，美国的“迪里雅斯特”号潜水器首次潜入马里亚纳海沟，最大潜水深度为 10 916 米。

2012 年 7 月，中国的“蛟龙号”载人潜水器创造了下潜 7 062 米的中国载人深潜纪录，同时也创造了世界同类作业型潜水器的最大下潜深度纪录，实现了中国深海技术发展的新突破和重大跨越，是中国深海技术发展的重要里程碑，标志着中国载人深潜技术进入了国际领先行列。2020 年，中国自主研发制造的全新一代载人潜水器计划将在世界海洋最深处的马里亚纳海沟进行海试，预计下潜深度超过 10 000 米。

海洋遥感技术，主要包括以光、电等为信息载体和以声波为信息载体的两大遥感技术。

海洋声学遥感技术是探测海洋的一种十分有效的手段。利用声学遥感技术，可以探测海底地形、进行海洋动力现象的观测、进行海底地层剖面探测，为潜水器提供导航、避碰、海底轮廓跟踪的信息。

海洋遥感技术是海洋环境监测的重要手段。卫星遥感技术的突飞猛进，为人类提供了从空间观测大范围海洋现象的可能性。目前，美国、日本、俄罗斯等国已发射了十多颗专用海洋卫星，为海洋遥感技术提供了坚实的支撑平台。

第二节　新技术革命对世界经济的影响

新技术革命的主流技术以前所未有的渗透力影响着世界经济的各个方面，出现了一些新的现象和新的特征。

一、改变了生产方式

工业文明在创造巨大物质财富的同时，也给我们的地球带来了沉重的压力，那就是二氧化碳的排放导致全球气候变暖，继而"温室效应"导致冰川消融、海平面上升，最终海洋环流系统受到破坏、灾害性天气增多，给世界各国人民的生命和财产造成巨大的威胁。

有人曾预言，地球可能会毁灭在人类自己手中，这绝非危言耸听。以石油和煤炭为代表的化石燃料是不可再生的，在地球上的储量也是有限的。正在人们担忧不可再生能源枯竭的紧要关头，新能源技术应运而生，改变了或正在改变世界各国的生产方式。从能源的使用看，要逐渐从不可再生能源占主导过渡到可再生能源占主导，使生产方式更加清洁和碳排放更少，追求低碳、环保将成为各国追求的目标，我国在"十二五"期间要努力将万元 GDP 能耗降低 16%。欧盟在 2020 年左右要使可再生能源占总能源中的比例提高到 20%。

下面以 IT 业为例来介绍新技术革命是如何影响这一朝阳产业的。

科技的飞速发展不断推动着经济的进步，它们的便捷、智能等特点让生产效率变得越来越高。但在这些光鲜亮丽的时代脚步背后，还有这样一组数字：在我国每年 800 亿元的政府能源消耗中有 50%来自 IT 产品。2016 年中国数据中心保有量约为 5.6 万个，总面积约为 1 650 万平方米，预计到 2020 年，中国数据中心保有量将超过 8 万个，总面积将超过 3 000 万平方米。与之相应的是能源消耗也在逐年攀升，2016 年中国数据中心总耗电量超过 1 200 亿千瓦·时，这个数字超过了三峡大坝 2016 年全年的总发电量(约 1 000 亿千瓦·时)。随着云计算的快速增长，未来 5 年我国对数据中心流量处理能力需求将增长 7～10 倍，IT 节能刻不容缓。面对如此惊人的数字，从"希望产业"到"问题产业"，IT 行业不得不接受来自绿色理念和环境危机的多重考验。节能降耗，推行"绿色计算"势在必行。而作为 IT 行业的核心——芯片解决方案能在一定程度上控制绝大部分 IT 产品的耗电量。威盛电子推出的第一款"无碳净氧"处理器率先吹响了低碳经济变革的号角。

威盛电子用行动来减少碳排放的策略与全球范围内推动的"无碳净氧"计划非常契合。目前威盛也通过 WWF(世界自然基金会)为 CPU 等产品购买了碳排量，以支持环保事业。从低碳生存的提出，到低碳理想的实践，再到低碳经济的促进，这使威盛电子比其他企业更早具有了在"低碳经济"领域的发言权。而在"低碳经济"的道路上，需要更多的企业参与进来，只有不断地进行节能技术的创新和推广，才能在低碳经济中胜出。

二、改变了交易结构

新技术革命起源于美国，当美国拥有某项新技术的时候，其他国家可能还停留在闻所未闻的阶段，因此，美国可以利用它在新技术领域所取得的独特的垄断优势，获取高额利润。

新技术革命改变了国际贸易的结构，发达国家通过纯技术的买卖、许可证贸易等方式进行的技术贸易在其贸易总额中所占比重越来越大，有形的商品贸易占比在逐渐降低。贸易结构的软化趋势得益于技术创新，在美国，有很多商品的生产已经转移到其他国家，它更看重的是具有高附加值的技术创新。

三、节约了交易费用

自国际贸易产生以来，贸易方式一直都在随着科学技术的发展而不断改进和完善。传统的国际贸易活动是一个非常复杂的过程，不但需要很多贸易工具，需要贸易双方反复多次的洽谈和信息交流，而且贸易活动的开展很大程度上受到贸易双方地理位置等客观条件的限制。新技术革命使基于互联网的电子商务兴起，极大地节省了贸易双方的交易费用。

在任何一个企业要想获得最大利润，成本的控制都极为关键。大到一种社会制度的变迁，小到一种经营组织形式的改变，其背后都有着降低交易成本这样一只无形的手在指引着。它体现了对生产力的进一步解放，也就是社会总交易成本的降低。电子商务的飞速发展也正得益于此。只有电子商务的成本低于传统贸易时，电子商务才能在经济上具有竞争优势。在国际贸易中，花费的成本主要指买卖过程中所需的信息搜寻、合同的订立和执行、售后服务等方面的成本。在传统的国际贸易中，企业要想获得交易信息，一般是通过交易会、报刊信息、电视广告来获取。这些方式或信息量低或费用高昂。据美国《福布斯》杂志的统计表明，电子商务可以节省企业交易成本的5%～10%。

四、推进了全球化进程

新技术革命使国际分工和世界市场都发生了重大变化。主要表现在：世界各国创造、吸收、运用科技进步成果的能力在明显增强；国际分工和世界市场成为世界各国共同推动和发展的过程；国际分工和世界市场的深度和广度都有了明显提高。

总之，在科技进步的推动下，生产力发展突破了主权国家的界限，要求开拓更为广阔的发展空间，在世界范围内更加合理地配置和更加有效地利用经济资源，因此科技进步是经济发展最重要的动力和基础。

第三节　新技术革命的发展趋势

一、群体技术继续发挥作用

技术有自身的发展规律，主流技术一定会走完技术生命周期的全过程。因此，群体性出现的新技术在21世纪仍将继续发挥作用。例如，以计算机为中心的信息技术革命仍将延续，全球"信息高速公路"浪潮将成为"世纪工程"，成为全球的神经中枢，使人类居住的地球就如同一个具有高度智慧的"大脑"。之所以作出上述基本判断，原因有以下几点：

其一，半导体芯片集成度每18个月翻一番，价格减半的"摩尔定律"的发展趋势未来20年还会继续，而且处理技术使其计算能力每两年提高一个数量级。过去10年间，光纤的传输速率几乎每年翻一番，近两年达到每半年翻一番。

其二，信息产业已经成为经济增长的主要推动力。

其三，互联网和电子商务迅速发展。全球互联网用户从1996年的不足4 000万户到2018

年2月已超过40亿户，移动互联网用户数超过25亿户。根据联合国贸易和发展会议的统计，全球电子商务交易总额在1994年仅为12亿美元，2006年竟然达到12.8万亿美元，占全球商品销售总额的18%；2011年全球电子商务交易总额就达到40.6万亿美元，2017年，仅中国的电子商务交易总额就达29.2万亿元，同比增长11.7%，绝大部分国际贸易活动都以网络贸易的形式实现。

由于传统的半导体技术发展已经接近极限，计算机技术正孕育着重大变革。随着纳米科技的新发展，分子计算机、光子计算机、生物计算机、量子计算机在不久的将来就会出现。人们估计"后PC时代"正在到来。这是计算机技术发展的第三次浪潮的核心，它把计算机技术运用到各种日常用品之中，同时使其具有联网功能和高度智能化，这一趋势将从根本上改变个人计算机的中心地位以及计算机性能的总体格局。

二、关键技术将取得重大突破

最有可能首先取得重大突破的是生物工程领域。生物学正处在创新浪潮中，生物技术将得到有史以来从未有过的发展。定向进化成为生物技术的新热点。本来存在缺陷的生物可以向更完善的方向进化。在自然条件下需要几年甚至几十年才能实现的事情，现在可以在几周甚至几天内实现。一系列大型计划如"国际地圈及生物圈计划""人类基因组作图与预测计划""人类前沿科学计划""生物多样性利用与保护研究"等的实现，将使生物技术大放异彩。现在生物技术研究成果不断涌现、应用速度加快，全世界种植转基因玉米、棉花、大豆、葵花等农作物的面积大幅增长。欧美大型制药公司开发的新药品中有40%是以基因组合为基础的。科学家正在培育人体的各种组织器官，如软骨、血管、皮肤，甚至胎儿的神经组织、肝脏、耳朵、手指等。这表明临床医学将发生一场深刻的革命。人类面临的一系列重大问题，如人口膨胀、环境污染、粮食匮乏、疾病威胁等，都紧迫地需要发展生物技术加以解决。围绕着生物技术的发展，环境保护技术、农业技术、生物—心理—社会技术等也将得到充分的发展，形成新的高新技术产业群。

三、新技术推动世界经济可持续发展

可持续发展(sustainable development)是指既满足当代人的需要，又不会对后代人满足其需要的能力构成危害的发展。

制约世界经济可持续发展的因素有很多，主要包括科学技术的制约、经济水平的制约、经济制度的制约和时空制约。其中尤以科学技术的制约最为重要。科学技术发展的不足对世界经济可持续发展的制约主要体现在两个方面：首先，对自然规律以及人类社会、经济与自然的复杂关系认识不全面，限制了人类作出正确的决策和确定正确的行动方向，使生产和生活处于盲目状态；其次，由于现有科技更多只能一次性地利用资源的单程式技术，缺乏循环式的生态利用技术，从而使整个发展过程处于不持续的发展状态，这不仅增强了资源开发程度，而且也增加了污染排放度。

有鉴于此，突破世界经济可持续发展的"瓶颈"还得依靠技术突破，新技术革命便能担当此任。科技进步日新月异，前所未有地提高了人们认识和把握宏观世界和微观世界的能力，为人类推动生产力发展和创造美好生活提供了强大支持。

科学发展观是未来世界经济实现可持续发展的一条可行的道路。各国应努力利用新技术革命的成果，构建资源节约型的经济发展模式，努力发展循环经济。人类发展的历史经验表明，发展绝不能以浪费资源、破坏环境为代价；否则，将使人类付出沉重代价，最终也会危及发展本身。发展要坚持走科技含量高、经济效益好、资源消耗低、环境污染少、人力资源得到充分发挥的道路。要注重优化经济结构，转变增长方式，大力抓好资源的节约和综合利用，提倡绿色生产方式、生活方式、消费方式，实现自然生态系统和社会经济系统的良性循环。要在资源开采、加工、运输、消费等环节建立全过程和全面节约的管理制度，构建资源节约型国民经济体系和资源节约型社会。良好的生态环境是实现社会生产力持续发展和提高人们生存质量的重要基础。要尊重自然规律，根据自然的承载能力和承受能力规划经济社会发展，同时要积极开展生态环境保护和建设，降低污染物排放，加强对废弃物的再次利用，加快治理环境污染和促进生态修复，保护生物多样性，坚决禁止各种掠夺自然、破坏自然的做法。

案例剖析

抓住新一轮科技革命的历史性机遇

中国国务院总理李克强在2016年天津的夏季达沃斯论坛致辞中称，结构性改革是要推动新旧动能的转变，世界新一轮科技革命和产业革命孕育兴起，为此提供了历史性机遇。

新一轮科技革命可以简单概括为以互联网、大数据、物联网、云计算、智能化、传感技术、机器人、虚拟现实(VR)等为基础性特征的第四次工业革命，德国称之为"工业4.0"。这比前三次工业革命有着更加深刻的影响与意义。

新一轮科技革命的特征非常明显，从一开始其革命性与颠覆性就很鲜明。机器人登上舞台，人类感受到空前危机；电子商务使得线下实体店度日如年；互联网金融把传统金融吓出一身冷汗；科技金融竟然使得提供最高端金融服务的证券投资顾问分析师都将被机器人代替，还有什么不能被机器人代替的？滴滴等网约车一举解决了百姓出行难的问题，使得传统出租车行业的模式被彻底颠覆。

新一轮科技革命与前三次工业革命最大的差别是人人包括草根都有创业的机会，人人都可以平等地参与到这场革命之中，成为革命的种子并从中受益。而不像前三次工业革命那样"高大上"，是科学家等高端人才的舞台。这一轮革命的共享经济特征非常鲜明，它可以让人人参与、人人受益。

正如总理所言，我们倡导创新的理念，也包含着共享的精神和理念，共享经济也是众创经济。全球化深入发展和互联网日益普及，为人民群众创业创新提供了广阔的空间和舞台。在这里你只要有志于创业，围绕互联网做文章就机会很多、舞台很大，不仅面向本地和全国而且可以轻松面向世界。无论你是草根，还是高大上人士，互联网提供的机会都是均等的。把精英和草根、线上和线下、企业和科研院所的创新活动融合起来，以千千万万市场主体的"微行为"，汇成创新发展的"众力量"。

共享经济有利于形成合理的收入分配格局，为每个人都提供平等竞争的机会，壮大中等收入群体，也让每个人都有发挥自己潜能的机会，去追求人生的价值，促进社会公平正义。这个意义更加深远。

新一轮科技革命从一开始大众百姓就是直接受益与享受者。一部智能手机以及移动设备让生活、生产、娱乐、学习、创业等变得那么简单与高效，把一切碎片化时间都用上了。这是与前三次工业革命完全不同的。

以互联网、大数据、物联网、云计算、智能化、传感技术、机器人、虚拟现实(VR)等为基础性特征的第四次工业革命，说到底归功于最伟大的创新。这正是全球经济所急需的。因为全球经济都在进行结构性改革、转型升级、新旧动能转换。动能转到何处呢？就是转到创新驱动上。

正如奥巴马经济学所言：任何经济扩张的一个重要方面是，创新起着经济增长发动机的作用。在这方面，21世纪最重要的经济学家实际上已经不是斯密或凯恩斯，而是约瑟夫·熊彼特。熊彼特最重要的贡献之一是，他强调了创新和企业家精神通过著名的以"创造性破坏"为特点的方式促进增长的巨大力量。他的著作不仅是一个经济学真理，而且也是美国经济活力的特殊来源。其他国家也应该从中悟到一些什么。

中国在新一轮科技革命中开局不错，这种良好开局主要是BAT等民营企业做出了巨大贡献。中国在以互联网为核心的初次科技革命中，在电子商务、搜索技术、社交网络、互联网金融等方面走在了前面，但在物联网、智能制造、高端机器人、虚拟现实(VR)、科技金融、具备个性化定制特征的智能工业制造等方面已经远远落后于美国、德国。

关键还在于政府对新一轮科技革命的认识以及监管政策准入等软环境建设上。除了彻底放开市场外,另一个重要方面就是必须彻底摒弃面对新一轮科技革命的冲击,一些政府部门站在既得利益立场上保护落后,打压与阻碍创新与新经济发展的做法。

更加重要的是,格林斯潘的一句名言:自主创新在于提出别人没有想过的东西。问题是,如果一个社会对你能想些什么、讨论什么都有限制的话,要在传统框架之外思考问题以达到创新,是非常难做到的。在自由市场的框架内,政府可以通过鼓励新思想和确保技术的有效利用来实现技术的快速进步。

思考与练习

一、关键概念

第三次科技革命、新技术革命、信息技术、新能源技术、新材料技术、生物技术、空间技术、海洋技术、可持续发展

二、思考题

1. 为什么要发展新能源技术?
2. 中国应该怎样发展新能源技术?
3. 生物技术可以应用在哪些方面?
4. 新技术革命对世界经济的影响主要体现在哪些方面?

三、讨论题

用中国的科学发展观去影响世界经济,你认为可行吗?

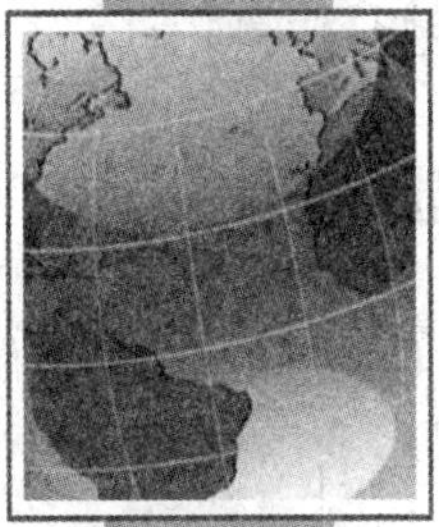

第三章 世界经济运行的体制基础——市场经济

本章要点

本章介绍了两种资源配置方式,即计划经济与市场经济。市场经济的精髓在于自由选择,但任由市场自由竞争又会出现市场失灵。计划经济在特殊时期仍然有其特殊的作用。经过产权结构、动力结构、决策结构和信息结构的对比,我们会发现市场经济优于计划经济,市场经济确实是一种可以富民强国的经济体系。

本章的重点在于市场经济体制的优点。

本章的难点在于市场失灵的各种表现。

案例引导

西方发达国家为何不承认中国的市场经济地位?

中国的崛起会改变全球的利益格局、市场格局和资源格局。中国正逐步进入一个国际贸易摩擦的多发期。这种国际贸易摩擦当然有多种表现形式,有的是人民币汇率升值的压力,有的是反倾销,有的是环境标准与企业的社会责任等非关税壁垒,还有就是"市场经济地位"问题。

"市场经济地位"涉及主要针对企业而非国家的反倾销和补贴条款。在企业面对反倾销调查时,可以通过证明其公司完全按照市场机制运营来避免歧视性待遇。为什么中国会以一个"非市场经济"国家身份加入世界贸易组织呢?事实上,这是中国加入世界贸易组织谈判的一个遗留问题。当时中国旨在打破中美谈判的僵局,在加入世界贸易组织的问题上作出相当大的让步。即中国同意在加入世界贸易组织后的15年内,美国可以继续将中国视为非市场经济国家,从而维持加入世界贸易组织前相对不利的反倾销机制,即第三国的替代制度。从严格意义上说,这种规定本来是违反世界贸易组织基本原则的。在这一条款下,在中国未获得"市场经济地位"时,反倾销案件发起国可任意选择某一替代国对相应商品的成本数据来计算正常价值、确定倾销幅度,而不使用中国企业自身的数据。这样往往导致倾销幅度易被高估、倾销裁定容易成立,从而使中国企业遭受不公平待遇。

市场经济地位问题究竟仅仅是一个世界贸易组织的规则问题,还是会涉及其他的利益因素乃至政治因素呢?实际上,从欧盟和美国对于其他转轨国家的态度就可见一斑。2004年还不是世界贸易组织成员国的俄罗斯,先后被欧盟和美国认定为"市场经济国家",其中重要的原因是欧盟东扩需要给予俄罗斯一些安抚;而相比之下,中国尽管探索出自己独有的经济转轨道路,无论是从国际公认的标准测算,还是从中国自身的市场化进程来看,中国都应算是一个名副其实的市场化国家，却依然只停留在“转轨经济国家”的行列中，不能不使人想到其中显然掺杂了相当成分的超越经济标准的政治因素。

请你想一想，除了上述因素以外，还有其他因素会影响中国“市场经济地位问题”吗？

第一节 自由选择——市场经济的精髓

对于市场经济(market economy)这个概念我们似乎已经耳熟能详了，但对于市场经济的本质究竟是什么、为什么要选择市场经济体制作为经济体制改革方向等问题，我们是否能清晰地回答出来呢？

一、市场经济的本质

对于市场经济，不同的人有不同的理解。有人说，市场经济就是私有制经济；有人说，市场经济就是价值经济；还有人说，市场经济是自发性的经济、竞争的经济、优胜劣汰的经济、信用经济、法制经济等。还有一些经济学家将市场经济的概念定义为“运用市场来配置资源的经济”。

关于市场经济的论述主要有两种不同的认识，他们的主要分歧为是否以资本主义私有制为前提。据《简明不列颠百科全书》的解释，“资本主义亦称自由市场经济或自由企业经济”。在这种制度下，生产资料为私人所有，通过市场的作用来指导生产和分配收入。《现代日本经济事典》认为，市场经济有三个基本原则：一是“私有财产制度的神圣不可侵犯”；二是“契约自由的原则”；三是“个体负责的原则”。这两部工具书都把市场经济与私有制联系起来，认为私有制是市场经济的一项基本制度。另据美国学者格林沃尔德主编的《现代经济词典》的解释，“市场经济是一种经济组织方式，在这种方式下，生产什么商品、采用什么方法生产以及生产出来以后谁将得到它们等问题都将依靠供求力量来解决”。英国学者皮尔斯主编的《现代经济学词典》把市场经济定义为“一种经济制度，在这种制度下，有关资源配置和生产的决策是以价格为基础的，而价格则是由生产者、工人和生产要素所有者之间的自愿交换产生的”。这两部工具书所给出的定义并不认为私有制是市场经济的一项不可缺少的内容，而是强调市场机制在资源配置中的作用。

什么是市场经济？简单来讲，市场经济就是按等价原则进行交换的经济。市场经济的核心问题是商品价值能否实现。

市场经济的本质属性可以概括为以下几个方面：

(一)以产权明晰、自愿交换为前提

首先，它是一种个人之间的自愿交换，市场经济中的个人必须具有经济自由。市场经济是以产权为基础的个人自愿交换。人们在市场上进行交换的内容包括产品和劳务的交换以及资本、土地、劳动力、技术、信息等生产要素的交换，无论哪一个方面的交换，都是以个人产权为基础的。当然，要以产权为基础还要有一个前提条件就是产权的明晰。如果产权不明晰，就没有办法进行自愿交换，市场经济也就无从谈起。

(二)它是一种选择和竞争的自愿交换

市场之所以成为市场，买卖双方不是一对一的关系，而是多对多的关系，买卖双方之间存在着自由选择。与此同时，买者之间或卖者之间又存在着自由竞争。市场经济所要求的自愿交换，就是在这种选择和竞争的相互作用中进行的自愿交换。

(三)市场经济具有营利性,而且要实现利润最大化

市场经济具有营利性,是一种追求利润的经济形式,而利润属于价值范畴,它要以使用价值作为其物质承担者。因此,生产者要使得利润最大化,就必须为社会生产出更多的物美价廉的使用价值。否则,生产者便不能获得利润,当然也不能实现利润最大化,市场经济也就无法正常运行下去。

(四)由价格机制引导

市场经济中的各种自愿交换是通过选择和竞争相互作用的。它们的相互作用通过"看不见的手"来引导,市场经济机制配置资源是通过价格信号引导,通过价格竞争机制推动来实现的。价格机制的引导和推动的关键是通过市场交易条件(价格)的确立来实现资源配置,而价格作为交易条件之所以有这一功能,本质上在于确定交易条件的交易主体在产权上是独立的,这就是第一点讲到的产权基础。价格机制在人们的自愿交换活动中起着三个作用:首先是起到提供信息的作用;其次是引导"经济人"从事最有价值的交换活动;最后是对商品交换者的收入起到一种分配作用。

由市场经济上述四个方面的本质特征可以得出结论,即自由选择是市场经济的精髓之所在。

二、经济体制中的经济问题

到目前为止,世界各国大致经历了传统经济、计划经济、市场经济和混合经济四种不同的经济体制模式。选择哪一种经济体制是各国根据自身的国情、经济发展水平、对经济体制的认识程度以及在借鉴其他国家体制的基础上作出的自主选择。一种体制的好坏并不以人们的好恶为转移,要看它对经济增长和经济发展的贡献。制度经济学家道格拉斯·诺斯(Douglas North)在历代经济学家认识到促进经济增长的要素包括资本、技术、人力资本的基础上,进一步加入了制度要素。

开始于农村的中国经济体制改革足以证明经济体制中存在经济效率的差异。农村联产承包责任制的推行,改变了中国物资匮乏的状态,计划经济时代的卖方市场一去不复返了。在农村,还是那些土地,还是那些农民,为什么会有如此神奇的力量呢?答案是体制变了。联产承包责任制让农民有一个明确的预期,即每年的收成中有多少是要交给国家的,有多少是可以留给自己的。这样一种制度安排极大地调动了农民的积极性。当然,现在"三农"政策的推行,改变了中国农民几千年以来种田缴"皇粮"的历史,而且还有种粮补贴。中国农民获得了前所未有的政策优惠,这对于启动农村市场、缩小城乡差距、推动中国经济持续健康发展至关重要。

第二节　计划与市场——两种资源配置方式

计划与市场,是社会进行资源配置的两种基本方式。评价计划与市场的优劣,效率是一个重要标准。

一、效率的含义

效率(efficiency)是指投入与产出或成本与收益之间的关系。所谓效率,在最一般意义上就是现有生产资源与它们所提供的人类满足之间的对比关系。

当我们将效率概念应用于一个企业的时候,所要研究的问题主要是该企业是否利用一定的生产资源获得了最大量的产出或是否生产一定量产出时实现了成本最小，这种效率称为“技术效率”。

当我们考察整个经济的效率时，问题便在于一个经济的全部生产资源与所有人的总经济福利之间的对比关系。而在给定各生产单位的技术效率的前提下，在研究一个经济的效率问题时，主要的问题便在于资源是否在不同生产目的之间得到了合理配置，是否最大限度地满足了人们的各种需要。用于分析这一问题的概念，就是“经济效率”，也称“配置效率”。

二、交易费用与生产费用

1991年诺贝尔经济学奖得主罗纳德·科斯(Ronald Coase)指出：交易费用(transaction costs)是“市场运行成本”，这一成本主要包括以下两个方面：一是发现相对价格的成本；二是“谈判与签约的费用”。总之，科斯的“交易费用”概念是针对市场而言的，都是市场的运行费用。

然而，并非市场运行才有成本，作为市场的替代形式——政府的运行也需要成本，科斯称之为行政成本。传统的社会主义经济模式不存在市场，因而不存在市场运行成本，但行政运行的成本还是存在的。从一般意义上讲，企业、政府也是组织交易的一种形式，它们的行政成本也是交易成本，因此“交易费用”就有一个一般性的表述：交易费用是经济制度的运行费用。

产权经济学将费用分为两种：一是交易费用；二是生产费用(production costs)。生产费用指的是与生产过程直接相关的费用，它包括原材料费、机器折旧、工人工资、生产用能源等。除此之外的管理、组织生产和为生产服务的各项费用则属于交易费用的范畴。

因此，技术效率所考察的主要是生产费用，而配置效率主要涉及交易费用。

三、影响效率的因素

效率既包括技术效率，又包括配置效率，因此提高整个经济效率则意味着社会总成本(生产成本＋交易成本)的降低。

降低生产费用主要依靠技术进步，技术进步对效率提高的作用是非常大的，如三次产业革命对生产效率的贡献。但诺斯认为，产业革命并不是现代经济增长的原因，关键在于建立一种有效率的组织，这一有效率的组织需要在制度上作出安排并确立所有权以便形成对行为主体的激励。

因此，体制改进本身至少可以在两方面促进效率的提高：一方面，体制改进的目标之一是降低交易费用；另一方面，有效率的体制必然激发人的创新精神，从而从根本上降低交易费用和生产费用。因此，体制是影响效率的第二个因素。

四、两种资源配置方式

(一)计划与市场

在社会化、协作性的生产中，配置资源的手段有两类：一类是行政命令。无论在哪一种经济体制下，在一个经济行为主体(如一个生产单位)内部，通常运用行政手段来配置资源；另一类是市场力量，即通过商品在市场上按照价格进行的交换，在不同的经济行为主体(部门、地区、企业、个人等)之间配置资源。

按作用的范围划分，资源配置可分为一个厂商内部的微观配置和厂商之间的社会配置。就后者而论，按照基本的配置方法，可以划分为两种社会资源配置方式：①以行政手段为基础的行政配置(也称“计划配置”);②以市场机制为基础的市场配置。

新古典经济学派,尤其是其中的新福利经济学派,不仅对保证市场资源配置有效率的前提做过细致的分析,还对保证计划资源配置有效率的前提做过细致的研究。所得出的结论是:两种资源配置方式在理论上都具有有效性。

(二)确定计划与市场的界限

对现实中的企业来讲,交易成本包括两个方面:一方面是企业内部交易成本,另一方面是外部交易成本。

企业内部交易成本是企业组织生产的成本,即企业内部的管理成本;企业外部交易成本是市场运行成本。

如果不存在内部交易成本,企业就会无限扩大,社会就会变成一个大工厂,所有社会生产都由一个组织统一管理,这就是计划经济。如果不存在外部交易成本,企业就可以无限缩小,每一个人都是一个独立的生产单位,达到了完全的分工与专业化,这是理想中的市场经济。

如果没有交易成本,市场和计划不仅高效,而且可以相互转化。但事实上,市场中的企业都具有一定规模,既不是大到足以替代市场,也不是小到只有一个人(从一般意义上讲,当然不否认存在只有一个人的企业);而且,计划一旦完全替代市场,经济效率必然降低。因此,交易成本的存在限制了企业的规模。根据科斯的见解,企业规模应保持在内部交易成本与外部交易成本相等的那一点上。

综上所述,市场与计划作为资源配置的两种基本方式是可以相互替代的;企业不过是计划的一种微观的表现形式。但企业不是唯一的替代形式,另一种替代的方法是政府的直接管制。

如果政府不是通过建立一套规定有关市场交易权利的法律制度来管制,而是强制性地规定人们必须做什么或不做什么,并且要求人们必须服从它,在这个意义上讲,政府就是一个超级企业。

从理论上讲,市场和计划的界限是可以确定的,但现实中交易费用是很难计量的,我们无法指出分界线到底应该在哪里。虽说如此,经济体制运行的实践效果会告诉我们哪种配置方式的比重过大了。

五、市场优于计划

如何理解市场优于计划呢?有两个方面的原则要把握:一方面,这并不是指可以完全不要计划,它们各有适应自身发挥作用的范围,但市场发挥作用的范围更广泛、更基础;另一方面,市场优于计划也是仅就效率而言的,在此并未涉及其他标准。

现实世界的发展告诉我们,最有效率的经济体制是有政府干预的市场经济。在这种情况下,市场犹如大海,而计划(企业与政府管制)就如同在不自觉的统筹协调的大海中拥有自觉力量的小岛。

但也有一些例外的情况,在这些情况下,计划就比市场有效率,如在战争期间,一切为了战争,一切为了战争的胜利。因此,资源的配置不再采取市场配置方式,而是重新回到计划配置方式。每辆汽车每天可以加多少升油、每个人每天能定量领到多少粮食都需要采取配给方式。又如,在一个国家的外延扩大再生产阶段以及需要集中力量办大事时期,计划的效率要高于市场。中国在“一五”计划时期,举全国之力集中进行了156项重点工程建设,为中国目前完整的工业体系奠定了坚实的基础。中国的“两弹一星”、“神舟”载人航天计划、探月工程等无不体现了计划组织协调的优越性。

计划与市场的优劣可以从两个方面进行简单比较。

(一)外在运行机制的比较

先从外在的运行机制进行比较。社会经济活动面临的问题和任务是:生产什么? 生产多少? 怎样生产? 为谁生产?

资源配置的目标是产出最优、成本最低,即达到“帕累托最优”(Pareto optimal)状态。所谓帕累托最优,是指该社会达到了这样的程度:在不减少任何成员福利的情况下,无法再增加任何一个成员的福利。

为了解决同样的社会经济问题和达到最优化的目标,市场经济和计划经济采取了不同的方式。市场经济通过市场竞争、供求变化、价格波动和资源的自由流动来组织社会的生产、交换、分配和消费,市场机制强调“看不见的手”、契约自由、自我负责;计划经济通过国家掌握资源,并通过国家计划来组织社会的生产、交换、分配和消费,计划机制强调“看得见的手”、国家负责。

(二)内在结构的比较

下面我们再从典型的市场经济体制和典型的计划经济体制的内在结构进行比较。

1. 产权结构不同

市场经济体制是独立的产权结构,由各个独立的企业分别配置资源和财产,企业与企业之间的产权边界是十分清楚的。

计划经济体制是统一的产权结构,由国家集中统一掌握资源和财产,企业与企业之间的产权边界和利益边界都是模糊的。

2. 动力结构不同

市场经济体制强调经济利益和物质刺激,经济行为主体的收入与生产结果紧密联系。

计划经济体制强调行政权力和精神鼓励,经济行为主体的收入分配与生产结果相分离或只是一种联系不紧密的外在形式。

3. 决策结构不同

市场经济体制的决策结构是分散的,一切生产经营决策由企业自主决定,并完全由自己负责。

计划经济体制的决策结构是集中的,一切生产经营决策由国家集中作出,国家向企业发布指令,然后由企业贯彻落实,结果由国家负责。

4. 信息结构不同

市场经济体制的信息结构是横向的,信息主要由市场横向传播和接收,企业可以自由筛选和采纳。

计划经济体制的信息结构是纵向的,主要由政府自下而上收集信息以及自上而下发布指令性信息。

经济学家从理性角度对市场经济作了充分的分析。与国家干预和集中计划相比,市场经济具有不可比拟的优越性:能够使企业和劳动者的积极性得到充分发挥;能够有效地配置经济资源;能够更好地提供对经济增长的刺激和贯彻经济增长的目标;可以提供广泛的信息,信息的成本不高;可以避免和减少直接行政控制下的低效和腐败。

正是基于此,市场优于计划的结论才顺理成章地成立。

六、市场的缺陷

通过前面的比较我们得出了市场优于计划的结论，但这并不是说市场是万能的，由于存在一些市场与生俱来解决不了的问题，市场存在自身的弱点或称市场缺陷(market failure)。

(一)市场缺陷的含义

现代历史经验已经证明，市场是配置资源的有效手段，随着社会分工的发展和深化，交换的规模随之扩大，市场在配置资源方面的作用日益明显和加强。自从市场介入交换，社会花费在资源配置方面的成本大大降低，资源的使用效率大大提高，整个社会劳动生产率迅速提高。

但是，市场不是万能的，还存在许多缺陷。所谓缺陷，就是失败，即市场对某些经济现象无能为力，需要由市场以外的力量来加以矫正。

在西方经济学文献中，最早对市场缺陷进行系统分析的是以庇古为代表的旧福利经济学派。1920 年，庇古在《福利经济学》一书中第一次将市场局限与国家干预结合起来作为一个重要的专门领域加以研究。

庇古对市场缺陷方面所作研究的贡献有：第一，确立了资源最优配置的标准；第二，确立了社会福利最大化的标准；第三，确立了外部性理论。

20 世纪 30 年代以后，勒纳、卡尔多、希克斯、伯纳森和萨缪尔森等人对庇古的福利经济学进行修改、补充和发展，形成了新福利经济学。旧福利经济学的研究内容主要是对市场制度的优点和缺点进行评价，而 20 世纪 50 年代以来特别是 70 年代以来新福利经济学的研究重心则越来越多地移向对市场缺陷的分析上面。

市场缺陷就是西方经济学文献中的“市场失败”。最早使用“市场失败”一词的经济学家是美国麻省理工学院的巴托教授。他于 1958 年在美国的《经济学季刊》秋季号上发表了《市场失败分析》一文，对市场失败理论进行了比较系统的分析，并列举了可能导致市场失败的五种原因：第一，当交易者之间存在自愿交易的障碍时；第二，当交易者双方交易界区不清晰时，这里主要指公共产品的非排他性和公共资源产权的模糊性；第三，当社会财产制度混乱从而造成市场交易成本过高时；第四，当市场形成垄断时；第五，当市场存在外部性时。

总之，由于承认市场有缺陷，存在“市场失败”现象，从而巴托得出政府干预必不可少的结论。

(二)市场缺陷的评价标准

市场缺陷就是市场失败。所谓市场失败，就是指相对来说，它不能或无法充分实现市场成功，而市场成功则是指在给定的偏好、技术的条件下，社会经济资源处于帕累托最优状态。

既然我们用帕累托最优来衡量市场成功，亦即将其作为衡量一种经济体制资源配置的市场效率的最重要尺度，那么，衡量市场失败的标准就是没有达到市场成功，即没有达到帕累托最优状态。通俗地说，资源配置效率没有或不能达到最好状态就意味着市场失败。市场失败的原因主要有以下几个：

第一，市场的不完全性，即垄断的存在妨碍了公平竞争。帕累托最优的一个假定前提是完全竞争的市场经济的存在。但是，在现实的经济生活中，垄断的趋势却不断发展，完全竞争的市场根本不存在。

第二，公共产品的供给与外部性的普遍存在。公共产品如国防、道路、灯塔等，其最显著的特点是共享性，它对于某一个人的供给并不减少对其他人的供给，价格信号和市场规模对公共产品的供给无能为力，必须由政府介入。

所谓外部性(externality),就是指某单位或某人的经济决策(生产决策或消费决策)不通过市场就直接影响其他单位和个人的生产函数、成本函数或效用函数。存在外部经济(花园的花香)与外部不经济(造纸厂排出的废水对养鱼场的影响)两种情况。

第三,无法解决收入分配差距过大的矛盾。帕累托最优的理论核心是如果资源配置的任何改变已经不能在无损于任何一个人福利的情况下增加另一个人的福利,那么此时的资源配置状态就实现了最优配置。帕累托最优回避了收入分配问题是其理论上的一大缺陷。另一方面,分配不公并没有违背市场规律,而且也是市场本身无力解决的,必须由政府介入来矫正收入分配方面的悬殊差距。

第四,帕累托最优理论不考虑政府的存在,忽视政府的宏观调控作用。当然,政府的干预并不是去替代或者排斥市场的作用,而是弥补市场的缺陷。政府干预过多或不足都不能促进资源的优化配置,也会造成政府失灵。

(三)市场的第一个缺陷:无法消除垄断

从亚当·斯密(Adam Smith)一直到20世纪30年代的经济学家都崇尚“看不见的手”的作用。他们认为,在自由竞争的条件下,即对于众多的生产者和消费者而言,谁也不能控制市场的条件下,市场机制能够自发地实现资源的最优配置。自由市场的好处在于它给予买主以选择的自由,保证卖主或生产者经营的自由,并且通过价格机制达到经济活动的协调。价格支配着各种资源(生产要素)在各部门、各产业间合理流动,各种资源流向高效率的企业,使资源的使用和分配达到最优状态,使社会生产和社会需求达到均衡。但在现实经济生活中,符合上述完全竞争的市场结构的先决条件是很苛刻的。

所谓市场的不完全性,是指除了完全竞争市场结构以外的市场结构,诸如垄断竞争、寡头垄断、完全垄断等市场结构。就市场缺陷本身而言,在市场的所有形式的缺陷中,传统上认为更重要的是垄断。而有趣的是,垄断正是从竞争中发育起来的。正如列宁在《帝国主义论》中指出的,“集中发展到一定阶段,可以说就自然而然地走向垄断”。所以说,即使完全竞争的市场结构存在,那么在这种市场结构下的自由竞争也会发展到集中,从而形成垄断。

垄断之所以是市场缺陷的一个主要表现形式,是因为垄断阻碍了技术进步,造成了资源浪费和社会福利的损失。

经济发展的实践已经证明,随着垄断因素的不断增加,垄断寡头所具有的地位和力量能够通过这些企业之间的合谋、默契、领导价格等形式和手段来控制一个产业的价格。在垄断的条件下,即使出现供不应求,但由于垄断形成的各种阻碍市场进入的藩篱,社会资源也不能轻易流入;反之,当出现供过于求的情况时,资源也不能顺畅退出,从而对消费造成损失和对社会资源造成极大的浪费。

不可否认,垄断在某些情况下可以提高规模经济效益,但它对竞争和技术进步产生的消极作用才是主要的。所以,大凡市场经济比较发达的国家都有一套反垄断的法律制度。例如,美国的《谢尔曼法》、《克莱顿法》与《联邦贸易委员会法》。

(四)市场的第二个缺陷:市场的外部性

一方面,我们看到市场在优化资源配置方面发挥着重要作用;另一方面,又存在着许多市场机制无法施加影响的外部因素,影响着资源配置的效果。这就是市场的外部性。

在日常生活中,人们无时无刻不感受到外部性因素的存在,例如,汽车尾气污染、工业废气污染、江河湖泊的污染(富营养化)等。市场本身不能削弱和消除外部性这个缺陷,因此需要借助市场机制以外的力量予以矫正和弥补。

国内外学术界尚未对外部性的定义、内涵及其影响作出严密的界定。但有两点需要说明：第一，外部性是市场交换之外的客观存在。我们之所以把它同市场的缺陷联系起来，是因为原来在分析市场配置资源的有效性时，并未考虑到这种外部性，或者说，在实现帕累托最优时并未包含外部性这个条件。但这些外部性又是市场机制本身无法解决的，所以将其应该看成是市场失败的因素。第二，这种外部性所产生的影响有负面的也有正面的。我们更多的是讨论负面影响，即外部不经济(external diseconomy)。

外部性有以下五个特征：第一，外部性独立于市场机制之外。第二，外部性产生于决策范围之外而且具有伴随性。厂商在作决策时所考虑的首先是在私人成本基础上而不是在社会成本基础上私人利润的最大化。第三，外部性与受损者之间有某种关联性。第四，外部性具有某种强制性。在多数场合中，无论你是否同意，外部性加在承受者身上时具有某种强制性，如轰鸣声、拥挤、汽车废气污染等。第五，外部性不可能完全消除。

综上所述，如果我们给外部性下一个比较完整的定义，可以这样表述：外部性是指某厂商的经济决策(或某人的经济决策)经过非市场的价格手段直接地、不可避免地影响其他厂商的生产函数或成本函数(或其他人的效用函数)并成为后者所不能加以控制的变量。

纠正外部性的措施可分为四大类：经济措施、法律措施、行政措施、社会措施。经济措施主要是征税。例如，交通拥挤就征收公路使用费，污染就征收污染税。法律措施是解决外部性问题最有效的常规办法。但法律手段也有其局限性，如诉讼成本高、拖延时日等。行政措施指政府的强制干预。政府干预可以使产生外部性和受外部性影响的双方联合起来，使外部性“内在化”。社会措施包括道德教育以及学校、家庭、大众传媒监督等。

(五)市场的第三个缺陷：无法满足社会对公共产品的需求

在私人产品的问题上，市场机制很容易使供求达到均衡。但公共产品就不同了，产品就是共享产品，对于某一个人的供给并不减少对其他人的供给，某一个人的享用也不妨碍其他人的享用，如国防公共安全。其消费具有明显的外部经济性。

正因为公共产品在消费中具有非竞争性、非排他性和外部经济性的特点，所以也就普遍产生“搭便车”(free-riding)的现象。因此，公共产品不可能像私人产品那样通过市场的买卖行为使产品的供应者和购买者之间建立起联系，必须由政府的介入来弥补市场的这个缺陷，以便供给公共产品。这就是为什么把不能充分提供公共产品列为市场失败的原因。各国的实践都证明，私人不愿意也无财力来投资提供公共产品，只有国家才能担负起这个责任。

公共产品可分为纯公共产品(pure public goods)和准公共产品(quasi-public goods)。纯公共产品包括国防、外交、法律、灯塔、港口等。准公共产品包括两部分：一部分具有公共性质，而消费具有私人性质，如中小学教育、自来水供应，既可以由政府提供，也可以由市场提供。另一部分称为优效产品(merit goods)，也称福利产品，如社会保健、住房、社会安全保障等。

第三节　市场经济——富民强国的经济体制

正是基于市场经济的优越性，越来越多的国家选择走市场经济道路。但由于各国的国情不同，不同国家的市场经济又带有浓厚的国别特色。

一、经济体制的全球趋同

世界各国的实践证明，现代市场经济是最具效率和活力的经济运行载体，它既包含了刺激微观活力的成功实践，也包含了完善市场规则和宏观调控的成功实践。这种现代市场经济的灵活有效性、公平竞争性和法规有序性等特征，使它对各种不同的国家和民族都是可以接受和适应的，具有较大的制度弹性、意识形态弹性、文化弹性和地域弹性。现代市场经济具有极强的吸纳能力和兼容能力，它既可以吸纳伊斯兰教文化，也可以吸纳基督教文化；既可以兼容欧美文明，也可以兼容东亚文明；等等。

从世界经济体制发展来看，虽然计划经济体制在某个时期曾经促进过经济高速发展，但尚没有在计划经济体制下实现经济持续稳定繁荣的先例；虽然市场经济曾经给人类社会带来过种种罪恶和弊端，但当代世界上几乎所有的发达国家都实行的是市场经济体制。现在，世界各国都明白，拒绝建立市场经济体制，就不可能进入现代化行列和参与国际竞争，就不可能迅速实现物质文明和真正实现精神文明。

迄今为止，可以说，全世界已经出现了市场经济体制的大趋势和总潮流。但由于各国的政治制度、社会意识形态等方面的不同，市场经济体制也就必然存在着明显的不同。即使是政治制度和社会意识形态相同或相近，但由于历史、文化、地域的不同，也会形成各方面的差异。这就是说，世界市场经济一体化趋势与市场经济模式多元化趋势是并存的。

二、形形色色的市场经济

当前世界上大体存在以下六种类型的市场经济：政府主导型市场经济（日本和韩国）；有计划的资本主义市场经济（法国和瑞典）；德国的社会市场经济；竞争性市场经济（美国）；转轨型市场经济（俄罗斯及中东欧国家）；中国的社会主义市场经济。

（一）政府主导型市场经济

所谓政府主导型，是指政府在经济发展中起着重要的作用。政府通过制定相关的政策，不仅在宏观层面上而且在微观层面上积极引导经济朝着某一方向发展。

日本政府的经济职能主要有以下五个方面：①通过财政、税收和金融政策来确保分配的公正性和经济的稳定增长，并据此制订指导性的经济计划；②制定公共事业投资、社会公共服务和福利政策，以确保公共产品的供给；对自然垄断的领域及公益事业的进入、退出、价格、投资活动作了详细规定；③颁布反垄断法、商法、民法，对企业的不当行为进行限制，以促进公平竞争；④为避免信息垄断和扭曲，制定保护消费者、信息公开、对广告商品进行管理的政策；⑤为促进经济的持续发展，制定产业政策和科技政策，引导企业朝规定的方向发展。

其中，第①项和第⑤项最为重要。在赶超欧美的过程中，日本政府感到有必要采取行政指导，需要更多地采用计划手段对经济进行干预，日本国民的民族自觉性和活力又为日本政府干预经济提供了社会基础。总之，日本政府主导型市场经济对日本的经济起飞起到了很好的促进作用。

韩国的政府主导型市场经济，也有人把它称作有调控的市场经济。其政府有以下三方面作用：①政府机构直接介入经济发展，并且具有权威性；②利用经济立法和行政手段对经济进行控制和干预；③利用税收、金融政策调节经济，加速出口产业发展。

韩国的政府主导型市场经济具有以下三个特点：①多种所有制经济并存（这一点与中国类似）；②政府对经济决策实行强有力的干预；③在资源配置方面实行国家计划干预与市场调节相结合。

（二）有计划的资本主义市场经济

法国模式可以称为受计划指导的市场经济，即实行市场调节与国家计划指导相结合的市场经济。这种市场经济运行模式有以下三个基本特征：①国有与私有两种生产资料占有形式并存，私有制占主导地位。②集权与分权各有所辖。在法国，国家对企业和个人的经济决策起着重要的有时甚至是决定性的作用，其经济的“自由度”和“开放性”不及其他欧美国家。③在资源配置上实行计划与市场相结合。

瑞典的市场经济又略有不同。说到瑞典，人们首先想到的是它是一个福利国家，侧重点在于其分配模式上。实际上就经济运行机制而言，瑞典表现出相当明显的计划性。表现在以下三个方面：①在经济计划的制订与实施方面，采取自下而上、层层协调的办法，处理地方政府计划与国家计划的关系，计划的约束力比较可靠。②在国家的福利政策方面，瑞典根据公平原则，希望实现老有所养、幼有所教、贫有所济、残有所帮、才有所用。在收入分配方面还注意将效率与公平目标结合起来，强调平等并非平均，平等要以效率为基础。③在国家对私营经济的管理方面，一是倡导行业管理，政府是各种行业组织的协调者与仲裁者；二是利用数额可观的社会养老金，大量购买私营企业的股票，以达到国家对私营经济的调控。

(三)德国的社会市场经济

原联邦德国(西德)实行的是社会市场经济模式，两德统一后，这种模式又推广到原民主德国(东德)，成为涵盖整个德国的经济模式。

德国的社会市场经济既摒弃了老式的自由竞争和自由贸易，又避免了国家统制经济的弊端，把个人自决的积极性同社会进步的积极性结合起来，通过国家的有限干预实现“社会公正”。

社会市场经济是一种含义广泛的经济和社会制度，主要包括以下方面：经济自由；社会公正和社会安全；明确的经济政策目标和系统配套的达标工具；等等。简而言之，社会市场经济就是效率和公正。为了达到高效率，经济必须是自由的。只有自由的高效经济，才能为实现多一些的社会公正提供客观现实的可能。

社会公平是德国社会市场经济区别于美国和日本市场经济的显著特点。它的核心是力争经济上的高效率又兼顾社会公平。社会公正和社会公平的具体内容相当广泛，主要有两条：①社会总产值中有一部分归雇员所有，雇员对企业的生产与管理享有“共同决定权”或“参与决定权”。②进一步扩展社会保障制度。建立起一种可以为多数人接受又不过度削弱市场机制的社会环境：从对医疗、解雇、失业的保障到养老金和住房保障这样一种比较完整的社会保障制度。

(四)竞争性市场经济

把美国的市场经济概括为竞争性市场经济，似乎并不十分准确。因为，凡是市场经济都离不开竞争，似乎没有必要在市场经济前加一个竞争的前缀。再者，美国是世界上垄断资本最发达、大垄断公司最多的国家，把它说成是竞争性的市场经济也失之武断。

但是，尽管这种概括有不尽如人意之处，我们依然认为美国市场经济的突出特征是竞争性。这是因为：第一，美国经济中垄断已经达到很高程度，但竞争仍然是基础。从“垄断并不排除竞争”的意义上来说是这样，而且其经济的整体活力仍然依赖于竞争。第二，美国提倡个人奋斗，鼓励创业精神。这同日本提倡群体意识和欧洲依赖福利保障有很大不同。所以，美国是竞争性市场经济的代表。

研究美国经济的文献可谓汗牛充栋，但选择的角度不同，得出的结论也不一样。如果要用简要的方式描述美国市场经济的特点，可以概括为：美国经济是以自由企业制度为基础，充分保护竞争，市场对资源配置起主导作用，政府对宏观经济进行有效调节，高度国际化的现代市场经济。

1. 实行自由企业制度

美国市场经济的主体或微观基础是企业。美国实行自由企业制度,每个人都能够创办和经营自己的公司。只要依法办理登记,承担纳税义务,就可以成立新的企业。企业的经营方向、产品和服务的定价、生产经营的规模,均由企业自行决策、自负盈亏。

2. 限制垄断,保护竞争

美国的垄断程度是很高的,但美国所体现出的垄断并不是完全垄断。第一,垄断性质属寡头垄断或垄断竞争。寡头之间仍然存在激烈的竞争。第二,从美国多数行业来看,竞争性市场占主导地位。第三,美国的中小企业占企业数的99%以上,不但在垄断占统治地位的部门中尚有中小企业的存在,而且还有一些行业或部门并没有真正的垄断公司,如纺织、建筑等。第四,为了限制垄断所造成的不平等竞争和对市场运行机制的扭曲,美国通过一系列的反托拉斯法,以法律手段控制工业企业的规模结构,尽力为企业创造公平竞争的社会环境。

3. 进行宏观经济调节

美国长期以来强调自由主义传统,企业能办的事政府就不介入。但是,20 世纪 30 年代大危机之后,罗斯福总统倡导实行"新政",美国便开始实行大规模的宏观经济调节。

美国政府对经济干预和调节主要是通过各种法律法规的制定和实行。经济手段主要是通过财政政策、货币政策、收入政策、社会保障与福利政策等来实现宏观调节目标。其中,财政和货币金融为调节的两大杠杆。

4. 有一套比较完善的市场经济法律制度

这些法律制度包括合伙法、公司法、金融法、银行法、贸易法、劳动法、税法、破产法、反托拉斯法等。

5. 高度国际化的经济

国际化程度高是美国经济的一个显著特点。第二次世界大战以后,美国根据"马歇尔计划"援助欧洲,并扶持日本经济复苏,对外进行了大量的贸易、投资。美国是当时最大的贸易国、投资国和债权国。虽然,20 世纪 80 年代以后,美国丧失了最大债权国地位(让位于日本),但仍不失为金融实力最强的大国。随着商品输出和资本输出的扩大,美国跨国公司迅速发展起来。在全世界的跨国公司中,美国几乎占了一半;美国跨国公司的 FDI 占其总额的 40%以上。同时,外国的商品和劳务、外国的投资也不断进入美国市场,外国的商品、劳务在美国国内市场上的份额不断增大。

随着世界经济区域集团化的发展,为增强在世界市场上的竞争力,美国一改过去的大力提倡多边贸易和积极参与区域集团化,转向追求区域多边自由贸易和建立区域性经济集团。除了参与北美自由贸易协定之外,还积极筹建美洲经济圈,并提出"新太平洋共同体"的构想。

(五)俄罗斯及中东欧国家转轨型市场经济

这一类市场经济具有特殊性,是处在变动中的过渡经济。转轨经济面临两方面的挑战:一是放弃旧体制;二是建立尚不存在的新体制。

俄罗斯及中东欧国家经济转轨可分为激进和渐进两种。前者包括民主德国、波兰和俄罗斯。1990 年 7 月 1 日两德统一,东德完全按联邦德国模式改造;波兰和俄罗斯则采用了"休克疗法"。虽同属激进型,但前者取得成功,后两者经济滑坡,俄罗斯直至普京上台后才开始有所起色。渐进型的经济转轨包括匈牙利、捷克、斯洛伐克,效果都比较好。

(六)中国的社会主义市场经济

中国通过自己的摸索也逐渐走上了有中国特色的社会主义市场经济道路,市场经济体系初步建成,市场机制的作用逐步得到更有效的发挥。

上述各种市场经济模式很难说哪一种比另一种更好,每个国家应根据自己的国情、民族习惯、经济发展水平选择不同的市场经济模式。

三、市场经济体制是生产力发展的必然选择

按照历史唯物主义的理论,生产力与生产关系以及经济基础与上层建筑的矛盾是人类社会的两大基本矛盾,是社会发展的基本动力。历史已经充分证明这是完全正确的,但同时也已充分证明:作为生产关系(经济基础)的具体表现形式的经济体制,在发展社会生产力方面也有不容忽视的重要作用。

在这方面,经济体制的产生、发展和消失,都决定于社会生产力的发展,但又反作用于生产力,既可能成为生产力的巨大动力,又可能成为生产力的桎梏。经济体制既是基本经济制度(生产关系或经济基础)的表现形式,但也反作用于基本经济制度。经济体制既可以受到作为上层建筑的政府的维护,也可以反作用于政府。在适应生产力发展要求而进行改革的情况下,经济体制改革需要依靠政府来推动,反过来也在巩固政府。

四、社会主义市场经济体制对于促进生产力发展的独特作用

社会主义市场经济体制对促进生产力发展的独特作用主要体现在与发展社会主义市场经济相联系的竞争上。竞争是市场经济的共有本质,但在中国由计划经济向社会主义市场经济转变的时期,存在着一种特有的激烈竞争。决定这一点的主要因素有以下几点:

(1)发达国家经过一二百年至二三百年的发展,早已越过了原始资本积累阶段,人民生活早已解决了温饱问题,已经步入经济发达和生活富裕的阶段。现阶段当然还存在竞争,而且在有些领域仍很激烈,但总体来说,与资本主义初期那种竞争比较起来要缓和得多。而中国仍处在改革初期,非公有经济在国内生产总值中的比重还较低,全国还有不少数量的贫困人口。这个阶段上的竞争比经济发达阶段上的竞争要激烈得多。

(2)就竞争的主体来说,在经济发达国家,除了存在少量的国有企业以外,主要是私人企业之间的竞争。而在中国现阶段,不仅存在国有企业与集体企业之间的竞争以及居于主导地位的公有企业与私有企业之间的竞争,还存在处于城乡二元体制下企业之间的竞争以及外资企业与中资企业之间的竞争,特别是拥有或实际上拥有大量生产资源的地方政府之间的竞争。这种数量极多的、优势劣势同在的、复杂的市场主体特征使得竞争变得激烈起来。

(3)就竞争的目的来看,在经济发达国家,伴随健全的市场体系、社会信用制度和法律制度的建立和完善以及与之相联系的平等竞争的有序进行和充分展开,利润正趋于平均化。当然,同时存在着争取超额利润的竞争,对垄断企业来说还有争取垄断利润的竞争。但在中国现阶段,平等竞争并未充分展开。许多可以获得巨额利润的行业还有待发展。由于计划体制和市场经济体制的长期并存,存在巨大的寻租空间。在这些条件下,许多企业不仅不满足于获取中等水平的利润,也不满足于获得超额利润和垄断利润,而是热衷于追逐水平高得多的暴利。正是这种行为促使竞争激烈化,也正是这种行为在较短时期内促使社会财富迅速向少数人集中。这种财富集中的"示范"效应,又反过来进一步促进竞争的激烈化。

(4)从生产要素市场的情况来看,中国本来劳动力就多,潜在失业人口(特别是农村潜在失

业人口)不容忽视。伴随改革的深入,从公有制企业中还要释放出数以千万计的多余劳动力。伴随技术进步和产业结构优化,就业弹性系数显著下降,这一切都会激化劳动力市场上的竞争。中国人均土地面积贫乏,伴随城镇化和作为支柱产业的房地产业的发展,土地市场的供求矛盾将更加尖锐。在资金方面,中小企业、农村和边远地区需要的资金又远远得不到满足,以致利率高得多的民间借贷迅速发展。所有这些都使得包括劳动力、土地和资金等要素市场上的竞争变得激烈起来。

(5)在中国计划经济体制下,地区之间重复建设和重复生产的问题就已经很严重。自改革开放以来,由于全国统一的开放市场并未真正形成,这种低水平的重复建设和重复生产甚至有所加重。这也是加剧竞争的一个重要因素。

(6)总体来说,中国在国际分工中处于产业链条的低端,高科技产品的比重不大,具有自主知识产权的产品也不多,出口产品也大多是集中在以劳动成本低为特征的相关产品上。这种低水平的、雷同的出口产品结构也使得相关企业面临着激烈竞争。从积极方面说,正是上述由市场取向所激发的激烈竞争,使得现阶段经济充满活力,把各种生产潜力越来越充分地发挥出来,从而在一个很长的时期内推动中国经济的快速发展。但从消极方面说,这种激烈的竞争对经济发展也有不利作用,甚至是破坏作用。但这只是问题的次要方面。

案例剖析

中国国内市场统一了吗?

自改革开放以来,中国一直致力于社会主义市场经济的建设。统一的国内市场也一直是市场经济建设的重要目标。然而在改革的进程中,地方政府为促进本地经济的发展,都在不同程度上采取地方保护主义措施。中国市场出现了一定程度的市场分割现象,阻碍了市场经济的发展。市场分割是与市场一体化相背离的经济现象,主要是指地方政府利用行政力量对外地厂商进入本地市场、本地企业及资本流出加以限制的行为。

市场分割的主要表现有以下四个方面:

1. 产品的保护与封锁。地方政府利用种种非市场手段保护本地产品在本地市场的地位,防止外地产品进入本地市场影响本地产品的生产和销售。有的地方甚至采取发“红头文件”的行政手段建立各种“市场准入壁垒”,阻止地区外竞争性产品进入,这是地方市场分割的最常见形式。

2. 企业的保护与封锁。地方政府对本地企业采取各种干预措施:①限制优势企业外流,阻碍其向外地投资;②对本地国有企业采取“父爱式”的关怀,例如使用财政杠杆,实施力度很大的减免税收或税收返还政策;③对劣势企业的保护,制造兼并陷阱,把包袱甩给外来企业,一旦亏损企业有所起色,又对外来的合作方加以刁难排挤;④对生产假冒伪劣商品的企业听之任之。

3. 资本市场方面的保护。我国证券市场已经从地区试点发展成为全国性市场,市场的规范性正逐步提高。但我国证券市场是相对独立、非统一的市场。证券交易所归属地方政府和中央证券主管部门双重管理。不同的证券交易所有不同的制度、办法和运作规则。不少上市公司和中介机构在信息披露和规范运作方面违反有关规定,证监会疲于查堵。地方政府出于局部利益,又往往倾向于大事化小、小事化了。

4. 在资源配置上的表现。在生产资源配置上,无视国家产业政策和生产力的合理布局,也是地方市场分割的一种重要表现形式。产业政策是国家站在宏观经济高度,从全局长远利益出发,对整个国家产业布局的规划,目标是实现全社会各产业的协调发展,需要各地和各部门自觉地贯彻实施。但由于改革开放以来,多元利益结构的形成和发展,各地区和部门往往不是从全局利益出发、服从国家产业政策的调控,而是一味地追求自身局部的短期利益,对投资少、见效快、价高利大的项目争着上,盲目布点、盲目投资,以致重复建设、重复引进、一哄而上、一哄而散的现象相当普遍。

正是基于上述原因,现在很难说中国已经形成了统一的国内市场。难怪在“欧盟经济运行机制及其对泛珠三角经济发展战略的启示"国际会议上，有专家指出，中国国内市场统一的难度比欧盟国家之间市场统一的难度还要大。看来中国国内市场的分割问题是"冰冻三尺，非一日之寒"！

思考与练习

一、关键概念

市场经济、效率、交易费用、市场失灵、外部性、帕累托最优

二、思考题

1. 市场经济的本质属性是什么？
2. 影响效率的因素有哪些？
3. 为什么说市场经济优于计划经济？
4. 外部性的特征有哪些？
5. 为什么说经济体制中包含有经济问题？

三、讨论题

中国为什么选择了市场经济体制？

第四章 国际贸易

本章要点

本章按古典贸易理论、新古典贸易理论和当代贸易理论的顺序介绍了国际贸易理论的演进过程;说明了中国转变贸易增长方式的理由和方式;论述了贸易保护主义对中国经济的影响。

本章的重点在于清晰地梳理了国际贸易理论的发展历程。

本章的难点在于中国为何要转变贸易增长方式。

案例引导

“中兴事件”让我们感到“芯痛”,高技术研发体系究竟有哪些短板要补?

2018 年 4 月 24 日,习近平总书记在考察三峡大坝时指出,中华民族的伟大复兴,不会是欢欢喜喜、热热闹闹、敲锣打鼓那么轻而易举就实现的。我们要靠自己的努力,大国重器必须掌握在自己手里。要通过自力更生,倒逼自主创新能力的提升。

就当前而言,加强关键领域的自主创新能力已成当务之急。不可否认,自改革开放以来,我国关键领域技术研究与发展取得了历史性成就,但与以美国为首的发达国家相比,还存在较大差距。日前,美国对中兴的 7 年“封杀”让国人对于芯片产业的发展予以高度关注。对此,我们要有清醒认识,既不能妄自菲薄,也不能妄自尊大。

第一,必须统筹解决高技术研发系统化配套能力薄弱这个关键问题。对于核心技术来说,科学原理大家都是清楚的,关键是如何实现的问题。从科学原理到具体的高技术产品,中间的环节和链条很多很长,每个环节都不能出现问题,更不能缺失。拿芯片产业来说,从集成电路原理到生产出各种类型的芯片,中间过程需要的高精尖技术非常多,特别是芯片生产设备以及测试封装技术与设备等,都必须跟得上。只要有一个环节受阻,整个技术产业就会受阻。我国高端芯片产业之所以受制于人,从技术层面上讲,就在于关键生产设备、测试封装技术与工艺等还没有达到最先进水平。对于高技术研发而言,生产设备、生产材料、生产工艺、生产流程等,构成一个高技术系统工程,必须统筹考虑、多头并进、重点突破,头疼医头脚疼医脚是不行的。解决系统化配套问题是我国关键领域技术研发取得实质性突破的关键。

第二,必须克服国家高技术研发体系“九龙治水”局面。我国高技术研发涉及的部门非常多,比如科技部门、国防系统、产业部门、科学院、高校、国有及民营企业等。多部门重视某一高技术并给予研发投入,在理论上是有好处的,比如,既可以产生竞争,又有可能“东方不亮西方亮”。但实际上,在大家研发力量都不强而又投入分散的情况下,多头投入与管理的弊端也越来越明显。比如,容易导致力量分散、各自为政等。因此,新时代条件下,要特别重视加强顶层设计，尊重高技术研发规律，注重发挥制度优势，形成合力，在国家层面建立高效有序的高技术研发体系。

第三，必须彻底扭转过分追求短期效益的研发导向。由于我国是后发国家，经济社会发展对实用技术需求旺盛，这会导致两个层面的问题：一是政府层面对能够在短期内取得效益的高新技术格外重视，因此那些在短时间内有望通过攻关取得突破的技术研发项目容易获得支持，而系统性、难度高的关键核心技术则容易"有选择性"地被避开。虽然国家层面也认识到这一问题，出台了一系列中长期关键技术研发计划，但实施效果并不理想。要真正解决问题，还是要打破地方和部门利益藩篱。二是就科研院所和企业而言，短平快的研发容易获得支持，其投入性价比高，院所企业的积极性自然也高；"长难慢"的硬骨头，研发周期长、难度大、风险高，其投入性价比低，院所企业的积极性自然也不高。尤其是长期存在着"市场换技术"的路径依赖，购买发达国家关键核心技术产品的惯性思维和做法在我国大行其道。如果说，在改革开放初期，这么做有其合理性，但在新时代背景下，其弊端已暴露无遗。因此，在国家科技政策改革上，必须改变地方政府、产业部门、行业企业热衷于追求短期效益的研发导向。

第四，必须尽快改变过分强调显性指标的评价导向。为什么短平快的研发能够大行其道呢？还有一个关键原因，就是当前的科研评价体系过于重视显性指标，比如所谓的国际领先性、SCI论文数量及其影响因子、人才称号、短期经济效益等。显性的量化指标数据当然重要，但是，如果只看这些漂亮好看的量化指标数据，在行政主导资源的体制下，科研单位和科研工作者必然"投其所好"，为量化指标数据而奋斗。要坚决防止把科技发展搞成"政绩工程"，科技研发有其自身的规律和特殊性，对于这一点，必须有清醒的认识。

第五，必须警惕"唯国际前沿"陷阱。近年来，随着我国科技实力的增强，并跑、领跑"国际前沿"的呼声和政策导向逐渐清晰。这本身并没有错。但是，必须清醒认识到，在高技术领域，很多核心技术、工艺、配方等都并非所谓的"国际前沿"，发达国家甚至早在半个世纪以前就已经掌握进而视为绝密并垄断的核心技术，多数我们并没有掌握。而解决、攻克这些核心技术问题所需要的并不是"国际前沿"科学，更不是高大上的"高端论文"，甚至攻克这些核心技术都不具备发表"高端论文"的资格——因为人家早已攻克，它们早已不是"国际前沿"。当然，绝密高技术是没有人傻到拿出来发表的。因此，我们要打破一个认识上的误区：不要以为不是国际前沿，就没有价值，就不值得做。能引领世界科技前沿当然重要，而攻克已经不是国际科技前沿，却是卡住我们脖子的核心技术和工艺，对于中国的发展更为重要、更为紧迫，意义也更为重大。因此，在进行科技评价时，一定要务实，要符合中国发展的实际需要。

第一节　国际贸易理论的演进过程

国际贸易理论是不同时代的经济学家在批判地继承前人的思想成果的基础上，不断加入新的理论成果，使古典国际贸易理论逐渐演进到新古典国际贸易理论以及当代国际贸易理论。

一、重商主义的贸易思想

重商主义(mercantilism)是曾经支配过一个时代的经济思潮，产生于15世纪，到17世纪后其影响力逐渐衰落。然而，重商主义的某些观念迄今仍然存在。重商主义集中考察了一国致富之道，即国民财富的增长问题。有两个重要因素促使重商主义在这个问题上的探索：第一，商品交换和货币经济在当时迅速发展，商业资本的扩张迫切要求进行财富积累，因而需要探求财富之源;第二,民族国家的成长渴望消灭封建政体的统治,而一国国力大小决定于该国财富的多少,这造成了对财富的更大关注和对经济活动的推动。

重商主义是当时的人们对资本原始积累时期商业实践的直观感知以及由此导出的一系列基于经验主义的政策结论。重商主义者把货币和财富等同起来,认为财富就是货币,一国财富的增长也就是其所持有的货币量的增加。于是,一国的经济政策就要以增加其所持有的货币为目的。而对外贸易是增加一国货币财富的真正源泉。

重商主义认为:第一,利润(具体为赚取的货币)是一种让渡的收入,是贱买贵卖的结果;第二,国内贸易不能增加一国的货币财富总量,仅仅是财富的再度分配;第三,只有顺差的对外贸易使得金银流入国内,才能给一个国家带来真正的利润;第四,国内生产必须服从商品输出的需要,即多出口、少进口;第五,国家必须积极干预经济,保护本国的工商业,促进对外贸易的发展。

重商主义很重要的一点是对于贸易顺差的强调,这在早期重商主义那里表现为"货币差额论",在晚期重商主义那里则直接表现为"贸易差额论"。早期、晚期重商主义并没有什么本质上的不同,因为在当时,货币差额本身就是贸易差额的反映,所不同的只是早期重商主义以"守财奴"的观点主张吸引货币流入和控制货币流出;而晚期重商主义则强调把货币投入到"有利可图"的对外贸易上,"有利可图"被重商主义理解为要有顺差。晚期重商主义者托马斯·孟(Thomas Mun)这样说道:"必须时时谨守这一原则:在价值上,每年卖给外国人的货物,必须比我们消费他们的要多。"

如果说早期重商主义为了控制货币外流在政策上存在限制贸易的倾向的话,晚期重商主义则主张大力发展对外贸易。但是,如果贸易在无限制的条件下自由发展,又未必能保证实现重商主义所认为的有利可图的顺差贸易。面对这一问题,重商主义走向了国家干预主义,即由国家管制对外贸易,通过管制金银流动(早期)和对外贸易(晚期)贯彻一种奖出限入的贸易政策以达到顺差的目的,按托马斯·孟的说法就是"货币产生贸易"。

二、古典国际贸易理论

(一)亚当·斯密的绝对优势理论

1. 亚当·斯密的分工理论

亚当·斯密从人类追求利益的本性出发提出了分工理论,认为追求自利的本性产生了交换的要求,交换导致了分工,分工提高了劳动生产率从而促进了国民财富的增长。

分工之所以能提高劳动生产率是由于:第一,劳动者的技巧因业专而日精;第二,从一种工作转到另一种工作通常需损失不少时间,有了分工,就可以免除这种损失;第三,许多简化和缩减劳动的机械发明,使一个人能够做许多人的工作。

2. 亚当·斯密的绝对优势说

亚当·斯密的贸易理论包括两个重要部分:一是"绝对优势说"(absolute advantage);二是"剩余出路说"(vent for surplus)。前者以提高劳动生产率为基点,后者则隐含着规模收益递增的条件。我们在此重点探讨绝对优势理论。

亚当·斯密认为,自由竞争和自由贸易是实现自由放任原则的主要内容。在国际贸易中,无论是进口还是出口,都应是市场上的一种自由交换,这种自由交换的结果,是双方都会得到好处。

亚当·斯密认为,国际贸易的基础是各国之间生产技术服务(劳动生产率和生产成本)的绝对差别。适用于一个国家内的分工原则，也适用于国际上的经济发展。两国间产生贸易的动机在于产品成本的差异，而这种差异来自于一个国家所拥有的自然优势或获得性优势。这一学说在贸易理论上被称为“绝对优势理论”。

绝对优势是一国（人）生产 1 单位的某种商品所使用的资源少于另一国（人）同类商品的生产。一国拥有的绝对优势意味着该国可以比其他国家以更低的成本生产某种商品。

通过开展国际贸易，各国可以根据本国的优势进行专业分工，这种分工有利于促进劳动生产率的提高，如果每个国家都按照各自的绝对有利的生产条件（即生产成本绝对低）去进行专业化生产，然后彼此交换，则对所有国家都会是有利的。

绝对优势说假定：

（1）只存在两个国家和两种可贸易的产品。

（2）两种产品的生产都只有一种要素投入：劳动（以劳动量表示生产成本）。

（3）两国在不同产品上的生产技术不同，存在劳动生产率的绝对差异。

（4）给定生产要素（劳动）供给。要素可以在国内不同部门间流动，但不能在国际上流动。

（5）规模报酬不变。

（6）完全竞争市场。各国生产的产品价格都等于产品的平均生产成本，无经济利润。

（7）无运输成本。

（8）两国之间的贸易是平衡的。

下面举一个例子加以说明，数据如表 4－1 所示。

表 4－1　　绝对优势理论：分工前

产品国别	X 呢绒（1 单位）	Y 酒（1 单位）
A（英国）	100	120
B（葡萄牙）	110	80
产量	2	2

可见，生产 1 单位商品 A、B 两国所需劳动量不同，A 国可以比 B 国更便宜地生产 X 商品，B 国可以比 A 国更便宜地生产 Y 商品。对这两个国家，如果进行分工，A 国专门生产 X，B 国专门生产 Y，然后通过贸易，两国都可以获益。

分工之后，两国各自生产其生产成本低的商品即利用自己生产效率高的优势，“世界”的总产量得到增加，数据如表 4－2 所示。

表 4－2　　绝对优势理论：分工后

产品国别	X 呢绒（1 单位）	Y 酒（1 单位）
A（英国）	（100＋120）/100	
B（葡萄牙）		（80＋110）/80
产量	2.2	2.375

两国进行贸易，假定两国交换比例为 1∶1，A 国用 1 个单位的 X 与 B 国交换 1 个单位的 Y，本国消费 1 个单位的 X，剩下额外增加的产量（0.2 个单位的 X）即成为 A 国得到的利益。

B国的情况亦类似。

每个国家都在某种商品的生产上拥有自己的绝对优势,即所耗费的劳动绝对地低于其他国家。只要各国都生产自己具有绝对优势的产品用于交换,那么就可以使彼此都获得贸易利益。

根据绝对优势理论,各国应专门生产并出口其具有“绝对优势”的产品,不生产但进口其不具有“绝对优势”的产品。

绝对优势的两种衡量方式:①劳动生产率(单位要素投入的产出率)。这个比例高的产品就有绝对优势。②生产成本(生产1单位产品需要的要素投入数量)。这个比例低的产品就有绝对优势。

3. 亚当·斯密的贸易政策主张

亚当·斯密对各国进行贸易的动因分析表明,只有在自由贸易政策下,各国才能充分享受到按绝对成本优势形成的国际分工所带来的贸易利益。因为每个国家都有其适应某些特定产品生产的绝对优势,按照各国自身优势形成国际分工,再通过贸易进行交换,所有参与贸易的国家的资源和劳动都能得到最有效的利用,劳动生产率可以大大提高,物质财富就能得到增加。但是,对贸易进行干预就会阻碍这种国际分工,会限制通过国际分工和国际贸易来获取最大的贸易利益。

(二)大卫·李嘉图的比较优势理论

1. 比较优势

绝对优势说的缺陷在于它不能回答这样的问题:如果一国在所有产品生产上都不存在绝对有利的生产条件,那么这个国家还要不要参加国际贸易,或者说还能不能从国际贸易中获得利益呢?

大卫·李嘉图(David Ricardo)提出的比较优势说解释了这一问题,他认为,即使一国在所有产品的生产成本上与别国相比都处于劣势,仍然会进行国际贸易,仍然可以获得贸易利益。

比较优势说(也称比较成本说)的基本思想在于,不同国家生产不同产品会存在劳动生产率或成本上的差异,各国应分工生产各自具有相对优势的产品,即劳动生产率相对较高或成本相对较低的产品,通过国际贸易获得利益。

比较优势(comparative advantage)是指一国在数种产品中生产成本相对较低的优势。

2. 李嘉图模型的假定

(1)只存在两国和两种产品;只有劳动一种要素,所有的劳动是同质的;生产成本不变(单位产品成本不因产量增加而增加)。

(2)运输成本为零。

(3)没有技术进步。

(4)物物交换(排除货币因素的影响)。

(5)完全竞争市场(生产要素在国内自由流动,在国际上不能自由移动)。

(6)充分就业。

(7)国民收入分配不变。

3. 李嘉图模型

下面举例说明,数据如表4-3所示。

表 4—3 **比较优势理论:分工前**

产品国别	X 呢绒(1 单位)	Y 酒(1 单位)
A(英国)	100	120
B(葡萄牙)	90	80
产量	2	2

B 国在两种产品的生产上都具有生产成本低的优势,即能够以比 A 国更少的劳动生产这两种商品。但是,B 国在这两种商品上所具有的优势程度是不同的,同样,A 国的劣势也有程度上的不同。

如何知道相对优势?比较两个国家两种商品的生产成本比率:120/100>80/90,即 $Y_A/X_A > Y_B/X_B$,在以 X 商品为价值标准时,A 国 Y 商品的单位生产成本较高,B 国较低,B 国具有成本优势。100/120<90/80,即 $X_A/Y_A < X_B/Y_B$,在以 Y 商品为价值标准时,A 国 X 商品的单位生产成本较低,B 国较高,A 国具有成本优势。

如果两国实行完全的专业化分工,即 A 国专门生产 X 商品,B 国专门生产 Y 商品,并进行贸易,那么,两种商品的产量都得到了提高,数据如表 4—4 所示。

表 4—4 **比较优势理论:分工后**

产品国别	X 呢绒(1 单位)	Y 酒(1 单位)
A(英国)	220/100	
B(葡萄牙)		170/80
产量	2.2	2.125

或者,假定两国消费总量不变(即 X、Y 各只需 2 单位),则 A 国 0.2 单位的 X 和 B 国 0.125 单位的 Y 的生产就不必要了,可以因此节约 A 国 20 人和 B 国 10 人的劳动。这些增加的产量或节约的劳动,就是"来自于贸易利益"(gains from trade)。

4. 比较优势的衡量方式

(1)相对劳动生产率。相对劳动生产率是不同产品劳动生产率的比率或两种不同产品的人均产量之比。

$$\text{产品 A 的相对劳动生产率(相对于产品 B)}=\frac{\text{产品 A 的劳动生产率(即人均产量 }Q_A/L\text{)}}{\text{产品 B 的劳动生产率(即人均产量 }Q_B/L\text{)}}$$

(2)相对成本。相对成本指的是一个单位产品的要素投入与另一单位产品要素投入的比率。

$$\text{产品 A 的相对成本(相对于产品 B)}=\frac{\text{单位产品 A 的要素投入量(}a_{LA}\text{)}}{\text{单位产品 B 的要素投入量(}a_{LB}\text{)}}$$

三、新古典国际贸易理论

(一)赫克歇尔及俄林的主要贡献及其贸易思想

在新古典国际贸易理论中,贡献最大的当属埃利·赫克歇尔(Eli F. Heckscher)和伯尔蒂尔·俄林(Bertil Gotthard Ohlin)。以亚当·斯密和大卫·李嘉图为代表的古典经济学家以劳动价值理论为基础，论证了各国劳动生产率之间的差异，由此构建起比较优势学说。赫克歇尔和俄林的贡献之一是建立赫克歇尔—俄林模型（即 H-O 模型），扩展了比较优势模型。

首先，该模型用生产要素禀赋差异解释了国际贸易产生的基础。其次，对亚当·斯密和大卫·李嘉图的国际贸易理论提出了质疑。1890 年以后，马歇尔（Marshall）的均衡价格论已取代劳动价值论成为西方经济学的基础，但劳动价值论仍在国际贸易理论中占支配地位。俄林的生产要素禀赋理论就是为迎合这种“改革”的需要提出来的。俄林在综合李嘉图的比较优势学说、约翰·穆勒（John Mill）的相互需求理论、马歇尔的均衡价格论和陶西格（Taussig）的比较成本学说的基础上，在老师赫克歇尔的鼓励下，创立了生产要素禀赋理论，该理论又称作赫克歇尔—俄林定理。俄林也因此获得 1977 年诺贝尔经济学奖。

在生产要素禀赋理论中，俄林认为贸易的首要条件是商品在地区间存在价格差异。这种价格差异从需求的角度讲，由消费者的欲望和生产要素所有权（这会影响消费者的收入）来决定；从供给的角度讲，由各地生产要素的生产规模决定。

在各地对商品的消费偏好相同、需求状况不变、各地的生产技术水平相同、规模报酬不变的假定下，俄林认为区域贸易的“充足”条件是生产要素禀赋的差异。

由于每一地区的出口商品中含有较大比例相对丰裕而廉价的要素，从而这些要素变得比以前更稀缺了。而进口中包含着很大比例的稀缺要素，从而这些要素就变得不那么稀缺了。因此，区域贸易的后果是使商品价格均等化，生产要素的价格也有趋向均等化的趋势。

生产要素禀赋理论开辟了现代国际贸易理论的新天地，后来的很多经济学家对要素禀赋理论不断进行验证和发展，出现了里昂惕夫之谜（Leontief paradox）和林德的需求相似理论。

（二）H-O 模型的前提假设

H-O 模型的前提假设共有 11 条，最主要的有以下 6 条，当我们逐渐放松这些假设前提时，会得到不同的结论。

1. 只存在两国、两种产品、两种生产要素。

2. 生产要素在世界各国是同质的；并且生产要素在各国的供给是固定的，在国内可在产业间流动。

3. 关于生产函数的假定有三个方面。①生产函数是线性的，且为不变规模收益（constant return to scale）；生产要素的边际生产率为正数但逐步递减。②各国相同产品的生产函数相同，没有技术上的差距。③没有要素密集度逆转（factor intensity reversals），即不同的产品以不同的要素生产，相同产品的要素组合总是相同的。

4. 两国对两种产品的需求形态（demand pattern）相同，对各种商品的消费比例取决于价格而非收入，即收入水平和偏好不决定贸易类型（pattern of trade）。

5. 没有完全的专业化分工现象，即假定两国在自由贸易下均生产两种产品。

6. 没有运输成本和贸易障碍，商品市场和要素市场是完全竞争的。

（三）要素禀赋与相对供给

要素密集度（factor intensities）是指生产一个单位某种产品所使用的生产要素的组合比例。在资本与劳动两种生产要素的情形下，要素的密集度就是指生产一单位该产品所使用的资本—劳动比率。

要素密集度是一个相对概念，即使生产两种产品时投入的要素数量不同，但只要所投入的各种要素的相对比率相同，那么这两种产品的要素密集度就是相同的。两种产品的要素比例和要素价格之间的关系是可以比较的，相应于某种价格水平上的相对要素密集度也就可以确定。

假设 X 和 Y 两种商品在生产过程中所需要的要素投入比例(资本/劳动)分别为 K_X/L_X 和 K_Y/L_Y。如果 $K_Y/L_Y>K_X/L_X$,则称 Y 为资本密集型产品,X 为劳动密集型产品。

要素丰裕度(factor abundance)衡量的是一个国家所拥有的经济资源的相对丰富程度,或者说是一个国家资源的相对供给量。

有两种定义要素丰裕度的方法:一种是以实物单位定义;另一种是以相对要素价格定义。

第一种方法:如果 B 国的可用总资本和可用总劳动的比率(TK/TL)大于 A 国的这一比例,我们就说 B 国是资本丰裕的。注意,这种方法用的是总资本和总劳动的比率,而不是两者的绝对数量。如果 B 国的 TK/TL 大于 A 国的 TK/TL,即使 B 国的资本拥有量少于 A 国,B 国仍然是资本丰裕的。

第二种方法:如果 B 国资本价格和劳动时间价格的比率小于 A 国的这一比率,我们就说 B 国是资本丰裕的。同样要注意,决定一国是否是资本丰裕的,并不是资本价格 r 的绝对水平,而是看它与劳动价格 w 的比率 r/w 的大小。例如,B 国的 r 可能比 A 国的要高,但如果 B 国的 r/w 小于 A 国的 r/w,则 B 国就是资本丰裕的。

(四)H-O 模型总体均衡分析

使用的分析工具是生产可能性曲线(production possibility frontier,PPF)和社会无差异曲线。

与古典贸易模型相比,H-O 模型在对一国生产可能性的假设方面有两点不同:

第一,关于两国生产各种商品能力不同的原因。古典贸易模型给出的解释为生产技术的不同,而 H-O 模型则更强调要素禀赋的不同。

第二,关于产品生产机会成本的假定。古典贸易模型假设劳动是唯一的投入要素,每单位劳动投入的产出是不变的。因此,每单位产品的机会成本是固定的,生产可能性曲线是一条直线。

但 H-O 模型假设有两种要素投入,产品生产的机会成本是递增的。即当一国将其生产资源从一种产品的生产转移到另一种产品的生产上时,所必须放弃的该产品的数量会越来越大。机会成本递增将使生产可能性曲线具有外凸的形状。

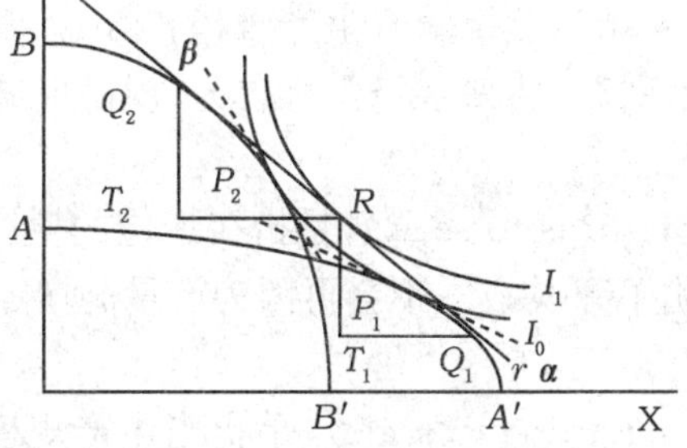

图 4—1 H-O 模型总体均衡分析

如图 4—1 所示,假定 A 国是劳动密集型,B 国为资本密集型,两国的 PPF 如图中所示。两国社会无差异曲线相同。

共同的无差异曲线 I_0 与 A 国的 PPF 相切于 P_1,与 B 国的 PPF 相切于 P_2,各自的切线分别为 α 和 β(表示两国各自的国内交换比率)。而 α 的斜率小于 β,所以贸易前劳动要素充裕的A国中劳动密集型产品X相对价格较低，即较少的Y可以换到较多的X；在资本要素充裕的B国则资本密集型产品Y的相对价格较低，较少的X可换到较多的Y。

贸易后，两国交换比率为r，贸易的均衡点在R，即r与I_1相切于R。r又与两国的PPF分别相切于Q_1、Q_2，于是，A国将在Q_1点生产两种商品，在R点消费两种商品。在X产品方面，A国生产大于消费，出口T_1Q_1的X商品；在Y商品上，A国消费大于生产，进口T_1R的Y商品。同理，B国出口T_2Q_2的Y商品，进口T_2R的X商品。

H-O定理是指一国应当出口密集使用该国相对丰裕而便宜的要素生产的商品，应进口密集使用该国相对稀缺而昂贵的要素的商品。换言之，劳动丰裕型国家应该出口劳动密集型产品，进口资本密集型产品；而资本丰裕型国家应该出口资本密集型产品，进口劳动密集型产品。

在所有可能造成国家之间相对商品价格差异和比较优势的原因中，H-O定理认为各国的相对要素丰裕度即要素禀赋(factor endowments)是国际贸易中各国具有比较优势的基本原因和决定因素。正是这个原因，H-O定理又常被称为要素禀赋理论。

在共同的价格比率下，两国的相互进出口额相等，即$T_1Q_1=T_1R=T_2R=T_2Q_2$，也就是说，两国的贸易三角形RT_1Q_1和RT_2Q_2是相等的。但两国的消费水平都移到了更高效用水平的I_1，这表明：两国都得到了贸易利益，而且在本例中两国的贸易利益相等。

四、当代国际贸易理论

第二次世界大战以后，跨国公司的兴起和经济全球化不断加强，多边贸易体制形成并不断完善和发展。传统国际贸易理论遇到挑战，国际贸易中的许多新现象无法用传统的贸易理论来解释，甚至与传统贸易理论相悖。

传统贸易理论之所以出现危机，是因为其理论所依据的前提假设在现实中发生了很大变化。无论是古典比较优势理论，还是新古典的要素禀赋理论，都是以一系列严格的假设条件为前提的。但是，这些假设条件使这些理论对于当今国际贸易中的许多问题无法给予科学圆满的解释，而且如果改变其中的某一些假设条件，就可能导致完全不同的结论。在上述前提下，新的国际贸易理论的出现已成为必然。

(一)规模经济与国际贸易

1. 规模经济的基本原理

规模经济(economies of scale)，是指随着生产规模扩大、产量增加，每单位要素投入的产出会增加，产品的平均成本会下降。微观经济学称之为“规模报酬递增”(increasing returns to scale)，也称规模经济。

规模报酬不变(constant returns to scale)，是指在最佳的生产规模中，产品的平均成本达到最低点，并且在一定的范围内，平均成本不会再因为产量的增加而减少。这一阶段就被称为“规模报酬不变”。

规模报酬递减(decreasing returns to scale)，是指当生产规模继续扩大时，平均生产成本会因规模过大、管理和合作效率下降等原因而上升。这种在最后阶段出现的现象被称为“规模报酬递减”或“规模不经济”。

内部规模经济(internal economies of scale)，是指厂商的平均成本随着其本身生产规模的扩大而下降。

外部规模经济(external economies of scale)，是指由于行业内企业的增加和相对集中，使企业在信息收集、产品销售等方面的交易成本下降。

2. 外部规模经济与国际贸易

外部规模经济导致国际贸易产生的过程，可以从图 4－2 中得到说明。

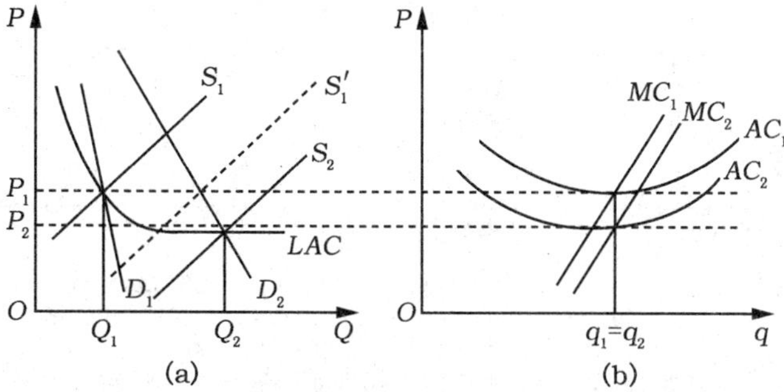

图 4－2　外部规模经济与国际贸易

假设图 4－2(a)中给出的是中国运动鞋行业的市场供求曲线和单个运动鞋生产企业的成本收益曲线。D_1 是本国的需求曲线，S_1 是没有贸易时或行业扩大前本国运动鞋行业的短期供给曲线，LAC 向下倾斜表明该行业存在外部规模经济。

图 4－2(b)中，MC_1 和 AC_1 分别是没有贸易或行业扩大前单个厂商的边际成本和平均成本曲线。最初的均衡点在 S_1 与 D_1 的交叉点上。由于 P_1 的价格没有优势，所以贸易不会产生。行业规模扩大，有更多的企业进入这一行业，供给曲线右移到 S_1'。由于存在行业的规模经济，S_1'会继续右移到 S_2。产品价格从 P_1 下降到 P_2，行业规模的扩大和平均成本的下降使该行业在国际市场上具有了竞争优势，企业就具有出口运动鞋的积极性，国际贸易产生。

3. 内部规模经济、垄断竞争企业与行业内贸易

如何解释发达国家之间工业产品的“双向贸易”？或者说，行业内贸易为何存在？下面以美国和日本的汽车贸易为例进行说明，如图 4－3 和图 4－4 所示。

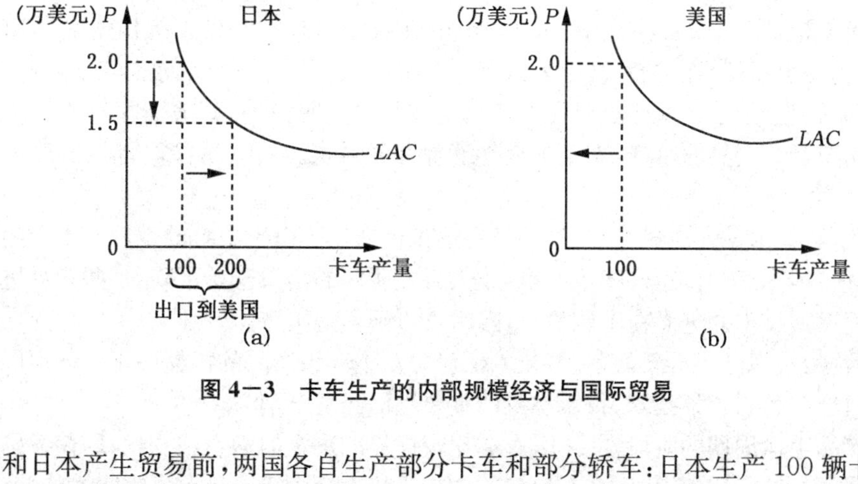

图 4－3　卡车生产的内部规模经济与国际贸易

美国和日本产生贸易前，两国各自生产部分卡车和部分轿车：日本生产 100 辆卡车和 100 辆轿车，美国也如此。单位成本由于市场规模小而高居 2 万美元。美国和日本如果开展贸易，企业可以通过扩大生产规模而使成本下降。例如，日本将卡车的生产规模扩大到 200 辆，价格下降至 1.5 万美元；美国的做法是将轿车的生产量扩大至 200 辆，同样可以使价格下降至 1.5 万美元。这样比美国和日本各自生产卡车及轿车更有利。

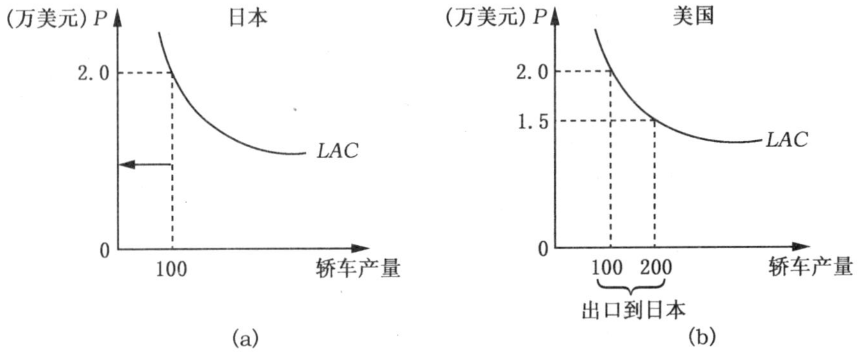

图 4—4　轿车生产的内部规模经济与国际贸易

双向贸易的基础是规模经济，而不是技术不同或资源配置不同所产生的比较优势。

(二)动态技术差异与国际贸易

要素禀赋理论在考察国际贸易的原因时，假定两个国家在生产中使用相同的技术，同种产品的生产函数相同。但在现实中，各国使用的技术确实存在差距，而且这种差距还是动态变化的。

为了解释在技术变化基础上的国际贸易的起因和贸易模式，1961 年，美国经济学家波斯纳(Posner)通过提出技术差距原理率先给出了解释。该原理认为，大量发生在工业化国家之间的贸易的基础是新产品和采用新生产工艺。

由于对专利和商标的保护，新产品和新工艺使得技术创新国在世界市场上暂时居于垄断地位，成为主要生产国和出口国。当新产品技术成熟并且被进口国的生产者获取后，他们就会利用本国廉价的劳动力进行模仿生产并出口该产品，甚至出口到技术先进的发明国。与此同时，最早的技术发明国也许已经开发了更新的产品，采用了更新的工艺和技术。于是新一轮的技术差距又产生了。

1966 年，雷蒙德·弗农(Raymond Vernon)在技术原理的基础上提出生命周期理论。这一理论认为，一个新产品的技术发展大致有三个阶段：新产品阶段、成熟阶段及标准化阶段。

第一阶段：技术处于发明创新阶段，产品新颖，除发明国外，其他国家对这一技术知之不多。发明国垄断该产品的生产，满足国内外消费者的需求。新产品往往首先出现在少数发达国家。

第二阶段：技术逐渐成熟，生产过程已经逐步标准化。由于成熟的生产技术会随着产品出口而转移，所以与此同时，国外的生产也会增加，发明国的出口开始下降，一些产品进口国能够通过模仿而掌握技术并进而在本国生产，随后出口到其他国家。

第三阶段：技术已不再新颖，许多技术已包含在生产该产品的机器中了。任何国家只要购买了这些机器也就购买了技术，技术本身的重要性已经逐渐消失。

随着产品生命周期的阶段性变化，影响比较优势的决定因素也在变化，即使各国仍然拥有原来生产资源的储备比例，其生产和出口的比较优势也会由于产品要素密集性的变动而转移，因此，不同类型的国家能够在不同的阶段上具有比较优势。具体情况可以用图 4—5 表示。

(三)重叠需求与国际贸易

重叠需求理论又称为需求偏好相似理论，它是由瑞典经济学家林德(Staffan B. Linder)在他于 1961 年出版的一部著作中提出的。林德认为，H-O 理论能够较好地解释初级产品的贸

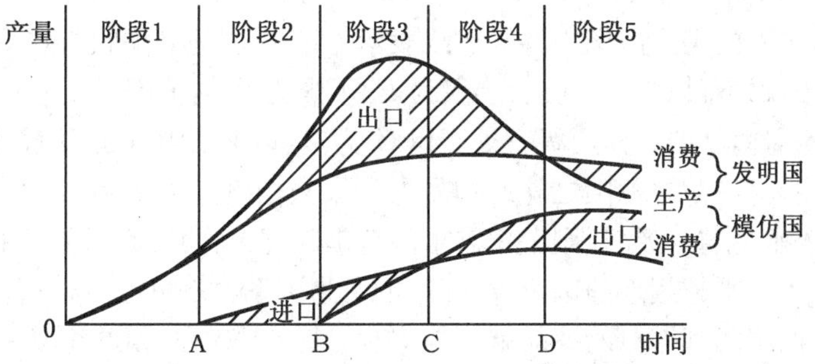

图 4—5 动态技术差异与国际贸易

易模式，更确切地说是解释自然资源密集型产品的贸易模式，但是这一理论不足以解释制成品的贸易模式。

重叠需求理论（overlapping demand theory）从需求角度出发解释产业内贸易产生的原因。林德理论假设消费者的偏好很大程度上取决于他们的收入水平，一个国家的人均收入水平决定了该国特有的偏好模式和需求结构，而这种需求结构又在很大程度上决定了该国的生产结构。因此，一个国家生产的各种产品均反映着该国的人均收入水平。这些特定的商品结构构成了出口的基础。

一国的新产品首先必须满足本国的需求，然后再出口到国外，满足外国的需求。因此，两国的需求结构（需求偏好）越相似，两国开展贸易的可能性就越大。

一个国家的需求结构决定于该国的收入水平。平均收入水平不同的国家，其需求结构是不同的。

因此，两国人均收入水平越接近，需求结构越相似，相互需求就越大，贸易量也就越大。

一国的平均或人均收入将决定一种特定的偏好方式。人均收入高的国家会需要高质量的制成品（奢侈品），而人均收入低的国家则会对低质量的产品（必需品）存在需求。那么一个国家最有可能与哪种类型的国家进行交易呢？

林德给出的解释是，人均收入水平接近的国家的需求结构存在重叠之处，可能会消费相同类型的制成品。因此，富国（工业化国家）将希望同其他富国进行贸易，穷国（发展中国家）则可能与其他穷国结成贸易伙伴。由于林德从重叠需求的角度解释国际贸易模式，其假说被称为重叠需求理论，可用图 4—6 加以说明。

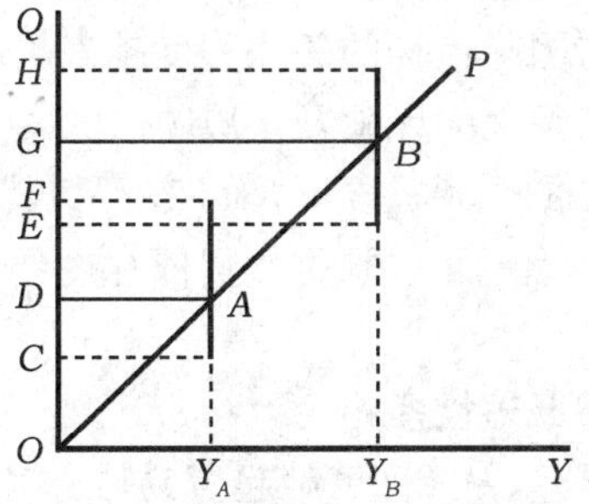

图 4—6 重叠需求与国际贸易

在图 4—6 中，横轴表示一国人均收入水平（Y），纵轴表示消费者所需各种商品的品质等级(Q)。所需的商品越高档,其品质等级就越高。人均收入水平越高,则消费者所需商品的品质等级也就越高,二者的关系由图中的 OP 线表示。设 A 国的人均收入水平为 Y_A,则 A 国所需商品的品质等级就处于以 D 为基点、上限为 F、下限为 C 的范围内。假设 B 国的人均收入水平为 Y_B,则其所需商品的品质等级就处于以 G 为基点、上下限分别为 H 和 E 的范围内。

对于两国来说,落在重叠范围之外的物品不是太高档就是太低劣,是不能或不愿购买的。当两国的人均收入水平越接近时,则重叠需求的范围就越大,两国都需要的商品就有可能成为贸易品。所以,收入水平越相近的国家,相互间的贸易关系也就可能越密切;反之,如果收入水平相对悬殊,则两国之间都需要的商品就可能很少,甚至不存在,因此贸易的密切程度也就较小。

第二节　中国贸易增长方式的转变

改革开放以来,特别是加入世界贸易组织以来,中国对外贸易迅速发展,中国已经成为名副其实的贸易大国。然而以数量扩张为主的贸易增长方式也使中国外贸增长面临诸多问题,如对外贸易依存度过高、贸易顺差过大、贸易摩擦频发、能源消耗过多以及环境压力增大等。因此,中国外贸增长方式亟待转变。

一、贸易增长方式转变的原因

(一)外贸规模以数量扩张为主

改革开放以来,中国进出口规模不断扩大,进出口贸易总额从 1978 年的 206.4 亿美元增长到 2017 年的 4.10 万亿美元。其中,中国进口额从 1978 年的 108.9 亿美元增长到 2017 年的 1.84 万亿美元;出口总额从 1978 年的 97.5 亿美元增长到 2017 年的 2.26 万亿美元。加入世界贸易组织以来,中国进出口贸易总额保持着 26.6%的年均增长率,远远高于同期世界贸易年均增长率。但中国贸易的迅速增长和贸易规模的扩大主要是依靠数量增长方式实现的,外贸数量的增长反映在国内经济运行和对外经济运行的关系上,则表现为对外贸易依存度的提高。对外贸易依存度(dependence on foreign trade)是一国在一定时期内进出口总额与国内生产总值的比率,反映了一国国内生产总值中有多大比例与对外贸易相关。

中国的对外贸易依存度从改革开放以来一直呈现不断上升的趋势,2007 年已经达到 70%左右,这一数据不仅高于世界平均水平,而且远远高于美国、日本、巴西等国。对外贸易依存度的提高,尤其是发展中国家对外贸易依存度的提高,对一国经济的发展具有重要的促进作用,反映了该国市场开放程度以及与国际市场的关联程度越来越高。但过高的对外贸易依存度也给中国经济社会和国家安全带来巨大的风险乃至威胁。2007 年以后,中国对外贸易依存度连续回落,2017 年中国外贸依存度重回 50%以下,为 31.7%;其中出口依存度为 17.5%,进口依存度为 14.2%。目前,美国、日本、巴西三国的外贸依存度约为 30%,相比之下,中国 31.7%的外贸依存度还有下降空间。

(二)贸易顺差过大导致贸易摩擦增多

中国连续多年出现贸易顺差,从 2005 年起贸易顺差大幅增加,2007 年贸易顺差达到 2 627 亿美元,2008 年为 2 955 亿美元,2013 年顺差缩水为 2 600 亿美元,2017 年为 4 225 亿美元,比上年减少 17%。当前中国贸易顺差产品主要是劳动密集型产品,这在一定程度上导致他国失业率的上升,因此巨额的贸易顺差令中国宏观经济承受了巨大压力,也引起中国与贸易伙伴之间的贸易摩擦不断增多。中国遭国外反倾销立案调查的数量逐年增多，已连续多年成为世界上遭受反倾销调查最多的国家之一。随着中国出口规模的不断扩大和产品结构的优化，贸易摩擦不但发生在传统优势领域，如彩电、服装、鞋帽等行业；同时中国的新兴优势领域也需要应对贸易摩擦的挑战。

(三)出口产品结构处于产业链低端

20世纪80年代以来，中国进出口商品结构发生了很大变化。1978年初级产品出口占中国出口总额的54.8%，工业制成品的出口占45.2%；到1990年，初级产品和工业制成品的出口比重各为25.6%和74.4%，工业制成品已经成为中国出口贸易的主力军。进入21世纪以来，出口商品结构得到进一步优化，2000年初级产品和工业制成品的出口比重各为10.2%和89.8%，2007年初级产品和工业制成品的出口比重分别为5.1%和94.9%，机电产品出口占当年出口总值的57.6%，中国已经完成了从初级产品出口国向工业制成品出口国的转变。2013年进出口商品结构进一步优化：机电产品以及劳动密集型产品出口稳步增长，消费品以及部分资源产品等进口增长较快。2017年，我国机电产品出口8.95万亿元，增长12.1%，占我国出口总值的58.4%。其中，汽车出口增长27.2%，计算机出口增长16.6%，手机出口增长11.3%。同期，传统劳动密集型产品合计出口3.08万亿元，增长6.9%，占出口总值的20.1%。

2017年，我国进口铁矿砂10.75亿吨，增加5%；原油4.2亿吨，增加10.1%；大豆9 554万吨，增加13.9%；天然气6 857万吨，增加26.9%；成品油2 964万吨，增加6.4%。此外，进口铜469万吨，减少5.2%。同期，我国进口价格总体上涨9.4%。其中，铁矿砂进口均价上涨28.6%，原油上涨29.6%，大豆上涨5%，天然气上涨13.9%，成品油上涨25.3%，铜上涨28%。

(四)"两高一资"产品的出口阻碍中国经济的可持续发展

中国货物贸易与服务贸易发展极不平衡，服务贸易发展远远落后于美国、印度等国家。同时，自20世纪90年代以来，"两高一资"产品即高耗能、高污染和资源性产品的生产大规模提高，由此造成了大量的资源消耗和浪费，生态环境遭到严重破坏，中国经济的可持续增长受到严峻挑战。随着环境监督评价机制的不断完善以及国内能源的消耗和环境压力的加剧，中国亟待转变当前粗放型的贸易增长方式。

二、贸易增长方式转变的路径选择

(一)鼓励企业自主创新以提高核心竞争力

伴随着经济全球化趋势日益发展，外贸竞争更多表现为品牌与品牌之间的竞争，因此提高中国企业的自主创新能力，从而提高企业的核心竞争力，是转变中国外贸增长方式的重要途径。

从企业的角度看，首先，要发挥企业家在创新中的核心地位，熊彼特的创新理论认为，创新是经济发展的实质，而企业家则要领导和发起创新，担当创新的组织者和推动者，企业家的意志和行动是创新活动的灵魂。因此，企业家的创新精神对于推动企业创新具有重要作用。其次，要建立有利于激励员工创新的激励机制，营造有利于创新的企业文化，同时将技术的引进和自身的创新相结合，研发出具有自主知识产权的核心技术，创立自主品牌，从而提高产品的附加值。

从政府的角度看，应完善相关的政策服务体系，优化企业的创新环境，促进企业成为技术创新的主体，降低企业自主创新的外部成本，并搭建自主品牌走向国际市场的平台和通道，建立有效的出口品牌的政策支持体系，推进自主品牌的国际化。

（二）拓展多元化的目标市场以促进贸易的平衡发展

这是推动中国贸易增长方式转变的一个重要途径。

首先，要拓展多元化的外贸目标市场。一方面要巩固现有的欧美以及东盟等国际市场，并促使这些国家和地区放开对中国产品出口的种种限制，尤其是在高科技产品出口方面对中国设置的一些限制，这也是中国贸易逆差的主要原因；另一方面还应积极开拓新兴海外市场，尤其要增加对中东、非洲和拉丁美洲的进出口，减少对发达国家市场的依赖，降低市场过于集中所带来的风险。

其次，要优化进出口产品结构。在进口方面，要积极参与国际技术合作，扩大技术贸易进口，将先进技术的引进与消化吸收相结合，不断提高技术创新水平；在出口方面，要鼓励具有自主品牌和自主知识产权产品的出口，控制“两高一资”产品的出口，减少国内资源消耗，缓解国内环境压力。

（三）积极推动中国加工贸易转型升级

40 年来，中国加工贸易得到长足发展，1980 年加工贸易进出口额仅为 16.7 亿美元，占全国进出口额的比重为 4.38%；到 2013 年加工贸易进出口额增加到 1.36 万亿美元，占全国进出口总额的 32.6%。然而，目前中国加工贸易仍处在国际产业价值链的制造环节，经济效益低下，因此中国加工贸易亟须进行转型升级。

首先，要不断促进加工贸易产业链的延长，即由加工贸易制造为主逐步向采购、加工制造、分销服务、售后服务以及研发、信息咨询等方向转型升级，向国内不断延长加工贸易产品的生产加工链条，不断提高中国出口产品的附加值，进而提升中国加工贸易产品的国际竞争力。

其次，要充分认识中国沿海地区与中西部地区加工贸易发展存在差距的事实，在加工贸易政策上对中西部地区有所倾斜；利用加工贸易，加强地区经济间的协调发展，带动中西部地区的开发，缩短东西部的经济发展差距。

加工贸易转型升级的本质是产业由低技术水平、低附加值状态向高技术水平、高附加值状态演变的过程。在全球价值链视角下，发展中国家加工贸易升级必然导致全球价值链中各参与者地位和相互关系的改变，最终会出现同一价值链环节不同参与者之间效率与生存的竞争、不同价值链环节参与者的较量以及不同价值链之间的市场生存的竞争。

（四）努力扩大服务贸易

改革开放以来，随着国民经济和社会持续快速发展及开放度的提高，中国服务贸易迅速发展，尤其是近年来服务贸易出口呈现迅速增长态势，在国际服务贸易中的地位不断提高。服务贸易作为服务业发展的标志，已经成为国际贸易和投资中越来越重要的组成部分，而且服务消耗所在国资源少、对环境破坏少、市场风险小、产品附加值高，因此扩大服务贸易也成为中国外贸增长方式转型的重要方式。

三、贸易增长方式转变的成效

经过多年的努力，中国贸易增长方式转变初见成效，2017 年我国对外贸易主要呈现以下亮点。

一是增长超出预期，增速创 6 年来新高。2017 年我国进出口增速分别比 2015 年和 2016 年高出 21.2 和 15.1 个百分点，扭转了连续两年负增长的局面。

二是增速快于世界主要经济体。世界贸易组织(WTO)最新数据显示,1～10月(按美元计),我国出口增速比美国和德国分别高出1.3和0.5个百分点,2017年有望连续9年保持全球货物贸易出口第一大国地位。进口增速比美国、德国、日本和全球分别高出10.4、8.1、7.6和6.5个百分点,为促进世界经济和贸易增长发挥了重要作用。

三是贸易结构不断优化。国际市场更加多元,在巩固美国、欧盟、日本等传统市场的同时,对巴西、印度、俄罗斯、南非、马来西亚等“金砖国家”和“一带一路”沿线国家出口实现快速增长,增幅分别达35.2%、19.8%、17.7%、18.5%和13.6%。商品结构进一步升级,技术含量和附加值高的机电产品出口增长12.1%,占比提高0.7个百分点至58.4%,快于总体增速1.3个百分点,其中汽车、计算机和手机出口分别增长27.2%、16.6%和11.3%。各经营主体共同发展,民营企业出口增长12.3%,继续保持出口第一大主体,占比提高0.6个百分点至46.5%。贸易方式进一步优化,一般贸易出口增长11.7%,占比提高0.4个百分点至54.3%。

四是外贸创新发展的新旧动能转换加快。跨境电子商务、市场采购贸易等新业态快速增长,成为外贸增长的新亮点,新动力培育成效显著。2017年1～11月,跨境电子商务综合试验区进出口增长一倍以上,市场采购贸易出口增长超过三成。一大批外贸企业持续创新,从供给侧发力,转型升级,不断提升国际竞争力。

五是对国民经济社会发展贡献增加。2017年1～11月,我国进口环节税收1.73万亿元,增长25.8%,增加了财政收入。进出口较快增长也为改善国际收支、增加外汇储备、保持人民币汇率稳定作出积极贡献。全年我国进口原油、铁矿砂、天然气等十类大宗商品数量增长0.6%～26.9%,保障了国内市场需求,也缓解了国民经济发展的资源“瓶颈”制约。

六是对全球经济贸易复苏发挥重要作用。2017年以来,中国经济稳中向好带动进口持续快速增长,为世界各国提供更广阔市场和更宝贵的合作契机。根据WTO统计数据,2017年前三季度,中国进口增加对全球进口增长贡献率达17%,进口占全球份额10.2%。

党的十九大报告提出要“拓展对外贸易,培育贸易新业态新模式,推进贸易强国建设”,为我们做好外贸工作指明了方向。下一步,我们将以习近平总书记新时代中国特色社会主义思想为指导,牢固树立和贯彻新发展理念,深化外贸领域供给侧结构性改革,强化横向协作、纵向联动,积极扩大进口,全力以赴办好2018年首届中国国际进口博览会,加快培育外贸竞争新优势,提高外贸的质量和效益,努力促进外贸稳定增长,巩固贸易大国地位,推进贸易强国进程。

第三节　贸易保护主义对中国经济的影响

从贸易政策的角度,我们可以区分出自由贸易和贸易保护两种政策主张,国际贸易的大趋势是朝向自由贸易的,但贸易保护时不时抬头,尤其是在世界经济步入衰退的时候,贸易保护更趋于活跃,这对经济增长方式过于依赖外贸的中国的冲击相当明显。

一、形形色色的贸易保护主义

(一)保护幼稚产业

重商主义之后,主张自由贸易的古典经济学兴起,并占据了主导地位。但是,对落后国家而言,自由贸易的结果未必总是有利的,因此,在当时相对落后的美国、德国出现了以质疑和反对自由贸易的汉密尔顿(Alexander Hamilton)、李斯特(Friedrich List)为代表的贸易保护理论和政策主张。

1. 汉密尔顿的保护主义主张

汉密尔顿在1791年向美国众议院提交的《关于制造业问题的报告》中指出，各国的利益之间存在冲突和相互对立，美国要摆脱英国的殖民统治，就必须发展本国经济，因为一个国家的独立和安全都要依赖于制造业的繁荣。

汉密尔顿认为，制造业的发展在整个国民经济中具有特殊的重要性，可以提高劳动生产率、促进社会分工、带动相关产业、创造就业机会。但是，当时美国的工业仍然处于所谓的“幼稚”时期，工业基础十分薄弱、工业技术落后、生产成本高、产品难以与欧洲国家进行竞争，而且欧洲各国也有许多贸易障碍和支持它们本国工业的措施，因此，美国政府也必须采取关税、补贴等措施来保护自己民族工业的发展，自由贸易并不适合于当时的美国。

产业保护包括以下措施：实行保护关税制度、限制重要原料的出口、对进口必需的原材料免税、向国内工业发放津贴和奖励金、向私人企业发放政府信贷、鼓励生产要素（特别是国外的熟练劳动者和外国资本）流入等。

2. 李斯特的贸易保护理论

受汉密尔顿的影响，李斯特以他的生产力理论为基础，建立起一套国家经济学来同占主导地位的自由贸易理论相抗衡。

李斯特认为，生产力尤其是工业生产力是决定一个国家兴盛衰亡的关键，对于一个发展相对落后的国家来说，发展生产力比通过比较优势获得贸易利益更重要，“财富的生产力比之财富本身不晓得要重要多少倍”。虽然通过自由贸易德国可以获得较为便宜的国外商品、得到即时的比较利益，但德国的工业发展会因此受到阻碍，所以自由贸易并不是当时德国的最佳选择。

李斯特并不是彻底反对自由贸易，但他对古典经济学的自由贸易学说提出了尖锐的批评，其最重要的一点，是指出古典的自由贸易理论实际上是一种世界主义经济学，它不承认国家原则，不考虑国家的长远利益和生产力的发展，只计算眼前贸易利益的大小，只考虑纯粹的交换价值最大化，这是不切合实际的。

李斯特区分了国内自由贸易和国际自由贸易，他认为，国内贸易应该是完全自由的，而国际贸易是否实行自由贸易原则，必须与一国的社会发展阶段的要求相适应。李斯特提出：“从经济方面，国家都必须经过如下几个发展阶段：原始未开化时期、畜牧时期、农业时期、农工时期、农工商时期。”

各国应当按照它们所处的发展阶段来选择贸易政策和贸易制度，具体地说，当一国处于原始未开化时期、畜牧时期或农业时期，与先进国进行自由贸易是使之脱离未开发和落后阶段的“最迅速有利”的方法。但是，经过一段时期的自由贸易，一国在农业和工业等方面有了一定的发展之后，即进入农工时期，继续以原料与先进工业国交换制成品的做法就不适宜了，因为“还存在着一个比它们更先进的工业国家的竞争力量，使它们在前进道路上受到了阻碍”。而当时德国正处于这样一个农工时期。如果一个国家发展到了农工商时期，它们的工业已经发展起来了，就应该逐步恢复自由贸易的制度，他甚至提出了保护的时间界限——30年，若经过30年被保护的工业还不能扶植起来，就不必再予以保护。

李斯特认为关税是建立和保护国内工业的主要手段，为了达到保护的目的，“对某些工业品可以实行禁止输入，或规定的税率事实上等于全部或者至少部分地禁止输入，或税率较前略低，从而对输入产生限制作用。所有这些保护方式，没有一种是绝对有利的或绝对有害的。究竟采用哪一种方式最为适当，要看国家特定环境和它的工业情况来决定”。

李斯特的这一段话包含着两层意思:第一,保护的对象是有选择的,首先应当对工业进行保护。而且只应当是那些经过保护就能够实现潜在优势的工业(即所谓幼稚工业)。第二,保护的程度是可调整的,也就是说,保护并不是永久的,当受保护的产业能够与外国进行竞争时,就不必再予以保护。此外,对于不同种类的产品,李斯特也指出,对奢侈品实际上可以用高关税禁止其进口或部分地禁止其进口,而"凡是在专门技术与机器制造方面还没有获得高度发展的国家,对于一切复杂机器的输入应当免税或只征收极轻的进口税,直到在机器生产上能与先进国家并驾齐驱时为止"。

3. 保护幼稚产业

所谓幼稚产业(infant industry),是指处于成长阶段尚未成熟,但具有潜在优势的产业。为了实现潜在的优势而对该产业实行暂时性的保护是完全正当的,因为如果不提供保护,那么在国外已成熟产业的竞争下,该产业的发展便难以继续,潜在优势也就无法实现。不过当该产业成长起来、在国际市场上具备竞争力以后,保护就显得不必要了,此时正确的选择是撤销保护、实行自由贸易。关于幼稚产业保护的论点通常是以尚未实现的内部规模经济或外部规模经济的存在为前提,因此判断幼稚产业必须比较该产业现在与未来的发展。关于幼稚产业的判断标准主要有穆勒标准、巴斯塔布尔标准和坎普标准。

(1)穆勒标准

根据穆勒标准(Mill's test),当某一产业规模较小、其生产成本高于国际市场价格的时候,如果任由其参与自由竞争,该产业必然会亏损。如果政府给予一段时间的保护,使该产业能够发展壮大,以充分实现规模经济、降低成本,以致最终该产业能够完全面对自由竞争并且获得利润,那么该产业就可以作为幼稚产业来加以扶植。

穆勒标准的实质是,假设与其他国家的同类产业相比,本国产业面对一条更为陡峭的向下倾斜的平均成本曲线。这样,虽然在发展的初期本国的生产成本居高不下,但是随着产业规模的不断扩大,本国产业的生产成本会以更快的速度下降,从而从将来某个时间起,本国产业的生产成本反而会低于其竞争对手。那么即使将来不再保护,本国产业在国际竞争中也会处于有利地位。因此,穆勒标准强调的是将来成本的优势地位。

(2)巴斯塔布尔标准

对于穆勒标准,后来的一位经济学家巴斯塔布尔(C. F. Bastable)认为,判断一种产业是否属于幼稚产业,不仅要看将来是否具有竞争优势,还要在将保护成本与该产业未来所能获得的预期利润的贴现值加以比较之后才能确定。如果未来预期利润的贴现值小于目前的保护成本,那么对该产业进行保护是得不偿失的,因此该产业就不能作为幼稚产业加以保护;如果未来预期利润的贴现值大于保护成本,那么对该产业进行保护才是值得的。上述条件就是所谓的巴斯塔布尔标准(Bastable's test)。

巴斯塔布尔标准比穆勒标准要求更高,即它要求被保护的幼稚产业在经过一段时期的保护之后,不仅能够自立,而且还必须能够弥补保护期间的损失。

(3)坎普标准

坎普标准(Kemp's test)是经济学家坎普在综合上述两人标准的基础上提出的。与强调内部规模经济的前两个标准不同的是,坎普标准更加强调外部规模经济与幼稚产业之间的关系。

坎普认为,在内部规模经济的情形下,即使某一产业符合穆勒标准和巴斯塔布尔标准,政府的保护也不见得是必要的。因为,对于厂商或投资者来说,决定是否生产或投资的标准不是眼前的利益，而是未来各期的预期收益。如果未来的预期收益的贴现值能够抵消现在的损失，那么在没有保护的情况下，即使暂时遭受亏损，投资者也会继续生产或投资，此时政府的保护并不是该产业发展的必要条件。也就是说，即使政府不提供保护，该产业也会自动地发展下去。

存在外部规模经济时，情况就不同：私人边际收益与社会边际收益之间的偏离，可能会导致私人投资缺乏，产业继续发展也就无从谈起。如果某一产业能够产生外部经济效应，那么该产业的发展就会对其他某些产业或社会带来额外的好处。在此情形下，即使该产业不符合巴斯塔布尔标准，即保护期间所导致的损失大于该产业预期利润的贴现值，但只要其在保护之后能够产生显著的外部经济效应，则仍有保护的必要。由此可以看出，坎普标准将外部经济效应与幼稚产业保护联系在一起，比巴斯塔布尔标准更进了一步。

(二)改善贸易条件

结构主义学派(structuralism)是发展经济学中的重要分支，是从现存国际经济体制的格局来考察发展中国家的发展问题，形成了对贸易体制和贸易政策的独树一帜的见解。

结构主义学派的主要论点是，发展中国家的不发达根源在于世界性资本主义生产体系以及相应形成的不平等的国际分工和交换体系，这使得发展中国家长期处于依附、被剥削的地位。而且还存在这样一种趋势，随着全球性经济相互依赖关系的发展，发展中国家对发达国家的依附还将进一步加深。

结构主义的先驱劳尔·普雷比什(Raul Prebisch)提出，世界经济体系是由两部分构成的：一是由工业发达国家组成的“中心”；二是由不发达国家组成的“外围”。中心国家是技术创新者和传播者，外围国家是技术的接受者和模仿者；由于技术结构不同，中心国家在贸易中处于主导地位，负责生产和出口制成品，外围国家则处于依附地位，受到中心国家的控制，负责生产和出口初级产品。这种从19世纪遗留下来的国际经济格局是不合理的，使得中心和外围国家间发展的不平衡加剧。

发展中国家不得不面对诸如贸易条件恶化、出口的不稳定性、普遍存在的幼稚工业以及贸易利益的不合理分配等严峻问题。很自然地，发展中国家便会采取内向型的贸易战略和干预性的贸易政策以避免来自外部经济的不利影响。在实践中，高关税、严格的进口限额和高估的汇率等贸易保护政策被用来促进发展中国家进口替代部门的发展。

(三)解决就业

持这种观点的贸易保护理论认为，关税可以减少失业，其核心思想如下：假定一国在经济萧条时期存在着失业，征收关税会使得国内消费者的需求从外国产品转向本国产品。随着需求的增加，国内的行业将扩大产出，并在这一过程中增雇工人，从而有助于减少该国的失业。新雇的工人同样将赚到可供他们花费的收入，按照我们熟悉的凯恩斯乘数过程，其他的行业也将随之扩大生产并增加新的就业机会。这样一来，征收关税也就达到了它的预期目标。

但我们必须关注到关税对就业的净影响也可能是负面的。多数经济学家认为，关税可能几乎创造不出什么新的就业机会，关税对就业产生的净影响将是微不足道的或负面的。本国出口行业就业机会的丧失可能来自于以下原因：

(1)本国进口替代行业就业的增加以及因乘数效应而大量增加的就业是以一种“以邻为壑”的方式获得的，因为他国失去了就业机会。本国因征收关税而削减进口的同时，他国就必须为此蒙受等量的出口下降以及由此引发的就业损失。为了避免这一损失，那些国家便可能征收报复性关税，使得本国出口行业的就业也有所减少(并且这会引发一个收缩的乘数过程，最终将抵消最初的扩张乘数过程的作用)。

(2)即便他国不存在报复举动,本国的出口或许也会减少,因为他国的国民收入已因其出口的减少而降低了。这导致他国在本国出口产品上的支出下降,使本国出口行业的就业下降。

(3)如果本国的汇率能自由变动,那么当本国征收关税、减少对外国产品的购买时,外币将对本币贬值。减少对外国产品的购买意味着用来购买的那部分产品的外币需求也减少了。外币的贬值或币值下跌,相当于本币升值,后者又将削减本国的出口(因为此时购买本国产品需要更多的外币)增加本国的进口(因为现在外国产品对本国居民而言显得相对更为便宜了)。本币升值的净效应将是本国出口下降及进口替代性行业就业机会减少。

(四)改善国际收支

持这种观点的贸易保护主义者认为关税可能改善国际收支状况,其理由是:一国征收关税将减少进口,当出口不变时,贸易收支将得到改善或将赤字转为盈余。

贸易收支是国际收支中的重要组成部分。顺差会给该国带来外汇净收入及外汇储备增加;反过来,逆差是外汇净支出,会使外汇储备减少。所以,直接来看,关税确实可以使贸易收支状况改善。

但是,实际情况可能并非如此,一国的贸易收支还要受到更多因素的影响:贸易伙伴采取同样的关税保护,则抵消了本国征收关税产生的贸易收支改善效果;外国的国民收入下降,会减少对该国产品的购买,即进出口都减少;关税可能阻止用于出口产业的投入品的进口,出口也会受到影响;如果本币升值,效果将是减少出口、进口增加,贸易收支未必改善;如果本国有通货膨胀压力,出口成本上升,将会使出口减少、进口相对增加。总之,压抑进口是一种消极的贸易平衡方法。

二、贸易保护主义与世界经济运行之间的关系

(一)世界经济衰退与贸易保护主义抬头

世界经济运行是有周期的,世界经济高速发展时期,国际贸易的大气候是自由贸易,但当世界经济步入衰退之时,形形色色的贸易保护手段就会走上前台。

在 2008 年的金融危机中,贸易保护主义特别在西方发达经济体有愈演愈烈之势。首先,为了使巨大的过剩商品能够找到买主,发达国家往往企图通过贸易保护主义措施排斥他国商品的进口,让本国企业独享本国市场。生产能力越过剩的发达国家,贸易保护的动力就越强。其次,历史的惯性使一些发达国家的政策制定者习惯于强权政治,为了自己的私利,经常奉行双重标准:口头上主张自由贸易,行动上却实行贸易保护主义。

在普遍摒弃战争方式的世界格局中,在信息革命进入成熟期的新时代,通过投资或稳定国内市场以降低失业率和缓解危机是许多国家现实的选择。发达国家国内市场非常成熟,刺激经济增长的余地不大。有限的政策选择、危机的加深带来的冲击越来越大,贸易保护主义的使用目的在于缓解政治压力、取悦民心。另外,发达国家经济实力强大,新兴国家和发展中国家对它们的依赖性较强,这也是它们推行贸易保护主义的原因。

以美国为首的发达国家的政策更多地受到国内政治和经济压力的影响,因此,贸易保护主义更严重一些。不管贸易保护对一个国家的整体利益如何,受保护的部门却始终受益。在国内利益集团的压力下,发达国家政府往往会在经济不景气时采取一些贸易保护的做法。

(二)新贸易保护主义的特点及其危害

现在的贸易保护主义有两大特点:其一,更多使用法律制度和行政干预。自由资本主义制

度在遭遇金融危机之前，往往表示支持自由贸易和政府应少干涉，但在面临危机时，却不得不求助于政府干预，包括贸易保护。其二，逆全球化而动，甚至不顾世界贸易组织所确定的国际贸易准则。这样的结果必定使国际贸易体系受到冲击，削弱世界经济的关联，损害全球经济的运行。

传统的贸易保护主义表现为高筑关税壁垒；现在则出现了许多利用非关税壁垒推行贸易保护主义的做法，如要求购买本国货、只雇本国人、要求银行优先向本国企业贷款等。这些保护主义措施，已经从商品贸易领域扩展到商品生产、劳动力雇佣和金融领域。任其发展，将会割断各国间经济的正常联系，出现一种"去全球化"的历史倒退，使迄今已经取得的经济全球化成果化为乌有。

与以往相比，现在的贸易保护主义主要是采取滥用反倾销、反补贴、技术性贸易壁垒、绿色贸易壁垒及保障措施等。在经济全球化的条件下，任何国家要实行贸易保护政策，无论采取哪种手段，必将会招致他国的抗议、制裁和报复，甚至引起相互之间的贸易战。这非但不能使世界经济早日走出低谷，而且还会使全球经济形势进一步恶化。

（三）刺激世界经济复苏更需要世界各国市场更加开放

历史已经证明，国际投资及贸易的自由、健康发展是推动世界经济复苏的重要力量。国际金融危机给全球带来了严重的困难，贸易保护主义只能使世界经济雪上加霜，只有加强合作、同舟共济、保持国际经济贸易的运行，才符合各国的根本利益。中国一直秉承越是在危机紧要关头越是要坚持开放的观点，旗帜鲜明地反对各种形式的贸易保护主义，并坚持通过沟通协调来化解各国的各种贸易摩擦。在全球贸易萎缩的情况下，2008 年，中国还从世界各地进口了 1.13 万亿美元的商品，有力地促进了贸易伙伴的经济发展；2009 年中国继续扩大进口，积极地组织企业采购团赴海外采购设备、商品和技术。

三、"购买美国货条款"的实质及对中国经济的影响

（一）"购买美国货条款"是典型的贸易保护主义

"购买美国货条款"（buy American provisions）是指美国经济刺激计划中的第 1640 条款，该条款规定，在不违背美国对国际协定承诺的前提下，经济刺激计划支持的工程项目必须使用国产钢铁和其他制成品，除非联邦政府认定购买美国钢铁产品或其他制成品成本过高会损害公众利益。附加条款中对购买"非美国产品"作了下述限定：美国钢铁产品或其他制成品数量不够；购买美国钢铁产品或其他制成品成本高出外国钢铁产品 25%。该条款还规定美国运输安全管理局所使用的任何制服和纺织品必须是真正的"美国制造"。在经济刺激计划其他条款中，也或明或暗有多处"使用美国货"的规定，上述条款总称为"购买美国货"条款。但是在国际舆论压力下，最终版的振兴方案在该条款里加入"本条款落实法律时，必须符合美国在国际协定中所负义务"的内容。修正后的法案也允许联邦政府和各州政府，若符合美国人民利益，也不一定以本国公司优先。虽然对购买美国货的硬性规定进行了软化，可实质还是美国贸易保护主义的抬头。

美国"购买美国货条款"的出台是新一轮贸易保护主义浪潮的标志，对全球共同合作抗击经济危机是一个阻碍，会引发全球贸易保护主义的浪潮，不利于全球经济的迅速复苏。

美国出台的经济刺激计划中的"购买美国货条款"，是彻头彻尾的贸易保护主义，一出台就遭到了各国的强烈反对。美国本身是这次世界经济危机的始作俑者，作为世界经济头号强国，本应主动承担起提振世界经济和贸易发展的道义责任，但实际上它不但畏缩不前，甚至开历史

的倒车，率先实施“购买美国货”政策，这种贸易保护主义行径，必然会导致其他世界贸易组织成员的报复和效仿，在世界经济危机背景下，这对贸易保护主义起了推波助澜的作用。美国的贸易保护主义的结果必然是搬起石头砸自己的脚，损人不利己。20 世纪 30 年代全球经济大萧条时期，为保护本国利益，美国国会于 1930 年 6 月 17 日出台了《斯姆特—霍利关税法》，对 2 万余种进口商品征收高关税，这种行为立即引起欧洲国家对美国产品的报复措施，引发了全球贸易大战，全球贸易额从 1929 年的 360 亿美元下降到 1932 年的 120 亿美元。美国本土出口额则从 1929 年的 52 亿美元左右，锐减到 12 亿美元。贸易保护带来的不是就业而是更多的失业，世界经济因此进一步陷入萧条。1933 年罗斯福推行新政，推出《互惠贸易协定法案》，并实行“最惠国待遇原则”，才使美国重回自由贸易轨道，世界经济开始复苏。此后，欧美等发达国家开始创立多边自由贸易体制，从《关贸总协定》到世界贸易组织，一路走来，世界自由贸易得到了快速发展。以史为鉴，自由贸易能够使世界各国受益，贸易保护主义却只能损害世界经济和贸易的发展。

自 2008 年底以来，随着世界经济危机的进一步蔓延，各国贸易保护主义措施层出不穷，主要分为两类：一是滥用世界贸易组织规则允许的贸易救济措施，主要是指反倾销、反补贴、保障措施、特殊保障措施(即“两反两保”)；二是使用传统的关税和非关税壁垒，如有的国家提高了进口关税，采取禁止或者限制进口、技术性贸易壁垒等措施。美国、欧盟、印度、俄罗斯等都出台了大量贸易保护措施，连世界贸易组织不允许使用的传统关税壁垒、进口限制措施等都开始公然使用，反倾销案件同比增长 40%。在两个月内，印度连续对中国发起 17 起“两反两保”案件调查，贸易保护主义浪潮风起云涌，世界贸易组织官员对此警告说，应警惕世界经济危机演变为政治动荡。

在经济危机背景下，世界各国只有精诚合作，努力推动以世界贸易组织为代表的多边自由贸易体制的发展，才能尽快摆脱经济危机，恢复世界经济和贸易发展。2001 年 11 月发起的多哈回合谈判确定了 8 个谈判领域，分别是：农业、非农产品市场准入、服务、知识产权、规则、争端解决、贸易与环境以及贸易与发展问题，是目前为止目标最宏伟、参与方最多的一轮多边贸易谈判。这场谈判进行了 7 年之久，80%的成果已经达成，此次谈判的难点在农业议题上，而关键方又在美国。美国作为发达国家成员应当尽快作出表率，推动谈判的最终达成，推动自由贸易的发展，从而促使全球经济走出贸易保护的阴霾，走进自由贸易的阳光地带。

2013 年 12 月 7 日，世界贸易组织第九届部长级会议在印度尼西亚巴厘岛闭幕。会议发表《巴厘部长宣言》，达成“巴厘一揽子协定”，多哈回合谈判 12 年僵局终获历史性突破。“巴厘一揽子协定”也被称为多哈回合谈判的“早期收获”，其中包括 10 份文件，内容涵盖了简化海关及口岸通关程序、允许发展中国家在粮食安全问题上具有更多选择权、协助最不发达国家发展贸易等内容。

(二)中国外贸对美国市场的依赖性

外贸依存度是反映一国经济对外开放程度的一个指标，一般用年进出口总额与当年国内生产总值之比来表示。1978～2004 年中国对外贸易年均增长 16.7%，比国民经济增长速度高出 7 个百分点；外贸依存度从 1978 年的 10%提高到 1990 年的 30%，2007 年已超过了 70%，2007 年以后，虽然有所回落，但仍高达 47%，2017 年下降到 31.7%。世界银行认为，中国外贸依存度经过十多年的时间就赶上了发展中国家平均水平，表明了中国经济开放取得了显著成就。

外贸依存度的提高也伴随着一些风险和问题。例如，从中国一些产品在美国市场占有率来看，就存在着过高的风险。2017 年 1～12 月，全国玩具行业出口额同比增长 29.21%，高于轻工业全行业增速 20.54 个百分点，比上年增速高出 13.12 个百分点。玩具出口主要集中在美国、英国、德国、日本等国家。其中，对美国出口占 28.81%，同比增长 17.2%；对英国出口占 5.48%，同比增长 22.74%。

(三)应对“新贸易保护主义”的策略

1. 要充分认识到在贸易保护主义肆虐的情况下是没有赢家的，反对贸易保护主义实质上就是维护自身利益。

2. 外向型经济国家应该基于共同利益加强协作，形成反对发达国家贸易保护主义的中坚力量。

3. 全球性问题需要全球共同应对。世界贸易组织和其他国际组织应该和许多国家一道，捍卫全球贸易体制，反对少数国家“以邻为壑”的短视政策。推动各种多边的和双边的国际组织和对话机制就坚持自由贸易达成广泛的共识，并采取实际行动维护并推动贸易自由化的历史进程。各国应积极推动世界贸易组织新一轮的多哈谈判达成协议。各国应在相互尊重、平等互信、互利合作的基础上，通过不断推进贸易自由化联手应对国际金融危机，同时，稳步地、循序渐进地改革国际金融体系，实现世界各国的合作共赢。

4. 从长远来看，重新配置投资、出口和内需这三大经济成长动力之间的比重，大力开拓国内市场，尤其农村市场是最终消除这种有求于人的外来威胁的根本途径。

5. 在中国利益严重受损的时候，应该考虑使用一些有效的反制手段，使施加国有所顾忌，而不是肆无忌惮。

案例剖析

中国如何在后危机时代化“危”为“机”?

中国人历来信奉“塞翁失马，焉知非福”，即好事和坏事总是相伴相生。2009 年无疑将给中国带来巨大挑战，但同时也可能有意想不到的收获，那就是一个更为平衡的经济发展模式和一个更为强大的国际地位。

在这场 80 年来最大经济危机的阴霾下，中国过度依赖出口的经济发展模式受到了前所未有的重创，这将迫使中国的经济结构转型(把经济发展由出口拉动为主转变成内需拉动为主)会加速进行。“从改革开放 30 年的经验看，每一次大的外部冲击都是中国经济调动资源、促进经济体制改革、培育新的经济增长点，从而推动中国经济迈上新的台阶的重大机遇。”国务院发展研究中心金融研究所副所长巴曙松表示。

1998 年的亚洲金融危机让中国在当时下定了改革沉疴缠身的国有银行体系的决心，中国的银行体系在现今的金融危机中正常运行，显示了改革的正确性。

中国社科院世经所副所长李向阳称：“中长期看，美国人负债消费的模式无法维持了，这就形成倒逼机制：外部不再给你按照传统发展模式发展的机会了，这会推动我们的改革和调整。”

2007 年中国居民消费占国内生产总值的 35.3%，为和平时期主要经济体的最低水平。在 20 世纪 80 年代，这一比重曾超过 50%。与之相比，同期美国居民消费占 GDP 的比重则为 72%。

在拯救经济的同时，中国已经注意适时推进调整经济结构的措施，例如，实施了讨论长达 10 年之久的燃油税改革以减少能源消耗以及给企业减少负担的增值税转型等。同时，中国在 2009 年实施新的医疗改革方案，并酝酿提高个税起征点，增加民生投入以消除人们的后顾之忧。

巴曙松认为，在经济转型、扩大内需的过程中，许多可以吸收巨大的就业和投资的领域，往往因为存在严格的准入管理和行业垄断，如医疗、金融等行业，制约了经济增长潜力的发挥。一旦对这些行业实施对内开放，将可能吸收巨大的资源并创造内需。

思考与练习

一、关键概念

绝对优势理论、比较优势理论、要素密集度、要素丰裕度、规模经济、规模经济递增、规模经济不变、规模经济递减、内部规模经济、外部规模经济、重叠需求、产品生命周期理论、对外贸易依存度、幼稚产业、穆勒标准、巴斯塔布尔标准、坎普标准、贸易保护主义

二、思考题

1. 古典国际贸易理论与新古典国际贸易理论有何不同?
2. 为何要转变我国的外贸增长方式?
3. 如何转变我国的外贸增长方式?
4. 贸易保护主义是出于怎样的理由?
5. 简述李斯特的贸易保护思想。

三、讨论题

在美国推出“购买美国货条款”后，中国是否也应该提出一个“购买国货”的方案呢？为什么?

第五章 国际投资

本章要点

本章在介绍主流的跨国公司投资理论的基础上，主要分析了跨国公司进入中国进行直接投资的动因、可能给中国经济带来的积极影响和消极影响，并提出了应对相关风险的对策。最后，分析了中国企业走出去的意义、可能出现的风险以及风险识别与防范措施。

本章的重点在于掌握跨国公司来华投资对中国经济产生的影响。

本章的难点在于如何提高利用外资的水平和效益。

案例引导

海外并购：中国企业的机遇还是陷阱？

全球金融危机使一些公司的市值大幅缩水，并出现资金严重短缺。此时，海外并购对中国企业来说究竟是抄底的机遇，还是甜蜜的陷阱？

在欧美，尤其是美国，危机过后涌现出一系列并购机会，行业则涉及制造、科技和消费品等。这其中有不少经营模式较好的公司，如果没有信贷危机令其无法得到银行贷款来支持日常资金周转，这些公司现在应该是盈利的。这些在困境中的公司是中国企业很好的并购对象。中国企业可以通过并购来取得先进的技术、在美国本土的销售渠道和品牌，对于有意进入美国市场的中国公司而言，这都将是有益的策略性资产。

在金融资产方面，目前价格在低位的可转换企业债券存在吸引力。如果这些公司能够通过重组而步入良性发展轨道，这些可转债可变成证券资产，股价上升后可给投资者带来回报。

在信贷危机的当下，私人公司可能是更好的并购对象，因为它们比上市公司更难获得融资。同时，由于很多中国企业是首次进行海外并购，而兼并私人公司的规则相对简单，所以前期还是做一些简单的并购更好。在财务信息方面，尽管上市公司有更好的信息披露及透明度并接受严格的监管，但一些私人公司也有高质量的财务信息，尤其是那些大中型企业由四大会计师事务所做审计。

不管是并购整家公司还是部分资产，投资者首先应该真正懂得他们买的究竟是什么。他们应该特别小心那些复杂的金融工具，这些衍生工具往往包含几层合约，要彻底理解它们就要采取自下而上的方法。换言之，投资者要分析并理解基础资产，而这是一个艰难和费时的过程。例如，一些公司可能拥有资产支持证券去按揭抵押证券，投资者就需要了解借贷者情况、物业地理位置等细节，从而准确认识这些资产的违约风险。另外要注意的是，一些生产型企业在购买大量原材料的时候，同时购买了对冲大宗商品价格波动的衍生工具，一些大企业的这些对冲头寸还颇为巨大。

同时存在的还有法律风险,如证券诉讼和破产。认识美国的法律体系和法律纠纷的解决过程对于中国企业十分重要。举个例子,我们知道现在有一些中国公司正处在一个痛苦的状态中,因为它们是一些近期宣告破产的美国公司的债权人。美国第二大电子零售商 Circuit City 就是一个很好的例子。这家公司最近破产了,但它还拖欠着不少中国供应商的货款。但我们却发现,这些中国供应商似乎因为觉得美国的破产体系太复杂,而没有做任何努力去通过法律程序来争回自己应得的钱款。这些公司应该有意识去雇用一些合适的法律和财务顾问来帮助它们,为它们争取利益。

第一节 影响国际 FDI 流动的主要因素

一、海外直接投资理论综述

(一)俄林的生产要素禀赋学说

一般认为,俄林所建立的理论为国际贸易理论,然而由于其理论分析了生产要素在国内和国际上的流动,特别是分析了它们与商品流动之间的关系,我们可以将其理论也视为海外投资理论的一部分。俄林在其生产要素禀赋学说中指出,"某一地区在生产某些产品上具有优势,即该产品含有丰裕而便宜的相当大量的生产要素"。

在开放经济中,国家间生产要素自然禀赋不同而引起的生产要素价格之间的差异是不可持久的,必然会通过各种途径实现生产要素价格均等化。生产要素价格均等化通过直接均等化(生产要素的国际流动)、间接均等化(商品的国际流动)得以实现。同时俄林指出,通过上述途径的均等化并不会使得世界各国的生产要素价格达到完全一致,除了运输费用的差异、关税及其他阻碍商品和生产要素国际流动的因素,还受到以下因素的影响:第一,临时存在的未使用生产能力;第二,风险;第三,由缺乏可分性所引起的大规模生产。

俄林的理论是从供给方面探讨国际贸易格局的,从经济结构中的资源、人口和资本存量这些最基本因素来解释贸易发生的原因,从而在一定程度上解释了海外直接投资发生的原因,特别是农产品、矿产品等初级产品国际贸易及国际投资发生的原因。

(二)海默的垄断优势理论

20 世纪 60 年代初,美国学者海默(Hymer)在他的博士论文《国内企业的国际经营:关于海外直接投资的研究》中,首次提出了关于企业海外直接投资的垄断优势理论。海默认为传统国际资本流动理论说明的是证券资本的国际移动,无法解释第二次世界大战后发达国家的企业海外直接投资等流动现象。首先,直接投资不同于证券资本流动,因为直接投资与企业对海外子公司各种程度的控制以及与投资企业技术和管理才能的转移相联系;其次,直接投资往往并不同时发生资本的实际流动,如在当地资本市场筹款、以技术设备形态投资等,这些投资的特点是没有发生通过外汇市场或资本市场的资本流动;最后,直接投资往往会出现交叉流动现象。因此,海默认为要弄清战后海外直接投资就必须放弃关于完全竞争的假设,从不完全竞争的角度进行研究,寻求新的理论解释。

所谓不完全竞争(imperfect competition),是指由于规模经济、技术垄断、产品差异等引起的偏离完全竞争市场结构的市场状态,寡占是不完全竞争的主要形式。由于不完全竞争,美国的企业在海外生产中才能拥有和维持各种垄断优势并取得高于当地企业的垄断利润。正是美国企业拥有的垄断优势构成了美国企业海外直接投资的决定因素。

海默还分析了美国企业在不同市场进入模式之间的选择理由。美国企业从事直接投资，原因有以下几点：一是东道国关税壁垒阻碍企业通过出口扩大市场；二是技术等资产不能像其他商品一样通过销售获得全部利润，而直接投资可以保证企业对国外经营及技术运用的控制，因此可以获得技术资产的全部收益，这也是美国企业大量以独资经营为主要方式进行直接投资的原因；三是具有先进的管理经验与先进的技术相适应；四是具有雄厚的资金实力；五是规模经济的优势，直接投资可以利用国际专业化生产，避免本国和东道国市场对规模经济的限制，利用各国生产要素差异，通过横向一体化、纵向一体化取得内外部规模经济优势并转化为公司利润。

(三)内部化理论

内部化理论的提出是基于以下这个主要问题：跨国公司为什么不利用现存的世界市场同其他国家的企业交换产品，实现各国企业之间的国际分工，而是通过海外直接投资，建立企业内部市场，通过企业内部贸易来协调公司的国际分工呢？内部化理论由此出发，解释了跨国公司海外直接投资的动机及决定因素，其中市场不完全性及企业性质是内部化理论的核心内容。

内部化理论仍是以市场不完全作为关键假设，并对这个概念重新作出解释，从而建立理论体系。在内部化理论中，并非规模经济、寡占或关税壁垒等，而是某些市场失效以及某些产品的特殊性质或垄断势力的存在，导致了企业市场交易成本的增加。

企业进行市场内部化的原因主要有以下几点：第一，防止技术优势的流失，只有通过内部化贸易才能保证其对所属技术优势的垄断，对于其他一些产品，如矿藏地理分布集中的原料产品等，企业也具有实行内部化经营的愿望与动机。第二，特种产品交易的需要。在跨国公司生产过程中，有些中间产品在性能、规格等方面具有特殊的要求，而通过外部市场难以获得这类中间产品抑或存在供给不稳定性，所以公司通过内部化贸易，将这类产品的生产纳入整个公司的生产体系之中，从而保证跨国公司全球生产链的正常运转。第三，对规模经济的追求。

内部化理论解释了跨国公司在出口、直接投资与许可证安排三种方式之间的选择依据，在这三种方式中，海外直接投资占主要地位，因为海外直接投资可使跨国公司在世界范围内利用其技术优势、维持技术垄断，从而获得最大利润；出口方式由于关税壁垒等的存在不宜采用，许可证安排使得公司面临技术扩散的风险，仅在公司所掌握的技术进入技术周期的最后阶段时许可证才可行。

内部化理论研究的是国际生产的一般规律及其相适应的组织形式，揭示了国际分工内容及性质的改变要求分工的协调或组织形式相应作出改变这样一种一般规律。但是，如果理论分析仅仅停留在生产的一般规律，忽略生产的一般规律所体现的经济关系实质，那么对跨国公司这种典型的国际垄断资本的扩张行为的分析也是不全面的。

(四)邓宁的国际生产折中理论

之前所述的几种理论都是较为孤立地研究跨国公司投资行为的，它们或从企业内部，或从外部环境分别寻找跨国投资的动因和行为机制。实际上，直接投资只是跨国公司实现全球战略目标的重要手段和经营形式，但不是唯一的手段和方式。出口、许可证方式同样是跨国公司实现全球目标必不可少的手段。综合性的理论能够从内部、外部因素的结合上阐述海外直接投资行为，说明企业在跨国直接投资、出口贸易和技术转让等方面作出选择的条件和动因。

邓宁(Dunning)的国际生产折中理论吸收了以垄断优势理论为代表的产业组织理论、以内部化理论为代表的新厂商理论，并结合了区位理论来解释跨国公司在海外直接投资、出口或是许可证安排中选择直接投资的原因。他指出，在满足所有权优势（垄断优势）、内部化优势、区位优势这三个条件的情况下企业才可能从事海外直接投资。跨国公司的国际生产由企业所有权优势、内部化优势、区位优势这三组变量来决定，这三组变量的结合决定了跨国公司在出口贸易、直接投资与许可证安排之间的选择，同时这三组变量的结合又决定了各跨国公司国际生产的类型、行业及地理分布。

海默分析了垄断优势是海外直接投资的决定因素，而在邓宁的理论中，这只是跨国公司国际生产的基本物质条件。内部化理论指出垄断优势必须内部化，但邓宁认为这两个因素仍然不足以说明跨国公司必须采取海外直接投资的方式，必须引入区位因素的观点。其中，区位因素包括了劳动力成本、运输成本等经济因素以及语言、风俗、制度等非经济因素。同时，邓宁将区位因素视为是动态的，各国的经济发展水平及经济结构变化也会改变区位因素，从而影响跨国公司的策略选择。

二、影响 FDI 流动的因素的新特点

近年来由于经济全球化和区域经济一体化趋势明显加快等世界经济环境的变化，FDI 流动的影响因素也出现了一些新的特点。

（一）追求核心能力的企业经营战略，推动了加工基地的转移

1990 年美国学者普拉哈拉德（C. K. Prahalad）和哈默尔（Gary Hamel）在《哈佛商业评论》中提出“公司核心能力”这一概念，后来经过其他学者的补充，其理论日益成熟。加强核心能力、发展核心优势，成为企业经营战略的重点。企业所能支配的资源总是有限的，这意味着应退出与核心业务无关或背离的领域，避免资源的分散和浪费。因此，很多企业在经营中侧重于关键技术的研发并掌握核心业务，而将其他环节以委托加工等方式转移出去。电信技术的发展也使企业能更好地实施外部委托。虽然部分环节的转移会对最终产品的整体性能或质量产生一定的负面影响，但运用先进的信息技术可以对其进行检测、控制和调整。企业的这一战略的转变就促进了企业间的横向并购。

（二）各国采取了更加宽松的政策，为吸收外资创造了机会

1996 年以来，在世界贸易组织范围内，先后达成了关于电信技术产品和电信服务贸易自由化的协议，在 1997 年底又达成了金融服务贸易协议，并于 1999 年 3 月生效，有 70 多个国家参加，同意开放银行、保险、证券和金融信息市场。自由化意味着要对外开放，打破垄断，引入竞争机制，这在电信业属于国营的国家中，会促使其行政监控和法律限制的放松或消除，从而刺激 FDI 的流入。在并购规模不断升级的过程中，产生了一些超大型的跨国公司，大大提高了有关行业生产和市场份额的集中度。这对西方的反垄断法提出了挑战。给世界级企业集团松绑的要求日益强烈，这在西方立法中已有所反映。例如，美国 1999 年通过新法案，废除了 1933 年《格拉斯—斯蒂格尔法案》中对金融业混业经营的限制条款，这就为美国金融资本在国内外并购扫清了障碍。

另外，一些国家也放松了对外资进入的限制，这为跨国公司的并购提供了宽松的环境。例如，2013 年 2 月，法国确立了到 2017 年吸引外资的目标。目前有 2 万家外国企业落户法国，外国对法国直接投资项目每年新增约 700 个，法国将采取措施吸引外国投资，使外国投资项目每年增加 1 000 个，增幅近 50%。

在 2018 年博鳌亚洲论坛年会上，习近平主席宣布，中国将确保已宣布的重大金融开放举措尽快落地，努力让开放成果及早惠及世界各国企业和人民。

中国银行保险监督管理委员会表示，将积极贯彻党中央、国务院的决策部署，尽早推动以下各项开放措施落地：

推动外资投资便利化，包括取消对中资银行和金融资产管理公司的外资持股比例限制，实施内外一致的股权投资比例规则；对商业银行新发起设立的金融资产投资公司和理财公司，外资持股比例不设置限制；鼓励信托、金融租赁、汽车金融、货币经纪、消费金融等各类银行业金融机构引进境外专业投资者；将外资人身险公司外方股比放宽至 51%，3 年后不再设限。

放宽外资设立机构条件，包括允许外国银行在中国境内同时设有子行和分行，以及在全国范围内取消外资保险机构设立前需开设两年代表处的要求。

扩大外资机构业务范围，包括全面取消外资银行申请人民币业务需满足开业一年的等待期要求，允许外国银行分行从事“代理发行、代理兑付、承销政府债券”业务，降低外国银行分行吸收单笔人民币定期零售存款的门槛至 50 万元，允许符合条件的境外投资者来华经营保险代理业务和保险公估业务。

优化外资机构监管规则，对外国银行境内分行实施合并考核，调整外国银行分行营运资金管理要求。

（三）私有化加快和产业结构发生变化，促进了资本流动

私有化是收购的一种特殊方式。在拉美和中东欧地区，私有化是吸引 FDI 的重要手段，亚洲发展中国家和地区的私有化也在加快。

1998 年，在全球总计 1 145 亿美元的私有化出售中，非 OECD 国家私有化出售占 285 亿美元，且大部分在巴西。1999 年，拉美私有化急剧减少，但发达国家私有化出售趋势仍在持续。20 世纪 90 年代中期，外国收购私有化企业在跨国并购总价值中的比重达到 10%。一些国家的电信和公共事业等资本密集型基础设施行业以及汽车和石油等产业重组相关行业的私有化吸引了大量的资金。例如，2018 年 1 月，经希腊内阁批准，希腊私有化基金 TAIPED 计划出售公共电力公司(PPC)、希腊石油和公共燃气公司的国家能源股权以及雅典和萨洛尼卡自来水公司(EYDAP 和 EYATH)的少数股特许经营权。事实上，发展中国家的巨额并购交易大多数都与私有化有关。

（四）文化差异以及由此产生的投资习惯差异，也对国际 FDI 流动造成影响

在投资习惯上，欧美国家更侧重于并购。从跨国并购的交易额上看，20 世纪 90 年代以来，美国一直是最大的并购者，只有 1998 年英国居首位。美、英两国一直是并购的主角，1997 年和 1998 年美、英两国分别在全球跨国并购总额中合计约占 1/3 和 1/2。日本的 FDI 流出重点在亚洲，一般是新建方式，只有到欧美才较多考虑并购。另外由于日本的历史文化形成的财阀经济结构，也阻碍了外资进入日本，所以日本在国际 FDI 流动中的份额日益萎缩。

在东南亚金融危机中，由于这种投资习惯的不同，日本和欧美国家所受的影响也存在较大差别。日本在东南亚有很多通过新建方式设立的工厂，在 1997 年的亚洲金融危机中受到了很大冲击，多数都面临严重的财务问题。而欧美国家则注意到，在危机中东南亚各国普遍放松了对外资的限制，并且有一些很有潜力的企业，在危机中陷于困境，这相当于为欧美企业提供了一个很好的并购机会，所以在危机中有大量欧美资金流入东南亚。日本则没有抓住这个机会。

（五）电信业和金融业并购的迅猛发展，为其他行业跨国并购提供了良好手段

由于信息革命的深化和《基础电信协议》、《信息产品协议》等多边协定的作用，电信服务业已经并将继续发生剧烈变动，各国电信产业结构将会出现大幅度调整，市场开放步伐也大大加快，传统电信业的跨国并购以及网络公司的全球扩张将在相当长时期内为跨国投资的发展提供巨大推动力。1999 年 10 月，美国第二大长途电话公司 MCI(美国微波通信公司)并购美国第三大长途电话公司 Sprint，金额高达 1 290 亿美元。

前述企业实行对外加工转移的战略转变，必须在电信业相当发达的前提下才能实现，否则企业最终产品的整体性能、质量和交货期就难以保证。另外，资本流动的日益活跃、各国进一步扩大金融市场对外开放以及世界金融一体化趋势的加快，不但为金融业的跨国投资提供了机会，也为其他领域的跨国投资提供了手段和工具。

(六)发展中国家的经济增长潜力和比较优势，成为跨国公司投资领域和目的地选择的重要依据

除了上述因素以外，其他诸如投资东道国的地理位置、文化、语言、政府政策、政治稳定程度、经济增长潜力、市场规模、工资水平、汇率、双边贸易规模等，也都不同程度地对 FDI 的国际流动产生影响。从接受国际直接投资的东道国角度来看，这些条件恰恰成为相互之间引资竞争的关键因素。而从跨国公司的角度来看，这些因素是在作出向海外转移的决策之后，选择投资领域和投资地的主要依据。

第二节　跨国公司对华直接投资

一、跨国公司对华直接投资的动因

跨国公司对华直接投资的具体原因各不相同、千差万别，但在一些方面还是有共同点的，而恰恰是这些共同点给我们提供了认识跨国公司对华投资的最佳视角。这些原因主要可以分为两大类。

(一)内部原因

1. 我国在中共十一届三中全会后开始了全方位的、有步骤的改革开放，这为以跨国公司为主的外资进入中国内地提供了可能。而稳定的政治环境以及越来越宽松和规范的经济环境则起到了极大地增强对外资的吸引力和稳定投资者信心的作用。

2. 内外资站在同一起跑线上。不管是相关规则、市场竞争还是权利与机会，外资企业在中国越来越具备国民待遇。在吸引外资上，中国不能再延续过去给优惠政策的做法，而要打造一个权利平等、规则平等、机会平等的环境。这其中最关键的两条就是负面清单管理制度和准入前国民待遇，这样外商对于什么能投、什么不能投就非常清楚了，在跨过这个门槛之后，中外企业一视同仁。这也是国际通行的做法，其所反映的公平、公正和透明，正是外商最需要的。

3. 关键期“放管服”出实招。“我们将积极主动扩大对外开放，打造具有国际竞争力的营商环境。”“对内外资企业，在支持政策上一视同仁。”在 2017 年夏季达沃斯论坛上，李克强总理面对全球参会者做出这样的承诺。继 2017 年 1 月份《关于扩大对外开放积极利用外资若干措施的通知》之后，8 月 16 日，国务院再度发布《国务院关于促进外资增长若干措施的通知》，从进一步减少外资准入限制、制定财税支持政策、完善国家级开发区综合投资环境、便利人才出入境、优化营商环境 5 个方面提出要求。此外，中国先后修订了自贸区负面清单和《外商投资产业指导目录》，修改了《外商投资企业设立及变更备案管理暂行办法》，推行外资领域“放管服”改革。例如，新版产业目录中，服务业等准入限制减少，鼓励类政策范围进一步扩大，鼓励外商投资符合我国产业转型升级方向的领域。

4. 我国拥有丰富的廉价劳动力和某些丰富的资源，这也成为吸引跨国公司对华投资的又一动因。首先，我国劳动力丰富，且相比较而言，劳动力的价格相对低廉，这对跨国公司来说是不可多得的。因为随着全球竞争程度的日益激烈，跨国公司想方设法降低成本，而劳动力成本及管理成本在整个成本中又占相当一部分，因此跨国公司竞相来华投资也就是必然的了。其次，我国的资源在总量上还算丰富并且是相当廉价的，特别是有着丰富而廉价的生产原料，这可以大大降低其采购和生产成本。毫无疑问，能降低成本对跨国公司有着很强的吸引力，这也是我们吸引跨国公司的主要"资本"，直到现在，这一点仍然是跨国公司对华不断扩大投资的主要原因之一。

5. 我国的社会经济在20世纪90年代初期进入健康快速发展轨道。我国的经济潜力得到了全面良好的展现，经济一直保持快速增长，并且仍然蕴藏着巨大的潜力。这创造了在世界经济史上从未有过的奇迹。另一方面，我国巨大的市场以及市场潜力对跨国公司也有着不可抗拒的吸引力。正是由于中国市场的巨大和其发展潜力，每个跨国公司都很明白占领中国市场就意味着在未来全球竞争中占据制高点和主动性，拥有更多的话语权，从而为更大限度地获利提供保证。可以说，这才是我国吸引跨国公司进行投资的关键因素。这个时期以及将来很长一段时间，我们仅仅凭借这个因素就能牢牢占据主动权，对跨国公司我们就有更多的话语权。因为在全球竞争日益激烈的今天，市场比资金更重要。可是我们现在好像还没有足够意识到这一点，思想仍然停留在以前的阶段，好像我们还需要"乞求"跨国公司来我国投资。还有人在说拿市场换资金和技术。实践证明，我们没有实现我们的初衷，但市场却被跨国公司占领了，而我们吸引外资的质量和使用的效率却存在相当大的问题，更痛心的是我们没有获得我们亟须的关键技术。在市场经济成为全球通用的经济语言的今天，供求规律更凸显其重要性。在西方发达国家，资本的过剩是不争的事实，资本的本质要求到能最大限度增值的地方去，而我国就是它们可以选择的最佳场所。因此要充分利用我们的优势，不能放弃本应属于我们的话语权。

(二)外部原因

1. 随着世界生产力的普遍提高，世界范围内生产力发展的绝对不平衡性客观上使得全球性的产业转移有了可能。而跨国公司基于其全球战略和全球收益率考虑，在自己保有利润最大的产业(包括核心技术)的前提下，主观上要求进行产业的梯次转移，甚至全部转移。它们把第一产业和第二产业的绝大部分转移到发展中国家进行生产。现今第二产业基本上都实现了标准化，因此也就更多地表现为体力劳动，或者是劳动密集型工作，甚至连高科技产业的一部分也以实行外包的方式转移到发展中国家去，如软件的外包增长就极其迅速。而无论是从劳动力的价格还是从劳动力的丰富程度以及素质来讲，中国都是跨国公司进行产业转移的理想目的地，符合跨国公司进行产业转移的梯次要求。

2. 面对日益激烈的全球竞争，跨国公司为了最大限度地保证自己的利润，为了维护和取得自己的全球垄断地位，必须寻求更多、更大、更好的市场。而我国无疑就是它们的理想标的。

3. 发达国家资本过剩，也是跨国公司对华投资的外部原因之一。跨国公司的首要特征就是拥有巨大的经济实力，在众多的生产要素之中，资本是最基本和最重要的要素，它是其他生产要素能够进入生产领域和流通领域的前提和载体，是把各个生产要素联系起来的纽带，是生产和流通能够顺利进行的血液。而过剩的资本则使跨国公司进行全球投资成为可能，也保证了跨国公司的全球战略得以实现。

二、跨国公司直接投资对中国经济的影响

改革开放以来，我国利用外资的形式呈现出明显的阶段性。第一阶段：萌芽试探阶段（1979～1984 年），主要特征是外资来源以港、澳、台地区为主，投资规模也偏小。第二阶段：初步投资阶段（1985～1991 年），外资来源仍以港、澳、台地区为主，但已有欧、美、日公司来华投资。第三阶段：快速发展阶段（1992～2001 年）。以 1992 年邓小平南方谈话为标志，我国国内掀起了经济发展新高潮。以世界 500 强为代表的大型跨国公司纷纷来华投资，外商直接投资自此开始大量涌入我国。仅 1992 年当年便比 1991 年增加 1 倍以上，超过了 100 亿美元。到 1996 年，更是突破了 400 亿美元大关。外国直接投资逐渐居于主要地位。第四阶段：稳定发展阶段（2002 年至今）。以 2001 年底我国加入世界贸易组织为标志，外商对华投资又进入一个新的发展阶段。此后 5 年，我国每年新批准的外商直接投资项目都在三四万个左右，年均实际投资金额超过 600 亿美元。2017 年全年实际外商直接投资达到 1 310.40 亿美元。我国的对外开放度不断扩大，与世界经济的联系更加紧密。

（一）积极影响

在经历了四个发展阶段后，我国已从一个微不足道的国际投资东道国成长为世界第二大外商直接投资东道国、发展中国家第一大外商直接投资东道国，在就业、投资、产出、税收、国际收支等方面，外资对我国经济的持续、快速增长发挥了重大作用，具体表现为以下几方面：

1. 利用外资为我国创造了大量就业机会

外资企业吸收的劳动力数量逐年增加，由 1985 年的 6 万人增加到 2007 年的 1 583 万人，年均递增 72 万人，对同期全国城镇就业新增数的贡献率达到 9.5%。2010 年，近 30 万家外资企业为中国提供了超过 4 500 万个工作岗位。但不得不指出的是，由于劳动力成本的上升，外资企业外迁已成趋势。据日本贸易振兴机构（JETRO）的一项调查表明，2011 年，缅甸的人工费每月 95 美元，仅为中国的 1/5。经营日本休闲服装连锁店“优衣库”的迅销公司（Fast Retailing）将准备在缅甸生产服装，并将在中国以外的东南亚各国服装生产比例由目前的 1/4 提高到 1/3。

2. 外商直接投资是我国固定资产投资的重要资金来源之一

尤其是在改革开放初期建设资金极度匮乏的条件下，利用外资减缓了资金不足的矛盾。同时，外商投资工业的迅速扩张促进了我国的工业化进程。在我国吸收的外商直接投资中，工业项目占 70%以上的份额，外商工业企业的大规模进入明显加快了我国现代工业的发展速度。

3. 外资企业成为我国不可缺少的税收来源之一

以上海为例。上海外商投资企业数量与投资合同金额逐年上升，2015 年外资企业户数是 2006 年的 2.37 倍，外商直接投资合同金额接近 600 亿美元，累计合同金额约占全国累计金额的 11%。与此相对应，上海涉外税收收入增长 4.7%。此外，外资企业的税收贡献度较高，占上海总体企业户数 17%的外资企业，涉外企业所得税收入占上海企业所得税总收入的比重接近 50%。

4. 利用外资推动了我国产业结构的优化升级

2017 年高技术产业实际吸收外资同比增长 61.7%，占比达 28.6%，较 2016 年底提高了 9.5 个百分点。高技术制造业实际使用外资 665.9 亿元，同比增长 11.3%。其中，电子及通信设备制造业、计算机及办公设备制造业、医疗仪器设备及仪器仪表制造业同比增长 7.9%、

71.1%和28%。高技术服务业实际使用外资1 846.5亿元，同比增长93.2%。其中，信息服务、科技成果转化服务、环境监测及治理服务同比分别增长162%、41%和33.3%。

5. 利用外资推动了我国区域布局持续优化

中部地区实际使用外资561.3亿元，同比增长22.5%，增速领跑全国；西部地区新设立外商投资企业同比增长43.2%，市场主体活力进一步激发。11个自贸试验区新设外商投资企业6 841家，其中以备案方式新设企业占99.2%；实际使用外资1 039亿元人民币，同比增长18.1%，高于全国增幅10个百分点，改革开放试验田作用进一步显现。

6. 外资企业进出口成为我国外贸增长的重要带动因素

1986年，外资企业进出口额只有29.9亿美元，占当年贸易总额的比重仅为4.0%；2007年增加到12 549.3亿美元，比重升至57.7%。2017年，全国外商投资企业进出口额18 392亿美元，同比增长9.02%，占全国进出口总额的44.81%。2017年，外商投资企业出口额9 776亿美元，同比增长6.63%；进口额8 616亿美元，同比增长11.85%。

(二)消极影响

从另一方面来讲，中国利用外资过程中也存在一些问题。

1. 外商在华直接投资的产业流向呈现明显的不均衡分布状态

外资主要分布在制造业领域。到2005年底，我国第一、第二、第三产业利用外资在实际利用外资总额中的比重分别达1.19%、74.07%和24.74%。在实际使用外商直接投资中，制造业和房地产业所占比重分别为70.4%和9%，这种制造业外资流向偏重的状况是中国成为"全球制造中心"的主要原因。2012年，国家发改委、商务部公布了经国务院批准的《外商投资产业指导目录(2011年修订)》(以下简称《目录》)。从新《目录》内容来看，国家在引导外资投向上与国内经济结构调整的方向一致，都是为了促进制造业改造提升、培育战略性新兴产业、促进服务业发展、促进中西部地区发展。

2. 高新技术产业增长过度依赖于"三资"企业

我国拥有自主知识产权核心技术的企业仅为万分之三，有99%的企业没有申请专利，有60%的企业没有自己的商标。即使那些在国际市场中被广泛认为已经具备竞争能力的产品，如家电，实际上许多核心技术都在西方跨国公司手中。目前我国高新技术产品出口的88%、机电产品出口的74%都是由外资企业完成的。

3. 一些大型跨国公司对华系统化投资全面展开，并购方式的投资活动日益频繁

目前世界企业500强中已有400多家在华进行了投资。外资企业越来越注重对我国大中型企业的并购与重组，采取的主要形式是合资控股和直接购买产权。外企并购的中国企业大多是一些行业、地区的龙头企业和市场占有率较高的企业。一些以吞并竞争对手为目的的并购活动增加了市场垄断的风险，对如何妥善解决并购后的品牌保护、人员安置和社区相关者的利益问题等仍然需要建立行之有效的监管和执行机制。

4. 能源消耗与环境污染问题严重

一些跨国公司在我国投资设厂时，将污染严重、资源消耗很多的企业或生产环节同时转移进来，成为我国环境污染问题的诱因之一。钢铁、有色金属、电力、建材、造纸和化工六大产业是高耗能产业，外资在这六大产业中所占比重持续增长。以杭州为例，2014年，纺织、造纸、化工、电力、非金属矿物制品、黑色金属冶炼六大高能耗行业用能总量占规模以上工业能源消费总量的70%左右，造成能源消费增长刚性需求的不断上升。外商直接投资于制造业中的接近20%的比例是分布于高耗能产业。

三、中国扩大对外开放、积极利用外资若干措施

利用外资是我国对外开放基本国策和开放型经济体制的重要组成部分，在经济发展和深化改革进程中发挥了积极作用。当前，全球跨国投资和产业转移呈现新趋势，我国经济深度融入世界经济，经济发展进入新常态，利用外资面临新形势、新任务。为深入贯彻落实《中共中央国务院关于构建开放型经济新体制的若干意见》，进一步积极利用外资，营造优良营商环境，继续深化简政放权、放管结合、优化服务改革，降低制度性交易成本，实现互利共赢，2017 年国务院出台了扩大对外开放，积极利用外资的若干措施：

（一）进一步扩大对外开放

1. 以开放发展理念为指导，推动新一轮高水平对外开放。修订《外商投资产业指导目录》及相关政策法规，放宽服务业、制造业、采矿业等领域外资准入限制。支持外资参与创新驱动发展战略实施、制造业转型升级和海外人才在华创业发展。

2. 服务业重点放宽银行类金融机构、证券公司、证券投资基金管理公司、期货公司、保险机构、保险中介机构外资准入限制，放开会计审计、建筑设计、评级服务等领域外资准入限制，推进电信、互联网、文化、教育、交通运输等领域有序开放。

3. 制造业重点取消轨道交通设备制造、摩托车制造、燃料乙醇生产、油脂加工等领域外资准入限制。采矿业放宽油页岩、油砂、页岩气等非常规油气以及矿产资源领域外资准入限制。石油、天然气领域对外合作项目由审批制改为备案制。

4. 外商投资企业和内资企业同等适用“中国制造 2025”战略政策措施。鼓励外商投资高端制造、智能制造、绿色制造等，以及工业设计和创意、工程咨询、现代物流、检验检测认证等生产性服务业，改造提升传统产业。

5. 支持外资依法依规以特许经营方式参与基础设施建设，包括能源、交通、水利、环保、市政公用工程等。相关支持政策同等适用于外资特许经营项目建设运营。

6. 支持内外资企业、科研机构开展研发合作。支持外商投资企业建设研发中心、企业技术中心，申报设立博士后科研工作站。根据对等原则，允许外商投资企业参与承担国家科技计划项目。外商投资企业同等适用研发费用加计扣除、高新技术企业、研发中心等优惠政策。

7. 支持海外高层次人才在华创业发展。对持有外国人永久居留证的外籍高层次人才创办科技型企业，给予中国籍公民同等待遇。对外籍高层次人才及其外籍配偶、子女申请办理多次签证或者居留证件的，依法依规提供便利。

（二）进一步创造公平竞争环境

8. 各部门制定外资政策，要按照《国务院关于在市场体系建设中建立公平竞争审查制度的意见》（国发〔2016〕34 号）规定进行公平竞争审查，原则上应公开征求意见，重要事项要报请国务院批准。各地区各部门要严格贯彻执行国家政策法规，确保政策法规执行的一致性，不得擅自增加对外商投资企业的限制。

9. 除法律法规有明确规定或确需境外投资者提供信息外，有关部门要按照内外资企业统一标准、统一时限的原则，审核外商投资企业业务牌照和资质申请，促进内外资企业一视同仁、公平竞争。

10. 促进内外资企业公平参与我国标准化工作。进一步深化标准化工作改革，提高标准制修订的透明度和开放度。推进标准制修订全过程信息公开，强化标准制修订过程中的信息共享和社会监督。

11. 深化政府采购改革，坚持公开透明、公平竞争原则，依法依规对外商投资企业在我国境内生产的产品一视同仁、平等对待，促进内外资企业公平参与政府采购招投标。

12. 依法依规严格保护外商投资企业知识产权。健全知识产权执法机制，加强知识产权执法、维权援助和仲裁调解工作。加强知识产权对外合作机制建设，推动相关国际组织在我国设立知识产权仲裁和调解分中心。

13. 支持外商投资企业拓宽融资渠道。外商投资企业可以依法依规在主板、中小企业板、创业板上市，在新三板挂牌，以及发行企业债券、公司债券、可转换债券和运用非金融企业债务融资工具进行融资。

14. 深化外商投资企业注册资本制度改革。除法律、行政法规另有规定外，取消外商投资公司的最低注册资本要求，落实内外资企业统一的注册资本制度。

(三)进一步加强吸引外资工作

15. 各地区要按照创新、协调、绿色、开放、共享的发展理念，结合地方实际，积极开展投资促进活动，允许地方政府在法定权限范围内制定出台招商引资优惠政策，支持对就业、经济发展、技术创新贡献大的项目，降低企业投资和运营成本，依法保护外商投资企业及其投资者权益，营造良好的投资环境。

16. 支持中西部地区、东北地区承接外资产业转移。修订《中西部地区外商投资优势产业目录》，扩大中西部地区、东北地区鼓励外商投资产业范围。对符合条件的西部地区鼓励类产业外商投资企业实行企业所得税优惠政策。向中西部地区、东北地区转移的外商投资企业享受国家支持产业转移与加工贸易的资金、土地等优惠政策。对东部地区外商投资企业转移到中西部地区、东北地区的，人力资源社会保障部门要依申请及时办理社会保险异地转移接续。

17. 支持外商投资项目用地。外商投资企业与内资企业同等适用相关用地政策。继续对集约用地的鼓励类外商投资工业项目优先供应土地，在确定土地出让底价时可按不低于所在地土地等别相对应全国工业用地出让最低价标准的70％执行。

18. 推进外资跨国公司本外币资金集中运营管理改革。积极吸引跨国公司在我国设立地区总部和采购中心、结算中心等功能性机构，允许外资跨国公司开展本外币资金集中运营，促进资金双向流动，提高资金使用效率和投资便利化水平。

19. 完善外商投资企业外债管理制度。统一内外资企业外债管理，改进企业外汇管理，提高外商投资企业境外融资能力和便利度。

20. 深化外商投资管理体制改革。推进对外商投资全面实施准入前国民待遇加负面清单管理模式，简化外商投资项目管理程序和外商投资企业设立、变更管理程序。推进审批环节并联办理，缩短海关登记、申领发票等环节办理时间。加大电子政务建设力度，推行一口受理、限时办结、进度可查询，提升外商投资管理信息化水平。推进自由贸易试验区建设，在更大范围推广复制经验。

第三节　中国对外直接投资

中国不仅要引进外资，吸纳国外的FDI，而且我们自己也要"走出去"，对外进行直接投资。从经济实力上来说，经过40年的改革开放，我们已经有一大批的企业具备了走出去的资金、技术和人才实力。中国应该抓住开放战略转型的历史机遇，鼓励更多的企业成功地走出去。

一、中国企业“走出去”战略

(一)中国实施“走出去”战略的意义

1. 有利于扩大出口,培育新的出口增长点

国际经验表明:贸易与投资的关系日益密切,规模出口较大的国家不久以后也将是进行较大规模海外投资的国家。2017 年,世界经济温和复苏,国内经济稳中向好,推动全年我国外贸进出口持续增长。据海关统计,2017 年,我国货物贸易进出口总值 27.79 万亿元人民币,比 2016 年增长 14.2%,扭转了此前连续两年下降的局面。其中,出口 15.33 万亿元,增长 10.8%;进口 12.46 万亿元,增长 18.7%;贸易顺差 2.87 万亿元,收窄 14.2%。这说明中国产品已在国际市场上占有相当的份额。但一味地以贸易方式扩大出口,难免会受到种种限制,必须辅以必要的对外投资,在海外建立营销网络,了解当地市场信息、发展动向,并通过售后服务方式不断改进自身的产品;或是根据用户的要求,在当地开展设计、制造、装配,这样才能真正贴近市场,更好地发挥各种比较优势,增强产品的竞争力,从而扩大国际市场的占有率。此外,通过开展对外承包工程、设计咨询和劳务合作等对外经济技术合作,还可以带动中国相关的国产设备和材料出口,成为扩大出口的又一增长点。

2. 有利于促进中国经济结构调整

目前,中国国内市场已实现了由卖方市场向买方市场的重大转变,国民经济发展进入了以结构优化和产业升级为特征的新时期。与此同时,科技进步和经济全球化趋势加快,引发新一轮世界产业结构调整,世界各国、各地区都试图在全球分工格局中占有一席之地。政府有必要引导和推动国内产业和企业在调整和升级过程中,面向国际市场,通过实施“走出去”战略,使国内产业生产能力向海外延伸,并借此加快国内产业结构调整、发展新兴产业和高技术产业,为国民经济发展提供不竭的动力。

3. 有利于提高中国企业的国际竞争力

企业是国民经济的细胞,企业竞争力是国家竞争力的核心与基础。中国企业“走出去”,直接进入国际市场,有利于在更大的范围和更高程度上参与国际经济合作与竞争。我们要认真研究中国作为世界贸易组织成员国在不同国家和地区投资合作中应享有的权利,发挥政府和国内企业两个方面的积极性,以各种投资合作项目为突破口,大力实施“走出去”战略,不断开拓自身的发展空间,提高国际市场的占有率,在参与国际竞争与合作中掌握主动权,才能不断增强中国的国际竞争力和综合国力。

4. 有利于促进中国对外经贸关系的发展

随着中国综合国力的增强和国际经济政治地位的不断提高,广大发展中国家希望与中国开展多种形式的经济技术合作。中国与许多发展中国家的传统友谊深厚,政治上相互友好和支持,经济上互补合作潜力巨大,具备进一步加强经贸合作的基础和前提。通过实施“走出去”战略,加强与广大发展中国家互惠互利的经贸合作与交流,不仅能够增加当地就业,促进发展中国家的经济发展,而且有利于构筑中国与广大发展中国家特别是周边国家的共同利益基础,实现优势互补,促进共同发展。“走出去”战略的实施,有利于中国与发展中国家在处理国际经济事务中的团结合作,共同推动建立公正合理的国际经济新秩序;有利于缓解中国与一些发展中国家的贸易摩擦、消除“中国威胁论”的影响、促进祖国统一、维护国家安全;有利于提高中国的国际地位、扩大在国际事务中的发言权。

(二)中国企业"走出去"的战略选择

从目前中国企业"走出去"的现状来看,比较成功的还是一些大型企业。因此,我们就以大型企业"走出去"为例来分析中国企业如何"走出去"的问题。

1. 逐渐建立对外扩张战略的梯度优势,形成技术层次互补、技术创新和扩散的良性循环

从世界跨国公司对外扩张战略由"资源—劳动密集型"产业转向"资本—技术密集型"产业的趋势以及中国在国际竞争中的比较优势来看,中国大型企业选择劳动密集型产业作为国际化经营的起点是没有疑问的,但应该在劳动密集型产业内形成梯度优势,并逐渐推进其产业高度化。这就需要在国际化经营中兼顾发达国家和发展中国家两个市场,一方面,利用发达国家选择性极强的市场来促进我国大型工业企业的新产品的培育和新技术创新,反过来再利用这种技术创新推动国内市场和发展中国家市场的产品销售和市场的扩张。

2001 年,上海电气与美国晨星公司决定投资 900 万美元,以 50%对 50%的股权比例结构联合收购秋山印刷,将其更名为"秋山国际",同时拥有秋山印刷的所有品牌、技术专利、研发团队和销售网络。秋山印刷此前拥有的印刷技术在世界排在前六位。收购秋山之后,上海电气的印刷机械水平一下子进步了 18 年,实现了跨越式发展,并开始带动集团内相关企业的发展。上海电气的经验表明,鉴于日本企业掌握着先进的生产技术,而这方面中国企业恰恰存在明显不足,中国企业投资日本企业的重点应该放在获取先进技术上,形成一条以"收购获得技术"的赴日投资链。

另一方面,中国经过多年的建设和发展,已形成了比较完整的工业体系,拥有比较雄厚的工业基础,引进技术和实用技术可作为中国对发展中国家投资的技术来源。许多发展中国家的经济发展水平与中国相近或低于中国,在这些国家投资,有利于获取资源和发挥中国大型工业企业的技术优势,可以促进国内产业结构的调整。所以,在发展中国家市场的经营活动应该以劳动密集型产品为主,直接投资重点应以小规模生产、劳动密集型产业为起点,逐步由纺织、食品加工向机械、电子等劳动、资本和技术相结合的产品过渡。在发达国家市场的经营活动应以大规模生产的劳动、资本和技术相结合的产品和高技术含量的劳动密集型产品为主,如家用电器、机电产品等。直接投资的重点应该绕开贸易壁垒,确保出口市场的进口替代型以及获取并向国内转移先进技术、管理经验和知识的产业。

2. 进行国际化经营战略选择及组织创新

跨国经营的国际经验表明,国际化经营一般分为纯国内销售、出口和国外生产几个战略阶段,但是这几个阶段也不是绝对的,因为跨国公司战略选择不仅受国家的特点、工业的特点和公司的特点的影响,还受到信息技术发展的影响。这些影响可能使跨国公司超越某些战略阶段或者是长期停留在某一战略阶段。某些具有全球性工业特点的产业,例如,家用电器工业具有标准化高、规模生产,并且要求领先企业维持大量的研发投入,才能不断更新和改造生产技术和产品的特点,因而只有世界范围内的市场才能使其保持低生产成本和竞争优势。这种工业的特点要求跨国公司选择一种全球整体化战略,跨国公司的组织也会随战略实施的不同阶段而选择不同的组织类型,进行组织创新。另外一些工业可能具有区域性市场的特点,跨国公司就需要选择区域适应性战略,而公司的组织类型则需要选择一种网络型组织,既保留区域分治和子公司的独立性,又能分享母公司及其他子公司的先进技术和商业机会。

3. 大型企业可以选择兼并收购国内外企业"走出去"

中国企业在国际化过程中,由于资金、技术等条件的限制,单单依靠企业自身很难走上国际化道路,加强与我国境外企业间的合作建立策略联盟、实现规模效应,有助于形成强大的竞

争力；通过与国外跨国公司的合资与合作，则不但能获得资金、引进技术设备，而且能通过跨国公司本身的国际生产体系网络，对整个产业链进行升级。

(1)在跨国经营或并购中，对合作或并购的对象要有充分的认识。内容包括对方的产业状况、经营模式、销售渠道、财务状况、经营团队以及该企业的优劣势等。

(2)合作刚开始或并购谈判顺利的时候就要想到整合的问题，尽可能早地进行整合和尽可能快地完成整合是很重要的。在整合中，应本着公正、透明的原则，相互尊重，求得世界各国的人才能够在一个平台上共同努力。

(3)在跨国并购中，要注重国际化人才的招聘和培养。如果既懂国外的经营方式、外语好，又了解国内情况、中文基础良好的"全才"一时难以寻觅，这时，就要注意对"偏才"的融合，注意发挥团队的整体作用。在人才的招聘方面，应包括对国外合作方管理团队的考察，尤其要注意人才的专业性和事业心。

(4)在国际化经营或并购中应注意知识产权问题。内容包括对方拥有哪些专利、商标注册情况、拥有哪些著作权和企业商业秘密、这些知识产权的法律有效性、对方对知识产权的管理办法或方案等；洽谈时，应聘请相关专业人员(专利律师或相关专家)，甚至可以请国家知识产权局给予指导或帮助；一定要有自己的知识产权管理机构和专业人员，要利用知识产权制度的国际规则和国际惯例参与管理和经营。

4."走出去"的路线选择

"路线选择"问题很重要，错误的路线将事倍功半。企业在国际化的道路上应明确是首先进入发展中国家还是欧美等发达国家。例如，TCL 所选择的路线即是首先进入发展中国家，"农村包围城市"，获取经验、培养人才、积蓄力量，然后再向欧美市场进军。就我国而言，"TCL式"的路线更适合我国国情，因为我国本身是在世界市场中的"农村市场"发展起来的，我们对此市场相对更了解、更熟悉，我们的产品和服务也会更适合此市场。而且我国企业的主要竞争优势是低成本、高性价比，进入这些"农村市场"容易发挥我们的比较优势。TCL 的国际化路线是典型的"农村包围城市"。TCL 认为进入海外市场，既要品牌也要贴牌，在拓展印度和越南等亚洲市场时，以输出自有品牌的产品为主；在拓展欧美市场时，以 OEM 和 ODM 两种贴牌生产方式为主，无论从实力还是从经验、成本等方面考虑，先进入同质化程度比较高的新兴市场如越南、印度，比进入经济总量大、发展较成熟的发达国家市场可能更具现实意义，等自身发展比较成熟，积累更多海外经营经验时再进入发达国家市场，进而向全球扩展。TCL 在发达国家和发展中国家的经营战略有所区别，在发展中国家自建生产基地，以推销自有品牌为主；在发达国家，采取并购当地公司的形式进入当地市场，利用当地品牌拓展当地的市场，并积极拓展 OEM、ODM 业务。

5. 寻觅国际化人才

绝大多数国内企业缺乏国际化的经验，也缺乏对国际化人才的积累，所以在实施国际化战略时，首先就遇到人才缺乏的困难。企业竞争归根结底是人才的竞争，因此，必须把大力培养大批国际型经营人才作为一项重大战略措施来抓，建立人才培训、考核、奖惩制度，确保海外经营管理人员的素质不断提高。提高国际化经营、管理能力以及驾驭大型跨国企业的能力，培养更多具有国际化经营能力，了解欧美经济环境、政治体制和能够进行市场运作的人才。企业应着眼于人力资源的优化配置，通过市场机制的确立，保证人力资源和物力资源在市场导向作用下形成最佳契合点，为加快企业"走出去"提供充足的人力资源。

6. 国内取得优势再出去，变得更强

随着经济全球化以及我国逐渐融入世界经济，要想在世界市场中与大型跨国公司抗衡、参与国际竞争、提高自身的国际竞争力，“走出去”是一个必然的选择。但由于我国企业跨国发展还处在初级阶段，经验和知识还比较欠缺，在国际化进程中不能急功近利，要注意虚心向有名的经验丰富的跨国企业学习，并结合自身实际，有创造性地走出符合自己的道路。所谓“无内不稳，无外不强”。不到海外，就不能与高手过招，永远难以真正强大。2013 年 12 月 20 日，世界权威市场调查机构欧睿国际(Euromonitor)发布的全球家电市场调查结果显示：海尔冰箱 2013 年品牌零售量占全球市场的 9.7%，第五次蝉联全球第一；按制造商排名，海尔冰箱连续六年蝉联全球第一，再次摘得冰箱行业桂冠。所以要增强企业实力，从而增强抗风险能力。在国内取得优势再“走出去”，“走出去”后要把自己变得更强。

7. 重视本地化经营

国际工程承包所面临的市场环境错综复杂、地域差异很大，给工程设计、标书制定到项目实施造成了很大困难；同时，新的地域市场开拓也需要强大的本地化支持。所以，承包商一定要重视在主要地域市场的本地化经营。可以采取的方式包括战略合作、与当地政府或企业进行资本合作、成立独立的地区分公司等。

8. 充分了解东道国的市场情况以及法律法规

投资前的准备工作非常重要，通常可以借助专业的咨询机构对项目可行性进行分析，评估风险与收益，其中风险的种类、承受能力、应对预案、能否带来更大的回报等都是评估的重要内容。

初入国际市场，由于对当地市场情况、法律制度了解不深，会给前期的整合带来较大困难。例如，TCL 重组欧洲业务机构时才被告知，在欧洲的一些国家，裁员是一件非常复杂、耗时而且痛苦的过程。首先，TCL 作为一个外国公司在欧洲裁员就有一定的政治敏感度；其次，欧洲一些国家的制度(如德国、法国)对员工的保护程度是出乎 TCL 意料之外的，欧洲的工会对当地员工的职业保护手段非常强，甚至完全没有顾及企业的利益。例如，该国法律希望企业在裁员的过程中尽量保留老弱病残员工，裁掉 TCL 的骨干力量，原因是骨干力量被裁掉后很快就可以找到新工作，而弱势员工被裁会很难再就业，这与 TCL 企业运营的基本原则是相违背的；另外，欧洲的裁员成本之高也大大出乎 TCL 的预期，裁掉一个老资历的工程师甚至要使 TCL 付出几百万元人民币的代价，这对 TCL 这样的中国企业来说简直是天文数字。

在发达国家老牌企业逐渐退出家电业的过程中，也同时为 TCL 这样的中国公司设置了层层障碍，甚至陷阱。它们虽然逐渐退出制造及销售环节，但是在产品的核心技术上仍然用专利、知识产权、品牌等方式来影响我们来之不易的微薄利润。

二、中国企业“走出去”的风险识别与防范

(一)海外直接投资风险的主要类别

尽管自 20 世纪 70 年代以来，跨国公司的出现和快速发展是推动经济全球化的重要因素，而中国经济的可持续发展也需要培育自己的跨国公司。但对外投资活动的快速增长也势必使得更多的企业面临海外投资风险(overseas investment risk)。

一般而言，投资风险是指因未来各种因素的不确定所导致的企业投资收益的不确定。投资活动必然伴随着风险，企业在海外投资中遇到的风险种类比国内更多，而且因为可供对未来投资环境进行判断的信息不足，风险也相对较大。

海外直接投资风险可以按照不同的方式分类。例如，按照对外投资的形式，可以分为绿地

投资风险和跨国并购风险；按照是否可以预知，可以分为可预知的风险和不可预知的风险；按照国界划分，可以分为投资母国风险、东道国风险和国际市场风险；按照引起风险的原因，可以分为系统风险和非系统风险；按照对外投资经营过程中面临的风险源，可以分为外部风险和内部风险两大类，外部风险包括政治风险、政策风险和市场风险等，而内部风险则主要包括财务风险、人员管理风险和文化融合风险等。其中，按照风险源的分类使用最广泛。

1. 政治风险

政治风险（political risk）是指由于投资东道国政权的更迭、战争的发生或者国有化运动等事件的发生导致整体环境变化而产生的风险。这类风险可能对企业海外投资造成致命打击。20 世纪六七十年代，伊朗、伊拉克、委内瑞拉等产油国发起了"石油国有化"运动，采用强制参股甚至没收等方式把西方大型跨国石油公司的投资强行收归国有。南美洲多次发生"债务危机"时，也曾威胁拒绝支付所有借债。非洲一些国家或地区存在频繁的政权更迭，对外国投资也有较大的风险。

2. 政策风险

政策风险（policy risk）是指东道国投资相关的税收、公司监管、外汇管理和资本流动管理等方面的法律、法规或政策变动或者对相关政策理解不全甚至错误，给企业投资活动带来的风险。一国政府通过法律政策调整国民经济，在政府换届、国家遇到重大环境变化时，政策的调整是难免的，这时投资企业原有的外部环境会发生较大变化。埃及调整其开发区的政策影响了企业盈利的模式；加入欧盟后，波兰被要求调整其投资优惠政策，也给投资企业带来了投资环境上的较大变化。

3. 市场风险

市场风险（market risk）是指企业在海外运营中，面临的涉及产业链各个环节的要素供给需求变化所造成的风险，包括原材料的供给、同业的竞争、消费者消费习惯和偏好等条件变化对企业经营结果造成的不确定影响。这种风险是最为常见的，在国际化经营中可能尤为严重。金融环境风险是指企业在海外投资中遇到的融资能力不足、缺少担保和汇率波动等影响企业正常运营的风险。这种风险既来自投资企业的母国和东道国，也与国际金融环境密切相关。企业的海外投资需要资金的支持，但在海外投资初期，海外资产不多，企业缺少信用基础，当地银行没有与其建立信任关系，难以获得金融支持。在遇到极端事件时，金融对企业运营的影响巨大。例如，1997 年亚洲金融危机时，泰国政府不得不放弃泰铢与美元的固定汇率制度而转为浮动汇率，导致泰铢大幅贬值，以本地货币结算的企业损失惨重。

4. 财务风险

财务风险（financial risk）是指因企业总部对其跨越国境的资金流动的控制力不足所造成的风险，包括应收账款管理不到位所形成的企业流动性困难等风险。

5. 人员管理风险

人员管理风险（personnel management risk）是指因企业在积累、管理国际化发展所需人力资源上的能力不足所造成的风险。

6. 文化融合风险

文化融合风险（risk of cultural integration）是指由投资母国与东道国文化差异所产生的涉及企业管理、产品销售和人员行为等诸方面的冲突，在采取跨国并购方式的海外投资中尤为突出。

(二)风险防范措施

中国政府应通过多种方式努力减少企业对外直接投资过程中遇到的风险。对于企业而言,尽管外部环境的变化所造成的系统风险不以企业自身意志为转移,但可以通过加强风险管理,减少各种非系统风险对企业投资的不确定影响,甚至在投资前就评估系统风险,选择系统风险较低的国家或时期,以保证企业国际化的顺利发展。

1. 及时关注政策变化,用好政策工具

中国实施"走出去"国家战略以来,国家通过多种形式鼓励企业开展对外投资,保护企业的海外收益,包括"双边投资保护协定"和"避免双重征税协定"等。在签署的加入世界贸易组织和自由贸易区协定中,中国政府也把提供更好的发展环境、减少企业的经营风险作为重要的内容之一。东道国政府为了吸引外资,往往制定较为优惠的政策,或者设立特殊的地理区域,为FDI流入提供良好环境。中国企业的国际化发展,首先必须了解中国和东道国的促进政策,用好各种政策工具。同时,政府还是商务信息的重要提供者。商务部利用分布全球的外交商务资源,搜集整理各国的主要情况、商务信息和贸易机会等,并通过政府网站、宣传材料等方式提供给国内企业。

2. 充分利用社会专业中介服务机构

各种社会专业中介服务在信息搜集、甄别、处理和分析上具有优势,能够为企业提供更高效、更准确的服务,可以避免由于信息不对称和信息掌握不足所带来的风险。企业需要正确认识成本和收益之间的关系,不仅要考虑费用,更要考虑时间成本;对于规模较大的项目,则应进行详尽的评估和可行性分析,列举可能遇到的风险并提出应对方案。政策性金融机构是政府为了提供不同的政策性金融服务而设立的。其中,中国出口信用保险公司能够为企业海外投资中的部分风险提供解决方案,例如,中国出口信用保险公司在提供海外投资保险和租赁保险的同时,还专门编制国别风险指数,提示企业在重要投资东道国将会面对的政治风险的大小。

3. 注重履行社会责任

社会责任强调企业作为社会的有机组成,其责任包含很多内容。其中,遵守当地法律法规、保护环境和正确处理劳资关系是最重要的三个方面。企业要实现正常经营,处理好与当地政府、社会和劳动者的关系是非常重要的。企业在投资前就需要了解东道国的文化、习俗,评估是否适合企业的发展。特别是对于并购形式的海外投资,企业在整合资源、建立企业文化以及与当地文化融合时需要更加注意。

4. 建立完善的内部风险控制和防范体系

在跨国公司的内部控制中,最重要的是要实现对人员和资金的绝对控制。中国企业在实行国际化发展时,必须保证总部在全球人员和资金上的调配能力和控制能力。具体措施包括人员的定期轮岗、推行全球统一的企业内部网和财务管理平台、使用离岸金融服务和推行知识管理等。

三、对中国企业"走出去"的前景预测

我们有理由相信,未来会有越来越多的中国企业走向世界,原因有以下几个:

(一)中国文化具有很强的渗透力

中国的文化上下传承五千年而没有中断,这说明中国文化具有非常强的韧性,凝结在中国文化中的精华相信会被越来越多的世界其他国家所认同,如和谐理念。中国在全世界设立孔子学院,其目的是通过传播儒家思想将中国的和谐理念传播到全世界。

例如，中国的饮食文化历史悠久，当我们被洋快餐包围的时候，我们也应该反思一下是否可以向世界推广我们的饮食文化。诚然目前在世界各地都有中式餐厅，但据很多到过国外吃过中餐的人的感受，那已经是很不地道的中餐了。我们完全可以“走出去”，将中式餐饮更大规模地向外推广。

(二)中国在经济危机中的大国形象

在2008年这次百年一遇的金融危机到来的时候，与1997年亚洲金融风暴所表现的一样，中国应担负起一个负责任大国的角色，大声疾呼在如此巨大的危机面前，全世界要通力合作、共同面对，不能“各人自扫门前雪”。在经济全球化空前发展的今天，相信没有哪一个国家可以做到独善其身。中国是这么说的，也是这么做的。中国国家领导人除了在各种场合表达“信心比黄金更重要”的思想外，还携大订单赴欧洲和世界其他地区采购。中国在世界舞台上更趋活跃，有了更多的话语权。世界离不开中国，中国未来的经济发展也离不开世界。

(三)中国企业有很强的学习能力

几十年来，跨国公司来华投资给中国企业一个难得的学习机会，跨国公司教会了很多中国企业，即作为对外直接投资的主体在对外的过程中应注意什么、有哪些核心问题需要解决、存在哪些风险、如何防范等。这对未来中国企业更多地走出去提供了难得的经验。

作为探路者，我们应该感谢像TCL这样的企业，尽管它们在国际化的道路上走了一些弯路，但从更大范围来看，这样的教训也是难得的财富。以后有实力走出去的企业可能就不会再交那么昂贵的学费了。

案例剖析

引进外资真能“以市场换技术”吗？

实践是检验真理的唯一标准，让我们来看看30多年来与外商合资、“以市场换技术”的实践吧。“以市场换技术”的政策，对我国学习国外先进的管理方式和制造技术起过积极的作用，我国的汽车工业因此确实提高了一个档次；但全面地看，副作用很大。当初提出“以市场换技术”的目的是向外方让出市场，通过合资、消化吸收换来技术，然后开发出有我国自主知识产权的先进车型。30多年过去了，实践的结果是，90%以上的轿车市场确实是让出去了，但掌握先进技术、开发中国品牌的轿车的愿望基本上没有实现。

“以市场换技术”，换来了什么样的技术？

其一，换来的虽比我国原有的技术先进，但实际上是已进入成熟期、衰退期甚至是落后的技术，真正先进的技术并没有换来。上海大众1985年一开始生产桑塔纳轿车，德国大众就把这种车型淘汰了。近30年来，德国大众已对车型换了四五次，可是上海大众至今还在生产这种车型。

其二，换来的仅限于制造技术，并不包括产品开发方面的技术。30多年来，所有合资汽车企业都没有开发出一个新车型。

其三，就制造技术来说，换来的也只是“普通货色”。内高压成型、激光焊接等真正先进的核心技术，我国一般都没有得到。

其四，换来的这些并不先进的制造技术，只有使用权，没有所有权，这个问题影响很大。

实行“以市场换技术”，外方占领我国市场的目的达到了；中方得到的东西却很少，损失很大，基本上没有达到目的。这充分说明：“以市场换技术”政策弊大利小、得不偿失，是不成功的。“以市场换技术”还有以下弊端：

合资的汽车工业难以成为支柱产业，汽车工业能带动许多相关产业的发展，成为经济发展的火车头，是支柱产业。但合资的汽车工业却很难起到这个作用。例如，北京现代汽车有限公司成立后，中方企业原有设备全部弃置不用，又从韩国进口(国家的机床设备产业大体有一半用于汽车工业，这样的合资对我国的机床工业打击很大,也大大增加了合资企业的成本)。一辆索纳塔轿车,只有四个轮子、一个电瓶是我国造的,其他全都从韩国进口。这样的汽车工业能带动我国的相关产业、起到支柱产业的作用吗?尽管外方的股份并没有超过50%,但外方实际上掌握了知识产权、企业的领导权、话语权。企业重要部门的主要职务、产品的质量认证和鉴定、工厂的设计和委托、协作配套厂的选定、产品的改型和设计费用、进口散件的数量和价格、进口设备的选定和价格等,全由外方说了算。有人认为,中外双方各占50%的股份就是平等的,那就大错特错了。如果我们不仅仅看表面现象,而看本质,合资企业实质上是跨国公司设在我国的加工车间,外方是事实上的老板,我方只是打工者。

合资遏制了自主创新。合资公司有这样两种情况:一是没有开发机构,如上海大众成立时就没有;二是有开发机构,但实际上并不搞开发,如一汽大众的产品工程部,名为产品开发,但实际不搞。其开发机构留在母公司了,合资公司在体制上就被"阉割"了开发能力。因此,合资20多年,没有一个合资厂开发出一个新车型就一点也不奇怪了。

我方派到合资企业的技术人员,大多很优秀。但由于合资企业不搞自主开发,除了离开,他们就不得不改行。合资企业生产的轿车价格高出国际市场一倍以上,从而攫取高额利润。合资企业攫取的高额利润大头被外方拿走,外方的收益约为我方的五六倍,甚至合资企业亏损,外方反而盈利。除按股份分红外,外方还得到技术转让费、CKD散件及设备款、本土化零部件的认证费等。于是就出现了这样的怪现象:通用公司卖一辆车在美国赚145美元,在中国却赚得2 400美元。这使得我们国家和老百姓蒙受了巨大损失。通用公司前总裁墨菲曾经说:"中国得到的是GDP,我们得到的是利润。"他说得多么深刻、多么尖锐呀!

思考与练习

一、关键概念

投资风险、政治风险、市场风险、政策风险、财务风险、人员管理风险、文化融合风险、不完全竞争

二、思考题

1. FDI的理论有哪些?
2. 跨国公司对华投资的动因是什么?
3. 跨国公司FDI对中国经济的影响如何?
4. 中国如何提高利用外资的质量?
5. 中国企业为什么要"走出去"?
6. 中国企业怎样"走出去"?
7. 中国企业"走出去"的过程中可能遇到哪些风险?

三、讨论题

"以市场换技术"的构想能成功吗?

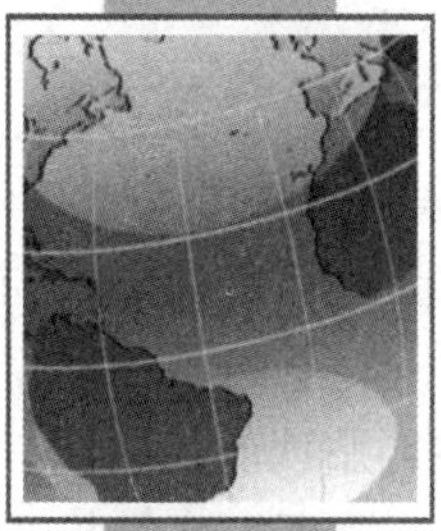

第六章 国际金融中的霸权

本章要点

本章介绍了金融霸权的概念及其作用和影响。从货币体系演变的历史梳理了金本位制与英国、布雷顿森林体系与美国在世界经济中的地位关系。预测了未来的美元趋势并对国际社会对美元霸权的挑战进行了评价。

本章的重点在于掌握货币体系与一个国家国力之间的关系。

本章的难点在于如何理解“特里芬悖论”。

案例引导

它们的行动能挑战美元的霸权地位吗?

2008年12月伊朗石油部长诺扎里宣称伊朗已停止使用美元进行石油出口交易,2009年9月伊朗宣布其外汇储备改用欧元,不再以美元计价。2009年10月拉美国家中古巴等9个国家一致通过决议,决定将从2010年1月1日开始在其成员国之间的贸易结算中,不使用美元,改用新的地区性非纸钞形式货币“苏克雷”,并作为与美国、欧盟等非成员国之间的境外贸易结算手段使用。几乎与此同时,全球最大石油输出国沙特阿拉伯宣布,从2010年1月开始,将放弃以美元计价的西得克萨斯州中级原油(WTI)作为原油销售指标,改以一篮子货币计价的阿格斯含硫原油作为指标。这些石油输出国的行动能挑战美元的霸权地位吗?

第一节 金融霸权

一、金融霸权的定义

霸权(hegemony)是一种“霸主权”或“盟主地位”,尤其是指特定联盟或邦联中的某个国家或民族的统治或领导地位,有时也可以理解为霸权国推行的支配性的政策或强权政治。

“hegemony”一词在古希腊本来具有“领导”(leadership)的含义,但后来又加上了“支配”(domination)的意思。因此“霸权”含有暗示巨大权力的剥削、压迫性质的双关语气。

金融霸权(financial hegemony)是霸权国凭借其具有压倒优势的军事、政治、经济和金融实力在国际货币体系中占据主导地位,并将自己的意志、原则或规则强制性地在整个体系中推行,从而获得霸权利润。

从这个意义上讲,在一个国家范围内,并不存在金融霸权,因为金融本身就是一国经济的核心。

二、金融霸权的作用与影响

金融霸权对国际货币体系和国际金融秩序的影响表现在三个方面：

(一)维持了国际货币体系的相对稳定

这可以参照经济霸权主义的"霸权稳定论"。"霸权稳定论"是由美国著名经济学家金德尔伯格(Kindleberger)于20世纪70年代初提出的，他指出："世界经济要想保持稳定，必须拥有一种'稳定器'，即某个国家要能负责为亏本商品提供市场，让资本稳定地(不是逆循环地)流动，而且当货币制度呆滞不灵、陷入困境时，它能为提供清偿能力建立某种再贴现的机制。"

在汇率浮动和资金市场一体化的世界中，霸权国"还必须在某种程度上管理汇率结构，并对各国国内货币政策进行一定程度的协调"。

该理论表明，如果没有霸权国建立并管理国际社会体系，当自由主义和自由贸易让位给经济民族主义势力时，国际经济就会动荡不稳。因此金融霸权有以下作用：制定国际经济竞争规则和政策协调、执行国际经济竞争规则、稳定世界经济、促进经济发展、控制危机。

(二)金融霸权国(或集团)利用其霸权地位对其他国家特别是发展中国家进行剥削

国际货币体系是一种由金融霸权国生产的"公共产品"，但其他国家不能只"搭便车"，必须付费。这种费用是金融霸权国通过剥削其他国家特别是发展中国家收取的，具体地说，这种剥削是通过强制推行金融自由化打开别国金融市场，利用其货币的特权地位、攻击性的金融投机和国际资本流动实现的。

(三)霸权国地位更迭时给国际金融市场带来动荡和不稳定

根据金德尔伯格的理论，霸权国的主要作用不仅仅是日常维持该体系的运营，而且在于控制危机局面。在第一次世界大战前的几次金融危机正是由于英国的金融霸权国地位发挥的作用而大大缓和；第二次世界大战后，由于英国的衰落、美国的金融霸权地位尚未完全确立，形成了一个金融霸权真空期，导致了20世纪30年代国际金融体系崩溃和大萧条。

但这并不意味着要为金融霸权唱赞歌，反而应该警惕，因为在目前的国际货币体系下，发达国家利用金融霸权实现金融侵略和剥削比以往任何一个时期(以往金融霸权为军事霸权服务)都更突出，对发展中国家的影响更深远。

前美国政治学会会长、哈佛大学战略研究所所长塞缪尔·亨廷顿(Samuel Huntington)在《文明冲突与世界秩序》一书中，列举了西方文明控制世界的14个战略要点，其中三条都与金融霸权有关：第一条"控制国际银行系统"，第二条"控制全球硬通货"，第五条"掌握国际资本市场"。而"控制高科技军火工业"和"控制航天工业"则分别位居倒数第一位和倒数第三位。

三、金融霸权的剥削形式

作为金融霸权国，美国利用美元霸权、投机资本、衍生金融工具和其背后的政治霸权、高科技力量确立了自己的金融霸权地位，并主要通过以下几种形式实现对其他国家特别是发展中国家的剥削。

(一)美元霸权，即利用美元在国际货币体系中的特权地位

目前，美元仍是无可争议的国际货币，美元占全球外汇储备的64%、外贸结算的48%和外汇交易结算的83%。美元的这种特权地位给美国带来了巨大的利益。

首先，美元作为国际货币使美国获得数额巨大的铸币税，从而白白占有了境外持币者的资源。据国际货币基金组织统计，约有半数美元在美国境外流通，使其每年大概获益150亿美元，占美国GDP的0.2%。

其次，分享其他国家经济成长的成果。美国相对而言可以不受限制地向全世界举债，却可以通过美元的贬值，既减轻外债负担，又刺激出口，以改善国际收支状况。仅在1985年3月至1986年3月的一年间美元贬值就减少了美国约1/3的债务。美国量化宽松的货币政策直接导致美元贬值，引起了中国、日本两大美国债权国的高度关注，担忧美国的货币政策将直接导致自己所持有的美元资产的大幅缩水。

再次，转嫁危机。当美国出现经常账户逆差时，可以通过印刷美钞来弥补赤字，维持国民经济的平衡，将通货膨胀转嫁给其他国家特别是发展中国家。出现金融危机时，美国可以直接增加货币发行量避免信贷紧缩和信心崩溃所可能带来的经济危机，把部分损失通过货币政策的变化转移到世界各地。

1987年10月的"黑色星期一"并没有给美国经济带来实质性的衰退，但发展中国家却深受其害。这也是为什么其他国家(如1997年的东南亚各国)出现持续的经常账户逆差就有可能爆发金融危机，而美国经历了几十年的巨额经常账户赤字而安然无恙的主要原因。

(二)国际(投机)资本流动——热钱

第二次世界大战后，经济自由主义的影响和欧洲美元市场的兴起使得国际资本以前所未有的速度和规模在国与国之间流动。

尽管经历了以发达国家之间为主的资本流动和发达国家资本向发展中国家流动的过程，但发达国家无疑是国际资本的主要输出国。追逐超额利润是国际资本的本性，发展中国家经济的高速增长为国际资本提供了良好的环境。

1990～1996年流入新兴市场国家的国际资本总额达11 705亿美元，在一定程度上推动了这些国家的经济增长，但也同时带来了风险和剥削。金融危机从一个国家蔓延到另一个国家的过程中，处处都留下国际资本特别是国际投机资本大规模流动的痕迹。

据国际货币基金组织估计，目前在全球市场间流动的国际投机资本即国际游资至少有7.2万亿美元，相当于全球每年GDP的20%。

国际投机资本的流动表现出极强的投机性、无序性和破坏性，东南亚金融危机就是国际投机资本的无序流动所造成的。经过近三十余年的自力更生，东南亚国家经济已初具规模，为资本增值创造了良好环境，金融自由化更为国际投机资本的无序流入提供了渠道。在无序流动中有一个恶性循环，即资本的流入破坏了原有的资金平衡，造成通货膨胀压力，为抑制通货膨胀，东南亚国家必须提高利率，然而高利率又进一步使国际投机资本趋之若鹜，使紧缩性的货币政策结出膨胀性的果实。投机资本的大举进驻一度使这些国家喜形于色，但由于产业结构的升级不可能在短期内完成，投机资本便一窝蜂地进入证券市场和房地产市场，投机泡沫开始膨胀。大量投机资本的流入必然造成本币的匮乏，诱使本币升值，继而导致经常账户的逆差，为未来的贬值埋下了伏笔。当投机者们看到时机成熟，便"不经意"地捅破泡沫，带领投机资本如潮水般地涌出，造成在短期内无法弥补的资金真空，导致货币的过度贬值。这样，东南亚国家"破产"了，国际投机资本却满载而归。

作为金融霸权国的美国同时也是目前世界上头号债务大国，但从来没有看到美国为此而担忧，更不会发生类似于20世纪80年代初期拉美式的债务危机。相反，美国从中受益匪浅，这一方面得益于美元的特权地位，另一方面得益于由此带来的国际(投机)资本流动。实施金融大改革后，美国利用美元的独特地位，在国际金融市场上的资金运用十分成功，低成本甚至无成本的资本输入和高回报的资本输出使得美国获取了发展中国家经济增长中的大部分利益。只要美国需要资金，可以随时通过货币政策的调整从容不迫地达到目的。所以，美国强烈要求发展中国家开放其金融市场，实现包括资本项目可兑换在内的金融自由化，以使其资金自由进出这些国家；所以，当发展中国家出现所谓的“某某奇迹”时，美国便输出资本，流入后者的股市、汇市等资本市场。这些资金的流入在别国吹起一个个经济泡沫，制造出虚假繁荣，一旦时机成熟，美国便通过各种手段将资本回收，当然携带着丰厚的利润。

(三)攻击性的金融投机——索罗斯的行为

目前，美国有1万多只共同基金拥有近4万亿美元资产，3 000只对冲基金拥有4 000亿美元资产。对冲基金是在世界各地金融市场兴风作浪的急先锋，尤其是乔治·索罗斯(George Soros)及其量子基金，而共同基金也一改以前的稳健作风加入投机的行列。

1997年9月，美国股票总市值为12万亿美元，每日平均交易额为450亿美元，即使这些共同基金、对冲基金动用几十、上百亿美元在美国股市折腾也不一定有什么作为，但到了泰国、马来西亚、新加坡的股市，无异于大象跳进游泳池，无论做多还是做空，都足以掀起惊涛骇浪。

事实上，亚洲金融危机的爆发和香港金融保卫战都是美国的对冲基金和共同基金在作祟。它们调度巨额投机资本、配合舆论声势、运用衍生金融工具和立体投机策略，先攻陷外汇市场，然后利用各个金融市场间的内在联动性获取惊人的投机利润。

(四)美欧银行资本大肆低价收购发展中国家金融机构

作为东亚金融危机也可以说是东南亚金融危机的后果之一，包括金融机构在内的企业倒闭、破产成为普遍现象。当金融霸权国炮制出金融危机后再杀一个“回马枪”，以低价收购东亚各国企业特别是金融机构，这时后者已经没有讨价还价的余地，只能任人宰割。东亚各国挥泪大甩卖的过程就是金融霸权的实现过程，也是发展中国家被剥削的过程。具有讽刺意味的是，连美国的盟友日本也成了被美国收购的对象。

四、金融霸权的必要条件：金融自由化

金融霸权国要达到金融侵略和剥削的目的至少需要具备三个条件，即开放的金融市场、巨额的国际投机资本和操纵别国金融市场的工具(包括衍生金融工具和投机技巧)。其中金融全球化和金融自由化是实现金融霸权的必要条件，这也是霸权国所极力推崇和具体推行的。霸权国打开别国金融市场的手段主要有两种：一是通过霸权地位强迫发展中国家开放金融市场，二是利用国际金融组织变相推行金融自由化。国际资本流动要求金融自由化和金融全球化，而后者不仅加速了国际资本的流动，也导致了国际资本流动的无序化。所谓“无序”一方面是指国际资本特别是国际投机资本流动的速度和规模超出了经济运行和调整的需要，另一方面也指国际投机资本对发展中国家的肆意掠夺。

半个世纪以来，在所谓的自由主义经济学的极力推动下，促进国际资本自由流动一直是国际金融体系的主要目标之一，也是西方发达国家所津津乐道的。在1944年的“布雷顿森林”会议上，国际货币基金组织成立时所定的章程中没有“资本账户自由化”的条款，不仅没有，而且协定还赋予各国“资本控制”(capital control)的权力。

第二节　金本位制与英国的地位

一、金本位制

(一)金本位制的概念

金本位制(gold standard)就是以黄金为本位币的货币制度。在金本位制下,每单位的货币价值等同于若干重量的黄金(即货币含金量);当不同国家使用金本位时,国家之间的汇率由它们各自货币的含金量之比——铸币平价(mint parity)来决定。金本位制于19世纪中期开始盛行。在历史上,曾有过三种形式的金本位制:金币本位制、金块本位制、金汇兑本位制。其中金币本位制是最典型的形式,就狭义上来说,金本位制即指该种货币制度。

(二)金本位制的形式

1. 金币本位制(gold specie standard)

这是金本位货币制度的最早形式,也称为古典的或纯粹的金本位制,盛行于1880～1914年。自由铸造、自由兑换及黄金自由输出入是该货币制度的三大特点。在该制度下,各国政府以法律形式规定货币的含金量,两国货币含金量的对比即为决定汇率基础的铸币平价。黄金可以自由输出或输入国境,并在输出入过程中形成"铸币—物价"流动机制,对汇率起到自动调节作用。这种制度下的汇率,因铸币平价的作用和受黄金输送点的限制,波动幅度不大。

1914年第一次世界大战爆发后,各国纷纷发行不兑现的纸币,禁止黄金自由输出,金币本位制随之告终。

2. 金块本位制(gold bullion standard)

这是一种以金块办理国际结算的变相金本位制,也称金条本位制。在该制度下,由国家储存金块作为储备;流通中各种货币与黄金的兑换关系受到限制,不再实行自由兑换,但在需要时,可按规定的限制数量以纸币向本国中央银行无限制兑换金块。可见,这种货币制度实际上是一种附有限制条件的金本位制。

3. 金汇兑本位制(gold exchange standard)

这是一种在金块本位制或金币本位制下,国家为了保持外汇稳定,准许本国货币无限制地兑换外汇的金本位制。在该制度下,国内只流通银行券,银行券不能兑换黄金,只能兑换实行金块或金币本位制国家的货币,国际储备除黄金外,还有一定比重的外汇,外汇在国外才可兑换黄金,黄金是最后的支付手段。实行金汇兑本位制的国家,要使其货币与另一实行金块或金币本位制国家的货币保持固定比率,通过无限制地买卖外汇来维持本国货币币值的稳定。

金块本位制和金汇兑本位制这两种货币制度在20世纪70年代已经基本消失。

(三)金本位制的基本特征

1. 金币本位制

金币本位制的特征包括以一定量的黄金为货币单位铸造金币作为本位币;金币可以自由铸造、自由熔化,具有无限清偿能力,同时限制其他铸币的铸造和偿付能力;辅币和银行券可以自由兑换金币或等量黄金;黄金可以自由出入国境;以黄金为唯一准备金。

金币本位制消除了复本位制下存在的价格混乱和货币流通不稳的弊病,保证了流通中货币对黄金不发生贬值,保证了世界市场的统一和外汇行市的相对稳定,是一种相对稳定的货币制度。

2. 金块本位制和金汇兑本位制

金块本位制和金汇兑本位制是在金本位制的稳定性因素受到破坏后出现的两种不健全的金本位制。这两种制度下，虽然都规定以黄金为货币本位，但只规定货币单位的含金量，而不铸造金币，实行银行券流通。所不同的是，在金块本位制下，银行券可按规定的含金量在国内兑换金块，但有数额和用途等方面的限制（如英国 1925 年规定在 1 700 英镑以上方可兑换，法国 1928 年规定在 215 000 法郎以上方可兑换），黄金集中存储于本国政府。而在金汇兑本位制下，银行券在国内不兑换金块，只规定其与实行金本位制国家的货币的兑换比率，先兑换外汇，再以外汇兑换黄金，并将准备金存于该国。

（四）金本位制的历史

在历史上，自从英国于 1816 年率先实行金本位制以后，到 1914 年第一次世界大战以前，主要资本主义国家都实行了金本位制，而且是典型的金本位制——金币本位制。

1914 年第一次世界大战爆发后，各国为了筹集庞大的军费，纷纷发行不兑现的纸币，禁止黄金自由输出，金本位制随之告终。

第一次世界大战以后，1924～1928 年，资本主义世界曾出现了一个相对稳定的时期，主要资本主义国家的生产都先后恢复到战争前的水平，并有所发展。各国企图恢复金本位制。但是，由于金铸币流通的基础已经遭到削弱，不可能恢复典型的金本位制。当时除美国以外，其他大多数国家只能实行没有金币流通的金本位制，这就是金块本位制和金汇兑本位制。

金块本位制和金汇兑本位制由于不具备金币本位制的一系列特点，因此，也称为不完全或残缺不全的金本位制。该制度在 1929～1933 年的世界性经济大危机的冲击下，也逐渐被各国放弃，都纷纷实行了不兑现信用货币制度。

第二次世界大战后，建立了以美元为中心的国际货币体系，这实际上是一种金汇兑本位制，美国国内不流通金币，但允许其他国家政府以美元向其兑换黄金，美元是其他国家的主要储备资产。但后来受美元危机的影响，该制度也逐渐开始动摇，至 1971 年 8 月美国政府停止美元兑换黄金，并先后两次将美元贬值后，这个残缺不全的金汇兑本位制也崩溃了。

（五）金本位制崩溃的主要原因

金本位制通行了约 100 年，其崩溃的主要原因有以下几点：

第一，黄金生产量的增长幅度远远低于商品生产增长的幅度，黄金不能满足日益扩大的商品流通需要，这就极大地削弱了金铸币流通的基础。

第二，黄金存量在各国的分配不平衡。1913 年末，美、英、德、法、俄五国占有世界黄金存量的 2/3。黄金存量大部分为少数强国所掌握，必然导致金币的自由铸造和自由流通受到破坏，削弱其他国家金币流通的基础。

第三，第一次世界大战爆发，黄金被参战国集中用于购买军火，并停止自由输出和银行券兑现，从而最终导致金本位制的崩溃。

（六）金本位制崩溃的影响

金本位制度的崩溃，对国际金融乃至世界经济产生了巨大的影响。

1. 各国货币普遍贬值，为推行通货膨胀政策打开了方便之门

这是因为废除金本位制后，各国为了弥补财政赤字或扩军备战，会滥发不兑换的纸币，加速经常性的通货膨胀，不仅使各国货币流通和信用制度遭到破坏，而且加剧了各国出口贸易的萎缩及国际收支的恶化。

2. 导致汇价剧烈波动，冲击着世界汇率制度

在金本位制度下，各国货币的对内价值和对外价值大体上是一致的，货币之间的比价比较稳定，汇率制度也有较为坚实的基础。但各国流通纸币后，汇率的决定过程变得复杂了，国际收支状况和通货膨胀引起的供求变化对汇率起着决定性的作用，从而影响了汇率制度以及国际货币金融关系。

二、金本位制对英国“日不落”地位的影响

英国鼎盛时期常常被人称为“日不落帝国”，这容易让人造成错觉，以为显示英国强大的地方在于其遍布世界各地的殖民地。其实支撑大英帝国的不在于庞大的殖民地、威名远扬的不列颠舰队和生气勃勃的工业生产，而在于它控制了近百年的国际金融体系。

1914 年，英国 1/4 的国民财富投资于外国铁路、港口、城市基础设施和购买外国政府债券，英国的投资者和金融家从海外的投资中获得了高额利润。英国成了靠投资生存的国家。国际金融体系的稳定已经直接影响英国的经济繁荣和生活水平，因此作为经济霸权国家，英国十分关心国际金融体系的稳定性，通过政府和英格兰银行管理着世界金融体系。英国实行英镑与黄金兑换挂钩的金本位制，英镑成为一种主要国际储备货币，40％以上的国际贸易使用英镑结算。

英国还实行帝国特惠制，在英镑区实行低关税政策。1914 年第一次世界大战前夕，英国的海外投资高达 40 亿英镑，占西方国家总投资的一半。

经历了两次世界大战，英国从世界霸主的地位跌落下来。英国的经济体系遭到战争毁灭性的打击，英国的国库在两次大战中消耗殆尽。1945 年，英国海外资产损失 40 亿美元，出口贸易不到战前的 1/3，外债高达 120 亿美元，黄金储备降至 100 万美元。英国虚弱的财政收支已经无力支撑起大英帝国在国际社会中的尊严。没有强大的金融力量支持，英国必须淡出国际舞台中心，让出世界霸主的宝座。另一位世界霸主——美国，开始粉墨登场了。

第三节　布雷顿森林体系与美国

一、布雷顿森林体系建立的背景

促成美国成为世界霸主的强大动力是第二次世界大战后初期美国所拥有的无与伦比的雄厚金融实力。美国在规划战后国际体系时清醒地认识到，美国依靠军事力量无法成为世界霸主，苏联同样拥有与美国不相上下的军事力量。

美国的撒手锏则是它能运用强大的经济实力创造一个以美国为核心的国际金融体系，通过实现经济霸权来达到实现政治和军事霸权的目的。美国政治军事霸权迟至 20 世纪 90 年代完成，而经济霸权早已实现，这一过程是在美国新罕布什尔州的布雷顿森林会议上开始的。

二、美国的金融外交

著名英国经济学家凯恩斯早已设想建立一个全球性的国际货币联盟，由它取代各国中央银行的作用，吸收存款、发放贷款、收取利息、发行国际通用货币。美国政论家约翰·内伦尖锐地指出：凯恩斯是一个极力鼓吹以经济帝国主义取代政治帝国主义，以金融资本构筑帝王宝座的投机者。

凯恩斯的思想在远离欧洲本土的大西洋彼岸得到了回音。1941 年，正当欧洲战场上空硝

烟弥漫、炮声隆隆的时刻，哈佛大学教授、美国财政部长摩根索的首席经济顾问怀特，已经敏锐觉察到战争结束后美国可能承担的历史使命：取代英国，成为新时代的世界经济霸主。为此他设计了一套完整的建立国际金融体系和世界经济秩序的方案。

“怀特计划”包含两个重要内容：一是建立稳定基金，以此保证国际汇率的相对平衡；二是建立“国际复兴开发银行”，提供贷款帮助遭受战争创伤的国家迅速恢复经济，支持穷国发展生产。

“怀特计划”为正在寻求主宰战后国际关系格局的美国领导层提供了经济方面的可行性方案，因此，摩根索财长和罗斯福总统为此叫好，命令怀特起草正式文件提交总统审批。凯恩斯设想的“流产”是因为大英帝国的财力无法支持如此雄心勃勃的经济霸权构思，而“怀特计划”的成功启动是由于美国已经具备主导国际金融体系、实现世界经济霸权的雄厚实力。美国在19世纪末已经跃居世界头号经济大国，但尚未从心理上做好争霸世界的准备。美国通过参加两次世界大战，对世界的霸权理解日渐深刻，同时已经成为资本主义世界最大的债权国和经济实力最雄厚的国家。美国工业产品占世界总额的一半以上，对外贸易占世界贸易总额的1/3，黄金储备高达200亿美元，占资本主义国家黄金储备的59%，这为建立一个以美元霸权为核心的国际金融体系创造了必要条件。而作为参战国，美国显示了强大的军事力量，它在战争中取得的每一个胜利又为它平添不可估量的政治信用。

于是，威力无比的军事机器、深谋远虑的政治外交为美国建立战后国际金融体系扫清一切道路上的障碍。

1944年炎热的夏季，盟军发动了历史上规模最大的登陆计划“霸王战役计划”，不久，以凯恩斯为首的一批盟国经济学家接受罗斯福总统邀请，乘坐“玛丽女王号”前往美国新罕布什尔州的布雷顿森林，参加重要的国际金融会议，商讨成立国际货币基金和世界银行的事宜。

布雷顿森林会议的召开是一次划时代的事件，布雷顿森林协定的签订标志着战后国际金融体系的正式形成。会议决定成立国际货币基金组织、世界银行，并同时决定成立另一个国际经济组织——国际贸易组织(ITO)，以监督国际贸易活动。但这一设想真正付诸实施却被推迟了50年，1995年世界贸易组织(国际贸易组织)宣告成立。

三、布雷顿森林体系下的美元霸权

国际货币基金组织和世界银行完全按照美国方式组建和运作，成员权力的大小根据他们缴纳的股本进行计算。美国在国际货币基金组织的88亿美元的股本中承担了27.5亿美元，在世界银行的100亿美元股本中，美国缴纳了32亿美元，因此在这两个国际金融组织中，美国拥有足够的否决权。有些国家则缴纳很少一部分股本，如巴拿马只缴纳了0.002%的世界银行股本，因此它们的投票权只具有象征意义。世界银行最高权力机构是理事会，总部设在美国。

从布雷顿森林体系的内容来看，美国从稳定汇率、对外援助和自由贸易三个角度构建了战后国际金融体系的框架，其核心思想是：在这样一个世界性的国际经济体系里面，充分维护和实现美国的经济霸权地位，为美国遏制苏联的外交政策提供充分的物质基础。

美国在布雷顿森林会议上取得的最大成功是：在新的国际货币制度中，实行黄金—美元本位制，美元成为国际储备货币和国际贸易结算的支付手段，规定各国政府可以按照35美元等于一盎司的固定比价，随时向美国用美元兑换黄金。各国货币的汇率严格与美元挂钩，上下浮动不超过1%，自己不得随意贬值或升值，各国中央银行有义务在外汇市场上进行干预以保持汇率的稳定。

如此一来，美元成了关键货币，美国可以充分享受戴高乐所说的美元特权而带来的种种优惠条件。当别国为外汇储备增减忙碌时、为对外贸易逆差加剧苦恼时，美国可以心安理得地通过印刷货币、增加美元供应量来解决本国外贸逆差，并且直接控制国际资本的流动。

美国推动建立世界银行的主要目的是通过经济援助方式，加强同战后需要重建的那些国家的政治经济联系，将它们的社会经济发展纳入美国所控制的国际经济秩序之中。同时，美国可以在以帮助其他国家经济复兴的名义下，将本国大量过剩的资本输出海外，寻求新的利润市场。

世界银行虽然对海外国家提供低息贷款，但对接受国要求非常严格，而发展中国家总是处于不利地位。贷款之前，世界银行通常派遣专家全面审查援助项目，保证贷款用于指定的项目，即对美国利益有关的项目。

1946 年 9 月，智利申请世界银行贷款 4 000 万美元。为了配合贷款申请，智利政府作了精心的文字准备，详细说明贷款的用途，结果被世界银行借口智利银行信用不好而否决。世界银行的第一笔贷款还是给了美国的欧洲盟国——未来的北约成员法国、丹麦、荷兰和卢森堡，总共 4.97 亿美元，几乎等于世界银行可借资本的总额。

世界贸易规则的制定应该是战后国际经济秩序的重要环节，因为几百年以来，贸易税收一直是西方列强和政界名流最重要的财源之一。同国内财源相比，许多国家更容易也更愿意从贸易关税获得财政收入，因此这些国家的关税率定得相当高，这种情况对美国相当不利。

美国很想利用战争造成的相对经济优势，消除其他国家的贸易壁垒，打开海外市场的大门。美国曾经极力主张打破英国的帝国特惠关税制度，这一制度使英国出口商品在进入英联邦国家市场享有特惠关税。

至 1945 年，美国已经同 27 个国家谈判了 32 项互惠贸易协议。但同时美国又不愿意快速开放本国市场，1945 年美国出口商品只占国民生产总值的 5.5%，这样使得它在倡导建立一个全球性的自由贸易体系时显得顾虑重重、举步维艰。这是世界贸易组织推迟于 50 年后成立的真正原因。

布雷顿森林协定中对自由贸易的承诺远远落后于其他的承诺。1947 年，相关各国在日内瓦签订《关税及贸易总协定》，并为战后世界贸易体系确立了三项原则：①非歧视性、多边主义和对所有签署国实行最惠国待遇；②通过减少贸易壁垒来扩大贸易；③所有签署国之间实行无条件互惠。《关税及贸易总协定》的目标是建立一种世界贸易制度或执行贸易政策的普遍准则。

四、美元特权及其内在矛盾

布雷顿森林体系建立后不久，美苏之间爆发冷战，美国对外政策的总方针就是对苏联及其社会主义国家实行遏制战略。美国所有的政治、经济和军事资源被动员起来，为贯彻这样一个国家总战略目标服务。美国政府认为，西方国家如果在经济上虚弱不堪、金融体系上动荡不安，很有可能倒向苏联和国际共产主义运动，所以，对付苏联挑战的最好办法就是发展经济。

美国主张西方国家应该优先考虑两个重点：第一，尽快恢复国内经济增长，实行充分就业；第二，建立有利于西方利益的稳定的世界经济秩序。1947 年上半年，美国连续出台了两个相互关联的对付苏联的战略步骤，一个是杜鲁门主义，宣布向希腊、土耳其政府提供军事经济援助。另一个是马歇尔计划，宣布向欧洲国家提供巨额援助款项，帮助这些国家迅速复兴国民经济，防止西欧国家左翼化，从而拉开了长达40多年的冷战序幕。美国在同苏联争夺世界霸权的斗争中，采取了大规模的军事扩张政策，在亚洲打了两场战争(朝鲜战争和越南战争)，在海外驻扎了成千上万的军队，利用中央情报局对一些国家进行准军事介入，经常插手别国内政，推翻这些国家的政治领导人。同时美国维持了一个庞大的核武库，确保可以与苏联相互摧毁的核威慑均势，所有这一切争霸行为必然使美国背上沉重的经济负担。

如何解决美国全球霸权的经济负担，是美国统治阶层面临的头等大事。美国找到了解决问题的办法：将布雷顿森林体系纳入美国全球霸权体系之中，使其成为重要的战略环节。美国着力强化美元在国际货币体系中的作用，使其威慑力量扩大到所有的盟国。

由于美元成为国际硬通货，美国就拥有自行印刷世界货币的特权，源源不断地为维持全球霸权地位提供资金。说到底，“美元特权”构成了美国全球霸权地位的基础。

法国政治家戴高乐生前反复强调“美元特权”，曾经想通过恢复金本位制来挑战美元特权，这一改革国际货币体系的构想遭到非议，原因之一是黄金的生产跟不上世界经济发展速度，且又给产金大国(苏联和南非)新的特权。

所谓“美元特权”，是指其他国家当国际收支经常账户不平衡时，都不得不进行一番痛苦的国内政策调整，如削减公共支出和降低进口等；美国则不然，它长期处于国际收支经常账户逆差的状况，却可以通过印刷美元以弥补逆差。这是因为美元是国际储备货币和国际贸易结算手段，其他国家的中央银行接受美元为本国的外汇储备。

简而言之，其他国家必须“挣外汇”，美国则可“印刷”自身的国际支付手段，从而不费吹灰之力支配其他国家创造的财富。当然，美国在享受美元特权的同时也付出了高昂的代价：布雷顿森林体系的崩溃，自己从债权国变成了债务国。

实际上，布雷顿森林体系造就的“美元特权”本身存在着先天缺陷，除了戴高乐之外，耶鲁大学经济学家比利时人特里芬(Triffin)敏锐指出了美元特权的不合理性，并谋求设计一种能够取代美元的世界性货币——国际货币基金组织的“特别提款权”。特里芬在1960年出版的一本名叫《黄金和美元危机》的专著中，揭示了美元汇兑本位制的主要缺陷，即著名的“特里芬悖论”(Triffin paradox)。它是指如下两难局面：在美元—黄金固定汇率制下，美国政府保证35美元可兑换1盎司黄金。一方面，美国的国际收支不平衡是其他各国储备资产的来源，若美国停止不平衡，势必减少他国的流动性储备；但另一方面，若美国长期不削减国际收支逆差，又会使其他国家对美元的信心下降，因而争相拿本国的美元储备兑换美国政府的黄金(法国就是这么做的)。

而美国的黄金储备无法应付所有债权人的兑换，美元按固定汇率的可兑换性必然受到人们的怀疑，从而产生对美元的信心危机，这证明清偿能力的创造机制与国际对该制度的信心之间存在根本性矛盾。

特里芬本人提出这一“悖论”，是为了说明“美元特权”对美国也是有成本的，从而劝诫美国政府为了自身和世界的长远利益，放弃“美元特权”。他所倡导的“世界货币”——国际货币基金组织的“特别提款权”，实际上是试图找出一种新的清偿能力创造机制，但因遭到美国政府的反对，“特别提款权”仅仅成为名义上的国际货币，享受“美元特权”。

冷战期间，面对苏联的威胁，出于政治和战略的需要，西德和日本同意为美国因在海外采取独霸行动而导致的国际收支赤字融通资金。作为交换，美国也必须宽容盟国利用霸权制度来促进它们的经济繁荣，这意味着美国必须忍受同盟国的贸易逆差，只要盟国不将盈余的大量美元立即向美国兑换黄金，布雷顿森林体系就可以继续存在下去。

然而，20世纪60年代以后，美国的主要盟国日本和西德实现了经济起飞，两国出口贸易额从战后初期几乎为零的水平迅速增长，两者相加在一起已经超过美国的出口额。德、日、法这些盟国的经济实力和对外贸易发展，已经成为世界经济强国，世界对这些国家的货币的需求也不断增长，马克、日元、法郎越来越可能成为新的国际流通货币。

但是，布雷顿森林体系强调以美元为核心的国际储备货币，并且以美国的黄金储备作为保障，把其他货币排除在储备货币之外，这些必然引起盟国的不满情绪。"特里芬悖论"开始发挥效力了，美国人陷入它所指出的国际金融格局和国际政治格局的内在矛盾之中。如果美元不能贬值，势必造成盟国的出口优势，使他们获得大量美元，美国敢于无限制地印刷超过黄金储备的美元供应量，是建立在与盟国保持政治上团结的基础上，盟国需要美国的军事保护伞来抵消苏联的威胁，因此不会立即将手中的美元兑换成黄金。

但美国估计错了，盟国为了本国的民族利益开始向美元特权挑战，戴高乐曾经要求法国央行尽可能地将美元向美国兑换成黄金。其他国家也打算这么做，布雷顿森林体系的基础终于开始动摇，不久便土崩瓦解了。

第四节　国际社会对美元霸权的挑战

一、改革国际货币体系的呼声

2009年3月31日，在二十国集团伦敦金融峰会开幕前夕，中国人民银行行长周小川发表了改革现行国际货币体系的观点，并专门撰文予以阐述。中国已经是第一大美元资产储备国。中国政府发出改革国际货币体系的呼声在国际社会引起强烈反响，得到许多发展中国家、国际组织和知名经济学家的支持。

（一）各国的反应

俄罗斯支持逐渐采用"超主权储备货币"。俄罗斯与中国都积极支持逐渐采用"超主权储备货币"，俄方还表示，"超主权储备货币"建议已获得巴西、印度、韩国和南非等主要新兴经济体的支持。

阿根廷支持中国关于国际储备货币改革的建议，它认为在一个日益多极化的世界，全球不应该只依赖某种单一货币作为国际储备货币。美元在金融危机风暴中受到很大削弱，需要寻找其他货币作为储备货币。

委内瑞拉表示，面对目前美国经济不稳定的状况，有必要创造一种新型货币来代替美元进行国际结算。

（二）特别提款权替代美元是最快途径

美国诺贝尔经济学奖获得者约瑟夫·斯蒂格利茨（Joseph Stiglitz）在回应周小川的建议时说："以国际货币基金组织特别提款权替代美元是改革的最快途径。"英国《金融时报》首席评论员马丁·沃尔夫（Martin Wolf）在接受媒体采访时也称，世界需要远离单一国家货币储备体系。

（三）中国的本意

中国的建议并不是要在短期内取消美元的主要国际储备货币地位，并且，将美国排除在外的任何国际货币体系改革措施也都是不现实的。因此，周小川指出，重建具有稳定的定值基准并为各国所接受的新储备货币可能是个长期内才能实现的目标。改革应从大处着眼，小处着手，循序渐进，寻求共赢。

（四）美元作为现行国际货币渐显弊端

现行的国际货币体系本质上是美元本位制，美元具有主权货币和国际货币双重身份。美元的国际供给直接取决于美国的国际收支状况，也取决于美国国内经济政策和本国利益需求。这种货币体系缺乏国际约束和协调机制，容易导致美国滥用美元主导地位向外转嫁风险。在世界经济衰退的国际经济环境下，美元的发行机制更应受到约束。

美国是此次全球金融危机的发源地，为了拯救本国金融行业及刺激经济，美联储采取了定量宽松货币政策，开动印钞机，不断向市场输入美元流动性。这导致了美元汇率的大幅波动，给大量持有美国国债和以美元为主要储备货币的国家带来很大风险。

此次次贷危机，美国明显是在向世界各国转嫁矛盾、风险与损失。这中间绝不仅是有金融道德问题，而且还有国家意识在其中。通过美元，世界各国为美国背负了巨大的风险与损失，各国因此蒸发掉数十万亿美元的财富，而美国自己却得到了最大的利益保护。美元是美国的利益代表，多印美元，美国可以将本国的通胀转嫁到全世界；控制汇率，通过美元的升值和贬值可以对世界各国的财富进行掠夺。由于美元人为的定期贬值，使得各国持有的美元债务急剧缩水。美国正是一直靠大肆对外举债、利用全球各国的财富来发展、维持自身利益。八到九年一个轮回的美元贬值浪潮，在一涨一跌之中，一次次将世界的财富蒸发。

（五）亟须建立多元化货币体系的金融新秩序

遭到次贷危机重创的世界各国都在思考同样的问题：世界迫切需要构建不依赖于美国的多元化货币金融体系和公平公正的金融新秩序。此次美国金融危机造成的巨额损失应该使我们深刻认识到，境外金融投资存在高度风险性以及美国以其美元霸权地位对世界各国财富进行掠夺的本质。今后，我们一方面要管理使用好来之不易的外汇国民财富，对外金融投资要慎之又慎，同时，要建立严格的境外投资特别是金融投资的审查制度和问责制度；另一方面，要积极致力于推进建立不依赖于美国的多元化货币金融体系和公平公正的国际金融新秩序。

在“纸币本位”的时代，有国际货币地位的债务国比没有国际货币地位的债权国更为有利，这是美国次贷风暴给我们上的最深刻的一课。作为最大的新兴市场经济国家，中国要建立多元化的外汇储备体系，同时，要大胆地、积极地推进人民币的国际化，积极推进人民币的国际结算业务和人民币的国际债券业务。中国需要稳定的汇率、需要金融市场的定价权和话语权，否则中国的货币政策和汇率政策就可能被操控在投机资金手上。中国目前的浮动汇率政策和人民币单向升值的现实和预期，吸引了全世界的投机者将资金投入中国市场，这些热钱既然能进，就肯定也有出去的时候，1998 年的亚洲金融危机就缘于热钱的大规模撤离。中国要坚决顶住西方发达国家要求人民币快速升值的压力，停止人民币单向的升值，想办法阻止投机者进入中国市场。这是因为从长期来看，中国经济持续、健康、稳定的发展是和稳定的货币价值紧密地联系在一起的。

当人民币成为完全自由兑换的货币、成为世界多元化货币体系中的重要组成货币，中国的经济命运就能真正掌握在自己的手中。

（六）中国在国际货币体系改革中的策略

对于中国来说，面对国际货币体系改革所能够作出的选择无非是维持现状、走向多元化、推动超主权储备货币、回归金本位或商品本位。其中，“超主权货币”虽然符合中国的最大利益，但从 20 世纪 40 年代凯恩斯最早提出后就摆脱不了“镜中花”的地位，因此退而求其次，应着重推动并适应货币体系多元化，即促进主要货币发行国的责任与权利同时走向多元化。

对此，在空前的“货币乱局”中，中国理应抓住各方势力激烈博弈的时机，从以下几个方面着手，最大限度地在未来国际货币体系变化中谋求自身利益。

首先，在将来与美国等西方国家的金融博弈中，逐渐“以攻为守”，更加主动地应对中国面临的国际金融难题。在过去很长一段时间里，中国的国际金融策略都体现出一定的“被动”特征，如人民币汇率、金融市场对外开放等方面都处于守势。现在，人们对美元主导的国际货币体系不满的核心原因就是美国人做得太过分，这使得欧美国家的金融战略进一步分化，而我们也有机会积极表达国际金融政策偏好。

当然，这种“主动出击”也是建立在中国经济实力不断提高的基础上，如俄罗斯虽然早于中国提出“超主权货币”，但并未引起如此大的反响，正说明全球都看重中国的巨额外储“钱包”。

其次，通过运用“连横”策略，努力提高在国际货币基金组织等各类国际组织的表决权，增加参与制定国际金融“游戏规则”的能力，进而推动国际金融机构改革。

短期来看，发展中国家只有在国际货币基金组织、世界银行等国际组织掌握更多话语权，才能在遏制美国金融功利主义行为方面有所作为。这里的所谓“连横”，既包括利用国际货币基金组织、世界银行等机构不断边缘化的现状、迫切需要通过改革来提高地位，从而加强与其合作并谋求共赢，也包括以更积极的态度对美国施加影响，在其“失道寡助”时寻找双方可实现共赢的领域。在当前国际货币基金组织等国际组织迫切需要注资时，更不妨抓住机会迫使美国默许来换取更多的国际货币基金组织实际投票权和高管职位。

再者，中国还可以通过运用“合纵”策略，约束美国不负责任的“弱势美元”政策，并推动国际金融监管机制的构建。

拥有大量美元储备的亚洲新兴市场国家，都成为美元贬值所挟持的“人质”，正陷入解决内部通胀压力、美元资产缩水与本币升值的多重困境。对此，不仅让人想起 20 世纪美国财长康纳利的名言“美元是我们的货币，你们的问题”。此时，全球对人民币的关注，远低于对美元的担忧。

在各国对美国“不作为”普遍不满的情况下，中国应该变被动为主动，积极与新兴市场国家一起采取“合纵”战略，敦促美国承担起更多的货币责任，避免美元泛滥和持续弱势，从而间接抑制人民币升值预期，并降低外汇资产的贬值风险。

同时，改变当前国际交易活动对美元过度依赖的状况，适度提升欧元、英镑、人民币和日元等货币在国际结算中的地位。这就需要以“合纵”之术，通过一系列国际上的制度安排来实现新的货币利益均衡，这才符合多数国家甚至美国的根本利益。

应加强与欧元区等发达国家的“合纵”，促进国际金融监管的改革，使全球范围内监管的重点实现“低端监管”与“高端监管”的平衡。长期以来国际金融监管更重视发展中国家金融业健康等“低端”领域，却忽视了发达国家金融创新过度的“高端”领域，对此，未来的改革重点应同时兼顾资产评估合理性、金融产品可控性、金融机构透明度、银行系统稳固性等目标。

实际上，所谓推动“合纵”策略的目标，一是建立全球金融稳定机制，抑制美国“以邻为壑”的金融风险过度转嫁行为；二是建立风险分担机制，使发达国家也承担一部分货币动荡给新兴经济体带来的损失。

二、美元贬值与美元危机

我们对于美元是否会贬值问题的担心主要来自于中国现在已经成为超过日本购买美国国债最多的国家，如果美元贬值，那么中国购买的美国国债就难免减值。而过去美国正是这样做的，它通过美元贬值，既能减轻其外债负担，每次美元大幅贬值都能使美国债务减少 1/3，又能刺激其产品的出口，还能转嫁其各种经济危机，成为其对其他国家进行剥削的主要形式。

（一）美元贬值的原因分析

美元为什么会贬值呢？人们常说的一个原因是，美国经济增速低于其他国家，所以全球投资者放弃美元，转而投资于经济增长更快的国家的货币。毫无疑问，中国和其他一些新兴市场增速更快。但是，相比那些成熟市场，真正同美国争夺巨额投资资本流量的市场是欧洲和日本，对比几大经济体的国内生产总值数据，美国增长实际更快些。所以，显然低经济增长导致美元贬值是站不住脚的。

另一个大家常说的原因就是美国的贸易赤字，即进口支出大于出口收入。如果这算一个原因，那么当贸易赤字明明缩小，而美元却在加速贬值，这怎么解释呢？贸易赤字仅仅意味着一部分美元从美国流到了其他国家，如果给别人几张纸就可以换来别人生产的商品，每个国家都愿意这样的好事天天发生。如果人家拿着那些纸币来兑换美国的商品和服务怎么办呢？这也没有问题，美国正好可以通过提供这些商品和服务获得经济的繁荣。

也许还有很多人会说，外国人持有大笔美国政府债务，一旦美元贬值，他们便打算出手这些债务。这是说不通的。如果这些国家真那么做，只会促使美元进一步贬值。所以，那些持有巨额美国国债的国家不会意愿做美元贬值的主导者。

那什么是美元贬值的真正原因呢？其实，美元的不断下滑有着不可抗拒的原因，除了美国政府为了帮助企业增加出口竞争力而默不作声外，还存在着利率差异大、经济数据差强人意、经济前景不明朗等原因。另外，美国经济存在通货紧缩的隐患，而货币贬值正好是打击通货紧缩的重要武器之一。

首先，吸引国际投资者抛售美元、转向欧元的主要原因是美国与欧洲的利率差。其次，一直以来，美国经济的强大是支持美元走强的根本原因。但近年来，美国经济的表现却令人失望。由于居高不下的失业率和衰弱的制造业，这对美元贬值产生了重要影响，打击了投资者对美元的信心。最后，美联储对通货紧缩的担忧又加大了美元的压力。为了避免通货紧缩的出现，美国政府很可能会让美元适当贬值。美元贬值在降低美国制造的出口商品价格、增强美国企业国际竞争力的同时，还可以使进口商品的价格上涨，进而带动国内物价的回升，缓解通货紧缩问题。

（二）美元贬值是否会导致美元危机

许多人认为“强势美元”目前已经死亡，美元的持续贬值可能导致美元的“崩溃”。但这种推断是站不住脚的。

按照更为广义的理论，经济增长在长期内决定了一国货币的软硬程度。其内在背景是，国家经济增长快，则产出能力提高，货币所对应的物质准备增加，因而币值走强。虽然 2008 年以来美国经济受到了次贷危机的冲击，但其基本面却相对健康。2008 年美国时任总统布什发布的《总统经济报告》指出，尽管遭遇住房市场疲软、信贷市场紧缩以及能源价格高涨等不利因素，但得益于经济的灵活性、开放性以及一系列刺激经济增长政策的实施，2007 年美国实际经济增长率仍达到 2.5%，为连续第六年实现扩张。报告同时指出，2008 年、2009 年美国经济增长仍将分别达到 2.7%和 3.0%。这种状况无疑成为阻止美元沦落的重要前提。

“美元危机论”实质上是说美元有可能会被欧元、英镑甚至日元所替代，直至退出目前的核心位置。不过，无论是欧盟还是日本，在经济增长上目前显然无法取代美国；亚洲（不含日本）的崛起也暂时在经济总量上无法与美国匹敌。因此，至少在短期，美元崩溃是不大可能的。进一步而言，由于美元贬值，不少国家特别是亚洲国家中央银行的确存在着“去美元化”现象。但必须看到，对于新兴市场或转型经济体而言，中央银行的声誉依然存在有限的市场认可度，盯住某个强势世界货币有利于维系其货币信心，有利于赢得汇率改革的时间。那么，除了美元，这些国家还能认同什么货币呢？

实际上，目前美元贬值并没有超出美国和美元持有国的承受范围，而一旦美元贬值出现恶化，各方力量都会投入干预的武器，毕竟美元的基本稳定涉及全球所有国家的经济利益。对于亚洲国家而言，如果美元贬值导致本国货币升值过猛，其将会义无反顾地抛出大量本币买进美元，进而从外围阻止美元下滑的速度；对于欧洲国家而言，统一的利率杠杆即借助于减息的力量就可以遏制美元贬值的节奏；而在美元生产国美国政府眼中，只要美元恶化了国内出现通货膨胀，其进行大规模干预将不可避免。1977 年 9 月至 1978 年 10 月一年多的时间里，受油价不断上涨的影响，加之经济的增长乏力，美国对外贸易由顺差滑入逆差境地，美元对主要货币汇率出现了高达 16%的大幅下跌。美元疲软导致进口价格大幅攀升，通货膨胀率一下子从原来的 6%跃升到了 8%以上，到 1979 年底，通胀率更是进一步上升到了 10%的水平。同年的 10 月 6 日，美联储开始实行非传统的新货币政策来消除通胀，即严格控制货币供应量的增长，哪怕导致利率水平大幅上升也在所不惜。同年，美国货币当局入市干预了几次。作为上次汇市干预的参与者，美联储前高官、国际经济研究所学者泰德·杜鲁门(Ted Truman)预言，5 年之内美国政府必定会再度入市干预，无论是因为汇市秩序遭到破坏，还是因为美国再也无法承受伙伴国对其政策的批评。

因此，我们认为，本轮美元贬值并非经济基本面因素所致，美元走弱还属于货币当局“可控制的贬值”。同时，当前美元贬值仅仅是短期波动，未来继续贬值的空间仍将受到多种因素的抑制，特别是伴随着美国经济和全球经济的健康发展，美元可能还会回到强势的位置上。

三、新布雷顿森林体系

(一)新布雷顿森林体系的由来

过程一：美国大量印刷钞票→从以亚洲国家为首的地区购入大量消费品→中国、日本等国的美元外汇储备急剧增加→美国的贸易赤字不断扩大→继续印刷美元填补赤字。

过程二：美国发行大量的债券→中国、日本等国大量购买此类美元资产→美元源源不断地流回美国。

最近十多年来，美国对中国等亚洲国家和地区一直维持着这样两个美元环流。在这个过程中大家可以看到，一个直接的结果是美国的贸易赤字不断攀升和亚洲各国的美元资产不断增加。这种平衡不可能永远维持下去，美国也不可能永远印钞票印个没完。当亚洲国家持有的美元资产达到一定的程度，将对美国是个很大的威胁，如果这些国家一起抛售，美元将就此崩溃。作为缓解的一个招数，当然是促使美元贬值而亚洲货币升值，这样各国保有的美元资产都会减少，这个环流也可以持续得更长些。问题是谁也不愿白白受美国的剥削，亚洲各国央行都在大量抛出本币而购入美元以求汇率平衡。这时候美国动用的就是政治大棒了，逼迫日本停止汇市干预，逼迫中国让人民币升值，这是赤裸裸的政治干预。

“我们不必要担心美国日益增长的贸易赤字以及亚洲一系列国家币值的低估。这些国家和美国已经有了默契：亚洲国家通过汇率市场调控低估本国货币，并以此来推动出口，促进经济增长和缓解就业压力。而他们从干预汇市以及贸易顺差中积累的大量美元，又以极低的代价回流美国的资本市场，用于弥补美国巨大的贸易逆差。而这两者之间形成了一个平衡。”

这就是被三位德意志银行的经济学家杜利(Dooley)、福尔克特—兰道(Folkerts-Landau)及加伯(Garber)称作的所谓新布雷顿森林体系(Revived Bretton Woods System)。

这个体系的核心就是亚洲国家维持本币对于美元的相对低估,同时将通过贸易顺差以及干预汇市得到的美元用于购买美元资产,促使美国资本账目盈余,从而平衡美国贸易赤字。并且这三位专家认为这个体系将在相当长的一段时间内得以维持。

在这个体系中,亚洲国家被认为是利用低估本国货币来推动本国经济,成为目前全球贸易失衡的重要原因。由于中国目前是美国第二大国债持有者,在过去的两年中持有的美元资产更是大幅攀升,并且美国目前是中国最大的出口市场,所以这三位专家将中国视为该体系中的中坚力量。

(二)新布雷顿森林体系能否持久

在一个合适的代价下长期维持较低的国内债券利率、低通胀率和有效控制资本外流等要求,使亚洲国家可以维持本国货币低估,这是新布雷顿森林体系的基础。这三位专家表示,亚洲国家有足够的能力在相当长的时间内做到这一点。但是真正的风险并非如他们想象的那样简单。

美国的贸易赤字持续增长使国外的私人投资者开始越来越担心美元的地位。如果要维持新布雷顿森林体系,亚洲各国需要更大程度地承担美国贸易赤字的负担,但这将大大增加这些国家的风险。

以中国为例,在2003～2004年,中国曾试图通过发放大量短期债券的方式来消除由于外汇储备大幅攀升而带来的国内基础货币供应过快增长的风险。但是即使如此,从2002年第四季度到2004年第一季度,中国仍然承受了巨大的信贷规模扩张和通货膨胀压力,这也直接导致了政府开始缩减银行贷款规模。在未来的几年,如果中国的外汇储备再次数倍增长,很难想象中国金融将可以在不推动通货膨胀的前提下渡过难关。

另一个名正言顺的理由就是亚洲国家国内债券利率与美国债券利率的差额。这表示相对于在本国发行债券的成本,大量地购入以美元为计价单位的资产仍然是有利可图的。特别是在目前美联储持续调高美元基准利率正使这种差额逐步扩大。

但是,这种差额对于中国来说,却可能只是一种误导。目前,中国国债主要是流入国有银行而不是进行公开市场拍卖,这使得中国债券的利率水平并不能很好地反映市场的机会成本。如果这两者之间的差距越大,就可以认为是维持新布雷顿森林体系的代价越大。而这种政府债券利率与银行贷款利率之间的巨大差距也给银行系统改革带来了困难。

三位专家的新布雷顿森林体系还忽略了另外一个问题,那就是经济周期的影响。对于亚洲国家,如果没有长期性的劳动力剩余问题,那么在经济增长强劲时,它们往往没有足够的动力去干预汇率市场。

而对于美国而言,亚洲国家降低汇市干预的力度将直接导致美国国债的收益率上升。这在美国经济增长复苏、美联储从宽松的货币政策转向中性货币政策时显得更加容易接受。这也成为美国为何在目前开始鼓吹亚洲货币,特别是人民币升值的重要原因。但是,在现实中,这两者往往是不同步的,这也就注定了新布雷顿森林体系只会短期存在,而不是其认为的仍将持续10年或20年。

以上三位专家提出的新布雷顿森林体系与中国的现实存在着相当大的出入,更为中国未来10年的发展提供了错误的建议。中国应该将目前的注意力集中在金融系统,特别是银行系统的改革上,而不是去依靠低估的人民币汇率来推动经济。同时在中期推动人民币的汇率改革，这包括相对一揽子货币的15%～25%的升值。这种“两步走的货币制度改革”将有助于保持国内金融的稳定、资源的有效配置，为政府提供更多的宏观经济调控手段，更有助于出口更加健康地成长。

案例剖析

我们能否在外汇储备结构中增加对黄金的购买？

中国人总是感慨，中国买啥啥贵，卖啥啥便宜。这是因为国际炒家一直盯住中国的一举一动，做多中国需要的物资，如铜和铁矿石；同时做空中国有多余库存的物资，如钢铁。中国国家储备局大手笔吸铜已经使得国际铜价在2009年攀升了40%左右，购入黄金的消息更是给了世界丰富的联想。相信中国还会继续买金的人认为，就算成为世界第五大黄金储备国，黄金占中国储备的比例依然只有1.5%左右，而据国际黄金协会的数据，美国该比例高达78.9%，欧元区为60.8%，就连厄瓜多尔也有18%，世界平均值为10.5%。

但拿更多外汇储备来买黄金并不符合中国的利益，因为黄金有一个致命伤，那就是没有办法产生收入。一般货币可以用来买外国国债收利息，或者投外国股票拿红利。黄金不能用来投资，不仅无法带来额外收入，还有保存成本。黄金的工业用途也比较有限，更多的是用作首饰。而中国最近大笔囤积的铜，则是通信和半导体行业中广泛使用的原材料，因此中国外汇储备应该买石油，买铜，买大豆，但没有必要存储太多的黄金。

作为一种天生的货币，黄金的最大作用不在于在正常经济情况下跑赢通胀，而在于防止恶性通胀，它是国际金融、货币和贸易系统全部崩溃之下的最后一道防线。现在各国都在印钞，因此有不少人呼吁重回金本位。金本位的最大好处在于黄金的供给是一定的，因此可以让各国政府自律，不要无限扩张货币供应量。

但自从三十多年前布雷顿森林体系被废止之后，今天的世界各国已经不可能再回到金本位的老路上去，走出危机需要货币扩张，而金本位难以做到这一点，国际货币基金组织的特别提款权反而可以。据有关专家计算，根据美国货币供应量和黄金储备的比例，如果要在美国恢复金本位，金价需要涨到6 000美元一盎司以上。而如果要在日本、中国和美国这三个国家恢复金本位，那么金价必须高于9 000美元一盎司才行。

实行金本位也不符合中国利益，因为中国黄金储备很少。如果要达到黄金与占外汇储备10.5%的世界平均值，中国需要再买6 000吨黄金。中国现在已经成为世界上最大的黄金生产国，但就算把每年国内黄金产量全部买下来，还需要再过21年其黄金占总储备的比例才能达到目前的世界平均值。

思考与练习

一、关键概念

霸权、金融霸权、金本位制、金币本位制、金块本位制、金汇兑本位制、美元特权、特里芬悖论

二、思考题

1. 在金融危机不断蔓延的过程中，中国是否应当停止购买美国国债？
2. 金融霸权是如何剥削其他国家的？
3. 金融霸权有无积极作用？
4. 中国为何要对美元霸权提出挑战？
5. 新布雷顿森林体系能否持久？

三、讨论题

“金砖国家”能挑战美元霸权吗？

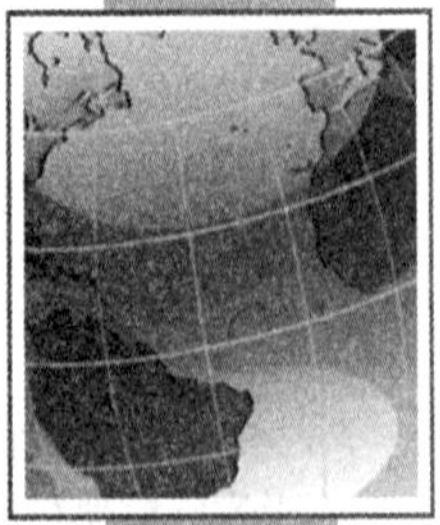

第七章 经济全球化

本章要点

本章紧紧围绕着经济全球化的内涵，介绍了经济全球化的形成过程、特点及表现；分析了经济全球化对世界各国经济的影响；指出了经济全球化的发展障碍、发展态势。

本章需要重点掌握的内容是经济全球化对世界各国经济的影响。

本章的难点内容是对经济全球化内涵的理解。

案例引导

坚持还是反对经济全球化？

受美国金融危机的影响，全球出现经济放缓甚至严重衰退，反全球化声浪空前高涨，阴谋论泛滥，民族主义者大肆鼓吹关起门来搞发展。大多数批评全球化的人士都反对将世界连成一体的市场经济。在他们看来，支持全球市场经济的人对于大规模的贫困、悬殊的收入差距、福利国家体制的破坏、政府主权的丧失、民主制度的颠覆、人权的野蛮践踏等现象都麻木不仁。但有美国学者反驳道，假如让美国分裂为 50 个州，各自设立阻碍商品、服务、资本和人员进出的关卡，你认为国民的福利会得到增进吗？假如每个州都有自己的资本市场，让 GE、微软、IBM 这样的企业只能在其中一个州开展业务，你认为消费者会从中得利吗？在那样一个国度里，投资、市场和贸易将大大萎缩，国民生活水平会迅速下降……因此，支持全球化的人们认为人为割裂世界是没有意义的。经济全球化或区域一体化的潜力才刚刚释放，他们认为想提高各国穷人的生活水平，那就需要更多而非更少的全球市场。

那么事实是怎样的呢？你认为全球化及全球市场经济能解决世界的贫困问题吗？

第一节　经济全球化的内涵与成因

我们正处于一个全球开放的新时代，全球化是我们这个时代的标志，也是当今世界开放的基础，指引着 21 世纪的走向。当今世界波涛汹涌的全球化浪潮对整个人类的生存与发展产生了极其深远的影响。

一、经济全球化的缘起

所谓“全球化”(globalization)，是指人类从以往各个地域、民族和国家之间彼此分隔的原始闭关自守状态走向全球性社会的变迁过程。作为一种社会变迁过程，全球化并不是当代才有的事情，只是到了当代，人们才强烈地感受到全球化浪潮的拍打和震撼。

人类社会的全球化进程最初发端于15世纪的地理大发现。1492年哥伦布远航美洲、1498年达伽马绕过好望角到达印度以及1519～1522年麦哲伦完成的环球航行，就已经开辟了东西两半球一体化的新纪元，揭开了人类社会全球化进程的序幕。由于人类航海史上这些壮举所实现的地理大发现，给当时处于萌芽状态的资本主义经济注入了新的活力，强烈地刺激了早期西方资本主义国家的商品和资本输出，极大地促进了世界贸易和世界市场的拓展。到了19世纪末，世界贸易逐渐从西欧、环地中海地区发展到亚洲、非洲、拉丁美洲和大洋洲这样一个极其广大的区域，它标志着世界市场在全球范围内最终得以形成。与此同时，随着大工业的发展，世界交通运输业的面貌也迅速改观。轮船的出现，大大地提高了世界上各大航线的航速，多条大运河的陆续开通，为世界上不同地区的人们之间的交往提供了十分便利的条件。特别是1869年美国联合太平洋铁路的接轨、1888年欧洲至土耳其的大铁路通车、1903年俄国的西伯利亚大铁路建成以及1910年阿根廷至智利横贯南美的大铁路的投入运行，更是把世界交通运输业的发展推进到一个全新的阶段。这样一些铁路主干线的建成，标志着全球交通网络的形成。进入20世纪以后，全球范围内各个地域、民族和国家之间的政治经济文化联系更加密切，人们之间全球性的社会交往也日益频繁。尤其是帝国主义瓜分世界和重新瓜分世界的两次世界大战、两次大战之间爆发的世界性的经济危机以及联合国的成立等一系列人类历史上前所未有的重大事件，使得人类告别了从前那种彼此之间相互隔离的社会状态，宣告了一个全球性社会的初步形成。

第二次世界大战以后，世界经济中各国之间的相互渗透和相互依存关系日益加深。20世纪80年代以来，特别是冷战结束后，两极格局终结，世界政治走向多极化，以信息技术为核心的新技术革命有力地推动了世界经济的市场化、自由化和网络化发展，人类社会的全球化又有了新的发展，经济全球化进程大大加快。

二、经济全球化的内涵与成因

虽然世界呈现出全球化端倪的初始阶段可回溯到16世纪初的西方资本主义国家的殖民扩张，但是引起国际广泛关注并形成世界潮流的具有现代意义的经济全球化则是在20世纪80年代中期出现的，与此相应的是全球化这一概念于20世纪80年代末、90年代初逐渐被国内外学术界所广泛接受和使用。

一般认为，“全球化”一词最初是由经济学家莱维（Levy）在1985年提出的。他用这个词形容以前20年间国际经济的巨大变化，即商品、服务、资本和技术在世界性生产、消费和投资领域的扩散。因此，他所说的“全球化”是经济全球化。经合组织（OECD）在1990年也使用了“全球化”这一概念，主要指生产要素以空前速度和规模在全球范围内流动，以寻找适当的位置进行最佳的配置。国际货币基金组织在1997年发表的《世界经济展望》中，曾对经济全球化下过这样的定义：“全球化是指跨国商品与服务交易及国际资本流动规模和形式的增加，以及技术的广泛迅速传播使世界各国经济的相互依赖性增强。”美国全球化理论权威、哈佛大学肯尼迪政治学院院长约瑟夫·奈（Joseph Nye）则认为，全球化的第一层含义是经济领域，指商品、服务、资金、信息远距离的流动。还有学者认为经济全球化的本质是全球范围内市场经济发展的历史进程，是市场经济的全面推进和空前大发展。

以上的论述表明，全球化主要指经济全球化，其他领域的全球化是经济全球化的延伸或经济全球化的结果。因此，概括来说，经济全球化（economic globalization）是指在科技革命的推动下，经济资源在全球范围内日益自由、全面、大量、结合地流动，使得世界各国经济日益融合，各国经济的发展与外部世界经济变动日益相互影响和制约。

经济全球化作为世界经济发展的客观趋势，是不以人的意志为转移的，任何国家也回避不了。第二次世界大战结束以来，促使经济加速全球化的因素是多方面的，既包括经济和科技方面的因素，又包括政治、文化等方面的因素。下面着重从经济与技术等四方面分析经济全球化的成因。

第一，各国拥有生产要素的不平衡。生产要素稀缺的国家，需要从丰裕的国家进口急需的资源，以弥补国内资源的不足。资源丰裕的国家，为了获得更多的比较利益也需要向外转移其多余资源。通过相互交换，使得各国的经济联系和相互依存日益密切。随着科学技术和生产力的发展，各个国家占有生产要素的不平衡性日益突出，因而各国之间的这种相互依存和相互交往也进一步增强。

第二，科技革命的大发展。科技革命的发展，在推动发达国家物质生产增长的速度、规模和数量达到新高度的同时，生产力无限扩大和市场相对狭小的矛盾也越来越尖锐。因此，各国扩展国外市场的要求更加迫切，导致国际竞争更加激烈。与此同时，科技革命的发展，运输和通信手段发生了革命性的变化，从而全球性的交通运输网络和信息网络形成，为经济全球化奠定了物质技术基础。

第三，跨国公司的大发展。跨国公司是经济全球化的主要驱动者、组织者和载体，它以世界市场为舞台，以绕过贸易障碍、降低成本、增强竞争能力为路径，以增加利润为目的，利用和重组世界各地的自然资源、资金、技术、人才、劳动力等生产要素，组织全球性的生产和销售，从而把世界各国和各地区的经济直接联结起来，把各国之间的国际分工变成其公司的内部分工，大致情况见表 7—1。

表 7—1　　2012 年跨国公司的数量及实力

跨国公司数量	10 万余家
占世界总产值(%)	45
占全球贸易总量(%)	65
占世界对外直接投资的总量(%)	90
占全球技术转让的总量(%)	75

第四，国际经济一体化的发展。国际经济一体化是指两个或两个以上的国家通过协定或条约建立起来的经济合作组织。第二次世界大战后，特别是冷战结束以来，国际经济一体化大大加快(见图 7—1)。欧盟、北美自由贸易区、东盟自由贸易区以及亚太经济合作组织等都是区域经济一体化的产物。这种区域经济一体化进一步推动了经济全球化趋势的发展：从产业角度来看，一体化组织成员国的产业结构调整使跨区域的产业转移加快；从贸易角度来看，区域内贸易自由化在一定范围内对贸易保护主义有所抑制，有利于削弱不公平贸易；从金融角度来看，区域内贸易自由化能进一步推动金融市场的自由化，从而有利于全球金融市场的一体化。国际经济一体化是世界经济全球化在区域范围内更加深化的具体体现，是经济全球化的重要组成部分。各个区域经济组织采取的全球化政策措施及其内部经济贸易自由化的发展，都可以说是迈向经济全球化的重要步骤和环节。

以上有关经济全球化四方面的成因，对现实的全球经济运行既有着各自不同的影响、发挥

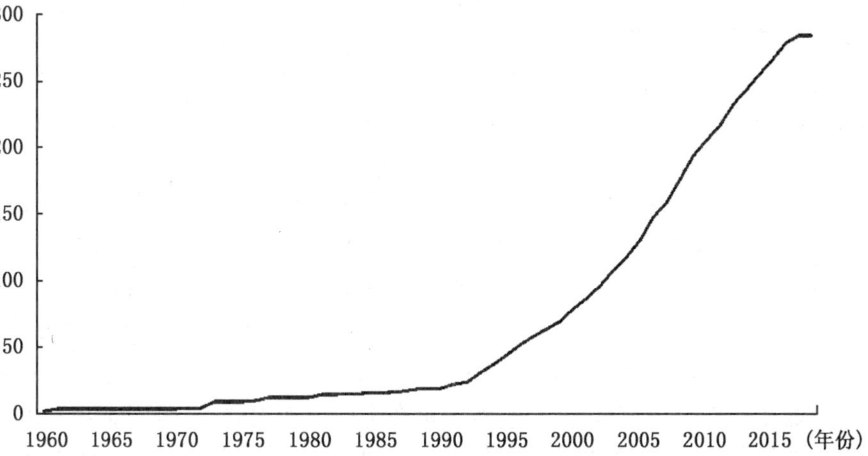

数据来源:WTO Regional trade agreement

图 7—1　第二世界大战后国际经济一体化组织的数量

着独立的作用,又互相制约、互相补充,共同推动着经济全球化的飞速发展。

三、经济全球化的特征

在区域经济一体化蓬勃发展的同时,国际货币基金组织、世界银行和世界贸易组织等作为协调和监督世界经济运行的国际性组织,其权威性和作用越来越明显。在世界经济活动中扮演着越来越重要的角色,正日益成为经济全球化必不可少的一部分。

尽管对经济全球化这一概念目前仍缺乏严格的定义,但其所特定包含的经济现象已是公认的事实。其主要特征有以下方面:

第一,市场经济体制是经济全球化发展的制度性基础。经济全球化是以市场经济体制的全球化为基础的,没有市场经济体制的全球化也就没有生产要素在国际上的自由流动,也就谈不上真正意义上的经济全球化。冷战结束以来,市场经济原则在全球范围内得到普遍认同和确立,包括中国、俄罗斯在内的许多发展中国家也开始从计划经济或混合经济向市场经济过渡。随着原实行计划经济的国家纷纷走上改革开放与建设市场经济体制的道路,积极参与世界大市场的经济活动,真正意义上的全球性世界市场正在形成。因此,开放的市场经济体制已成为世界不同制度和不同层次国家的共同体制,全球真正形成了世界性的无所不包的统一的世界大市场,这为经济全球化奠定了制度性基础,也使世界经济真正地具有了全球经济的特征。

第二,科学技术日新月异推动全球市场加速形成。与人类社会正在进入信息社会的主要推动因素是科学技术的巨大进步一样,经济全球化也是科学技术进步的要求与结果。一方面,科学技术的进步使社会生产力的发展水平不断提高,日益增强和扩大的社会生产力越来越要求摆脱国家疆域和主权的束缚,以在世界范围内更有效、更合理地配置和利用各种资源,共享全球更加广阔的市场。另一方面,科学技术的进步还推动着国际分工和协作向国际范围扩大与深化,把世界上所有国家和地区越来越吸纳到全球范围的分工与协作体系之内。高度发展的信息技术等科学技术,可以把人、物迅速带到地球上的任何一片土地。由于时空大大缩短,国际分工日趋完善,商品、服务、资本、科技、信息、通信、劳动力等生产要素市场早已超出国家和地区的界限在全球范围内迅猛扩大,其发展速度与规模可谓史无前例,贸易和投资自由化已经成为全球市场难以逆转的发展趋势。生产要素和商品在世界范围内自由流动形成一个有机整体,整个世界形成一个大工厂、大市场。与此同时,1995 年世界贸易组织的建立,标志着世界多边贸易体制的形成,贸易投资自由化协议的签署及 1997 年世界贸易组织主持签署的关于开放服务贸易的三项协议,进一步推动了经济全球化趋势的加强。

第三,跨国公司推动的金融市场出现了快速的全球一体化。20 世纪 80 年代,跨国公司只有 1 万多家,目前已发展到 10 万多家,占到了世界生产的 45%、世界贸易的 65%、世界投资额的 90%。跨国公司的国际生产和经营正在实现全球范围内最佳的资源配置和生产要素的组合。最近十多年是世界对外直接投资增长量最大、增速最快的时期。大量外资流入中国等发展中国家和地区正是新世纪经济全球化发展的重要标志之一。进入 21 世纪以来,全球化的发展使跨国公司的生产在全球范围内组织,竞争也在全球范围内展开,跨国兼并的浪潮成为世界经济一道突出的风景线,并出现两个显著的特点:一是跨国兼并改变过去企业大多是大吞小的特点,实行强强联合,企业合并规模大;二是兼并数量多,涉及金额巨大。跨国公司兼并浪潮进一步促进了生产在国家间的水平分工和垂直分工,大大促进了各种生产要素,特别是商品和资本在全球的流通,在国际直接投资增长的同时,以债券、证券形式出现的间接投资规模也急剧增长,其数额在国际资本流动总额中由 20 世纪 70 年代末的 25%上升为目前的 75%。上述变化不仅使各国的生产资本国际化、全球化,而且还使借贷资本加速走向全球化,使全球金融市场联为一体。跨国企业的兼并浪潮,在客观上促进了经济全球化的进程。

第四,各国之间的经济相互依存关系进一步加强。经济全球化浪潮中,建立开放性经济体制已成为各国政府发展本国经济必须选择的政策原则。科技进步,尤其是以电子计算机和互联网络等为主的信息技术使生产力发展出现新的飞跃,国际分工进一步深化,传统的国际分工演变为世界性的分工,跨国公司高速发展,金融市场全球一体化,使世界范围的生产和流通已被联结成一个不可分割的整体。世界各国和地区之间的经济相互依赖关系空前强化,几乎所有国家和地区都不同程度地卷入国际性或地区性经济合作组织之中。

第五,发达国家主导的经济全球化呈现出进一步加快趋势。发达国家掌握着信息技术、全球经济网络、全球金融网络和经济全球化的“游戏规则”等,在今后相当长的一段时间里,发达国家在经济全球化中的主导地位难以改变。21 世纪是知识经济时代,知识经济是信息化的经济,今天的信息化形式就是电子化、数字化和网络化。这将使经济系统在产品、服务、效率、生产、流通、交易概念及操作方面都面临深刻的变革。知识经济的兴起和发展,必然会进一步强化经济发展的全球化趋势。

进入 21 世纪以来,因为市场经济制度的普遍被认可和接受,科技的日新月异,金融业的迅速发展及跨国公司的全球化经营等原因,经济全球化的发展步伐尤其迅速,并呈现出新动态。第一,贸易自由化几乎成为所有国家为之努力的行为规则。中国和俄罗斯等国家加入世界贸易组织,标志着世界多边贸易体制真正意义上在全球范围内运行,大大促进了国际贸易的发展。第二,跨国公司对经济全球化起着巨大的推动作用。目前,总数已超过 10 万多家的跨国公司形成了一个庞大的全球生产和销售体系。跨国公司近年来出现了空前的发展,其规模、范围和影响都达到了历史上的最高程度。第三,金融一体化加快了资本转移,活跃了金融经济。21 世纪以来国际经济发展表明,经济全球化的主要形式不仅从贸易转向直接投资,而且进一步转向间接投资和对地产、信息、金融业的直接投资。因此,国际金融市场的扩大更加惊人。以全球外汇交易额来说,1989 年每天外汇交易额为 6 200 亿美元,2012 年已超过 5 万亿美元;

2000年全球外商直接投资达13 981.83亿美元，而2007年达到18 333.24亿美元的创纪录水平。受2008年金融危机的冲击，全球外商直接投资有所减少，2012年只有1.35万亿美元，2013年为1.45万亿美元，2016年才恢复到1.75万亿美元。

四、经济全球化的表现

在当今世界经济中，尽管存在着不利于经济全球化发展的种种阻力，但推动全球化发展的有利因素始终起着主导作用，从而使经济全球化成为历史发展的必然。在经济全球化的推动下，世界经济正在经历一场格局、体制、产业结构、贸易金融、投资布局等方面的深刻变化。经济全球化主要体现在生产、贸易、金融、投资、信息以及技术等的全球化。

（一）生产活动全球化

生产全球化是经济全球化的主要特征，也是推动经济全球化的主要动力。生产活动全球化以全球分工为基础，以建立全球生产经营体系的跨国公司为主体，其对经济全球化的形成与影响比贸易全球化更具实质性意义。冷战结束以来，生产活动全球化作为经济全球化的重要内容，主要表现是国际分工进一步向广度和深度发展。一方面，在广度上，参与国际分工的国家和地区已遍及全球。一件产品往往需要数国共同完成，其中每个国家只生产本国具有优势的产品部件。在国际分工日益深化的基础上，随着发达国家高新技术产业的发展，产业结构进一步"软化"，新一轮全球性的产业重组和转移已经开始，处于不同发展水平和层次的国家和产业，在重组和转移中正在整合为一个统一互动的全球生产体系。另一方面，在深度上，随着社会生产力的发展以及生产活动全球化、生产专业化程度的日益提高，国际分工从原来的垂直分工向水平分工和产业内部分工拓展。国际分工不断细化、深化和国际经济关系进一步紧密，由传统的以自然资源为基础的分工逐渐过渡到以现代工艺、现代技术为基础的分工，由以产业间为主的分工逐渐过渡到以产业内为主的分工。跨国公司的扩展，其结果导致同一产品的不同生产环节在全世界的分布。国际分工越来越细，由过去单一的垂直型分工发展为垂直型、水平型和混合型多种分工形式并存的新格局。另外，国际分工的形态也呈现出多样化，不仅有生产资源型分工，而且生产工序型和零部件生产专业化型分工日益增多。

首先，让我们来了解一下国际分工的内容和机制都发生了哪些变化。一是国际分工内容发生了变化。以自然资源为基础的国际分工转向以现代工艺、技术为特征的国际分工；产业部门间的分工转向各产业部门内部的分工和以产品专业化为基础的分工；物质生产领域的分工转向服务领域的分工。二是国际分工机制发生了变化。在高技术产业中，出现了产品的研发与产品制造的国际分工。市场自发机制决定的分工、企业（主要是跨国公司）的协议性分工与一体化区域集团各成员组织的协议性分工并存。

当今的国际分工正从传统的地域分工演变为全球性的网络分工。在国际分工网络中，每个国家不仅成为这个体系产业链的有机组成部分，而且成为全球商品价值链的一个环节。各国产业结构在这个生产体系的循环中动态升级，从而形成了全球性的"增长命运共同体"和"结构进步共同体"。在国际分工网络中"穿针引线"的正是跨国公司。

（二）贸易全球化

经济全球化是被贸易发展推着走的一列高速火车。第二次世界大战以来，国际贸易总量和规模不断扩大，其增长速度远快过同期的世界GDP平均增长速度（见表7－2）。据统计，1950年世界商品贸易额仅为610亿美元，到1970年为3 120亿美元。20世纪80年代以来，这一增长趋势更加明显。世界贸易从1985年以来，以年平均6.2%的速度增长，到1990年国际贸易总量达到31 870亿美元。1998年,全球商品贸易额达到54 148亿美元,服务贸易额达到13 263亿美元,创下了国际贸易总额为67 411亿美元的新纪录。21世纪以来,在经济全球化的推动下国际贸易加速发展,2004～2007年的4年间,年平均增长率为16%,而同期的世界GDP平均增长率仅为5%。到2005年,世界货物贸易额已增长到20万亿美元,达到213 420亿美元,2010年达到307 860亿美元,增长率高出世界生产总值两倍。

表7—2　1995～2016年世界货物出口额年平均增长率与世界GDP年平均增长率对比　单位:%

指标年份	世界GDP年平均增长率	世界货物出口额年平均增长率
1995	2.0	19.4
1997	3.5	3.5
2000	4.7	13.0
2002	1.5	0.6
2004	4.9	21.6
2006	5.1	15.5
2008	3.0	15.2
2010	5.3	21.7
2012	3.5	0.4
2016	2.2	−3.3

资料来源:2017年《国际统计年鉴》。

在全球贸易快速增长的同时,贸易结构也发生了较大的变化。过去那种西方发达国家主要出口工业制成品、进口原料,经济落后国家主要出口初级产品、进口工业制成品的状况正在改变。1963～1985年间,发达国家的工业品出口占世界工业品出口比重由83.2%下降到78.8%,发展中国家的工业品出口所占份额则由4.3%上升到12.4%。此外,国际贸易的种类、范围也在不断扩大,它不仅包括商品贸易,而且还包括技术贸易、服务贸易、劳务贸易,尤其是服务贸易的领域在迅速发展。1980年服务贸易额只占全球贸易的15.9%,到2015年提高到22.1%(见表7—3)。世界贸易的迅速增长及其在经济增长中所占比重的提高,意味着各国之间经济交往的扩大以及各国经济和世界经济增长将在更大程度上依靠世界贸易的发展。

作为经济全球化的表现形式之一,国际贸易的增长又有力地推动了经济全球化的发展。

表7—3　1980～2015年全球贸易发展概况　单位:10亿美元

年　份	1980	1985	1990	1995	2000	2005	2010	2015
全球货物贸易额	4 041	3 931	6 999	10 448	13 183	21 342	30 786	33 248
全球服务贸易额	768	783	1 602	2 386	2 947	4 831	7 433	9 410

资料来源:2016年《国际统计年鉴》。

(三)金融全球化

金融全球化是指世界各国、各地区在金融业务、金融政策等方面相互交往和协调、相互渗透和扩张、相互竞争和制约已发展到相当水平,进而使全球金融形成一个联系密切、不可分割的整体,从而形成金融活动按全球统一规则运行,同质的金融资产价格趋于等同,巨额国际资本通过金融中心在全球范围内迅速运转的趋势。

经济全球化的发展使金融进一步自由化。随着世界经济的全球化发展，金融领域的跨国活动也在以汹涌澎湃之势迅猛发展。20 世纪 90 年代以来，随着现代电子技术和通信手段的飞速发展，尤其是随着各国对资本流动管制的解除和"电子货币"(信用卡)的流行，货币的国际交换和流动的规模日益扩大，使经济信息资源在全球迅速、准确地传递，这大大推动了金融市场的发展。据统计，目前世界各类资本市场的总规模达 50 万亿美元，跨国资金流动超过 10 万亿美元，全球外汇市场日交易额超过 5 万亿美元，远高于同时期世界各国银行外汇储备的总额。

金融全球化不仅成为世界经济发展最为关键的一个环节，同时也成为最为敏感的一个环节。金融全球化促使资金在全世界范围内重新配置，一方面使欧美等国的金融中心得以蓬勃发展，另一方面也使发展中国家特别是新兴市场经济国家获得了大量急需的经济发展启动资金。可以说，世界经济的发展离不开金融全球化的推动。然而，金融全球化也有其另一面。从发达国家来看，1992 年的西欧金融风暴迫使英国退出了欧洲货币体系，2008 年美国的金融危机冲击了全世界。从发展中国家来看，1982 年拉美债务危机、1994～1995 年墨西哥金融危机、1997 年东南亚金融危机，对当地经济所造成的影响是全方位、多层面和深层次的，在全世界都引起了极大的震动。

金融全球化既是经济全球化的必然结果和重要特征，又是经济全球化的催化剂。由于生产经营和资本流动的国际化以及信息传递的网络化，各国的金融市场和金融机构紧密地联系在一起。遍及全球的金融中心和金融机构正在形成一个全时空的国际金融市场，资金的调拨和融通变得空前便捷。

(四)投资活动全球化

国际直接投资是指投资者以取得企业经营权或者经营控制权为手段，以获取多重效益为目的，在国外从事制造业、商业、服务业和金融业的一种投资行为。国际直接投资是通过参与、控制企业的经营权以获取收益，这是国际直接投资与国际间接投资最大的区别。

国际直接投资是通过投资设厂，在生产领域里、在生产过程中把各国经济联系起来的方式。20 世纪 80 年代之后，国际直接投资和跨国公司出现了迅猛增长，成为推动国际资本流动和生产国际化的主要形式和巨大动力。1960 年国际直接投资额仅 680 亿美元。到 1996 年，国际直接投资额发展到 32 330 亿美元。冷战结束以来，国际直接投资增长速度在各项国际经济指标中是最高的。如 1991～1997 年，国际直接投资的年平均增长率为 11.8%，而世界贸易的年平均增长率和世界 GDP 的平均增长率则分别为 7.7%和 3.7%，远不及国际直接投资的增长速度。国际资本流动规模的迅速扩大，成为贸易之外联系世界各国经济的另一重要纽带。国际直接投资对加速经济全球化进程，对促进世界经济的发展产生了深刻的影响。

第二次世界大战后，从资本供给角度来看，发达国家拥有大量"剩余资本"和对资本的逐利性推动了国际直接投资的发展；从资本的需求角度来看，取得政治独立之后的发展中国家发展民族经济以及西欧和日本等资本主义国家恢复国民经济，构成了对国际资本的巨大需求。再加上第三次科技革命的爆发，特别是信息技术的发展和互联网的广泛应用，为国际直接投资的增长提供了强大的物质技术基础。在跨国公司全球配置资源大趋势的推动下，国际投资迅速发展：FDI 日益扩大、FDI 单向流动(发达国家流向发展中国家)变为双向流动、发展中国家 FDI 日益活跃、区域内相互投资日趋扩大、跨国并购成为一种重要的 FDI 形式。根据联合国贸发会议计算，1967～1980 年，FDI 的存量每年增长 11.1%～14.2%，流量每年增长 10.7%～14.3%。1980～

2000年间，国际直接投资流出存量从5 214.9亿美元上升至60 684.3亿美元，存量增加了11倍。跨国并购已经成为影响全球外国直接投资的主要因素，2007年全球跨国并购交易额为1.64万亿美元，占当年FDI的91%，发达国家吸引的跨国并购交易约占全部交易额的70%。2008年金融危机导致全球流动性紧缺，全球跨国并购活动因此明显减缓。2012年跨国并购交易额只有1.35万亿美元，较2008年下降了24.2%。

(五)信息全球化

信息全球化，一是指信息技术的日新月异带来了全球信息数量的激增、传播速度的加快和传播范围的拓展；二是指因信息技术的进步，任何信息都可以成为全球化信息。

信息全球化是经济全球化的一个重要方面，它是与经济全球化的进程相伴而生并随着传播手段(主要是大众传播手段)的成熟不断发展的。探寻早期西方殖民者的足迹就不难看出这一点。早期的殖民者在进行海上贸易时，除了携带各种货品外，还常常附带一样东西——报纸。这些报纸从欧洲大陆“出发”，穿越大西洋、绕过好望角到达印度，再经马六甲海峡抵达菲律宾、中国和日本；这些报纸也可能由欧洲大陆传到英伦三岛，再由英伦三岛传到美洲的墨西哥、巴西等国家。西方殖民者不但携带报纸漂洋过海，还在他们所到之处创办具有宗主国色彩的报刊。较早出现报纸的发展中国家，如亚洲的印度尼西亚、印度、巴基斯坦、孟加拉国，美洲的墨西哥、巴西，非洲的埃及、几内亚等，其首份报纸都是由西方殖民者创办的。尽管当时传播技术还处于低级阶段，国家、地区间的信息往来主要依靠远洋航运系统，传播速度也很慢，但具有划时代意义的是，一个以欧洲为起点，将欧、亚、非、美各大洲联结起来的信息传播网络已初步形成，由此奏响了信息全球化的序曲。

1838年莫尔斯的电报装置试验成功后，欧美各国纷纷建立了国内电报通信系统，此后又开通了连接全球的电报通信网络。19世纪中期新闻通讯社出现，它凭借电报和无线电通信手段传递信息，在时效性方面表现出报纸无法比拟的优越性。之后便是现代化的电子传播媒体的诞生、数字化浪潮的出现和国际互联网的兴起。

互联网既是经济全球化或信息全球化的必然结果，又是将这一过程不断推向前进的强大动因。它以地空合一的信息高速通道作为传输渠道，以渐趋普及的多媒体电脑作为收发工具，是一种高效率、大容量、极具开放性的传播媒体。新闻信息一旦进入网络就将无视国界的存在，任何人都可以自由收看或调阅，行政控制或干预的可能性将越来越小。今天，信息全球化已不再是一个停留在纸面上的名词或概念，它已经全面进入我们的经济生活，在各方面产生着影响，并成为一个显而易见的发展趋势。

20世纪90年代以来，随着现代科技的加速发展，信息产业在一些发达国家已取代传统产业而成为支柱产业。信息产业的飞速发展也改变了传统制造业、商业、金融业的生产组织方式和经营方式。这一切使全球经济活动的速度越来越快，规模越来越大。

综观全球化的历史演进过程可知，信息全球化是以下列因素为依托的：传播屏障的消除，信息的自由流动；传播媒体的跨地区、跨国界经营；传播手段的高度现代化；各国政府对信息控制的减少。这些因素一方面反映了社会发展的内在逻辑——开放性、多元性必将取代封闭性；同时由于传播资源占有量的不均，也暗含着弱肉强食的不平等竞争的意味在里面。

(六)技术全球化

技术全球化是指技术研发、技术转移、技术合作、技术管理等活动超越国界在全球范围内进行，技术资源在世界范围内自由流动，技术链在世界范围内延长，技术创新效果最大限度向全球普及推广，技术进步把世界融为一体。目前，技术贸易数量急速增长，外国直接投资研究开发增长，来自外国的专利申请和向外国的专利申请有增无减，不同民族的企业之间的战略联盟迅速膨胀。据有关数据统计，1990 年世界高技术产品出口额占制成品出口额的比重为 15.9%，到 2014 年增长至 18.0%（见表 7—4），所有这些都表明了技术全球化空前的速度、规模和深度。技术全球化还表现在技术使用全球化、技术合作全球化以及技术生产全球化。

表 7—4　　1990～2014 年高技术产品出口额占制成品出口额的比重　　单位：%

年　份	1990	2000	2005	2010	2014
世　界	15.9	23.0	20.9	17.1	18.0
高收入国家	17.2	24.1	21.7	17.0	18.2
中等收入国家	—	19.5	19.0	18.2	17.9

经济全球化也导致人力资本全球化，经济全球化的不断发展能推进人力资本全球化的不断深化。人力资本全球化程度的进一步提升，又能推动经济全球化的进一步发展。

第二节　经济全球化的影响

全球化首先意味着全球市场，至少市场壁垒大大降低，有利于所有国家进行资源的全球配置和全球的市场参与。因此，经济全球化是一个关系世界经济布局的、长期的发展大趋势。

一、经济全球化对世界经济的影响

从全球化的历史进程中我们可以看到，随着技术变革、制度创新、资本市场的快速发展，全球化在经济、政治、文化等领域中的作用日益凸显。全球化趋势的发展，对当代世界政治、经济以及国际关系等产生了深刻影响，对世界各国的发展战略、经济政策及管理体制提出了新要求。

第一，经济全球化要求各国建立开放的市场经济体系。经济全球化在形成世界经济统一体的过程中必然要求各国实行开放的市场经济。一方面，在全球化进程中，任何国家都不能脱离国际大环境而独自发展。任何国家的国内政治经济越来越多地受到国际政治经济的制约，各国的国内政治经济日益国际化。因此，越来越多的国家注重与世界经济接轨，转向市场经济，同时积极制定与全球化相适应的发展战略，参与国际合作。另一方面，在全球化浪潮的冲击下，世界各国在主权问题上更趋向采取一种开放的态度，使国家间的合作成为国际关系中的普遍现象和主流趋势。各国只有适应经济全球化的趋势，根据自己面对的客观环境和具体条件，采取相应的对策和步骤，逐渐开放自己的市场，才能使自己在世界经济加速发展和激烈竞争的形势下处于主动、有利的地位。

第二，经济全球化要求各国制定与之相适应的经济运行机制。经济全球化在促使各国之间的经济相互依存关系进一步加强的过程中，必然要求各国制定与之相适应的经济运行机制。为了适应经济全球化，各个国家对自己的产业结构、经济运行机制、经济管理体制进行了必要的改革。目前，一些国家的经济陷入困境，甚至发生危机，则与这方面的改革不力、过于滞后有密切的关系。20 世纪 90 年代美国经济的发展及东南亚发生的金融危机，使人们在这方面有了更深刻的认识。20 世纪 90 年代的美国适时调整产业发展战略，制定了引人注目的科技政策，积极发展信息高速公路和多媒体技术，在经济全球化的浪潮中一直处于主动、领先的地位，取得了连续11年经济增长的佳绩。与美国相比，20世纪90年代以来的日本经济一直处于萧条状态，这是因为它在第二次世界大战后所形成的产业结构和经济管理体制在新的世界经济趋势面前已显得过于老化和僵化的结果。东南亚发生经济危机，其根源就是这些国家的经济结构及宏观政策等已不适应经济全球化的要求。因此，能否认清经济全球化的发展趋势，制定自己国家正确的发展战略，并采取切实有效的措施促使其实现，调整经济体制和管理体制以适应客观形势的发展，已成为各个国家在21世纪成败的关键。

第三，经济全球化要求各国要培育自己的跨国公司。世界经济的全球化还表现在跨国公司成为世界经济的组织者，跨国公司在国际经济活动中的作用日益增强，其经营战略日益全球化。当今世界经济的行为主体是多元化的，其中跨国公司、民族国家、地区经济一体化组织和集团、国际经济组织等，它们各自扮演着不同的角色，发挥着各自不同的作用，而其中最基本的、最重要的是跨国公司和民族国家。跨国公司是当今世界多种国际经济活动的实行者或"载体"，当前世界贸易的大约2/3是在跨国公司内部和跨国公司之间进行的。国际直接投资的90%以上、科技研究开发和转让的90%以上是在跨国公司进行的。跨国公司的活动领域不断扩大，世界经济的"无国界"趋势进一步发展。经济全球化使得跨国公司在国际经济活动中的作用日益增强，各国要积极培育自己的跨国公司。

第四，经济全球化要求各国参与世界经济新秩序的构建。经济全球化使各国间相互依存的程度进一步加强，由此要改变现有的世界经济运行机制。经济全球化中的各国经济关系应该是相互依存的关系。但是，由于经济全球化对西方发达国家是有利的，因此，他们大肆宣扬，宣称这一趋势能给世界各国带来"巨大的利益"。然而1999年7月12日，联合国发布的年度《人类发展报告》中指出："在当前全球一体化进程高速发展的情况下，全球社会的贫富悬殊问题变得更加严重。西方七国独揽经济发展大权，最富国家的1/5人口控制了全球国内生产总值额的86%，而有80多个国家目前的年收入比10年前要少。"从这可看出，经济全球化的今天，不同程度的国家所获得的利益是有巨大差异的。要改变这一局面，必须要建立公平、公正、合理的世界经济秩序。在新的世界体制中，各个国家，贫国和富国、科技落后和科技先进的国家都应能得到实惠。全球化必须在各国平等的基础上实现，是一个自愿联合的过程，各国经济的缩小有利于促进全球化。

第五，经济全球化给不同国家带来的利益是不均衡的，各国应该创造条件积极参与。经济全球化是客观存在的，这已是不争的事实。它给不同国家和地区带来的机会和挑战是不均衡的，使各国、各地区的市场参与者进一步出现多元化趋势。它使具有投资环境等优势的国家更易于吸引外资，具有出口优势的商品更增加出口数额。这会促使商品和资本的国际流动呈现相对集中的状况，使国际竞争变得更加激烈。每个国家可以在市场经济中，在本国经济最大承受力的基础上寻找开放度最高的与世界市场的结合方式，根据自己所处的发展阶段，把立足点放在创造条件、趋利避害上，积极参与全球化，获取最大的利益。

经济全球化对世界经济的影响是深远而复杂的，在提高生产要素的全球配置效率，推动世界经济的总体增长，促进国际贸易、国际投资的进一步大发展的同时，我们也应该看到，经济全球化不可避免地在全球范围内产生了一系列负面影响，带来了诸多亟待解决的问题。

二、经济全球化对发达国家的影响

全球化对世界上不同类型的国家影响完全不同。发达国家在全球化中处于主导地位，是最大的受益者。这是因为：第一，经济全球化的规则主要是由发达资本主义国家制定的。名义上参加世界贸易组织的国家都有权参与“游戏规则”的制定，但市场经济是凭实力说话的经济，左右谈判的是经济实力的较量。发达国家凭借它们强大的经济力量，在世界市场上处于主导地位，并制定有利于其自身发展的国际经济法规。第二，经济全球化的基本主体是属于发达资本主义国家的。作为经济全球化的具体内容的国际贸易、国际金融、国际投资等方面大量的、决定性的业务是由跨国公司开展的，而大型跨国公司基本上为发达资本主义国家所有。第三，组织和协调经济全球化的世界性组织——国家货币基金组织、世界银行、世界贸易组织是由发达国家控制的。

在经济全球化的发展趋势中，以美国为首的发达国家将全面占据资源、信息、技术、教育及政治、军事等方面的优势，运用经济全球化的优势，全面推行其发展战略，主导经济全球化发展的方向，继续谋求获得最大利益。一方面，经济全球化将为发达国家跨国公司发展带来更大的市场扩展空间，发达国家有条件得到更多支持本国经济发展的国际资本，以保持较高的就业和经济增长水平；另一方面，发达国家具有发展优势的贸易出口和大规模的境外直接投资，也将对其经济增长形成有力支撑。据统计，2010 年国际直接投资的 1/2 流向发达国家，而广大发展中国家所吸收的外资也只占 50%。因此，经济全球化对发达国家来说，显然十分有利，这种经济全球化使发达国家财富得到不断积累，社会经济加快发展。

虽然经济全球化对发达国家来说十分有利，但是，由于资源的全球配置，发达国家也会受到全球化的冲击。例如，发达国家有其技术资本优势，也有自己的劣势，如工资水平高、人工成本居高不下等，还有其农产品如果没有政府的补助会受到很大冲击等。

三、经济全球化对发展中国家的影响

对于广大发展中国家而言，经济全球化是一把“双刃剑”。一方面，经济全球化为发展中国家参与世界经济、吸收发达国家的资金技术和先进管理经验，充分发挥后发优势并最终赶超发达国家提供了机遇，带来了前所未有的利益；另一方面，经济全球化也可能给发展中国家带来风险甚至灾难，对发展中国家的主权、经济安全、价值观念提出了挑战，稍有不慎，就可能为经济全球化付出沉重代价。

(一)经济全球化为发展中国家带来新机遇

全球化不仅对发达国家有利，同时也对发展中国家有利，发达国家有其优势产业，如高技术的资本密集型产业，发展中国家可以选择自己有比较优势的产业来把自己带入全球化发展的轨道，同样从全球化中获利。另外由于资源的全球配置，一些发展中国家也可以利用发达国家的资金和技术实现自身的发展。冷战结束以来，中国、越南等许多发展中国家构建开放的市场经济体系，获得了经济的快速增长，因而在不同程度上成为经济全球化的受益者。经济全球化为发展中国家提供了前所未有的发展机遇，这主要反映在以下几个方面：

第一，经济全球化为发展中国家提供了更多引进技术及吸引外资的条件和机会，加速推进国内现代化进程。经济全球化使贸易投资自由化，发展中国家获得了过去难以得到的先进技术、资本、市场、资源和其他的有利条件，特别是经济全球化带来的国际分工大发展、产业大转移、资本大流动和技术大外溢，对于发展中国家弥补国内资本、技术等生产要素缺口，实现产业升级、技术进步、制度创新和推动社会经济起飞都是非常有利的。

经济全球化使世界范围内的产业结构调整进一步深化，步伐加大。发展中国家可以利用这个契机，立足现实来主动协调好世界范围产业结构调整和国内产业升级的关系。既要继续引进发达国家技术比较先进的劳动密集型产业，充分发挥比较优势，增加国内就业，扩大出口，完成工业化进程;又要利用经济全球化提供的机会,加大对发达国家先进技术的引进和学习,发展一批高新技术产业,特别要在某些关键环节上占据优势地位,抢占未来竞争的战略制高点,加速国内现代化进程。

第二,经济全球化为发展中国家广泛参加全球经济合作争取到一些规则上的优惠待遇,为扩大对外贸易、促进本国经济增长创造了条件。经济全球化推动了国际贸易的迅速发展,世界贸易的增长速度大大超过世界国内生产总值的增长速度。这使具有比较优势的发展中国家受益于全球国际贸易的发展成为可能。尽管世界贸易组织不可能对所有国家都一视同仁,但在一定程度上减少了不平等,为发展中国家提供特别条款,增加了发展中国家的发言权,增强了抵制大国施压的能力,为发展中国家提供了保护自己利益的重要手段。首先,发展中国家在世界贸易组织中可获得一定的优惠安排:一是较低水平的义务;二是更灵活的实施时间表,即较长的过渡期安排;三是发达国家应努力对发展中国家成员开放其货物和服务市场,对最不发达国家给予更加优惠的待遇;四是技术的援助和培训人力资本。其次,世界贸易组织的各项协议的实施、各主要贸易伙伴的贸易政策趋向贸易自由化,为发展中国家的出口提供了一个更加开放、稳定、公平竞争的市场环境。世界贸易组织规则对发展中国家的利益有一定的照顾,发展中国家可利用世界贸易组织作为争取和维护自己贸易安全的一个机构。

经济全球化带动了世界范围内经济与技术开发区、保税区和自由贸易区等多种形式区域经济合作的发展,为参与区域经济合作的发展中国家提供了前所未有的发展机遇。如欧盟中的东欧各国、北美自由贸易区中的墨西哥等,不仅可以更容易吸引区域内发达国家的资本和技术,而且还可以为这些国家解决就业问题发挥积极作用。

第三,经济全球化促进了发展中国家跨国公司的发展,使其在世界市场的竞争力逐渐增强。从总体上说,发展中国家跨国公司由于起步较晚,目前发展水平较低,普遍投资规模较小,生产规模不大,且产品多属于技术含量低的劳动密集型产品。但是,冷战结束以来,由于经济全球化为发展中国家提供了在更广泛的领域内积极参与国际竞争的机会,有些国家的跨国公司的发展甚为迅速,已从贸易活动深入到国际生产领域和高科技领域,并开始参与国际市场的竞争,向发达国家的跨国公司提出了挑战。从发展趋势看,发展中国家跨国公司更积极地活跃在世界经济舞台上的时代指日可待。与此同时,经济全球化也为发展中国家的资本外投创造了有利的外部环境和条件,使其对外直接投资规模不断扩大、增长迅速。

第四,经济全球化为发展中国家学习和借鉴外国的先进管理经验提供了较好的机会。目前,西方发达国家在世界经济、世界市场中居主体地位并主导着经济全球化进程;它们有资本、技术、管理、人才、经济规模等优势。这决定了发展中国家应把与发达国家之间的经济关系放在一个重要地位,要善于取人之长、补己之短。学习引进美国、日本、德国、法国等西方发达国家先进的科学技术和管理经验,以推动本国经济建设和市场经济的发展,提高本国经济的国际竞争力。这样做既符合客观世界现实,符合经济全球化的具体要求,也符合发展中国家的国情和国家利益。

由此可见,发展中国家通过参与经济全球化可以使国内资源得到充分的合理配置,为其自身发展提供全球化的市场、资金、技术、人才及先进的管理经验,这些都是发展中国家发展经济所急需的。通过参与经济全球化,还可以使发展中国家在日益激烈的国际竞争中,尽快地提高本国民族企业的竞争力,加快经济改革与对外开放,促进经济现代化的早日实现。此外,经济全球化也可推进发展中国家的政治改革,加速民主化进程。

(二)经济全球化对发展中国家提出的挑战

经济全球化作为一把“双刃剑”,在推动发展中国家经济发展的同时,也带来了许多负面影响,发展中国家在经济全球化中处于“边缘化”地位,面临着更多的挑战和风险。例如,1997 年在经济全球化和自由化的压力下,泰国过早地、过度地开放金融市场,结果导致一场严重的金融危机,然后很快发展成亚洲金融危机,还导致了俄罗斯金融危机和巴西金融危机。而且,极少数国家从经济全球化所获得的利益是以大多数国家的牺牲为代价的。2000 年 4 月,联合国秘书长安南在联合国经济及社会理事会会议上指出,在全球化和新技术正给一部分人带来迄今为止无法想象的利益的同时,另一部分人却仍然享受不到这些利益,过着极度贫穷、营养不良和疾病缠身的生活。发展中国家在与发达国家分享经济全球化带来的部分利益的同时,却承受着经济全球化所带来的负面效应甚至对本国经济的严重冲击。经济全球化对发展中国家的挑战主要有以下四个方面:

第一,经济全球化过程中的对外开放和投资、贸易自由化固然可使发展中国家得到更多的商机和经济发展所需的资本,但也可能使本国的民族工业受到冲击,加深对发达国家的依附性。随着全球贸易和全球生产体系的迅速发展,以及跨国公司及其资本的不断扩张,使发展中国家的民族经济面临着越来越大的压力和冲击,对发达国家的依附性也不断增大。一是发达国家不仅是经济全球化的主导者和推动者,掌握着资金、技术等优势,控制着国际经济体系,而且现存的国际经济规则大部分是以发达国家为主导制定的,这就决定了发展中国家在经济全球化进程中始终处于与发达国家无法相比的不利地位;二是由于发展中国家经济基础不稳固、市场发育不完备、经济结构相对脆弱、资金匮乏、技术比较落后、人才流失严重等,很容易受到经济全球化的冲击而产生国内经济波动;三是由于经济全球化条件下世界范围内市场力量的加强,以及发达国家大型跨国公司的不断扩张,有可能冲击发展中国家的一些国内产业,威胁其国内市场安全,使发展中国家在经济事务中的权力相对减弱;四是在跨国资本流动中,发达国家的跨国公司借助资本、技术等方面的优势,通过独资、合资等方式控制发展中国家国内企业,甚至控制那些关系国计民生的重要产业,这样就严重威胁着发展中国家的经济安全。

第二,发达国家的国际金融市场的迅猛扩大和剧烈波动,有可能使发展中国家陷入金融危机,从而遭到惨重的损失。经济全球化下的金融全球化在推动发展中国家经济增长的同时,带来了不容忽视的金融风险和经济冲击。目前,24 小时电子化交易的全球金融市场已经形成,在为市场交易提供更大便利的同时,也为金融界的不少投机分子提供了可乘之机。国际市场上每天 5 万亿美元以上的资金 90%都用于短期套利,风险巨大。特别是金融衍生工具的发展,再依靠国际互联网作载体,资金可以随时流向地球上任何一个有利可图的地方。而与此同时,防范金融风险和稳定金融秩序的任务却被发展中国家所普遍忽略。它们在金融体制不完善和金融监管能力不强的情况下盲目开放国内金融市场、放松金融管制,削弱了政府宏观金融调控能力。在这种情况下,金融全球化对发展中国家的负面影响凸显,对其金融市场会造成不小的冲击。无论是 1994 年底至 1995 年初的墨西哥金融危机,还是 1997 年下半年的东南亚金融危机,都是在有关发展中国家积极参与全球化进程、开放金融市场的情况下发生的。

第三,经济全球化导致和加剧了世界经济的进一步不平衡,南北差距不断扩大,尤其是造成那些处于最底层的发展中国家更加贫穷落后。据联合国统计,发达国家与发展中国家人均 GDP 的差距从 1983 年的 43 倍扩大至 2010 年的 60 多倍。全世界有 10 多亿人每天收入不足 1 美元,28 亿人每天收入低于 2 美元,而世界上最富有的两成人享用全球超过八成半的产品和劳务。在过去的 30 年间,最不发达国家的数量从 25 个增加到 49 个;发达国家的人均收入是

30个最贫穷国家的70多倍。许多最不发达国家并未真正感受到经济全球化的任何好处,或者只是在其中取得毫末之利。鉴于上述情况,联合国开发计划署一直在呼吁人们重新认识经济全球化,努力缩小日益扩大的贫富差距。

第四,在经济全球化条件下,发达国家总是企图牺牲发展中国家的利益。经济全球化带给发展中国家的最大问题或者说最大威胁,是它们的国家主权受到冲击和削弱、国家经济安全受到挑战。一方面,经济全球化的发展要求各国都要一定程度地让渡和共享经济主权。但实际上,这种让渡和共享是不对称的。由于经济实力的差别,发展中国家对于发达国家的资金、技术乃至管理经验的需求更加迫切,这就为发达国家把一些不合理的要求强加给发展中国家提供了条件。另一方面,为适应经济全球化需要而成立的"超国家"专门性国际经济组织也对发展中国家的经济主权形成约束。例如,中国加入世界贸易组织,不仅要作出服从世界贸易组织规则的承诺,而且对一些发达国家过高的要价筹码也要作出一定的让步。也就是说,为加入世界贸易组织不得不牺牲一定的经济利益,甚至在个别问题上被迫屈从于世界贸易组织和主要发达国家对中国经济主体的制约。与此同时,发达国家不断采取各种手段谋取全球化的政治经济利益。如近些年来,美国不断以人权、民主等一套它自己的标准强加于人,动辄对它选中的对象进行制裁。

发展中国家对于在当前经济全球化进程中处于不利地位,一方面,要推动改革现行国际机制和游戏规则,建立公正、公平的国际政治经济新秩序,使经济全球化有利于各国经济发展;另一方面,关键还在于各国本身抓住机遇、迎接挑战、防范风险以加快本国发展的能力。

第三节　经济全球化的发展态势

因为全球化原本就来自资本主义利益的驱动,它无论是作为一个概念的提出,还是作为一个过程的推进,都是以西方国家的存在为前提并折射出西方国家的道德标准和价值取向的。它就像一把"双刃剑",一方面斩除地域藩篱,在世界范围内形成全方位的沟通、联系、交流与互动,同时也衍生出政治、经济、文化等方面的支配倾向,对发展中国家,尤其是经济落后的发展中国家的主权及安全造成威胁。但无论如何,经济全球化都是历史发展的必然。

一、经济全球化中存在的障碍

当今经济全球化中存在许许多多的障碍,如在世界贸易不断扩大的同时,贸易失衡引起的贸易纠纷此起彼伏;在国际金融领域,在国际资本流动规模不断扩大的同时,国际金融始终存在着不稳定因素;发达国家之间的相互依存度大大高于发达国家与发展中国家的相互依存度,这既不利于发达国家,也不利于发展中国家参与全球化进程;经济全球化使世界经济和各国经济的不稳定性和风险性增加;经济全球化常常会使国内经济政策措施的有效性减弱,甚至起着相反的作用;20世纪80年代以来,在经济全球化加快发展的同时,经济区域化的趋势也日益加强;经济全球化的发展引起全球经济治理冲突加深。概括起来,主要表现在四个方面:

第一,层出不穷的贸易保护主义。冷战结束以来,实现贸易自由化是世界各国市场经济体制改革的长远目标,国内市场开放已经成为各国经济融入全球化的必然结果。随着经济全球化的发展和信息技术的进步,世界各国的许多领域的开放已经达到前所未有的水平。然而这些都没有缓和世界主要贸易大国之间在经贸问题上原有的紧张局面。特别是2007年美国爆发次贷危机以来,各国在知识产权、反补贴、反倾销等领域不断发生冲突,并诉诸世界贸易组织争端解决机制，而各国在贸易政策、汇率政策等问题上的交锋，更成为这几年来国际经济协调中的主要议题，世界各国的经济贸易摩擦已涉及各国宏观经济政策。世界贸易组织成立以来世界各国的经贸发展的实践表明，无论何时，发展中国家在向海外大量输出有比较优势的商品和资金时，都必然要面对部分发达国家的贸易保护主义抬头并向其他领域扩散的考验。因此，被全球贸易发展推动的经济增长高速列车终会因贸易保护主义而减速。

第二，变幻莫测的国际金融市场。冷战结束以来的 20 多年，也是经济全球化快速发展的 20 多年，时至今日，世界各国高达 50%的平均贸易依存度，使世界各国经济与全球经济变化的关联度越来越高，这也意味着国际经济对各国国内经济的传导作用越来越强。从目前国际经济形势来看，由于遭到美国次贷危机引发的全球金融危机袭击，无疑严重挫伤世界各国投资者和消费者的信心，在美国经济大幅衰退、全球爆发金融危机的困难时期，短期内世界经济衰退在所难免，对各国产品的需求已出现相应的下降。出口增长对于世界各国经济的重要性不容怀疑，由此可见，目前世界各国经济发展的最大变数，应该是外部的不确定因素制约外需的平稳增长。在变幻莫测的外部经济形势的制约下，外需要想实现每年的稳定增长难度很大。这就在客观上要求各国要继续坚持相对稳妥的开放政策，以应对可能出现的全球性经济动荡，防止国内经济出现大起大落。因此，如何在变幻莫测的国际经济中，既要参与经济全球化，又要有效应对世界经济动荡；既要坚持相对稳妥的开放政策，又要保持出口的稳定增长；既能保持与世界各国的紧密联系，又能防止经济的大起大落，这是世界各国面临的既现实又对未来有深刻影响的课题。

第三，交替反复的全球通胀通缩。为了摆脱金融危机和经济衰退，2007 年至 2008 年初美国采取了极为宽松的货币政策，大幅度减息，向市场输入大量资金，其结果是美元大幅度贬值，从而推高了国际大宗商品价格，事实上是向全球输出通胀，致使 2007 年下半年到 2008 年上半年包括中国在内的全球主要新兴市场通胀都不断高涨。虽然，由于金融危机导致 2008 年下半年国际大宗商品价格有明显的回落，世界的通胀压力明显缓解，但是，由金融危机引起的全球出现通货紧缩的风险也在加大，未来国际形势有可能出现通缩与通胀的交替和反复。在经济全球化时代，全球开放经济体系已经基本形成，在这种情况下要控制通胀通缩，则并不是单靠哪一国政府自身的力量就可以完成的，必须由国际社会共同协调。

第四，无序不公的国际市场竞争。在经济全球化时代，国际市场成为世界经济中最活跃的动因，具有吸纳力的市场正日益成为全球生产要素中的稀缺资源和各国及世界经济的增长动力，寻求和占领新的世界市场将是各种经济力量参与国际竞争的核心。因此，如何制定和实施好国际经济政策，已经成为世界上多数国家的一项重要的政策选择。进入 21 世纪以来，顺应这一发展态势，世界主要经济大国都把对内对外政策的重点转向贸易领域，国际经济政策设计的功利性与贸易政策方式和工具运用的灵活性，贯穿于各国的对外政策的实践中。自 20 世纪 90 年代以来，美国政府都把繁荣经济、开拓海外市场提高到"国家安全"的高度来对待，利用其特殊地位，动员美国及其掌握的国际组织的一切力量，都为开拓国际市场，增强美国商品的国际竞争力服务。与此同时，德国已把国际经济政策视为"保障未来的对外政策的重要组成部分"，并明确对外政策的主要任务是在世界范围内代表与维护德国的经济利益。英国布莱尔政府放弃一贯标榜的"不干预外贸"的经济政策，转而采取"政府积极参与竞争"的贸易政策。法国自希拉克担任总统后，动员大批中小企业参与国际竞争，走"外贸立国"的路子。面对各国这种强大的、不公平的竞争压力，由于国际经济新秩序体制还没有建立健全、发展中国家的国内的公平贸易法规还不够完善，它们对国际经济协调的能力还非常有限。因此，这将严重影响发展中国家开放本国市场的积极性，它们的国际经济政策面临许多考验。

二、经济全球化的发展态势

进入21世纪以来，由于市场经济制度的普遍被认可和接受、科技的日新月异、金融业的迅速发展及跨国公司的全球化经营等原因，经济全球化的发展步伐尤其迅速。2007年美国爆发次贷危机以后，经济全球化呈现出新动态。

第一，全球的经济、政治、文化等面临整合态势。21世纪以来人类社会步入一个相对平稳的时代，和平与发展是当今时代的主题，为了维护和平、谋求发展，各个民族和国家之间展开更深层次、更大规模的政治对话、文化交流和经济协作的需要比以往任何时候都显得迫切。与此同时，随着美国金融危机影响效应递减，信息技术的迅猛发展，不仅传统经济活动走向全球化，而且生产、服务和技术创新也明显地体现出全球化，全球的经济、政治、文化等诸多方面日益表现出某种整合态势。

第二，国家间越来越重视寻求共同利益。当今世界交通运输工具的飞速发展，当代新技术革命的发生特别是微电子技术、信息技术、空间技术和新通信技术的发明应用，为人们之间进行全球范围内的政治、经济、文化交往提供了空前高效、快捷的媒介和手段。经济信息化的迅速发展成了当前经济全球化的一大动力，引领世界经济新发展。这是一种巨大的、不可抗拒的力量，推动着各个地区、各个国家之间密切经济联系、加强经济交往。科学技术的进步不仅提出了经济全球化的要求，也为经济全球化提供着各种各样的必要手段和物质保证。经济信息化的迅速发展，已成为当前经济全球化的一大动力。这些变化导致了国家间开始重视寻求共同利益，扩大相互间的合作。

第三，全球性跨国公司的强强合并成为经济全球化新动力。跨国公司的大发展对经济全球化起着巨大的推动作用。目前，总数已达10万多家的跨国公司形成了一个庞大的全球生产和销售体系。跨国公司在2008年美国金融危机后出现了空前的强强兼并高潮，其规模、范围和影响都达到了历史上的最高程度。跨国联盟成为跨国公司发展的新趋势，全球性公司正在不断发展壮大，在其推动下经济全球化出现了新的快速发展态势。

第四，发达国家与发展中国家之间的相互依赖进一步增强。冷战结束以来随着国际贸易的增多，资本流动扩大，国际分工深化，国际政治和经济生活日益密切，国际社会的相互依存程度显著加深。特别是2008年以来，在共同抵御美国金融危机中兴起的相互协调的热潮中，使发达国家与发展中国家之间的政治经济关系，已不仅仅是互相往来、单向依赖，而是互相结合、互相交织，推动世界各国经济政策日益全球化，并向更高层次发展。

案例剖析

中国为什么要推动形成全面开放新格局?

在世界经济论坛2017年年会开幕式上，中国国家主席习近平作主旨演讲时讲道，历史地看，经济全球化是社会生产力发展的客观要求和科技进步的必然结果，不是哪些人、哪些国家人为造出来的。经济全球化为世界经济增长提供了强劲动力，促进了商品和资本流动、科技和文明进步、各国人民交往。当然，我们也要承认，经济全球化是一把"双刃剑"。当世界经济处于下行期的时候，全球经济"蛋糕"不容易做大，甚至变小了，增长和分配、资本和劳动、效率和公平的矛盾就会更加突出，发达国家和发展中国家都会感受到压力和冲击。反全球化的呼声反映了经济全球化进程的不足，值得我们重视和深思。经济全球化确实带来了新问题，但我们不能就此把经济全球化一棍子打死，而是要适应和引导好经济全球化，消解经济全球化的负面影响，让它更好地惠及每个国家、每个民族。当年，中国对经济全球化也有过疑虑，对加入世界贸易组织也有过忐忑。但是，我们认为，融入世界经济是历史大方向，中国经济要发展，就要敢于到世界市场的汪洋大海中去游泳，如果永远不敢到大海中去经风雨、见世面，总有一天会在大海中溺水而亡。所以，中国勇敢迈向了世界市场。在这个过程中，我们呛过水，遇到过漩涡，遇到过风浪，但我们在游泳中学会了游泳。这是正确的战略抉择。世界经济的大海，你要还是不要，都在那儿，是回避不了的。想人为切断各国经济的资金流、技术流、产品流、产业流、人员流，让世界经济的大海退回到一个个孤立的小湖泊、小河流，是不可能的，也是不符合历史潮流的。人类历史告诉我们，有问题不可怕，可怕的是不敢直面问题，找不到解决问题的思路。面对经济全球化带来的机遇和挑战，正确的选择是，充分利用一切机遇，合作应对一切挑战，引导好经济全球化走向。

思考与练习

一、关键概念

全球化、经济全球化、国际经济体系、生产活动全球化、贸易全球化、金融全球化、信息全球化、投资全球化、国际投资、技术全球化

二、思考题

1. 经济全球化有哪些基本特征和具体表现？
2. 经济全球化时代国际分工出现了哪些新特征？
3. 经济全球化对世界各国的经济运行体制提出了哪些新要求？
4. 经济全球化在深化中存在哪些障碍？
5. 目前经济全球化呈现出哪些发展态势？

三、讨论题

1. 经济全球化对发展中国家有哪些影响？
2. 目前阶段，面对经济全球化发展的态势，中国应采取哪些对策？
3. 中国参与经济全球化发展的利弊是什么？

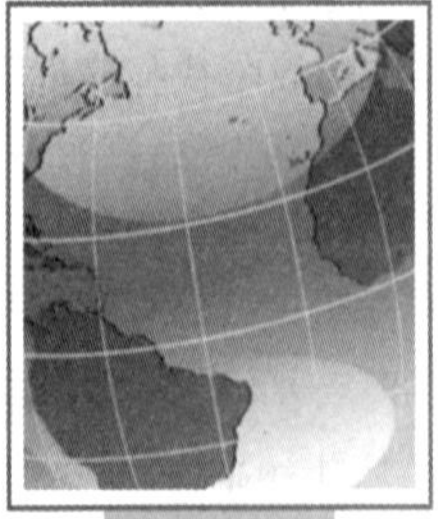

第八章 区域经济一体化

本章要点

本章主要以区域经济一体化的内涵、产生的理论基础(动因)、类型为核心内容，介绍了战后区域经济一体化的产生与发展过程；分析了区域经济一体化实践中的成就和发展趋势；并介绍了世界上主要的区域经济一体化组织。

本章需要重点掌握的内容是区域经济一体化的类型和区域经济一体化建立的动因。

本章的难点内容是区域经济一体化建立的动因和经济效益分析。

案例引导

北美自由贸易区的建立对中国有什么影响?

北美自由贸易区的建立对中国有什么影响? 假设分析中包括三个国家：美国、墨西哥和中国，其中，美国是棉衬衣的纯进口国，中国和墨西哥都生产并出口棉衬衣。假设中国棉衬衣的出口价格为每件 10 美元，墨西哥的价格为 11 美元，再假设美国对两国棉衬衣都征收 2 美元的进口税，中国棉衬衣在美国市场的价格为 12 美元，墨西哥的衬衣价格则为 13 美元。在美国与墨西哥签订自由贸易协定以前，美国当然选择从中国进口棉衬衣。

而在美国和墨西哥之间实行自由贸易之后，取消了所有从墨西哥进口商品的关税，但仍然保持着对其他国家的贸易壁垒。在不需要缴纳关税的情况下，从墨西哥进口的棉衬衣售价只有 11 美元，而中国的棉衬衣仍要支付关税，其市场售价仍要 12 美元。在此情况下，美国不再从中国而转从墨西哥进口棉衬衣。由于墨西哥的棉衬衣价格比前两种价格都更便宜，所以增加了美国消费者对棉衬衣的需求。

建立自由贸易区之后，美国的进口有了两个方面的变化：改变了进口的来源，从原来的中国变成了墨西哥，从非贸易集团成员国转向成员国，即所谓“贸易转移”；增加了总进口量，由于不加关税的墨西哥棉衬衣比加关税之后的中国棉衬衣便宜，美国从墨西哥的进口总量要比原来从中国进口的多，这种由于取消对成员国关税而增加的进口量是“贸易创造”。

除了上述影响之外，你还能分析出北美自由贸易区的建立对中国产生的其他影响吗?

第一节　区域经济一体化概论

从经济学的研究视角看，区域指经济区域，可分为三个层次：一是一国内的经济区域；二是超越国家界限由几个国家构成的世界经济区域；三是由几个国家的部分地区共同构成的跨国经济区域。

一、区域经济一体化的含义

区域是人类一切活动都离不开的地域空间，任何国家的经济发展都是在一定区域内完成和实现的。

(一)概念

区域经济学关于区域的概念可以表述为：经济活动相对独立、内部联系紧密而较为完整、具备特定功能的地域空间。作为这一概念的内涵应具有地域性、独立性和开放性等。

"一体化"(integration)一词来源于拉丁文 integratio。根据《牛津英语词典》的解释，一体化含有将各部分结合成一个整体的意思。一体化最初来源于企业之间的联合。企业之间通过卡特尔、托拉斯以及其他兼并方式联合而成的产业组织，可分为水平一体化和垂直一体化两种形式。

区域经济一体化这一专有名词最早出现是在 20 世纪 40 年代的西欧，从此有关区域经济一体化理论的探讨也就开始了。美国经济学家贝拉·巴拉萨(Bela Balassa)1961 年对"经济一体化"的定义也作了明确的阐述："我们将经济一体化定义为既是一个过程，又是一种状态。"巴拉萨的这一定义在西方经济学中具有经典性意义。此后许多经济学家关于区域经济一体化的解释，基本上都是围绕着"过程"和"状态"展开的。

20 世纪 50 年代，随着欧洲区域经济一体化的推进，区域经济一体化从而引起很多经济学家的极大兴趣。经济学家维多利亚·柯森(Victoria Curson)在 1974 年从生产要素配置的角度解释了经济一体化，把一体化"过程"理解为趋向全面一体化的成员国之间的生产要素的再配置，把一体化"状态"理解为业已一体化成员国的生产要素的最佳配置。经济学家彼得·林德特(Peter H. Lindert)给区域经济一体化下的定义是：通过共同的商品市场、共同的生产要素市场，或两者的结合，达到生产要素价格的均等。对此，经济学家彼得·罗伯逊(Peter Robson)则强调"区域经济一体化是一种手段，而不是目的"，并认为区域经济一体化的安排应该体现三个方面的特征：在某种条件下，成员国之间歧视的消失；维持对非成员国的歧视；成员国之间在企图拥有持久的共同特性和限制经济政策工具的单边使用上有一致的结论。

综合上述内容，可以得出这样的结论：所谓区域经济一体化，是指两个或两个以上地理上临近的国家通过协定或条约建立起来的经济合作组织。其特点是具有法律约束力、以地缘关系为基础、政府间的经济交流与合作，核心是通过取消成员之间的贸易壁垒，促进商品、服务、资本、技术和人员自由流动，实现区域内经济的共同发展，每一个成员国能获取比单独一国时更大的利益。

经济一体化的实质就是生产要素不断趋向自由流动的一个动态化的过程，在过程的每一个阶段则表现为具体的生产要素流动程度的一种状态。区域经济一体化包括以下内涵：一是一体化的主体，这个主体是具有独立国民经济的实体——国家；二是一体化进程进展的驱动力，在成员国之间进行协作分工，实现成员国共同的经济利益和经济目标，使每一个成员能获取比单独一国时更大的利益；三是组织的成员一般应是地缘相邻的国家或地区；四是区域经济一体化是一个动态化的过程，具有一系列的区域经济一体化形式。

表 8—1　　**区域经济一体化的内涵**

标志	成员国之间关税等贸易障碍的消除
原则	谋求最佳的国际生产分工

续表

宗旨	在成员国之间进行协作分工,实现成员国共同的经济利益和经济目标
出发点	使每一个成员都能获取比单独一国时更大的利益

(二)区域经济一体化符合世界贸易组织的相关规定

世界贸易组织的前身《1947 年关税与贸易总协定》(《GATT 1947》)已将区域一体化纳入多边贸易体系。《GATT 1947》第 24 条的规定主要涉及"适用的领土范围、边境贸易、关税联盟和自由贸易区",就区域一体化的形式《GATT 1947》只规定了三个层次,即关税同盟、自由贸易区及为成立关税同盟或自由贸易区而订立的临时协议,而未能对更为开放的共同市场和经济同盟作出规定。

世界贸易组织成立时,《GATT 1994》第 24 条在承袭《GATT 1947》第 24 条规定的情况下,对第 24 条进行了补充和完善,达成了《关于解释 GATT 1994 第 24 条的谅解》。世界贸易组织的《服务贸易总协定》第五条(经济一体化)对服务贸易区域一体化也作了相应的规定。1996 年 2 月,世界贸易组织总理事会成立了区域贸易协定委员会(Committee on Regional Trade Agreements),该委员会负责审理各国提出的有关区域贸易协定的通知,并订立一个可供遵循的标准模式,以评估区域贸易协定对多边贸易体制的影响。根据世界贸易组织的规定,各成员国签订区域贸易协定之后,必须根据其协定所涉及的内容归属分别向货物贸易理事会、服务贸易理事会或贸易与发展委员会提出通知,并由该理事会/委员会转送区域贸易委员会进行审查。

二、区域经济一体化的类型

区域经济一体化作为 20 世纪 80 年代以来最具有活力的经济现象之一,它的迅速发展已经成为当今世界经济的一个显著特征。按照成员国一体化的紧密程度以及成员国经济政策协调程度的不同,可以将区域经济一体化分成 6 种类型,即优惠贸易安排、自由贸易区、关税同盟、共同市场、经济同盟以及完全经济一体化。6 种类型之间的比较见表 8—2。

表 8—2　　国际经济一体化的组织形式

组织形式内容	优惠贸易安排	自由贸易区	关税同盟	共同市场	经济同盟	完全经济一体化
成员间优惠关税	√	√	√	√	√	√
成员间自由贸易		√	√	√	√	√
共同对外关税			√	√	√	√
生产要素自由流动				√	√	√
经济政策的协调					√	√
政策完全一体化						√

1. 优惠贸易安排(preferential trade agreement)

它是一种较低级和较松散的一体化形式,即在实行优惠贸易安排的成员国(关税区)之间,通过协议或其他形式对全部商品或部分商品规定较为特别的关税优惠或非关税方面的优惠。优惠贸易协定的成员国之间只是提供关税减让的优惠,还有一定程度的关税存在。

2. 自由贸易区(free trade area)

它是指两个以上的国家,通过缔结条约消除关税壁垒和数量限制,在自由贸易区内实现自由贸易,但成员国保留了它们对外部世界决策的自由,各国仍各自独立地实行对非成员国的关税和其他贸易限制。

3. 关税同盟(custom union)

它是指成员国在完全取消区内关税和数量限制等贸易壁垒的基础上,对非成员国贸易设定统一的对外关税(CETs),对外实行共同的贸易政策,使成员国在关税方面形成了一体化,它开始具有超国家性质,是实现全面经济一体化的基础。

4. 共同市场(common market)

它是指两个或两个以上的国家之间通过达成某种协议,相互取消关税和与关税具有同等效力的其他措施,建立共同对外关税,在成员国之间实行商品自由流动的基础上,取消劳务、资本和人员自由流动限制的经济一体化组织。

5. 经济同盟(economic union)

它是指两个或两个以上的国家之间通过达成某种协议,不仅要实现共同市场的目标,还要在共同市场的基础上,通过调整各自的经济政策,谋求协调一致的财政、货币、产业、区域发展等政策。其显著特征是,在成员国之间实现市场一体化的基础上,进一步实现为保证市场一体化顺利运行的政策方面的协调。

6. 完全经济一体化(complete economic integration)

它是指两个或两个以上的国家通过达成某种协议,在经济联盟的基础上实行完全统一的经济政策和社会政策,并建立起共同体一级的中央机构和执行机构,以便对所有事务进行控制,使各成员国在经济上形成单一的经济实体。它有两种形式:一种是邦联,另一种是联邦。所谓邦联是若干独立国家作为经济贸易等方面的利益相关体组成的联合体,各成员国保持主权,欧盟就是邦联的形式;联邦则是具有统一主权的国家,其成员加入联邦后不再享有完全的主权,但保留一些管理内部事务的权利,美国就是联邦制国家。

区域经济一体化的每一种形态的发展都不是按照严格的界限来实现的,是根据这些成员经济发展实际情况而定的,生产要素的流动也是因地制宜,充分体现具体成员在实际情况上的差异。

第二节　区域经济一体化建立的理论基础

西方区域经济一体化理论形成于20世纪中期,在短短的半个多世纪的时间里,伴随着区域经济一体化实践的蓬勃发展,已经形成了完善而丰富的理论体系,主要包括以下8种理论:

一、贸易保护理论

弗里德里希·李斯特(Friedrich List)在《政治经济学的国民体系》中曾指出:“一个单独的城市或一个小邦与大国竞争时,绝不能成功地建立或保持保护政策。”以后的学者将此观点加以延伸,认为小国难以与大国在贸易关系上形成对等,因此小国要强化自身的抗衡力量则必须联合起来,形成足够大的内部市场,联合对外以增强自身谈判的能力、保护自身利益。这一理论因此成为一些国家参与区域经济一体化最适当的理由和最有可能的选择。从这一角度看,区域经济一体化的产生实际上与贸易保护相关联。

二、关税同盟理论

作为区域经济一体化理论核心部分的关税同盟理论，一般认为是由雅各布·维纳(Jacob Viner)创立的。美国经济学家维纳于1950年提出的现代关税同盟理论成为经济一体化理论的核心，维纳和李普西(K. G. Lipsey)主要就关税同盟的静态效应和动态效应进行了系统阐述。维纳提出的“贸易创造”和“贸易转移”两个衡量关税同盟实际效果的新概念，使关税同盟的理论从定性分析发展到了定量分析，为区域经济一体化静态效应的后续研究奠定了基础。

三、经济一体化理论

第一届诺贝尔经济学奖的获得者、荷兰经济学家简·丁伯根 (Jan Tinbergen)于1951年在其重要著作《论经济政策》中首次提出经济一体化的定义。1954年丁伯根在其《国际经济一体化》论著中更详尽和系统地解释了世界经济一体化的现象，并指出：“经济一体化就是将有关阻碍经济最有效运行的人为因素加以清除，通过相互协调和统一，创造最适宜的国际经济结构。”丁伯根还把经济一体化分为消极一体化和积极一体化。他认为，消除歧视和管制制度、引入经济交易自由化是消极的一体化；而运用强制的力量改造现状，建立新的自由化政策和制度是积极的一体化。1962年经济学家巴拉萨在其《经济一体化理论》中对经济一体化作了更广泛和深入的分析：一体化既是一种进程，又是一种状态。就过程而言，它包括旨在消除各国经济单位之间差别待遇的种种举措；就状态而言，则表现为各国间各种形式的差别待遇的消失。经济一体化就是指产品和生产要素的流动不受政府的任何限制。

四、次优说理论

次优说(second best theorem)理论萌芽于维纳在1950年关于关税同盟的著作中的一些比较模糊的论述，1955年詹姆士·米德 (James Meade)使其充分发展，1957年理查德·利普西(Richard Lipsey)和凯尔文·兰开斯特(Kelvin Lancaster)将其推广。次优说的主要内容是：由于实现世界范围内的自由贸易遥遥无期，与其等待世界贸易的完全自由，不如选择区域经济的联合，先在较小地区内建立区域经济一体化合作组织，这才是现实的次优方案。区域经济合作存在着对区域外的歧视和一般均衡分析下的福利损失；但更易于促进区域内局部福利的全面提高，因而被视为次优。区域经济一体化是在全球经济一体化面临种种障碍下的一种次优选择。

五、大市场理论

以西托夫斯基 (T. Scitovsky)和德纽(J. F. Deniau)为代表的大市场理论的核心是：通过扩大市场获得规模经济，从而实现经济利益。也可以表述为：通过建立共同市场，使得市场扩大，将比较分散的生产集中起来进行规模化的大生产，这样可以使机器得到充分利用，生产更加专业化、社会化，高新科技得到更广泛的利用，竞争更加剧烈，从而生产成本下降，加之取消了关税及其他一些费用，使得销售价格下降。这必将导致区域内购买力的增强与生活水平的提高，消费也会增加，消费的增加又促进投资的增加，于是，经济便进入了良性的循环之中。

六、协议性国际分工理论

小岛清的协议性国际分工理论认为，经济一体化容易在同等发展阶段的国家之间建立，这是在一种水平上的国际协调分工；在发达国家间可以进行协议分工的商品范围越广，利益也越大；生活水平和文化等相互类似的、毗邻的地区更容易达成协议，且易保证相互需求的均衡增长。依靠成员国政府之间的协议方式达成一体化同盟的内部成员国之间的国际分工，能够获得长期成本递减条件下的规模经济效益。

七、“中心—外围”理论

1949 年 5 月阿根廷经济学家劳拉·普雷比什（Roul Prebisch）提出“中心—外围”理论。普雷比什把国际经济体系分为“中心”和“外围”两个部分，技术进步的国家根据国际分工成了世界经济体系的“中心”，处于落后地位的国家则沦落为这一体系的“外围”。随着经济全球化进程的深入，“中心”国家为了保持对一些先进的技术和产品所拥有的垄断优势，不断地将过时落伍的技术和产品生产转向“外围”国家，使“外围”国家对“中心”国家在技术方面的依附性更进一步加深。经济全球化的加速发展不仅没有改变技术进步及其成果不平衡分配的状况，反而使“外围”国家在分享技术进步成果方面处于更加不利的地位。普雷比什认为，“中心—外围”结构的本质是支配与被支配关系，“外围”国家能够以何种方式加入和在多大程度上受惠于“中心”，取决于它们能够在多大程度上满足“中心”国家的利益需要。作为一种模仿，“外围”国家永远不可能赶上“中心”国家，出路只有通过建立国际政治经济新秩序来打破这种不合理的世界结构。埃及学者萨米尔·阿明（Samir Amin）认为资本积累向世界范围的扩张导致“中心—外围”结构的形成，“外围”资本主义社会构成的特点在于前资本主义和现代资本主义结构并存，导致其对“中心”资本主义的依附，要改变这种状态，必须建立自己的一体化工业体系，必须加强“外围”国家间的合作（即南南合作），实现集体自力更生，必须努力打破现存的国际政治经济秩序，并最终消灭资本主义“世界规模的积累”和资本主义世界体系。

八、互补性竞争理论

中国的刘光溪教授提出了互补性竞争理论，他认为互补性竞争是区域合作与多边贸易体制关系的核心，区域合作与多边贸易体制的关系是一种相得益彰、兼容协同的竞争与互补效应相互转化的动态关系，两者在发挥各自优势的情况下产生了竞争，这种竞争结局是两者彼此取长补短、相互补充，互补的效应进一步提高两者在开辟和实施贸易自由化领域的竞争层次，又丰富和增加了两者互补的内涵，直至全球经济一体化的实现。

不论是国家之间还是国家内部各个地区之间，由于都存在阻碍市场要素自由流动的行政因素和经济障碍，要建立完善的市场机制以实现社会福利的最大化，必须打破现有的模式，建立区域经济一体化。区域经济一体化理论源于国际贸易的贸易保护及关税同盟理论，经过不断的研究和实践，该理论已经成为促进世界经济发展的重要理论，对地区以及国内区域经济一体化实践具有重要的参考价值。

第三节　区域经济一体化建立的动因

第二次世界大战结束后，虽然各国参加经济一体化组织的原因是多方面的，但其最根本的原因是希望获得静态和动态的经济利益，为此由政府出面建立的区域经济一体化组织开始逐步开展起来。

一、区域经济一体化的静态效应

区域经济一体化的静态效应包含贸易创造、贸易转移、降低行政支出、减少走私、改善贸易条件以及提高经济地位等效应。按照关税同盟理论，静态效应主要包括贸易创造效应和贸易转移效应两个方面。

（一）贸易创造效应

贸易创造效应(trade creation effect)是指组建关税同盟所带来的成员方之间贸易规模的扩大以及由此造成的经济福利的增加。贸易创造效应的效果是：由于关税同盟内部取消关税、实行自由贸易后，每一成员国由原来生产并消费本国的高成本、高价格产品，转向进口同盟内其他成员国成本低的产品，使本国的消费者能购买到其他成员国的低成本、低价格产品。因此，关税同盟国成本高的产品逐渐被同盟内其他成员国成本低的产品所替代，从而创造出过去所不可能发生的新的贸易，并能使消费者节省开支，提高福利水平。最终能提高同盟各国的生产效率，降低生产成本。贸易创造效应可以分为生产效应和消费效应。

1. 生产效应

生产效应是指实现贸易自由化之后，各成员方的生产专业化水平提高，可以把本国的资源使用从原来效率低的部门转向效率高的部门，从而大大提高生产效率。

2. 消费效应

消费效应是指进口低成本的伙伴商品将导致本国市场价格的降低和消费者支出的减少，使消费者剩余增加。

（二）贸易转移效应

贸易转移效应(trade diversion effect)是指组建关税同盟所带来的贸易由非成员方向成员方的转移以及由此造成的福利损失。贸易转移效应的效果是：在关税同盟成立以前，关税同盟国从世界上生产效率最高、成本最低的国家进口产品；关税同盟成立后，关税同盟国该项产品转为从同盟内生产效率最高的国家进口。但如果同盟内生产效率最高的国家并不一定是世界上该产品生产效率最高的国家，则进口成本较之前增加，消费开支扩大，使同盟国的社会福利水平下降。

（三）维纳标准

建立关税同盟是否有利，取决于贸易创造效应与贸易转移效应的比较，这通常称为维纳标准。如果贸易创造效应大于贸易转移效应，则建立关税同盟是有利的，反之就是不利的。一般而言，本国进口需求弹性越大、国内生产成本与伙伴国的差异越大而伙伴国与非成员方的成本差异越大，贸易创造效应越有可能大于贸易转移效应，建立关税同盟就越有利。

二、区域经济一体化的动态效应

区域经济一体化除了具有一定的静态效应之外，还具有规模经济、促进竞争、刺激投资、吸引外资、提高要素流动性以及促进技术进步等多方面的动态效应。其中主要的是规模经济效应和竞争效应。

（一）规模经济效应

如果各国处于封闭状态，市场分得过细且缺乏弹性，则只能提供狭窄的市场，不能实现规模经济利益。一体化集团建立之后，孤立的小市场统一起来，组成一个大市场，从而实现规模经济利益。

如果成员方的企业规模原来已经达到最优，建立区域经济一体化组织后扩大规模反而会因为平均成本上升而有害。那么，这要通过协议性分工来解决。为了使经济一体化集团获得规模经济效益，并能和谐地扩大成员方之间的分工和贸易，单纯依靠传统的国际分工理论是不够的。在规模报酬递增的部门，不同的国家通过协议相互提供市场就可以共同分享规模经济效益。具体条件见表8－3。

表8－3　　协议性分工需要的条件

条件一	实行协议性分工的国家必须具有大致相同的要素禀赋和经济发展水平，都能生产作为协议性分工对象的商品
条件二	分工对象的商品必须是能够获得规模经济效益的商品
条件三	对分工的国家来说，生产任何一种协议性分工对象商品的成本和利益差别都不大

（二）竞争效应

竞争效应是指建立区域经济一体化集团之后，原来的贸易和投资壁垒都被废除，原有的一国范围内的垄断随之被打破，生产要素可以自由流动，贸易可以自由进行，各成员国的厂商面临的竞争空前激烈。市场竞争程度的加剧可以提高经济效益，使经济资源的分配也趋向于最优配置。

在这个问题的分析上，西托夫斯基和德纽的“大市场理论”最为著名。德纽认为，共同市场在一体化程度上比关税同盟又进了一步，它将那些被保护主义分割的小市场统一起来，结成大市场，然后通过大市场内的激烈竞争，实现大批生产带来的规模经济等方面的利益。德纽对大市场带来的规模化生产进行了描述，最终得出这样一个结论：“这样一来，经济就会开始其滚雪球式的扩张。消费的扩大引起投资的增加，增加的投资又导致价格下降，工资提高，购买力的提高……只有市场规模迅速扩大，才能促进和刺激经济扩张。”西托夫斯基则从西欧的现状入手，提出西欧陷入了高利润率、低资本周转率、高价格的矛盾，存在着“小市场与保守的企业家态度的恶性循环”。因而，只有通过共同市场或贸易自由化条件下的激烈竞争，才能迫使企业家停止过去那种旧式的小规模生产而转向大规模生产，最终出现一种积极扩张的良性循环。综合西托夫斯基和德纽的阐述，可以把握住大市场理论的核心，即通过扩大市场获得规模经济，从而实现经济利益。于是，区域经济发展便进入了良性的循环之中。

第四节　第二次世界大战后区域经济一体化的产生与发展

第二次世界大战结束后，世界经济的总趋势是一体化，但是受当时历史条件的制约，一体化的具体实现方式呈现多样性。在世界经济一体化的总趋势下，大量存在的国际经济现象则是区域经济一体化。

一、区域经济一体化的产生与发展

区域经济一体化是随着生产力和科学技术的发展而产生和发展的。随着生产力和科学技术的进步，世界各国间的经济联系越来越密切，尤其是利益相近的国家更是具有加强合作的要求。世界区域经济一体化的产生经历了三个阶段。第一阶段，区域经济一体化尝试。19世纪中叶，即在1834年由北德、中德与南德三个关税同盟联合起来建立的德意志关税同盟，它可以说是经济史上最早开始的区域经济一体化的雏形。第二阶段，区域经济一体化的萌芽。第二次世界大战后区域经济一体化进入其萌芽阶段。1944年9月，荷兰、比利时、卢森堡签订了建立关税联盟的协定，1946年三国又将关税联盟扩大为经济联盟。1949年1月，苏联、东欧等国家建立了经济互助委员会(简称经互会)，实现生产协作与专业化。这些国家在构建区域经济一体化组织形式上进行了新的尝试。第三阶段，区域经济一体化的形成。1950年5月9日，法国外长舒曼发表了在欧洲历史上影响深远的声明，指出欧洲统一的关键在于解决法德冲突，而解决法德矛盾的有效途径就在于把两国全部煤炭和钢铁生产置于一个其他国家可参加的高级联营机构的控制下。这不仅可以在物质资料方面避免德国的军国主义复活，而且可以为西欧各国的经济发展、为发展制造业提供同等条件的原材料供应，进而能促进各国经济的联合与统一。煤钢共同体自1952年7月25日正式运营后，其主要活动是建立煤、钢产品的共同市场，使之不受国界限制自由流通，并在平等的基础上自由竞争，扩大和发展煤、钢生产，兴办一些改善生产或生活条件的社会福利事业。欧洲煤钢共同体的成立，是世界区域经济一体化的一次具体实践和极其重要的一步。

1952年西欧六国建立欧洲煤、钢联营以来，随着世界经济的不断发展，区域经济一体化也逐步发展。最显著的标志是成员国之间关税等贸易障碍的消除。区域经济一体化在60多年演进过程中，主要经历了三个阶段：

第一，区域经济一体化的初始发展阶段：20世纪50～70年代。50年代初维纳首先引入了现代关税同盟理论，这一理论成为当时国际经济一体化理论的核心。与这一理论同步发展的是欧洲经济一体化的实践。20世纪六七十年代，发展中国家也积极投身到一体化的进程之中，亚洲、美洲、非洲的一些国家都先后建立了发展中国家内部的区域经济一体化组织。从这一时期可以看出，历史的或地域的观念，从一开始就决定了区域经济一体化组织的目标和运转。地缘因素发挥的作用也取决于国际经济和政治环境的变化。在冷战时期，区域政治、安全的利益至关重要，这导致第二次世界大战后在初期兴起的一体化浪潮带有较大的封闭性，不同政治制度之间的一体化组织具有明显的相互抗衡的色彩。

第二，区域经济一体化的快速发展阶段：20世纪70～80年代。两次石油危机以后，全球贸易保护主义抬头，世界各国更多地将实现自由贸易的希望寄托于建立区域性贸易集团，由此引发了第二次区域经济一体化的高潮。这一时期，发达国家的区域经济一体化稳步发展。同期，发展中国家区域经济一体化的进展也较为显著，出现了许多新的较大规模的一体化组织。这一阶段，区域经济一体化虽然仍未摆脱冷战时期的政治与安全方面的色彩，但是，经济利益的重要性已日趋突出。

第三，区域经济一体化的全方位发展阶段：20世纪90年代至今。20世纪90年代初冷战结束以来，在世界经济全球化和科技革命的推动下，区域经济一体化进程明显加快，不仅原有的一些区域经济一体化进行了调整或改组，范围上有所扩大，经济一体化组织有更深入的进展，而且新的区域经济组织层出不穷、不断涌现，经济一体化组织的浪潮席卷世界各个地区、各种类型的国家，尤其是建立区域性贸易安排，已经成为各国区域政策的重点内容。原有的一些发展中国家之间的一体化组织，如东南亚国家联盟，确立了明确的贸易投资自由化目标，向实质性的合作方向迈进。这种形式不仅出现在发达国家和发展中国家本身，它们之间的区域合作在20世纪80年代后期也取得了突破性的进展。亚太经济合作组织以及东盟自由贸易区的成立和取得的成果使更大范围的成员国受益，也进一步淡化了冷战之后区域集团之间政治对立的色彩，转而寻求更具有实际经济利益的合作途径。目前影响比较大、成果比较突出的三大区域经济一体化组织有欧盟、北美自由贸易区和亚太经合组织。

二、区域经济一体化发展的现实背景

第二次世界大战后，区域经济一体化迅猛发展有其深刻的原因，具体涉及如下五个方面：

第一，科学技术的飞速发展，特别是网络和信息技术的发展为区域经济一体化提供了物质前提。科技革命的发展，在推动发达国家物质生产增长的速度、规模和数量达到新高度的同时，生产力无限扩大和市场相对狭小的矛盾也越来越尖锐。因此，各国扩展国外市场的要求更加迫切。

第二，国际分工的深化和经济生活国际化程度的不断提高提供了经济基础。世界经济走向一体化是社会经济发展的客观趋势，是经济全球化发展的必然结果。在战后新技术革命的推动下，世界各国、各地区之间的分工与经济依赖日益加深，生产社会化、国际化程度不断提高，使各国的生产和流通及其经济活动进一步越出国界。这就必然要求消除阻碍经济国际化发展的边界障碍、市场障碍和体制障碍，必然要求改变旧的国家关系和经济关系，建立新的更加密切的经济政治合作关系。建立区域性经济一体化组织就是这一要求得以实现的载体或实现形式。

第三，经济发展不平衡是重要推动力。世界各国经济发展不平衡、世界经济多极化的格局出现，也在一定程度上促进了区域经济一体化的进程。各国经济实力有大有小，对外联系有强有弱，竞争能力有高有低，所处的国际环境及资源条件有优有劣，彼此间的发展当然会不平衡，为了在国际竞争中争取主动，各国都需要和与自己状况相近、地理上相邻的国家联合。这种不平衡在相当长的时期内不可能改变，区域经济一体化的发展也就势不可挡。

第四，国际贸易中的保护主义频频抬头。由于国际贸易中的保护主义频频抬头，使各国不得不寻求通过建立区域经贸安排来规避形形色色的贸易壁垒，促进区域内贸易的发展。

第五，世界贸易组织主持下的多边贸易谈判困难重重。在《关贸总协定》以及世界贸易组织主持下的多边贸易谈判往往步履蹒跚、旷日持久，迫使各国另辟蹊径，通过涉及国家少、见效快的区域经贸安排来增强本国的国际竞争力。此外，由于区域经贸安排对区域内国家实行优惠的差别待遇，其贸易转移效果甚至排他性的特征日益明显。为在国际贸易中抵消区域经贸安排对本国的歧视性影响，那些尚未加入区域组织的国家迫于竞争的需要，也希望参与到区域经贸安排之中。

20世纪90年代初冷战结束后，以南北合作为动因的区域一体化迅速发展起来。究其原因主要有三个方面：一是西方各主要发达国家为了提高自身的国际竞争力，试图通过划分势力范围，甚至接纳一些经济发展水平较低、差距较大的发展中国家，建立起以自己为主的经济圈，借以增强其在世界经济角逐中的力量；二是南北双方在生产要素和产业结构上极强的经济互补性可使双方获取最大的比较利益，这是推动南北经济一体化的根本动力；三是双方巩固和扩大市场份额的需要。发展中国家拥有丰富的自然资源、广阔的市场和廉价的劳动力，对发达国家有巨大的吸引力。对广大发展中国家来说，发达国家贸易保护主义盛行，经常运用关税和非关税壁垒等手段，限制发展中国家工业制成品的出口。而实现南北经济部分一体化后，成员国之间相互给予优惠，可以确保本国产品的出口。

三、区域经济一体化发展面临的主要问题

区域经济一体化是第二次世界大战后世界经济运行格局发生的重要变化之一。早在20世纪40年代，区域经济合作就开始在西欧等地区出现，并开始由小到大、由少到多、由浅到深

地逐步发展。冷战结束后，区域经济一体化的发展势头进一步增强，几乎所有的国家和地区都会加入一个或几个区域经济合作组织。目前区域经济一体化发展除面临区域经济一体化的深化与扩大之间的矛盾外，还存在如下几个问题：

（一）区域经济一体化涉及的利益分配问题

经济实力基础不同决定了区域内各国的领导权；区域内成员国之间、发达国家与发展中国家之间的经济利益分配所产生的矛盾越来越严重、问题越来越多。以欧盟为例，欧盟成员国内部经济差距大，扩大后机构运作和协调更加困难；为应对日益增长的各项开支，2004 年初欧盟委员会提出了今后 10 年的年度预算框架，预计预算额将从 2004 年的 1 000 亿欧元增加到 2013 年的 1 430 亿欧元，即占到欧盟生产总值的 1.15%。这一建议遭到净摊款国的反对。由于各成员国经济基础不同，受惠国和净受惠国之间就存在无法避免的利益分配问题。

（二）政治对区域经济一体化的影响

参与区域合作的各个国家或者经济组织的贸易政策、经济政策乃至文化传统与政治体制的差别会很大，这种差别阻碍了国家或者经济组织内部贸易和经济政策的协调，往往使区域内部贸易和经济自由化的措施得不到实施或不能按时实施。如南南型区域经济合作，区域内国家的区域经济一体化计划大多数都没有得到实施，即使得到了实施，由于各国的敷衍，效果也很不理想。

（三）区域经济一体化组织对区域外国家经济的排他性日益明显

国际性区域经济一体化组织的基础就是对区域内部开放市场，相互提供优惠，这样确实可以增加区域内国家间的贸易。但是，区域外国家和地区由于不能享受区域内的种种优惠，最终会因产品竞争力下降而被区域内相关国家的相同或相似产品所取代。如欧洲以共同农业政策为支柱的农产品统一市场就是一个典型的排他性很强、贸易保护主义色彩很浓的市场。同样，在北美自由贸易区的运行中，随着墨西哥产品对美输出的大幅增加，亚洲地区对美国的电子产品和纺织品出口遭受了一定冲击。

四、区域经济一体化发展对世界经济的影响

区域经济一体化是第二次世界大战后世界经济发展的重要特征，也是当前世界经济发展的客观必然趋势。区域一体化组织如雨后春笋般出现，对世界经济乃至全球各国经济的影响是多方面的，这种影响既有积极的一面，又有消极的一面。

（一）对世界经济的积极影响

区域经济一体化促进区域内经济贸易的增长，这将为世界经济发展提供机遇，并能够在此基础上推动经济全球化，影响世界经济格局。

第一，区域经济一体化的发展促进了区域内经济贸易的增长，创造了贸易和就业机会，这种“贸易创造”效果有力地促进了区域经济的增长。区域经济一体化将促进内部贸易增加，生产要素得到不同程度的自由流通，资源得到更合理的利用和配置，促进科技发展，增强竞争能力，提高经济增长率。如南方共同市场成立时，巴西等 4 国的贸易额仅为 20 亿美元，1998 年达到 200 多亿美元，2000 年为 234 亿美元。1998 年北美自由贸易区的商品出口支持美国创造了 60 万个工作岗位。

第二，在深化国际分工的同时推动了世界经济全球化的发展。区域经济一体化有利于促进地区经济一体化和专门化，从而实现利益最大化。区域经贸组织成立之后，区域内成员国关税税率的下降和非关税壁垒的减少，增强了区域内生产要素和产品的自由流动，因此形成了成

员国之间新的国际分工和生产经营的专业化，有利于发挥比较优势，提高国际劳动生产率水平，实现规模经济，增加世界各国的社会经济福利。如美国将汽车行业的低技术环节转移到墨西哥，使美国将资源投向其高技术产业和信息领域，实现产业升级。而墨西哥承接这些替代下来的工业，为其自身创造大批就业岗位，使其充沛的人力资源得以利用。

第三，改变了国际经济关系结构从而影响了世界经济格局的演变。区域经济一体化可以增强该区域在国际贸易中的地位，使世界经济多极化。如欧共体演变为欧盟后，力争对外“用一个声音说话”，特别是欧元问世以来，欧盟成员国之间贸易联系更为紧密，已足以向美国叫板，在世界经济中的作用日益突出，而且成为当今世界最重要的区域组织之一，有力地促进了世界经济多极化。

第四，为区域内各国的发展创造了一个良好的国际环境。区域经济一体化组织的形成，为各国进行平等对话和协商解决问题提供了组织和制度保障，有利于减少和解决成员国之间的矛盾和摩擦，有利于地区和国际形势的稳定。

第五，区域经济一体化对国际资本、技术、商品和人才的流向产生了重大的影响。区域经济一体化促进生产要素在区域内部流动，并促进产业结构在地区内部跨国界梯度升级。区域性经济一体化也促进了资本在区域内跨国界流动。区域性经济组织内部加强联合科研，与此相适应，区域内外科技人才的流动在加快。

第六，区域经济一体化推动世界经济的新发展。今后的区域性经济组织仍将以发达国家为主，并且由发达国家与发展中国家混合组成，发达国家将作为资本、技术的主要提供者和产品的主要吸纳者，促进本国及区域经济的新发展。组织内的发展中国家如果政策得当，将可通过区域经济合作，加强产业结构调整，取得较快的经济发展。

（二）对世界经济的消极影响

区域经济一体化将导致世界范围内的贸易保护主义。区域经济一体化最严重的消极影响是导致世界范围内的贸易保护主义更加严重。由于贸易障碍的取消只在区域内部的国家实行，其成员对区域外贸易伙伴仍保持各自的关税和非关税贸易壁垒，因而从区域外国家输入的商品的价格就会高于区域内的产品价格，一部分非成员国的产品因失去竞争力而不得不退出该市场。现在，这种贸易转移效果导致歧视性和排他性的特征日益明显。因此，在贸易保护主义有所抬头的情况下，建立各种类型的区域经贸合作组织、组成区域经贸集团已成为许多国家规避风险、减少成员国贸易摩擦的一个重要手段。它一方面可以促成成员国的经济自由化，加快经济发展的步伐；另一方面又可以抵御来自其他区域经贸组织的贸易保护主义和区域经贸垄断。与此同时，由于各个区域经济一体化内各国利益分配的不均衡，发达国家取得的利益要大于发展中国家，区域经济一体化可能使南北经济差距从总体上拉大。区域经济一体化还会使发展中国家受到地区上的分割，削弱发展中国家原来的统一和合作关系，将使全球南南合作难以取得实质性进展。再者，任何一国加入区域经济一体化组织都是以特定权利的部分让渡为代价的，在这方面发展中国家会面临更大的风险。

五、区域经济一体化发展的态势

经济全球化进程的推进使经济资源跨国界的流动和配置日益增强，各国经济间相互开放和融合的程度大大加深。由于各国在生产力水平、经济结构等方面存在着很大差异，因此要达到完全的经济一体化还需要较长的发展过程。在这个过程中，一些地理位置相近的国家或地区间通过加强合作，建立共同的商品贸易市场和生产要素贸易市场或是两者兼备的综合性贸易市场，实现商品价格和生产要素价格的均等，并协调各国的对外贸易政策及宏观经济政策，制定相对区域外国家更加优惠的贸易、投资政策，为谋求风险成本和机会成本的最小化和利益的最大化，形成了一体化程度较高的区域经济组织。目前区域经济一体化的发展呈现出以下态势：

第一，围绕周边深化合作，强调地缘关系。从世界区域角度看，其地域广大，民族众多，自然条件和资源条件复杂，再加上历史、政治、文化等原因，各区域基本上具有相对的独立性。因而，今后区域经济合作或区域经济组织扩展首先是在相邻的各地区内部国家间展开的。如东盟、欧盟等的扩展，都是在地理邻近的地区或者国家开展。

第二，经济合作是多层次的。随着区域经济一体化的蓬勃发展，一些较大的区域经济组织内部又出现了若干较小范围的次级区域经济圈，有的国家既参加某一大区域组织，又成为其中某一个或某几个次级区域组织的成员。形成一种"大圈套小圈，小圈扣小圈，圈圈连环套"的格局。欧共体内曾存在荷、比、卢经济联盟，20世纪90年代组成的特大型亚太经合组织的多层次性则是一个更为典型的例子。另外，一国同时加入几个区域经济组织的现象也很多，如澳大利亚不仅与新西兰达成一体化协议，又参与亚太经合组织，还与印度、南非等国协商筹组印度洋经济圈。

第三，合作的领域是全方位的。传统的自由贸易协定绝大多数仅涉及货物贸易，如今，自由贸易协定尤其是双边自由贸易协定已经大大超越了传统自由贸易协定所涵盖的内容，区域经济一体化呈现出向纵深化发展的态势。随着经济一体化程度的加深，自由贸易协定的内容不再仅限于传统的货物贸易自由化，而且还包括服务贸易自由化、农产品贸易自由化、投资自由化、贸易争端解决机制、统一的竞争政策、知识产权保护标准、共同的环境标准、劳工标准，甚至还要求具备共同的民主理念等，区域贸易自由化的程度已经大大超越了世界贸易组织的管辖范围。以美国与新加坡自由贸易协定为例，美国从该协定中将得到新加坡开放金融以及包括法律、建筑设计与工程等专业服务领域的回报；新加坡还承诺将扩大知识产权保障范围，将美国在新加坡的版权的有效期从50年延长至70年，以向美国提供本区域内最好的知识产权保障。而在中国内地与中国香港、中国内地与中国澳门之间关于建立更紧密经贸关系安排(CEPA)中，也涉及了电子商务、商品检验检疫与质量认证、中医药产业合作等传统国际区域经济一体化协议中的鲜见领域。

第四，当前世界区域经济合作呈现"三区三对成三角"的格局。所谓"三区"，就是欧洲、北美和泛东亚经济发展区域；所谓"三对"，就是欧盟、北美自由贸易区以及亚太经合组织或"10＋3"(东盟10国＋中日韩3国)合作组织，且通过以上任何两个区域经济合作组织组成相互作用的一对：一对是北美自由贸易区与东亚构成环太平洋的经济合作，即亚太经合组织；一对是北美自由贸易区与欧盟构成跨大西洋的经济合作，即拟议中的大西洋自由贸易区；一对是欧盟与东亚"10＋3"合作组织构建跨印度洋的亚欧合作，正在通过一年一度的亚欧会议来实现这个目标。以每对为一条边(或称一条经济链)，就形成了全球性的区域经济合作的"大三角"。

第五节　区域经济一体化组织的实践

在世界贸易组织约160个成员国中，近90%的国家隶属于不同程度的区域经济组织。目前，区域经济合作组织内部贸易发展速度高于其对外贸易发展速度，区域内贸易额在世界贸易总额中所占比重日益提高，目前已达50%以上。下面就世界各地的区域经济一体化组织作简单概论。

一、欧洲经济一体化

欧洲是世界上最早成立区域经济合作组织的地区，欧洲联盟(European Union，EU)即欧盟，是当今世界上经济一体化程度最深、一体化发展最顺利的区域经济一体化组织。除欧盟外，目前欧洲还有三个在区域内比较有影响的区域经济合作组织。

(一)欧洲自由贸易联盟

欧洲自由贸易联盟(European Free Trade Association，EFTA)又称“小自由贸易区”。1959 年 7 月，英国、瑞士、丹麦、挪威、瑞典、奥地利、葡萄牙 7 国在瑞典首都斯德哥尔摩举行了部长级会议，会上通过了“成立欧洲自由贸易联盟的计划草案”。同年 11 月又签订了《欧洲自由贸易联盟条约》。1960 年 5 月 3 日，欧洲自由贸易联盟正式成立。以后芬兰、冰岛、列支敦士登相继加入。但随着英国、丹麦、瑞典、奥地利、葡萄牙、芬兰加入欧洲经济共同体，现在仅剩下挪威、瑞士、冰岛和列支敦士登 4 个国家了。

(二)独联体经济联盟

独联体是独立国家联合体(Commonwealth of Independent States，CIS)的简称。由于苏联、东欧剧变，“经互会”于 1991 年 6 月 28 日解体。以俄罗斯为首的 12 国组成了独联体经济联盟。起初是俄罗斯、乌克兰和白俄罗斯三国在 1991 年 12 月 8 日首先签署经济联盟条约，以后在 1992 年 9 月 24 日又有 9 国签署了经济联盟条约。由于独联体 12 国经济在转轨过程中很长时间没有走出低谷，尤其是影响最大的俄罗斯在 20 世纪 90 年代末出现经济大滑坡，自身难保，无力顾及成员国。尽管 1994 年 12 国首脑会议强调要加强各国的经贸往来，但由于各国都缺少资金，而投资环境又不太理想，国外投资甚少，经济恢复缺少活力。

(三)黑海经济合作组织

黑海经济合作组织(Black Sea Economic Cooperation，BSEC)是 1992 年 6 月在伊斯坦布尔签署《黑海经济合作宣言》而正式成立的。该文件表明，参加国将通过双边或多边合作网，逐步加强成员国间经济合作，取消或削减不利于扩大贸易和投资的一切障碍，为商品、劳务和资金的自由流动创造条件。目前，该组织共有 11 个正式成员国：罗马尼亚、保加利亚、土耳其、阿尔巴尼亚、希腊、俄罗斯、亚美尼亚、摩尔多瓦、格鲁吉亚、乌克兰、阿塞拜疆。

二、美洲经济一体化

美洲地区虽然国家众多、经济发展水平差异较大，但其区域经济一体化进程却始终保持较快的发展。1994 年 1 月 1 日，由美国、加拿大和墨西哥三国签订的《北美自由贸易协定》正式生效，宣布世界上第一个由发达国家和发展中国家组成的区域经济组织——北美自由贸易区(NAFTA)正式诞生。除此之外，美洲还有一些在区域内比较有影响的区域经济合作组织。

(一)南方共同市场

南方共同市场(South American Common Market，MERCOSUR)是南美地区最大的经济一体化组织，也是世界上第一个完全由发展中国家组成的共同市场，其正式成员国包括巴西、阿根廷、乌拉圭和巴拉圭。1991 年 3 月 26 日，阿根廷、巴西、巴拉圭和乌拉圭 4 国总统在巴拉圭首都亚松森签署了关于建立南方共同市场的《亚松森条约》，该条约于当年 11 月 29 日正式生效。1995 年 1 月 1 日，南方共同市场正式启动。该组织的宗旨是通过有效利用资源、保护环境、协调宏观经济政策、加强经济互补，促进成员国科技进步，最终实现经济政治一体化。近年来，南方共同市场先后启动了与安共体、欧盟、海湾合作委员会及亚非一些国家的自由贸易谈判，并取得重要成果。2004 年 10 月，南方共同市场同安第斯共同体签署了自由贸易协定。同年 12 月，南方共同市场 4 个成员国同 5 个安共体成员国及其他 3 个国家在秘鲁成立了南美国家共同体。此外，南方共同市场还同中美洲国家签署了旨在推动两地区间经济合作的贸易投资框架协议。2008 年 7 月，第 35 届南方共同市场国家首脑会议在阿根廷北方城市图库曼举行，会议强调将继续推动地区一体化进程。会议决定建立面向中小企业的“南方共同市场生产基金”，宣布推动成员国使用本币进行区内贸易结算，并承诺实现成员国和联系国之间的人员自由流动。2012 年 12 月，南方共同市场第 44 届峰会在巴西首都巴西利亚举行，会议接纳玻利维亚成为第 6 个成员国，并就金融合作、社会、科技一体化等议题进行讨论并发表声明，特别强调了与中国和欧盟的关系。2015 年 12 月，南方共同市场第 49 届首脑会议的与会领导人同意加强区域内经贸合作，推动一体化进程。2017 年 7 月，第 50 届南方共同市场领导人峰会在阿根廷门多萨市闭幕，与会国就加强区域经济合作以及积极寻求对外经济合作等问题达成共识。

(二)中美洲共同市场

中美洲共同市场(Central American Common Market，CACM)的前身是根据 1956 年《中美洲自由贸易协议》而成立的中美洲自由贸易区。1960 年 12 月 13 日中美洲 4 国签订了《中美洲经济一体化总条约》，1962 年 8 月 2 日，哥斯达黎加、洪都拉斯、尼加拉瓜、萨尔瓦多、危地马拉 5 个国家在哥斯达黎加首都圣约瑟签订建立中美洲共同市场协议，并正式成立中美洲共同市场。1963 年 8 月巴拿马作为准成员国参加活动。该组织的宗旨在于：促进中美洲的经济一体化，协调各成员国的经济政策，逐步取消各成员国之间的关税，统一对外关税，最后实现地区贸易自由化，建立自由贸易区和关税同盟。进入 20 世纪 80 年代后，由于 5 国经济状况恶化，加之政治动荡和内战不断，特别是债务负担异常沉重，成员国间又重新构筑了非关税壁垒，致使关税取消所带来的贸易利益被一定程度地抵消。为抑制区域内贸易保护主义和确保共同市场取得的已有成果，1993 年 5 国达成“最终多边协议”，给共同市场的发展重新注入了活力。2003 年 2 月确定中美洲单一关务程序使用手册，就 5 国境内的货物流通、车辆进出及人员出入境等项目规定通关标准步骤。2017 年 6 月，中美洲体系 8 个成员国确立了加快推进区域一体化等建设内容。

(三)安第斯集团

安第斯集团(Andean Group，AG)又称安第斯条约组织，是南美洲安第斯山地区发展中国家区域性经济合作组织。1969 年 5 月 26 日，玻利维亚、哥伦比亚、智利、厄瓜多尔和秘鲁 5 国在哥伦比亚卡塔赫纳签署《安第斯区域一体化协定》，后称《卡塔赫纳协定》，并成立了卡塔赫纳协定委员会；1969 年 10 月 16 日协定生效后，改称安第斯条约组织。1973 年 2 月 13 日委内瑞拉加入；1976 年 10 月智利宣布退出；至 1991 年 7 月 1 日成员国有玻利维亚、哥伦比亚、厄瓜多尔、秘鲁和委内瑞拉，总部设在秘鲁首都利马。该组织的宗旨是促进成员国之间平衡和协调地发展，取消成员国之间的关税壁垒，组成共同市场，加速经济一体化进程。1989 年 5 月下旬，安第斯集团五国首脑会议在哥伦比亚的卡塔赫纳举行，签署了《卡塔赫纳宣言》。宣言特别号召成员国立即取缔阻碍自由贸易计划实施的一切措施，加紧推广“比索”的使用，使其成为地区的统一货币。2003 年 12 月，秘鲁、哥伦比亚、厄瓜多尔和委内瑞拉外长出席了南方共同市场第 25 届首脑会议，与南方共同市场正式签署自由贸易协议，商定在未来 10～15 年内逐步取消关税，并自 2004 年 4 月开始制定减免关税产品清单。2011 年 11 月，安共体总统理事会特别会议发表联合声明，表示安共体将继续致力于推进次区域一体化进程。2013 年 9 月，安共体举行第 37 届外长理事会，决定未来将其工作重点放在区内贸易一体化和人员流动等务实合作领域。

（四）美洲自由贸易区

成立美洲自由贸易区（Free Trade Area of Americas，FTAA）的设想是在 1994 年美国迈阿密西半球首脑会议上由美国提出的，目的是于 2005 年初在西半球建立一个当时世界上面积最大、年 GDP 总值达 14 万亿美元、拥有 8 亿人口的自由贸易区。FTAA 成立后，将是全球最大的自由贸易区，与欧盟形成对峙之势。按照 1994 年迈阿密美洲 34 国首脑会议的决定，在北美自由贸易区南扩的基础上，于 2005 年初结束美洲自由贸易区的各项谈判。20 年来 FTAA 在某些方面取得了较大进展，美洲自由贸易框架协议在美洲国家间取得共识，并推进了美国与中美洲一些国家签署双边自由贸易的协定。在美国与一些中美洲国家就双边自由贸易进行谈判的同时，美洲 34 国就美洲自由贸易区的谈判一直没有中断。

三、亚洲经济一体化

亚洲地区由于国家众多，经济发展水平差异较大，目前还没有形成大的区域经济一体化组织，但近年来区域性经济组织已经有了较大的发展。

（一）东南亚国家联盟

1967 年 8 月，印度尼西亚、泰国、新加坡、菲律宾 4 国外长和马来西亚副总理在曼谷举行会议，发表了《东南亚国家联盟成立宣言》，即《曼谷宣言》，正式宣告东南亚国家联盟简称“东盟”（Association of Southeast Asian Nations，ASEAN）成立。20 世纪 80 年代后，文莱（1984 年）、越南（1995 年）、老挝（1997 年）、缅甸（1997 年）和柬埔寨（1999 年）先后加入，使东盟由最初成立时的 5 个成员国扩大到 10 个成员国。目前，东盟拥有人口 5 亿多，地域面积超过 450 万平方公里，GDP 总额达 2.3 万亿美元，是一个具有相当影响力的区域性组织。东盟的宗旨是以平等和协作精神，共同努力促进本地区的经济增长、社会进步和文化发展；遵循正义、国家关系准则和《联合国宪章》，促进本地区的和平与稳定；同国际和地区组织进行紧密和互利的合作。随着经济实力和影响的不断加强，东盟在地区事务中发挥着越来越重要的作用。20 世纪 90 年代初，东盟率先发起东亚区域合作进程，逐步形成了以东盟为中心的一系列区域合作机制。为了早日实现东盟内部的经济一体化，东盟自由贸易区于 2002 年 1 月 1 日起正式启动。2007 年 11 月，东盟 10 国领导人在新加坡举行的第 13 届首脑会议上签署了《东盟宪章》和《东盟经济共同体蓝图宣言》等重要文件。会议重申在 2015 年之前建成东盟经济共同体。这是东盟经济一体化建设的总体规划，也是一份指导性文件。2008 年 12 月 15 日，《东盟宪章》正式生效。2010 年与中国建立的“中国—东盟自由贸易区”，成为一个涵盖 11 个国家、19 亿人口、GDP 达 10.5 万亿美元（2012 年）的巨大经济体，是世界上人口数最多的自由贸易区，也是发展中国家最大的自由贸易区。

（二）南亚区域合作联盟

1980 年 5 月，孟加拉国总统齐亚·拉赫曼首先提出开展南亚区域合作的倡议。1983 年 8 月，孟加拉国、不丹、印度、马尔代夫、尼泊尔、巴基斯坦和斯里兰卡 7 国外交部长在印度首都新德里举行首次会晤，并通过了《南亚区域合作联盟声明》。1985 年 12 月，7 国领导人在孟加拉国首都达卡举行第一届首脑会议。会议发表了《达卡宣言》，制定了《南亚区域合作联盟宪章》，并宣布南亚区域合作联盟简称“南盟”（South Asian Association for Regional Cooperation，

SAARC)正式成立。2005 年 11 月,阿富汗加入南盟,此外,南盟还有中国、日本、韩国、美国、欧盟、伊朗、毛里求斯、澳大利亚和缅甸 9 个观察国。近几年,南盟区域合作和对外开放步伐加快。2004 年 1 月,第 12 届南盟首脑会议通过了《南亚自由贸易区框架协定》。根据协定,各国从 2006 年起开始逐步降低关税,7～10 年内从 30%左右降至 0～5%。2005 年 11 月,第 13 届南盟首脑会议为加强在区域经济发展、消除贫困、反恐、应对自然灾害等方面的合作制定了 50 条措施,并宣布 2006～2015 年为南盟"减贫 10 年"。2007 年 4 月,第 14 届南盟首脑会议在印度首都新德里举行。会议通过了涉及减贫、能源合作、环境保护、自由贸易、文化交流和打击恐怖主义等多项内容的宣言。2008 年 8 月,第 15 届南盟首脑会议在斯里兰卡首都科伦坡举行。会议通过了涉及反恐、消除贫困、能源和环境保护等多项内容的《科伦坡宣言》。

(三)海湾合作委员会

海湾合作委员会简称"海合会"(Gulf Cooperation Council,GCC),全称海湾阿拉伯国家合作委员会,1981 年 5 月在阿联酋的阿布扎比成立。其成员国为阿拉伯联合酋长国(阿联酋)、阿曼、巴林、卡塔尔、科威特、沙特阿拉伯 6 国。成员国有丰富的石油和天然气,是中东地区重要的区域性组织。海合会的宗旨是加强成员国之间在一切领域内的协调、合作和一体化;加强成员国人民间的联系、交往与合作;推动 6 国发展工业、农业、科学技术,建立科学研究中心,兴建联合项目,鼓励私营企业间的经贸合作。海合会积极促进成员国之间的合作,推动经济一体化进程,以适应经济全球化。2003 年 1 月 1 日,海合会 6 国正式启动关税联盟。该联盟规定,对从海合会成员国以外地区进口的商品征收 5%的统一关税,同时 6 国之间将最终取消关税壁垒。2008 年 1 月 1 日起正式启动海湾共同市场。此外,2001 年底,海合会 6 国财长会议决定在 2010 年实现成员国货币统一,以推动地区经济一体化。2006 年底,阿曼宣布退出海湾统一货币联盟。2009 年 5 月,阿联酋宣布退出海湾货币联盟。同年 6 月,沙特阿拉伯、科威特、卡塔尔和巴林 4 个海湾国家在利雅得签署海湾货币联盟协议。2009 年 12 月,第 30 届海湾阿拉伯国家合作委员会首脑会议在科威特举行,会议宣布,海湾货币联盟(未来发行海湾统一货币的海湾中央银行的前身)已进入实施阶段,这是海合会在经济一体化道路上迈出的重要一步。2017 年 12 月,第 38 届海合会首脑会议在科威特举行,会议发表声明强调,海合会努力实现成员国在各领域的协调、融合与联系直至达到一体化。

(四)中国—东盟自由贸易区

2000 年 9 月,在新加坡举行的第四次东盟与中国(10+1)领导人会议上,时任中国总理的朱镕基提出建立中国—东盟自由贸易区的建议,得到东盟有关国家的赞同。2002 年 11 月 4 日,中国与东盟 10 国签署了"中国与东盟全面经济合作框架协议"。自 2003 年起,农林水产品等 8 个领域(500～600 种商品)将率先实施贸易自由化。自 2005 年起,其余领域的关税减免开始实行。2007 年 1 月中国与东盟签署了《服务贸易协议》,其中包括建筑、运输、商业服务、环境保护等 5 个领域的 26 个部门,并于 2007 年 7 月 1 日正式生效。与此同时,从 2004 年起每年在中国广西南宁举办中国—东盟博览会。到 2013 年 10 月,中国—东盟博览会走过 10 年的历程,在这 10 年里,采购商一届比一届多,取得的经贸成效一届比一届显著。2010 年,建成后的中国—东盟自由贸易区涵盖 19 亿人口,是世界上由发展中国家组成的最大的自由贸易区,它将成为仅次于欧盟和北美自由贸易区的全球第三大市场。2013 年 10 月,中国与东盟十国在领导人会议上倡议启动中国—东盟自贸区升级谈判。2014 年 8 月,中国—东盟经贸部长会议正式宣布启动升级谈判。经过 4 轮谈判,双方于 2015 年 11 月 22 日就《中华人民共和国与东南亚国家联盟关于修订〈中国—东盟全面经济合作框架协议〉及项下部分协议的议定书》

内容达成一致。2017 年 11 月 14 日，中国与东盟成员国及东盟自贸伙伴国澳大利亚、中国、印度、日本、韩国和新西兰的国家元首和政府首脑聚首菲律宾马尼拉，举行《区域全面经济伙伴关系协定》(RCEP)成员国会议，与会各国领导人在会后发表了联合声明，共同驱动经济一体化和包容性发展。

(五)上海合作组织

上海合作组织简称“上合组织”(Shanghai Cooperation Organization，SCO)，其前身是由中国、俄罗斯、哈萨克斯坦、吉尔吉斯斯坦和塔吉克斯坦组成的“上海五国”会晤机制。2001 年 6 月 14 日，“上海五国”元首在上海举行第六次会晤，乌兹别克斯坦以完全平等的身份加入“上海五国”。6 月 15 日，6 国元首举行了首次会晤，并签署了《上海合作组织成立宣言》，宣告上合组织正式成立。2002 年 6 月，上合组织成员国在圣彼得堡举行第二次峰会，6 国元首签署了《上海合作组织宪章》。《宪章》对上合组织的宗旨原则、组织结构、运作形式、合作方向及对外交往原则等作了明确阐述，标志着该组织从国际法意义上得以真正建立。上合组织是第一个在中国境内宣布成立、第一个以中国城市命名的国际组织。根据《上海合作组织宪章》和《上海合作组织成立宣言》，上合组织的宗旨是：加强成员国之间的相互信任与睦邻友好；发展成员国在政治、经济、科技、文化、教育、能源、交通、环保及其他领域的有效合作；维护和保障地区的和平、安全与稳定；推动建立民主、公正、合理的国际政治经济新秩序。2010 年 6 月 11 日，上合组织成员国领导人在乌兹别克斯坦首都塔什干批准了《上海合作组织接收新成员条例》和《上海合作组织程序规则》等重要文件，标志着组织机制建设全面走向成熟。2011 年 6 月 15 日，上合组织成员国签署了极具分量的政治文件《上海合作组织十周年阿斯塔纳宣言》，它将成为上合组织未来一段时间的行动指南。2017 年 6 月 9 日，上海合作组织成员国元首在哈萨克斯坦首都阿斯塔纳正式给予印度、巴基斯坦成员国地位。

四、非洲经济一体化组织

非洲地区国家众多，由于许多国家政局不稳，经济发展水平较低，因此目前开展区域经济合作面临许多困难和挑战。

(一)西非经济共同体

西非经济共同体是西非法语国家的经济合作组织，其前身是 1959 年成立的西非关税同盟。1975 年 5 月 28 日，在尼日利亚和多哥元首的倡议下，15 个西非国家和政府的代表在尼日利亚的拉各斯召开首脑会议，签订了《西非国家经济共同体条约》，正式成立了西非经济共同体(Economic Community of West African States，ECOWAS)。该组织是非洲最大的区域性经济合作组织，有贝宁等 15 个成员国。西非经济共同体以促进成员国经济、社会和文化等方面的发展与合作为宗旨，最终目标是实现西非地区经济一体化。国家元首会议和政府首脑会议是西非经济共同体的最高权力机构，每年召开一次，必要时可召开特别首脑会议。西非经济共同体自成立以来，一直致力于协调成员国经济发展，推动地区经济一体化进程。为应对经济全球化带来的挑战，西非经济共同体 2003 年 12 月召开的第 27 届首脑会议宣布将启动冈比亚等 5 国组成的第二货币区。2009 年 6 月，西非经济共同体批准对西非单一货币实施路线图进行修订，拟于 2020 年开始实行单一货币。从 2004 年 1 月起，西非经济共同体开始实行统一护照。这一举措使得西非地区成为非洲大陆目前唯一的公民可自由流动的地区。

(二)南部非洲发展共同体

该组织前身是南部非洲发展协调会议，成立于 1980 年 4 月。其成员国有安哥拉、博茨瓦纳、莱索托、马拉维、莫桑比克、纳米比亚、坦桑尼亚、赞比亚、斯威士兰、津巴布韦共10国。1992年8月举行的成员国首脑会议,将协调会议改组为南部非洲发展共同体(Southern African Development Community,SADC)。目的是在平等、互利和均衡的基础上,建立开放型经济,打破关税壁垒,促进相互投资、贸易、人员、货物和劳务的自由往来,逐步统一货币,最终实现区域经济一体化。该共同体近年来在发展区域经济合作方面取得了一些进展。1993年7月31日,它通过决议,准许本地区的公民无需签证就可自由出入各成员国边境。1996年8月24日,在莱索托的首都马塞卢举行首脑会议,签署了争取在8年内实现地区贸易自由化的重要文件,并同意南非、毛里求斯两国加入该组织。以后,刚果、塞舌尔加入该组织。截至2008年,该组织共有14个成员国。它为实现地区经济一体化设定的目标是:2008年创立自由贸易区,2010年实现关税同盟,2015年建立共同市场,2016年成立地区中央银行和实现货币联盟,2018年实行统一货币。

(三)阿拉伯马格里布联盟

阿拉伯马格里布联盟(Union of the Arab Maghreb,UMA)由北非5国(阿尔及利亚、利比亚、毛里塔尼亚、摩洛哥和突尼斯)在1989年2月成立。其目标是到1995年建成关税联盟,到2000年建立共同市场。自联盟成立以来,在建立马格里布农业共同市场、实现粮食自给方面做了一些工作,但在其他方面未取得实质性进展。这主要是由于成员国之间在经济政策,如对外贸易安排方面分歧较大。

(四)非洲自由贸易区

2018年3月21日,非洲44个国家在卢旺达首都基加利举行的非洲联盟(非盟)首脑特别会议上签署成立非洲大陆自由贸易区协议。

非盟轮值主席、卢旺达总统卡加梅在会议开幕式上说,成立非洲大陆自贸区,实现非洲内部自由贸易和人员自由流动将为所有非洲人创造繁荣。

非盟委员会主席法基在开幕式上说:“今天是历史性的一天,标志着非洲在向更加一体化和更紧密团结的进程中迈出新的一步。”

签署协议的国家随后将按本国相关法律程序批准协议。非盟委员会贸易与工业委员阿尔贝特·穆钱加说,协议获22个国家批准后方可生效。

尼日尔总统优素福在当天的新闻发布会上说,非洲将和外部伙伴、特别是中国分享非洲大陆自贸区带来的成果。

2015年6月,非盟启动非洲大陆自贸区谈判。非盟希望通过非洲大陆自贸区进一步降低关税、消除贸易壁垒,促进区域内贸易和投资,实现商品、服务、资金在非洲大陆自由流动,从而使非洲各经济体形成单一市场。

按非盟的说法,非洲大陆自贸区将成为世界贸易组织自成立以来成员国数量最多的自由贸易区,形成覆盖12亿人口、国内生产总值达到2.5万亿美元的非洲单一市场。

五、其他区域经济一体化组织

(一)阿拉伯自由贸易区

阿拉伯自由贸易区(Arab Free Trade Area,AFTA)的成立是以阿拉伯联盟经济一体化委员会与阿拉伯各国财政、海关关长于1997年10月共同签订《阿拉伯国家自由贸易区协议》(于1998年1月1日起生效)为标志。该协议规定:自1998年1月1日起,阿拉伯各国海关对阿拉伯国家本地生产的产品征收的关税每年降低10%,并逐步取消非关税贸易障碍;10年后,即

2008 年阿拉伯国家间实现零关税。2007 年，22 个阿拉伯联盟国家中已有一半以上国家同意全面执行这个减税计划，阿拉伯联盟的金融机构和阿拉伯伊斯兰开发银行也从金融上大力支持该协议，并帮助一些不发达的阿盟国家发展民族经济。阿拉伯信贷贸易管理委员会计划，由阿拉伯国家金融机构每年拿出 3 亿美元，向阿拉伯国家间的贸易提供信贷。目前，阿拉伯自由贸易区计划已经取得某些进展，部分成员国已开始实施降税、免税和统一关税的步骤，由部分成员国组成的双边和多边区域合作机制业已形成。

(二)澳新自由贸易区

澳新自由贸易区是在 1965 年由澳大利亚和新西兰两国政府签署了自由贸易协议后建立的。该自由贸易协议生效运转了近 20 年后，于 1983 年被“澳新紧密经济关系协议”（Australia New Zealand Closer Economic Relations Trade Agreement，ANZCERTA）所取代。这样，澳新区域经济合作进入了一个空前的发展阶段。1965 年的协议被取代的原因是，贸易自由化的产品范围不符合“实质上所有贸易”的要求，协议只涉及关税减让，而未就非关税措施问题作出规定。这样的自由贸易区促进两国贸易发展的作用是极其有限的。从紧密经济合作关系协议的主要内容来看，该协议不仅包括了所有贸易产品，而且规定在 1990 年 7 月 1 日前，所有关税及非关税措施全部取消，并对反倾销、反补贴等作了规定。1992 年，澳新对协议又作了修改，修改了关于双方对协调统一商业法规和竞争政策作出承诺，使双方产品相互免除反倾销行动。所以说，澳新自由贸易区是当前众多自由贸易区中贸易自由化程度最高、最彻底的一个。

第六节 世界主要的区域经济一体化组织

第二次世界大战后区域经济合作组织蓬勃兴起，到了 20 世纪 90 年代冷战结束以后迎来了迅速发展，并且逐渐形成几个大的区域经济组织。以欧盟、北美自由贸易区等为代表的一批区域经济组织在国际贸易和世界经济发展中占有越来越重要的地位。

一、欧洲联盟

欧盟是一个涵盖 28 个国家、总人口约 5 亿的当今世界上经济实力最强、一体化发展最顺利的国际经济一体化组织，已经实现了经济与货币联盟。

(一)欧盟的诞生与发展

1. 欧洲共同体的建立

1950 年 5 月 9 日，法国外长舒曼提出建立欧洲超国家管理机构，联合经营法国和德国的煤炭、钢铁事业，同时欢迎西欧国家参加的建议（称为“舒曼宣言”或“舒曼计划”）。1951 年 4 月，法国、德国、意大利、比利时、荷兰、卢森堡 6 国政府在巴黎签订《建立欧洲煤钢共同体条约》，即《巴黎条约》。《巴黎条约》规定：一是建立煤钢共同市场；二是调节各国煤钢生产。1952 年 7 月 25 日《巴黎条约》生效，1954 年实现煤钢共同市场。

欧洲煤钢联营的成立和成功实践，促使上述 6 国就全面开展一体化问题不断进行磋商与谈判，并于 1957 年 3 月在罗马达成一致，在罗马签订了无限期的《建立欧洲原子能共同体条约》及《建立欧洲经济共同体条约》（合称为《罗马条约》），并于 1958 年 1 月 1 日起正式生效。《罗马条约》规定了产品、人员、资本、技术在成员国之间自由流动，并制定关税同盟和共同农业政策，促进了成员国之间的经济一体化。与此同时为促进成员国实现共同投资政策，为开发成员国经济落后地区以及实现新工业计划，欧洲经济共同体还决定成立欧洲投资银行。

1965年6国签订了一项关于合并欧洲煤钢共同体、欧洲原子能共同体、欧洲经济共同体主要机构的条约,规定条约于1967年7月1日起正式生效,并且三个共同体主要机构实现了合并,统称为欧洲共同体。

2. 从欧洲共同体到欧洲联盟的发展历程

第二次世界大战后,英国为切实维护自身利益联合西欧6国成立了小自由贸易区,但无论从人口、工业生产还是经济发展速度,7国小自由贸易区的实力都远不如6国共同体雄厚。在现实利益比较下,终于使英国等国家态度发生根本转变,提出加入共同体的要求。1973年1月1日欧洲共同体接纳了英国、丹麦、爱尔兰3国成为新成员,实现了欧共体第一次扩容。新鲜血液的输入,尤其是英国的加入,不仅使欧洲共同体经济实力大增,更加提高了它在国际上的地位,使共同体成为国际政治、经济中重要的一极。1981年1月1日,希腊成为欧洲共同体第10个成员国,实现了共同体第二次扩大。1986年1月1日,西班牙、葡萄牙成为欧洲共同体新成员。20世纪90年代冷战结束后,欧洲共同体面对着一个变幻莫测的欧洲形势,北欧、中欧、东欧、地中海部分国家都在申请加入欧洲共同体,谋求联合发展的道路,力图参与共同市场,真正振兴民族经济。在这种一体化潮流中,1995年1月,奥地利、瑞典、芬兰加入欧洲共同体,至此共同体成员数量上升至15个国家。

1991年10月欧共体与欧洲自由贸易联盟达成协议,决定建立欧共体统一大市场,实现商品、资本、人员和劳务自由流通。1991年12月11日,欧洲共同体在荷兰小城马斯特里赫特签署《马斯特里赫特条约》(简称《马约》),决定建立欧洲政治联盟和经济货币联盟。《马约》获各国议会批准后,欧洲共同体于1993年11月1日正式改名为欧洲联盟(European Union,EU)。《马约》具有里程碑意义,它的核心是欧洲货币联盟。1999年1月1日起,法国、德国、荷兰、比利时、卢森堡、意大利、爱尔兰、西班牙、葡萄牙、奥地利、芬兰11国率先启动统一货币"欧元"。

2002年11月18日,欧盟15国外长会议决定邀请塞浦路斯、匈牙利等10个中东欧国家入盟。2004年5月1日,这10个国家正式成为欧盟的成员国。这是欧盟历史上的第五次扩大,也是规模最大的一次扩大。2007年1月,罗马尼亚和保加利亚两国加入欧盟。2013年7月1日,克罗地亚加入欧盟。欧盟经历了7次扩大,成为一个涵盖28个国家、总人口约5亿的国家联合体。

(二)欧盟一体化的主要内容

欧盟的目标是在经济上实行一体化,走联合发展的道路,壮大自己。为此欧盟实行了一系列共同政策,协调各成员国行动,这些共同政策构成了欧盟经济一体化的基本内容。

1. 从关税同盟到共同市场

按照《罗马条约》的规定,欧共体成员国之间要用12年时间取消相互进出口商品的关税和具有同等效力的一切关税,在取消内部关税的同时,从1968年7月1日起开始建立统一的对外关税。这是欧共体实行一体化的主要支柱。具体说来有三方面内容:一是分三阶段削减成员国之间的关税;二是逐步削减以最终完全取消成员国相互之间贸易限额的规定;三是对外实行差别关税税率。共同对外关税的实施可以保护共同体市场,促进了共同体的贸易发展及成员国之间进行国际分工、生产专业化,为共同体提供了资金。共同对外关税的建立标志着关税同盟的完成,并进入经济一体化的第一个阶段。

1985年,欧共体执委会主席提出了关于建立统一的内部大市场白皮书,白皮书中指出,在已经建立但遭到成员国私利损害的共同市场上,要切实地消除妨碍商品、人员、劳务和资本自由流动的障碍,主要是要消除物理、税收、技术等方面的障碍。所谓消除物理障碍是消除边境检查、边境手续等成员国之间商品进出口的人为障碍。所谓消除税收障碍是指协调成员国之间间接税征收制度和征税率，以防止因税率差异而使商品竞争力不同，从而产生商品流动方向的扭曲。所谓消除技术障碍是要统一成员国对同一产品的技术标准，以防止借助技术差异阻止其他成员国产品顺利进入其市场。在资本流动方面，要求扫除资本流动的各种限制措施和税收等。1992 年底，在成员国内部基本实现了商品、人员、劳务和资本的自由流动，欧洲统一大市场变成了现实。

2. 从共同市场到经济与货币联盟

1979 年，共同体提出建立欧洲货币体系的设想，通过建立一个稳定的货币区，使欧洲共同体免除国际金融动荡的干扰，特别是为共同体成员国企业之间的相互贸易和投资创造良好的货币金融条件。1988 年，成员国政府首脑启动了新一轮推进经济和货币联盟的行动。根据"德洛尔报告"①，分三个阶段来实现经济和货币联盟这个目标：1990 年 1 月 1 日至 1993 年 12 月 31 日，成员国要取消所有的(个别情况例外)货币和资本流动的障碍，并实行更紧密的经济政策方面的协调与相互监督。1994 年 1 月 1 日至 1996 年 12 月 31 日，要实现成员国之间经济政策的广泛趋同，并制定相关的经济政策趋同指导线。从 1999 年开始，其目标是建立一个独立的中央银行。1999 年 1 月 1 日"欧元"(Euro)正式启动，欧洲中央银行正式代替各国中央银行确定利率并锁定了欧元区各个国家的汇率，2002 年，欧元代替各欧元区成员国的货币，作为单一货币正式进入流通。

3. 共同农业政策

1958 年欧共体 6 国根据《罗马条约》的有关规定开始制定共同农业政策。1962 年，欧洲经济共同体开始实施共同农业政策，协调农业价格，为农业的发展提供指导和资金。20 世纪 70 年代，由于经济危机、通货膨胀带来的汇率波动问题，欧共体在执行共同农业政策方面主要是解决成员国之间价格补差及汇率调整问题，创造了"货币补偿总额制度"加以调节，以求维持共同价格。20 世纪 80 年代以后，产生了较严重的生产过剩，对农业支出过高的补贴成为欧共体的财政负担。因此，1992 年理事会决定对共同农业政策进行改革，主要是把过去以保证价格为主改为直接付给农业生产者。2002 年的最新农业政策改革了传统的"农民生产越多，得到补贴越多"的政策，允许农民把产量和需求结合起来，避免过度生产。2007 年欧盟委员会提出了新的农业补贴政策改革思路。经过一系列的调整和改革，欧盟共同农业政策已经成为一个完整的农业政策体系：一是建立共同农业政策价格机制；二是建立共同农业政策市场管理机制；三是建立共同农业政策货币机制。

4. 欧洲共同体及欧洲联盟的财政制度

欧盟共同财政是在生产国际化和资本国际化不断发展的基础上建立起来的新型国际财政，它体现了一种超国家的联盟协调。早在欧洲煤钢共同体、欧洲经济共同体及欧洲原子能共同体成立之初，三者就各自进行了独立预算。1967 年 7 月当三个共同体合并成欧洲共同体时，逐步采用了以自身的财政来源代替成员国分摊缴纳的财政方式。1969 年 11 月，欧洲共同体成员国举行海牙会议，使得欧共体财政收支结构得以重新确定。新的共同预算制度确定了财政收入的三个"自有财源"，即工业品进口关税、农产品进口差价税以及按比例征收的各成员

---

①雅克·德洛尔：曾任法国经济和财政部长，是欧盟货币联盟创建者。1987 年初，受欧共体首脑会议的委托，德洛尔制定了一份题为《为一体化的成功而奋斗》的报告，通称"德洛尔计划"。根据该计划，欧共体应分三个阶段创建货币联盟：第一阶段是加强欧共体各国货币和经济政策的协调与合作，完全实现资本自由流通；第二阶段是建立欧洲货币局(即欧洲中央银行的前身)；第三阶段是建立和实施经济和货币联盟，以单一货币取代成员国货币。

国增值税的收入。同时设立了欧洲社会基金、发展基金、海外领地开发基金，用以协调和统一成员国的经济活动。共同体的共同财政支出每年只有4%～5%的比例用于其行政机构，而绝大部分又重新转移到各个成员国。具体的财政支出分为经济管理支出和社会管理支出两大类，其共同财政经济支出分为农业支出、开发经济落后地区支出、援助费用支出以及科学费用支出四大类。欧盟共同财政以法律形式规定了成员国对共同财政的义务。

二、北美自由贸易区

北美自由贸易区的前身是由美国和加拿大两国建立的美加自由贸易区。1994年1月1日，由美国、加拿大和墨西哥三国签订的《北美自由贸易协定》(以下简称《协定》)正式生效，宣布世界上第一个由发达国家和发展中国家组成的区域经济组织——北美自由贸易区正式诞生。《协定》打破了理论上自由贸易区只局限于贸易领域合作的内容；北美自由贸易区也树立了一种由经济发展水平差异较大、经济结构不同的国家组建区域一体化组织的典范。其主要内容有以下三个方面：

(一)减免关税和取消非关税壁垒

对来自北美的产品大部分立即取消关税，有些产品的关税在5～10年内逐步取消，某些敏感的产品关税可在15年内取消。同时取消边境进出口中有关配额许可证的禁令与限制。另外，《协定》对海关手续费、退税等作了详细规定。该《协定》还不允许征收出口税，不准阻碍正常的出口供应渠道，不可对成员国采用高于国内价格的出口价格。

(二)确定原产地规则

按原产地规则的规定，凡全部在北美地区制造的商品即为原产地产品；凡非该地区原料所制造的商品，只要在北美自由贸易区任何一个成员国内加工，也可视为原产地产品。有些商品难以按税目分类以确定是否属于原产地产品，则须按商品在当地生产增值的比例加以评判。

(三)取消投资障碍

《协定》规定，美国和加拿大在对方新建、收购、经营或出售企业时，可享受与所在国投资者相同的国民待遇。而且任何一方不得阻止投资者转移其投资合法获得的利润、利息、使用费及出售商品的全部或部分收入。同时也规定了美国和加拿大企业可在墨西哥建立公司并享受墨西哥政府给予本国企业的待遇，但外资在墨西哥市场所占份额在过渡时期内有一定限制。

除上述内容外，《协定》还对农业、金融、服务业、环境保护、专利和知识产权以及争端的解决作了相应的规定。从上述主要《协定》内容可以看出，《北美自由贸易协定》是一份内容极为广泛的三边协议，它不仅涉及贸易，而且涉及生产、服务、投资、环保、劳工标准等方面，几乎是一份全面的经济协议。

《北美自由贸易协定》自签订至今对成员国的经济发展产生了积极的影响。对美国和加拿大来说，有利于获得来自墨西哥廉价、稳定的产品及其他消费品的进口，将墨西哥潜力巨大的投资市场及消费市场纳入自己的势力范围。对于墨西哥来说，主要益处在于产品广泛、稳定地进入北美大市场，获得美国和加拿大的先进技术和设备，利用两国的投资发展本国的经济。北美自由贸易区的成立，也推动了美洲自由贸易区的谈判。

三、亚太经济合作组织

在亚太经济一体化进程中，亚洲太平洋经济合作组织简称“亚太经合组织”(Asia-Pacific Economic Cooperation，APEC)，非常值得关注。尽管按照我们对区域经济一体化给予的定义它不是一个一体化组织，但是就其影响而言，它最能够代表整个亚太地区的经济一体化现状。

（一）亚太经济合作组织的诞生与发展

1989 年 1 月，澳大利亚总理霍克访问韩国时建议召开部长级会议，讨论加强亚太经济合作问题。经与有关国家磋商，1989 年 11 月，澳大利亚、美国、加拿大、日本、韩国、新西兰和东南亚国家联盟 6 国在澳大利亚首都堪培拉举行亚太经济合作会议首届部长级会议，这标志着亚太经济合作会议的成立。1993 年 6 月改名为亚太经济合作组织。从其发展的过程来看，大致可分为三个阶段。

第一阶段（1989～1991 年）：成员国之间共同协商达成共识。1989 年 11 月的第一届部长级会议主要探讨了全球贸易自由化的进展以及亚太国家在未来区域经济合作方面所起的作用和合作的步骤。1991 年 11 月在韩国汉城（现首尔）举行了 APEC 第三届部长级会议。这次会议中国内地及中国台湾和中国香港正式成为 APEC 成员。会议通过《亚太经济合作汉城宣言》。《宣言》强调了亚太地区经济合作的重要意义，规定了亚太经济合作的宗旨、活动范围、合作方式以及这种活动应遵循开放性对话和协商一致的原则。

第二阶段（1992～1999 年）：第一次 APEC 领导人非正式会议于 1993 年 11 月在美国的西雅图召开，并发表了《第一次 APEC 领导人经济展望声明》，《声明》强调“开放的贸易、投资自由化和开放的多边贸易体系是 APEC 存在和发展的基石”。由于这次会议取得了积极的进展，成为 APEC 发展进程中的一个里程碑。1994 年 11 月在印度尼西亚的首都雅加达召开了 APEC 第六届部长级会议暨第二届领导人非正式会议。部长级会议通过了《APEC 第六届部长级会议联合声明》、《APEC 人力资源开发框架宣言》和《APEC 非约束性投资原则》，第二届领导人非正式会议发表了《亚太经济合作组织领导人共同宣言》（简称《茂物宣言》）。《茂物宣言》强调 APEC 成员应该继续减少贸易和投资壁垒，并指明 APEC 成员开展合作的方向，确定了本地区的贸易开放和自由化的时间表。1995 年 11 月的大阪会议主要讨论并通过了关于亚太经合组织成员之间实现贸易和投资自由化、开展经济技术合作以及执行《茂物宣言》的《大阪行动议程》，第三届非正式领导人会议通过并发表了《大阪宣言》。《大阪宣言》指出贸易投资自由化和便利化及经济技术合作是 APEC 的两大支柱，实现亚太地区经济的持续发展需要各成员国积极采取行动。1996 年 11 月在菲律宾苏比克和首都马尼拉举行了第八次部长级会议和第四次领导人非正式会议。这届会议通过了《马尼拉行动计划》，并批准了《亚太经济组织经济技术合作原则框架宣言》，该《宣言》被视为 APEC 加强经济技术合作方面的指导性文件。这次会议标志着 APEC 跨世纪规划的正式实施。

第三阶段（2000 年至今）：推进成员国之间的全方位合作。2001 年 APEC 在上海举行的第十三届部长级会议和第九次非正式首脑会议，就进一步促进贸易投资自由化进行了协调，为此后召开的世界贸易组织部长级会议正式启动新一轮的多边贸易谈判奠定了基础；APEC 第十五次领导人非正式会议 2007 年 9 月在澳大利亚悉尼召开，会议发表《悉尼宣言》，重点阐述了各成员就气候变化、多哈回合谈判、区域经济一体化、加强人类安全和亚太经合组织建设等问题达成的共识；第十六次 APEC 领导人非正式会议于 2008 年 11 月在秘鲁首都利马举行。会议发表《利马宣言》和关于全球经济的声明，重点阐述了各成员国就世界经济金融形势、多哈回合谈判、粮食安全、能源安全、区域经济一体化、企业社会责任、气候变化、防灾减灾等问题达成的共识。第十九次领导人非正式会议于 2011 年在美国檀香山召开，发表了《檀香山宣言——迈向紧密联系的区域经济》及四个附件，分别涉及创新政策、中小企业、环境产品和服务、规制合作等。2012 年第二十次领导人非正式会议在俄罗斯的符拉迪沃斯托克召开，会议发表了《融合谋发展，创新促繁荣——亚太经合组织第二十次领导人非正式会议宣言》，旨在为促进亚太地区繁荣、巩固其在全球经济中的引领地位指明道路。2017 年 11 月，亚太经合组织第二十五次领导人非正式会议在越南岘港举行。会议发表《携手谱写亚太合作共赢新篇章》，强调亚太各方应该坚持不懈推动创新，坚定不移扩大开放，积极践行包容性发展，不断丰富伙伴关系内涵，引领全球新一轮发展繁荣。

APEC 的建立具有重要的历史意义，它表明亚太经济合作机构已由基本属于民间性协商机构向官方的政策协调和协调机构过渡，标志着亚太经济合作已步入实质性阶段，并且已开始着手实施具体合作项目。

（二）亚太经济合作组织的特点

亚太经济合作组织是由发达国家和发展中国家共同组成的区域经济组织，具有论坛性质，是一个较为松散的区域经济合作组织。其主要特征有：第一，成员构成的庞杂性。该组织的成员具有多样性，有经济发展居世界领先地位的发达国家，也有正在努力进行建设的发展中国家；有人口多到 13 亿人的国家，也有人口不足几十万人的国家。而且，亚太经济合作组织成员的政治制度、历史、文化、宗教、习俗也大不相同。第二，组织结构的复合性。从地理结构上看，亚太经合组织既是一个整体的区域性组织，又是包含多个层次的“次区域性”组织。如已经存在的东盟、北美自由贸易区、澳新自由贸易联盟等都是区域内的次区域性合作组织。第三，运行机制的独特性。在亚太地区的经济合作中，至今没有签署任何条约、协定之类的文件，组织内也没有常设的行政机构。已经设置的“贸易与投资委员会”、“争端调解处”、“经济委员会”等机构，是专业性协调机构，不具有法人性质。亚太经合组织的“共同纲领”、“指示性目标”、“行动议程”都是表达在各国首脑非正式会议的“共同宣言”之中，依靠各国的相互信任和信用来推进合作的发展。亚太经合组织运行机制的独特性在于它是建立在协调的基础上，以政府干预为目标，对成员国的贸易和投资进行干预、协调和管理的一种“区域管理贸易”新体制。

APEC 自成立以来，获得了较大的发展，取得了一些实质性的进展，边界性贸易壁垒明显降低，多数成员的非关税壁垒也大为削减，成为世界三大区域经济合作组织之一，推动了亚太经济合作不断地向纵深发展。

案例剖析

中国是否要积极参与亚太区域经济合作？

中国改革开放 40 年来，由于历史和政治上的种种原因，一直致力于多边贸易体制的发展，尤其是加入世界贸易组织之后，中国积极参与世界贸易组织新一轮多边贸易谈判，通过积极参与全球性的多边贸易促进了中国进出口的增长。但是由于中国在建立自由贸易区等区域经济合作方面起步较晚，现有的合作水平也较低，成效不明显。当前在国际贸易中的保护主义频频抬头以及世界贸易组织主持下的多边贸易谈判困难重重的情况下，区域经济合作发展相对较快。因此，中国在致力于多边贸易体制发展的同时，应重点加强自由贸易区的构建。在参与亚太区域经济合作的过程中，目前中国可考虑：一是将东亚合作视为近期合作的重中之重，通过“10＋1”和“10＋3”机制，积极参与和推进东南亚地区的合作进程。东北亚也具有重要的战略地位，是近期内具有形成区域经济合作组织趋向的一个热点地区。因此，中国应把东北亚作为最具潜力的次区域经济合作地区，通过加快图们江三角洲的区域开发来带动和促进东北亚经济圈的繁荣。二是凭借中国西部地区的地缘和族缘优势，积极与中亚、南亚等周边国家开展区域经济合作。目前，西北亚与中亚、西南亚与东盟国家之间的次区域经济合作已经起步，这将成为中国有效参与国际分工合作的不容低估的经济增长极。

众所周知，中国参与区域经济合作将凸显我们在自然资源、劳动力成本等方面的优势，推动产业结构升级和工业化进程，使我们的产业结构不断优化，有利于共同抵御全球化可能带来的风险。然而，中国参与区域经济合作也将给中国社会经济发展带来新的挑战。

请你分析中国参与区域经济合作将给中国社会经济发展带来哪些挑战。

思考与练习

一、关键概念

区域经济一体化、自由贸易区、关税同盟、贸易偏转、原产地原则、维纳标准、贸易创造效应、贸易转移效应、规模经济效应、协议性分工理论、大市场理论

二、思考题

1. 阐述区域经济一体化的类型及其特征。
2. 阐述第二次世界大战以后区域经济一体化发展的现实背景。
3. 阐述区域经济一体化的发展趋势。
4. 简述区域经济一体化发展对世界经济的影响。
5. 简述欧盟成立以来在推进一体化过程中所取得的成绩。
6. 简述亚太经济合作组织的特点。

三、讨论题

1. 阐述构建中国—东盟自由贸易区的动因。
2. 分析中国参与区域经济合作的利弊。

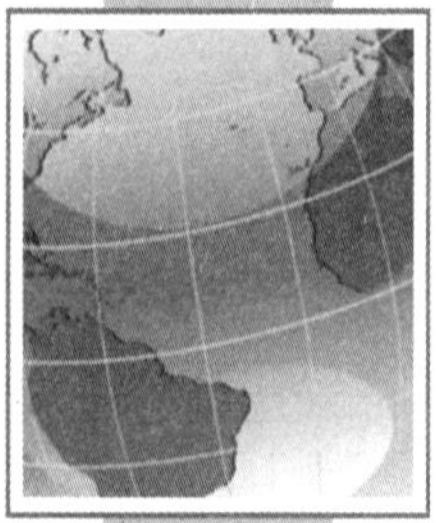

第九章
金融危机与债务危机

本章要点

本章主要以2008年美国金融危机为出发点，分析了金融危机对一国社会、经济，乃至对世界经济的影响；也分析了债务危机的形成与化解途径。

本章需要重点掌握的内容是金融危机和债务危机的世界传递效应和化解途径。

案例引导

中国是否应该继续购买美国国债?

美国财政部国际资本流动报告显示，2013年9月末，中国持有的美国国债总量达到1.294万亿美元，居各国持有美国国债量首位。2008年金融危机后，为了拯救经济，美国不惜运用美元贬值战略。在这一背景下，中国巨额的外汇储备的使用成为公众瞩目的焦点，是否应该用外汇储备继续购买美国国债成为国人争论的一个热点问题。有赞成的，也有反对的。2009年一项民意调查显示：有28.6%的经济学家认为，中国应该继续购买美国国债；有38.6%的经济学家认为，中国不应该继续购买，但也不抛售美国国债；另外有32.8%的经济学家认为，中国应该抛售美国国债，其中有22.8%认为应小幅抛售，10%认为应该大幅抛售。认为中国不应该继续购买美国国债的经济学家占到了71.4%，大大超过了支持继续购买的比例。从该调查中可以窥见，在中国超过日本成为美国第一大国债持有人，在巨额金融危机救助计划不断放大美国财政赤字的背景下，越来越多的经济学家认为中国不应该再继续购买美国国债。中国社科院金融研究所所长李扬则认为，中国应继续购买美国国债："只要有外汇，币种选美元，债种选美国国债，这是自然的选择。"他认为目前美元仍是外汇储备中最好的货币，美国国债是最好的投资方式。面对中国越来越庞大的美元外汇储备，很多人建议将其转为欧元等其他货币。但李扬指出，欧元、日元、英镑目前仍无法替代美元的地位，其他国家货币更不可选择。李扬还认为，目前外汇储备不适合用来购买石油等大宗商品和黄金，因为这一轮石油投机性暴涨已结束。

美国的霸权地位不仅表现在其拥有最迅速的武装力量投送能力、最先进的技术，而且还表现在其主宰国际货币体系的能力，即拥有一种金融霸权。

第一节　2008年美国金融危机的形成及其扩散

金融危机是指利率、汇率、股价等金融指标全部或大部分突然而急剧地恶化的现象，这时人们会纷纷抛售其实际资产并变现其虚拟资本，导致经济及社会的动荡。例如，1982年爆发的拉美金融危机、1995年爆发的墨西哥金融危机、1997年发生的亚洲金融危机以及2008年的美国金融危机等。

一、世界金融危机概况

17世纪以来，世界历史上发生了8次比较有影响力的金融危机。

(一)1637年郁金香狂热

在17世纪的荷兰，郁金香投资十分狂热。1637年的早些时候，当郁金香依旧在地里生长的时候，价格已经上涨了几百甚至几千倍。一棵郁金香可能是20个熟练工人一个月的收入总和。现在大家都承认，这是现代金融史上有史以来的第一次投机泡沫。

(二)1720年南海泡沫

1720年倒闭的南海公司给整个伦敦金融业带来了巨大的阴影。17世纪，英国经济兴盛。然而人们的资金闲置、储蓄膨胀，当时股票的发行量极少，拥有股票还是一种特权。为此南海公司觅得赚取暴利的商机，即与政府交易以换取经营特权，因为公众对股价看好，促进当时债券向股票的转换，进而推动股价的上升。1720年，为了刺激股票发行，南海公司接受投资者分期付款购买新股的方式。投资者十分踊跃，股票供不应求导致价格飙升到1 000英镑以上。公司的真实业绩严重与人们预期相背离。后来因为国会通过了《反金融诈骗和投机法》，内幕人士与政府官员大举抛售，南海公司股价一落千丈，南海泡沫破灭。

(三)1837年恐慌

1837年，美国的经济恐慌引起了银行业的收缩，由于缺乏足够的贵金属，银行无力兑付所发行的货币，不得不一再推迟。这场恐慌带来的经济萧条一直持续到1843年。恐慌的原因是多方面的：贵金属由联邦政府向州银行的转移分散了储备，妨碍了集中管理；英国银行方面施加了较大的压力；储备分散所导致的美国经济稳定机制的缺失；等等。

(四)1907年美国银行业危机

1907年10月，美国银行业危机爆发，纽约一半左右的银行贷款都被高利息回报的信托投资公司作为抵押资产投在高风险的股市和债券上，整个金融市场陷入极度投机状态。首先是新闻舆论导向开始大量出现宣传新金融理念的文章。当时有一篇名叫保罗的人所写的文章，题目是《我们银行系统的缺点和需要》，从此保罗成为美国倡导中央银行制度的“首席吹鼓手”。此后不久，雅各布·希夫在纽约商会宣称：“除非我们拥有一个足以控制信用资源的中央银行，否则我们将经历一场前所未有而且影响深远的金融危机。”

(五)1929年华尔街大崩盘

从1928年年初开始，美国国民一反常态地爱上了股票。到1929年，情形就更为壮观了，股价与交易量像火炉前的水银柱一样疯狂上蹿，《纽约时报》更是大声疾呼：1929年将是美国证券交易史上最为辉煌的一年。1929年10月24日，这是个美国证券史上令人永远难忘的日子。一开市，股价直线下跌，在短短的几分钟内，160万股被抛出，好股、坏股无一幸免，许多股票已贬值1/2或2/3，到中午12时，损失已高达60亿美元。华尔街出现有史以来最为严峻的时刻。1929年的那场“大崩盘”给美国经济带来了无可估量的影响，从那以后经历了整整25年，股价才恢复到了1929年崩盘前的水平。

(六)1987年黑色星期一

1987年，因为不断恶化的经济预期和中东局势的不断紧张，造就了华尔街金融市场的大崩盘。这便是历史上有名的“黑色星期一”。标准普尔指数下跌了20%，无数的人陷入了痛苦之中。

(七)1997 年的亚洲金融危机

1997 年 5 月 14 日、15 日泰铢兑美元汇率大幅下跌,亚洲金融危机已初现端倪。同年 7 月 2 日,泰国政府宣布改变维系了 13 年的与美元挂钩的货币联系汇率制,实行浮动汇率制,这一举措立即引起泰铢贬值,几乎在一夜之间,泰铢就失去 20%的国际购买力。7 月 11 日菲律宾比索、印度尼西亚卢比、马来西亚林吉特相继宣布实行浮动汇率制,8 月 14 日印度尼西亚允许卢比自由浮动更引起卢比汇率狂跌,由 13 日的 1 美元兑换 2 657.5 卢比,跌至 15 日的 2 960 卢比,马来西亚林吉特与美元的汇率在 14~15 日间跌幅为 13%。泰国金融危机迅速波及菲律宾、马来西亚、印度尼西亚、新加坡等亚洲国家。

(八)2008 年美国金融危机

由于 2007 年美国次贷危机引发的华尔街金融海啸发展迅猛,有人甚至称其为一场"百年不遇"的金融危机,在华尔街陷入恐慌之际,那些一直被财富光环笼罩的华尔街精英们的华尔街梦,也似乎一夜间被无情地打破。2007 年以来,因美国次贷危机所引发的波及全球的金融危机,即"2008 年美国金融危机"。

二、2008 年美国金融危机的形成及发展

美国金融危机的爆发不是偶然的,有其内在原因与机理。长期以来美国以过度消费支撑和刺激经济,在创造繁荣的同时,积聚了财政赤字、贸易逆差、资产价格飙升、过度借贷、投机资金泛滥等大量金融风险和经济泡沫,最终促使风险爆发和泡沫破灭。美国这场危机的主要原因就是通过信用创造出了超出自身支付能力的需求。这场危机从房地产市场到信贷市场、再到资本市场,从美国虚拟经济到实体经济,从美国金融市场到全球金融市场,从美国实体经济到全球实体经济,迅速蔓延,给全球经济造成严重的直接损害。很多经济学家冠之以"第二次世界大战以来最为严重的金融危机"、"百年一遇的金融危机"等,足见此次金融危机的严重性。

(一)2008 年美国金融危机的发生与演进

美国金融危机首先发端于房地产次级债券危机(简称为次贷危机)。次贷危机于 2007 年年初开始浮出水面。2007 年 2 月,美国新世纪金融公司(New Century Finance)发出 2006 年第 4 季度盈利预警;同月,汇丰控股宣布为在美国次级房贷业务方面增加 18 亿美元坏账准备;4 月 2 日,为应对来自华尔街的 174 亿美元的逼债,新世纪金融公司宣布申请破产保护及裁员 54%,自此拉开了次贷危机的序幕。

1. 次贷危机的定义与发生的背景

次贷危机(subprime lending crisis,又称次级房贷危机)是指一场发生在美国,因房地产次级抵押贷款市场违约率的异常上升而导致次级抵押贷款机构破产、投资基金被迫关闭、股市剧烈震荡引起的风暴。它致使全球主要金融市场隐约出现流动性不足的危机。

次贷危机的发生与美国房地产次级抵押贷款直接相关。美国住宅金融机构在发放贷款时,根据申请者过去的信用历史、借款额度、目前的收入状况等指标,建立了一套"信用评分"标准,从上至下分为三类:优质抵押贷款、次优抵押贷款以及次级抵押贷款。

"次级债"的英文是 subprime mortgage 或 subprime loan,"次级债"实际上是最低等级贷款,在它之上还有中间等级贷款。次级抵押贷款的对象是收入低、信贷记录差和负债较重的购房需求者,借款人可以在没有任何资金的情况下获得贷款而购房,仅需声明其收入情况,无需提供任何有关偿还能力的证明。次级抵押贷款利率一般比优质抵押贷款利率要高 2%~3%。因此,次级抵押贷款具有"风险大、收益高"的特征。

在巨大的利润诱惑下，加之优质和次优级抵押贷款市场日趋激烈的竞争，许多金融机构大量发放次级抵押贷款。在楼市升温期间，这些贷款的风险并不高，因为即使违约，金融机构也可以很容易地通过出售房屋来避免损失。

在20世纪90年代，次级贷款在整个住宅贷款中所占比重约为2%，在2006年之前的5年内，由于美国住房市场持续繁荣，加上前几年美国利率水平较低，美国的次级抵押贷款市场迅速发展。到2006年年末，次级贷款奇迹般地增长到113万亿美元，占到美国住房抵押贷款市场份额约13%（见图9—1）。随着美国住房市场的降温尤其是短期利率的提高，次级抵押贷款的还款利率也大幅度上升，购房者的还贷负担大为加重。同时，住房市场的持续降温也使购房者出售住房或者通过抵押住房再进行融资变得困难。这种局面直接导致大批次级抵押贷款的借款人不能按期偿还贷款，进而引发"次贷危机"。

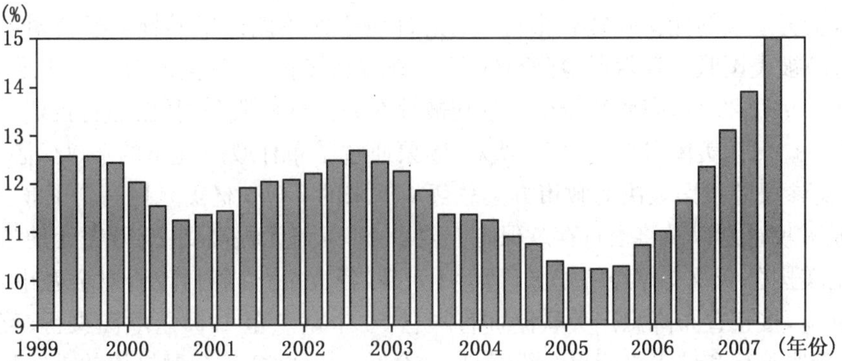

资料来源：美国抵押贷款银行家协会（季度数据）。

图9—1 美国次级抵押贷款的到期未付率

2. 次贷危机的传导与演进

"次贷危机"产生后，首先冲击的是一些不吸收公众存款、资本充足率水平低的次级债房地产金融机构，大量的次级债供应商纷纷倒闭或申请破产保护；随后是购买信用评级较低的资产支持证券（ABS）和住房抵押贷款支持证券（CDO）的对冲基金和投资银行。抵押贷款违约率上升导致中间级或股权级ABS和CDO的持有者不能按时获得本息偿付，造成这些产品的市场价值缩水，从而恶化了对冲基金和投资银行的资产负债表，对冲基金就会面临投资人的赎回压力、商业银行的提前回收贷款压力以及中介机构的追加保证金要求，从而被迫抛售优质资产，甚至破产解散；紧接着是购买信用评级较高的ABS和CDO的保险公司、共同基金和养老基金、商业银行等。面对一系列对冲基金无法清偿的负面消息，由于对冲基金的信息不透明，使人们无法清楚判断对冲基金在此冲击中受损的范围和规模，因此开始担忧优先级证券的风险，这标志着次级按揭贷款风险进一步向持有高信用等级证券的养老基金和保险基金传递。由于此类机构有严格的投资标准，不能投资低于一定级别的债券品种，随着组合中相应品种信用级别降低，不得不将其抛出变现，导致此类证券价格大幅下跌，进而导致持有此类证券的投资者基金净值出现亏损，纷纷要求赎回基金。为了应对投资者的赎回，迫使相应基金进一步通过变现其他市场的资产来满足自身流动性需求，从而引发了股票市场、商品市场等一系列与债券市场并没有直接关系的市场出现大幅波动。为了避免在当前市场环境下变现相关资产导致更大损失，个别基金甚至停止对基金净值估值并拒绝了投资者的赎回申请。其传导过程如图9—2所示。

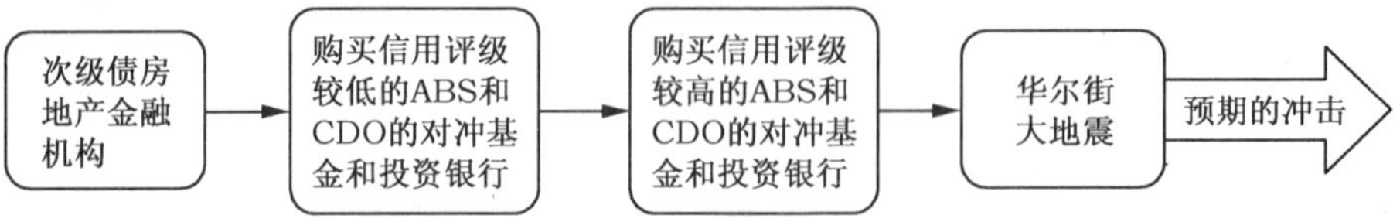

图 9—2　次贷危机的演进与传导

2008 年 9 月 15 日，雷曼兄弟宣布申请破产保护，美林被迫出售给美国银行，危机全面升级。欧洲央行当天宣布，向商业银行系统共注资 300 亿欧元，这是欧洲央行自 2008 年夏季全球金融市场出现危机以来首次采取这种干预方式。9 月 20 日，布什政府正式向美国国会提交拯救金融系统的法案，财政部被授权可以购买最高达 7 000 亿美元的不良房屋抵押贷款资产。9 月 25 日，全美最大的储蓄及贷款银行——总部位于西雅图的华盛顿互惠公司（Washington Mutual Inc.）被美国联邦存款保险公司（FDIC）查封和接管，成为美国有史以来最大规模的银行倒闭事件。9 月 22 日，高盛和摩根士丹利被批准为银行控股公司，巴菲特投资 50 亿美元入股高盛。10 月 2 日，美国参议院以 74 票对 25 票通过了布什政府提出的 7 000 亿美元的新版救市方案，美参议院投票表决的救市方案总额从原来的 7 000 亿美元提高到了 8 500 亿美元，增加了延长减税计划以及将银行存款保险上限由 10 万美元提高到 25 万美元的条款，目的是安抚紧张的美国公众及支撑经济增长。10 月 8 日，各大央行同时行动，对金融市场的动荡作出明确的回应，接连宣布降息。美联储宣布降息 50 个基点至 1.5%，欧洲央行、英国央行、加拿大央行、瑞典央行和瑞士央行也纷纷降息 50 个基点。2009 年金融机构的进一步倒闭、实体经济的不景气都预示着美国金融危机将造成实体经济部门的“全面休克”，进而演变成全面的经济危机。2009 年 6 月 1 日，通用汽车公司宣布申请破产保护，其影响是令人震惊的。

3. 金融危机对美国社会经济的影响

2008 年美国金融危机，最初爆发于房地产市场，之后迅速蔓延，波及信贷市场、资本市场，继而冲击全球的金融机构与金融市场。美国次贷危机爆发，逐步演变为金融危机并向国外扩散。金融危机已经扩展到世界各国的实体经济，演化为全球性的经济危机。特别是 2008 年 9 月份以来，国际金融形势急剧恶化，全球性经济衰退的风险明显增大。全球各国都在密切关注其发展趋势。

美国金融危机爆发以后，投资者开始担心信贷问题是否会演变成为整体经济市场危机，纷纷出售股票转而持有现金，导致美国股市出现剧烈波动。首先，资产价格下跌，持有金融资产的居民财富因此而减少，消费受到抑制，居民消费的意愿也下降。其次，企业的市值大幅下降，削弱了企业新增投资的动力以及企业内部融资的来源，企业抵押品价值下降，能获得银行贷款的规模迅速缩小。另外，金融危机导致信贷市场持续紧缩，商业银行等金融机构提供贷款的能力与意愿也显著下降，这也进一步抑制了居民的消费与投资。

由于储蓄偏低，美国居民消费模式一直是借贷消费，然而金融危机的爆发打破了此种消费模式长期以来的兴旺周期，受沉重的信贷损失和坏账拖累，金融机构已经不再视消费信贷为无风险业务，信贷紧缩正在向消费紧缩转变。例如，作为美国支柱产业的汽车行业，原来新车购买中使用消费信贷的比例高达 80%以上，如今众多汽车企业却陷入了滞销麻烦。此外，美国经济下滑导致美国对能源、金属和农产品等原材料的需求下降，从长期看，需求下降必然导致价格下跌，商品市场也会因此而大幅波动。借贷消费是美国人生活的主要方式，消费支撑着约

80%以上的美国 GDP，当消费枯竭，美国的经济就会衰退。

金融危机爆发所导致的另一个直接结果就是失业率上升(见图 9－3)。大量的金融机构倒闭使很多人瞬间失业，例如，仅雷曼兄弟的破产就导致 2 万名员工失业，此外还有由于企业无法维持经营而进行的裁员等。因此，金融危机将不可避免地传导到美国实体经济，其金融体系崩溃后，美国实体经济将成为危机“重灾区”。

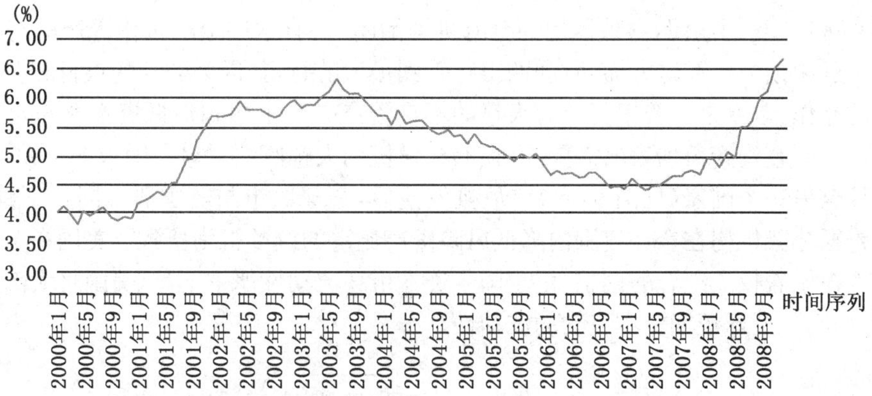

图 9－3　美国金融危机爆发后失业率情况

(二)2008 年美国金融危机对世界经济的传导

2008 年美国金融危机主要是通过贸易、金融以及心理传导，从美国金融市场到全球金融市场，从美国实体经济到全球实体经济，给全球经济造成严重的直接损害。

1. 对全球贸易的传导

贸易传导渠道是指一国发生的金融危机，导致本币贬值，恶化了另一个(或几个)与其贸易关系密切的国家的经济基础，从而可能导致另一个(或几个)国家遭受发生金融危机的压力，即所谓的“贸易溢出效应”。

美国是世界上最大的贸易国，长期以来保持对外贸易逆差，主要依靠进口来维持国内消费。金融危机发生以后，美国国民财富大幅缩水，信用规模急剧收缩，居民消费支出因此而减少，通过收入效应作用于有直接贸易关系的国家，进口需求直接减少，由此造成出口国企业利润下降，经济受到冲击。例如，中国作为美国主要进口国之一，2008 年 7 月～12 月出口额的同比增长由 2007 年的超过 20%放缓至 12%，这种进口需求的减少短期内是无法通过国内需求弥补的。

一些出口企业因此就会遭受亏损，例如，主要出口到美国的中国玩具业出口增长率大幅回落，全球最大玩具厂商之一的合俊集团已经宣布停牌，其东莞的两家主力工厂已经倒闭。这说明中国实体经济所受的影响已经开始显现。中国出口下降如此之快还有另一个方面的原因。美国金融危机同样影响了欧盟、日本以及世界其他国家的经济贸易，从而进一步影响中国对欧盟、日本等国家的出口增长。通过这种作用机制，美国将危机传导到其他贸易国。

2. 对国际金融市场的传导

金融渠道传导以汇率和利率作为传导的媒介，外汇市场和资本市场则作为传导的途径。在经济全球化的今天，世界各国金融市场实际上处于一个系统中，各金融机构之间尤其是跨国银行之间相互持有大量的头寸，由此系统风险被放大了，这种系统风险是金融危机在区域间传导的重要内部市场机制之一。

美国是世界上金融系统最完善的国家，被认为是最为安全的投资市场，其商业银行、投资银行、对冲基金等金融机构非常发达，美国股市多年以来也一直保持相对持续稳定的增长，这不但为投资者带来相对丰厚的收入，而且直接导致投资者金融财富的增加，良好的示范效应进一步鼓励了投资者持股的积极性。世界许多国家均持有美国债券、股票及其他金融资产，机构投资者也将大部分资金投入了美国金融市场。

美国 CDO 市场的崩溃，导致国内的金融机构倒闭，持有这些金融机构资产的跨国金融机构也遭受了巨额损失。在这方面，欧洲的银行受到很大的打击，因为欧洲的银行和美国的银行做着同样的操作，也就是投资银行持有大量的不良资产。为了达到最低资本金充足率和保证金要求或出于调整资产负债表的需要，亏损的金融机构大幅收缩对另一国家的贷款，这样就会将危机传导至另一个国家(见图 9—4)。危机发生后，全球股市与美国股市同步下跌，很大程度上是由跨国金融机构在全球范围内降低风险资产比重的调整行为所致。美国在金融危机蔓延的同时也在做着投资组合的调整，由于国内资本市场流动性严重不足，美国将大部分海外的资本撤回，加剧了全球短期资本流动的波动性。

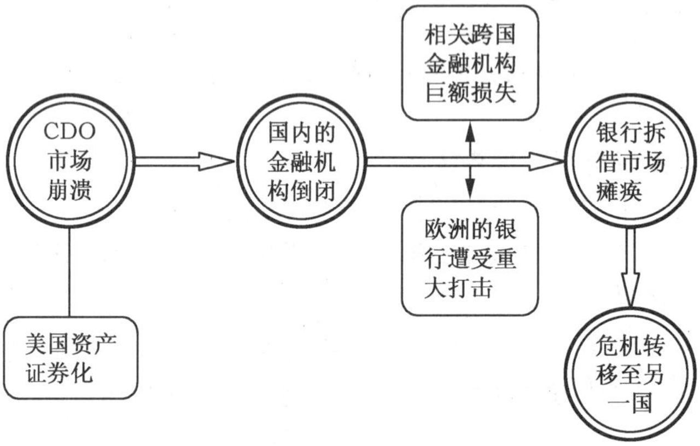

图 9—4　美国金融危机对世界各国的传导

此外，美元的贬值造成了持有美国债券的债权国资产严重缩水，以美元作为外汇储备的国家也将遭受资产贬值的损失。中国持有大量美国国债是否会缩水令人担忧。中国是美国国债的第一大债权国，中国政府持有的美国国债余额到 2009 年 5 月底已达 8 015 亿美元。总额占美国国债总额的 6%左右。

3. 2008 年美国金融危机造成的“羊群效应”

心理传导渠道是指由于投资者对突发的金融危机产生的心理恐慌，这种心理恐慌在类似经济体内进行传导，能起到进一步恶化金融危机的作用。在美国金融危机传导的过程中，心理传导是真正的加速器。

金融市场尤其是资本市场最重要的支撑因素之一就是信心。外汇市场每天有 5 万亿美元的交易，投机性资本约占 90%。可见，世界资本市场已成为一个大赌场；衍生工具等金融创新进一步增加了金融系统的风险，网络、通信技术使得资金投资在瞬间得以完成。这就使得金融市场变得动荡无常，市场更为情绪化，投资者的心理也更加微妙，一旦出现利空消息，市场就会产生心理恐慌，使得投资者对所有市场重新评估。金融危机引发的心理恐慌如同“传染病”一样,在本国乃至全世界范围传递和扩散,导致人们行为的极端盲目和过度反应,推动金融市场一浪高过一浪的波动,极大地加速了金融危机的程度。在金融危机爆发以前,投资者对美国经济抱有很高的期望,信心盲目高涨,不顾危机发出的种种征兆及预警信号,不断投入资金、增持美国资产。危机爆发后,投资者又表现出极度悲观,从资本市场上仓皇而逃,不再相信政府的政策举措,这种"羊群效应"进一步恶化了金融危机,甚至一些经济状况良好的国家和地区由于资金流的逆转而陷入危机。这种心理传导的对象是那些与危机发生国经济类型相同,地理位置相近,金融体制、发展模式、经济结构、社会文化传统类似,经济联系紧密的国家。

第二节 2008年美国金融危机与1997年亚洲金融危机

从世界范围来看,2008年美国金融危机与1997年亚洲金融危机相比,具有以下三个主要特点:

一、危机的源头及原因不同

亚洲金融危机的源头是泰国、马来西亚等新兴国家,再逐步向发展中国家蔓延。2008年美国金融危机的源头,是处于世界经济金字塔顶端的美国金融房地产业,其产值占美国GDP的20%。其中最主要的源头是美国金融衍生产品,总额是全球GDP的8倍,占全世界流动性的70%。

1997年亚洲金融危机的爆发,有多方面的原因,一般可以分为外在原因和内在因素两方面。在东南亚国家经济高速增长过程中,各种经济矛盾的激化和普遍存在的经济缺陷,是东南亚各国爆发金融危机的内在原因,也是金融危机爆发的根本原因:一是国际收支失衡、资金投向失衡、金融资产结构以及债务结构等经济结构严重失衡。二是金融监管体系不健全。在金融全球化浪潮中,东南亚国家在国内金融制度不健全、金融市场设施不完备、监管措施和监管机构不完善的条件下,开放了金融市场,这为国际资本投机活动埋下了隐患。三是金融政策失误。自20世纪80年代中期以来,东南亚国家实行的是与美元挂钩的一揽子汇率政策,与国际经济金融关系发生变化后的实际需要很不相适应。四是政府干预企业行为过度。政府直接干预企业行为和主导经济发展被称为"东亚经济模式"。这种政府行为与市场机制相互交融的模式,确实为战后东亚经济起飞提供了巨大的动力,但也渐渐积累了不少自身难以克服的矛盾:严重扭曲了资源配置;金融秩序混乱、脆弱;企业对政府依赖性强,缺乏竞争力等问题。五是民众的信心危机。其中,韩国在此次危机中遭受了重大的信心危机。

与此同时,亚洲金融危机反映出了20世纪90年代以来国际金融动荡加剧的趋势,导致全球金融危机此起彼伏,这是导致亚洲金融危机的背景原因:一是国际游资与日俱增。资金缺乏国由于金融制度尚不健全,往往成为国际游资狙击的对象,从而形成国际金融动荡的重要因素。二是金融衍生工具不断创新。投机家利用各种金融衍生工具,凭借现代信息技术的支持,瞬息之间操纵着全球不同市场上的巨额投资交易,加速巨额资金流动,这更加剧了全球性金融动荡与危机。三是国际金融体系的缺陷。监管薄弱、信息披露不够、透明度不够等都使得金融炒作和投机有机可乘。四是世界经济政治矛盾交织。冷战后,一些西方发达国家在国际金融体系中占据着主导地位和特权地位,利用国际资本流动对发展中国家实施金融攻击和剥削,索罗斯等国际货币投机家的投机活动就有其政治背景。

次贷危机是点燃2008年美国金融危机的导火索。但是,其危机的根源是美国不可持续的消费模式和高度的虚拟经济。首先，长期的超前消费经济模式给危机埋下了伏笔。长期以来，美国人不储蓄、只消费，而且是借钱消费。美国长期保持外贸逆差和经常账户逆差。美国经济是靠美国人的超前消费，靠借全世界的钱来拉动的。而世界经济也造成这种分工格局：美国人消费，全世界人为美国生产。中国等一些发展中国家出口换回来一些外汇，又通过购买美国国库券投资回美国，这个循环是不可持续的。美国消费模式从以收入为基础的储蓄模式向以资产为基础的储蓄模式贸然地转型。即使个人财富增长，但其基本消费不是以个人收入水平为基准，量入为出，而是通过各种金融工具将个人未来收入流转化为可以增加财富的资本，然后把这些资本或资产变成个人消费来源。这样，不仅可能透支过去与现在，而且更容易透支未来。而这种严重透支未来的消费模式，从房地产市场扩展到股票、保险业，以至个人资产的所有领域。也就是说，支持美国经济长期增长的基本面是存在问题的。其次，高度的虚拟经济是危机的根源。美国经济最大的特点是虚拟经济，即高度依赖虚拟资本的循环来创造利润。当前的美国金融危机是经济过度虚拟化和自由化后果的集中反映。20 世纪 80 年代开始，美国进行大规模的产业结构调整，把大量实体制造业转移到拉美和东南亚国家，而把美国本土打造成贸易、航运和金融等服务业中心；同时，在里根及其继任者的极力推动下，以私有化、市场化和自由化为目标的“华盛顿共识”在拉美和西方国家迅速推行。虚拟经济本身并不创造价值，其存在必须依附于实体生产性经济。脱离了实体经济，虚拟经济就会变成无根之草，最终催生泡沫经济。所以，以证券为代表的财富增长其实并不可靠。再者，金融监管不力为金融危机提供了便利条件。如前所述，在 2001 年美联储不断降息后，美国房地产业成为美国新一轮增长周期的重要支撑，因此美国当局过于注重支持经济增长、忽视次贷风险，金融监管机构对房地产金融业采取了短期内支持和纵容的态度，致使房贷泡沫的形成，当觉察到之后再进行补救时，为时已晚。此外，政府把对次级房贷债券这种金融衍生品的评估和监督责任完全抛给私人债券评级机构，给这些机构留下太多操作空间，然而这些机构采用的评级标准并不十分可靠，这就造成这些机构留有太多的可操控性，对这次危机起到了推波助澜的作用。

二、危机的传导路径和形成的内在机理不同

亚洲金融危机，从主要特征来看，是一场债务危机。金融危机首先发生在泰国，泰国企业和银行的坏账严重，引发金融危机。1997 年 7 月 2 日，泰国宣布放弃固定汇率制，实行浮动汇率制，引发了一场遍及东南亚的金融风暴。当天，泰铢兑换美元的汇率下跌了 17%。在泰铢波动的影响下，菲律宾比索、印度尼西亚卢比、马来西亚林吉特相继成为国际炒家的攻击对象。接着，危机波及韩国、中国台湾、中国香港等国家和地区。至此，东南亚金融风暴演变为亚洲金融危机，导致以大型化、破产金额巨额化为特点的日本金融机构大量倒闭。2008 年美国金融危机首先发生在美国，依次影响欧盟、日本、新兴经济体，直至发展中国家。在投资银行倒闭潮过后，传统银行业又遭重创，以美国三大汽车业巨头为代表的高端企业随后相继出现危机，通用汽车宣布破产保护。

1997 年亚洲金融危机有以下几个主要特点。一是东南亚金融危机属于在发展中国家爆发的危机，其本质是货币危机。二是东南亚金融危机形成的内在机理为：政府隐性担保→与政府相关联企业大量借取短期外债→资产泡沫→大量游资外逃→固定汇率机制难以为继→货币贬值→货币危机→亚洲其他国家金融危机（见图 9－5）。三是亚洲各国外汇市场、股票市场乃至期货市场同时发生大幅动荡，呈现“多症并发”的特征。四是以区内国家（地区）的经济健康程度为序，以“多米诺效应”的方式，依次受到冲击。泰铢首先与美元脱钩，随后菲律宾、印度尼西亚、马来西

亚、新加坡相继宣布与美元脱钩，东亚美元区汇市和股市双双受到冲击。10月，中国台湾的新台币放弃与美元挂钩而实行自由浮动，新台币与台股遭受重挫。同时中国香港在确保港元汇率稳定的同时，出现股市大幅震荡。11月后，韩元加速贬值、股市下跌，随后日本股市因山一证券倒闭而出现波动，日元兑美元也大幅下跌。从本币贬值和股市跌幅看，经济状况较差的东盟（除新加坡、文莱外）各国及韩国，币值和股市损失明显高于日本、中国台湾、新加坡。五是金融风暴在区域内反复震荡、相互影响、愈演愈烈，并波及全球，产生较大的破坏性。经此次金融风暴的冲击，不但东亚地区的经济增长明显放慢，而且为该地区的长期发展投下了阴影。

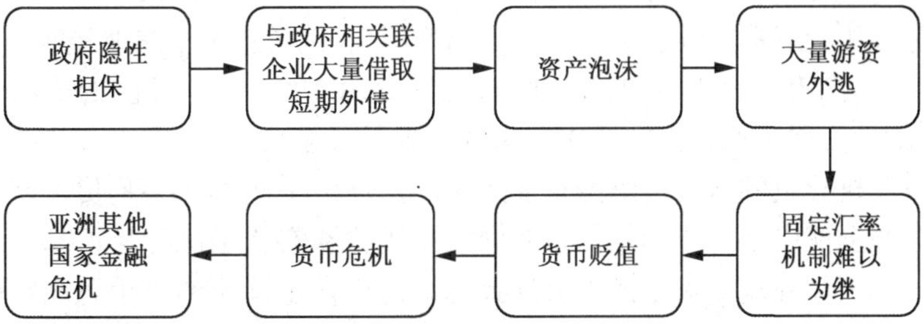

图 9—5　东南亚金融危机形成的内在机理

美国金融危机实际上宣告了 20 世纪 80 年代末由“华盛顿共识”所确立的新自由主义经济理论的基本破产。美国金融危机呈现出几个显著特点：第一，本轮金融危机的引爆点就是众所周知的次级住房抵押贷款违约和房地产泡沫破灭。美联储持续降息和贷款标准的放松，迅速地在全国范围内催生了资产泡沫，尤其是房地产泡沫。2001 年美国次贷总额占抵押贷款市场总额的比例仅为 5.6%，到 2006 年该比例上升到 20%；无需或可较少提供财务资料的房贷自 2001 年的 28.5%上升到 2006 年的 50%。第二，此次金融危机是国内投行的证券业务、商业银行的信贷业务和保险公司的保险业务相互交织、风险交叉传递的结果，一旦第一块“骨牌”倒下，就会不断出现逐级放大的连锁危机。由于各国金融的不断开放，美国把大量的房地产抵押债券出售给了其他国家，所以此次金融危机对全球的资本市场造成了强烈冲击。第三，次贷危机形成的内在机理为：长期超低利率→刺激消费→贸易逆差→信用膨胀（主要是次级房贷）→资产泡沫积聚不断提高利率→泡沫破灭→美国次贷危机→全球金融危机→全球经济危机（见图 9—6）。第四，2008 年美国金融危机是在发达国家爆发的危机，其本质是债务危机。导致全球金融和经济动荡不安，破坏性极大。就造成的严重后果来看，此次危机较东南亚金融危机要严重得多，格林斯潘宣称美国次贷危机是美国百年一遇的金融危机，是自 1929 年美国大萧条以来最大的金融危机，它已引起全球金融风暴，并深刻影响全球实体经济。

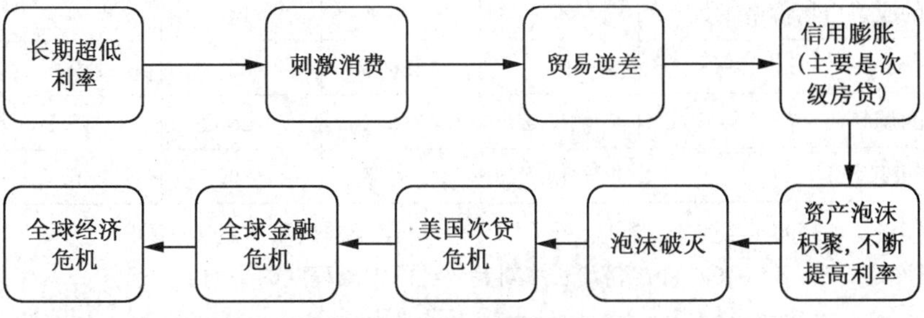

图 9—6　美国金融危机形成的内在机理

三、危机的危害程度不同

由于世界经济一体化和总需求传导的乘数效应，发达经济体社会总需求大幅减少后，位于产业链低端的新兴经济体和发展中国家的出口将持续大幅下滑，必将造成这些国家经济停滞和社会不稳定。因此，金融危机爆发时发展中国家遭受冲击的范围最广、程度最重、损失最大。

(一)1997 年亚洲金融危机的影响

1. 对东亚国家自身的影响

1997 年金融危机的爆发对东亚国家的总体经济产生了巨大的负面影响。

首先，金融危机给亚洲各国造成了巨大的财产损失，沉重打击了东亚经济。货币贬值使泰国上千亿美元化为乌有。马来西亚人均收入也因此由 1997 年 7 月前的 5 000 美元下降到 3 000 美元。总之，金融危机使亚洲许多国家的财富严重缩水。

其次，经济危机导致的通货紧缩给东亚经济的发展蒙上阴影。一是货币贬值引起通货膨胀浪潮、物价大幅上涨以及社会动荡。东亚国家在接受和实施了国际货币基金组织的政策计划之后，资本仍然大量外流。资本的外流导致几个危机发生国家的货币急剧贬值。货币的急剧贬值、进口价格的上涨，加上市场预期的因素，带来了通货膨胀的压力。随着资本大量外流和货币的大幅度贬值，几个发生危机国家的经常项目都经历了迅速的巨幅调整。这些国家经常项目的调整主要是通过进口水平的下降来完成的，而出口并没有作出多大的贡献。二是货币贬值使企业的外债迅速增加，造成东南亚国家及韩国的债务危机、企业破产与失业增加。三是货币贬值引起投资者信心不足，股市全面下跌，导致银行收缩信贷以及外资撤走、投资下降，导致经济增长速度放缓。

从总体经济下降的结构来看，各国的消费和投资水平均急剧下降，而外部净需求则因资本大量外流和货币贬值所导致的经常项目的调整而呈现出扩张趋势。1998 年各个危机发生国家的国内支出水平的下降幅度明显低于国内生产总值的下降幅度。其中，国内支出下降得最多的是韩国，达到了 25%；泰国和印度尼西亚则分别降低了 18%和 17%。菲律宾和印度尼西亚国内支出水平下降的幅度和总体经济下降的幅度相当，表明这两个国家经常项目调整较小(见表 9—1)。

表 9—1　　1997 年 6 月～1998 年 3 月东亚国家宏观经济表现的变动幅度　　单位：%

	印度尼西亚	韩国	泰国	马来西亚	菲律宾
名义汇率	—74.8	—40.9	—37.6	—32.9	—32.2
实际有效汇率	—62.8	—32.6	—26.9	—23.0	—22.9
名义利率	31.7	12.1	8.0	3.5	—1.1
按本币衡量的股票市场价格指数	—27	—38	—18	—38	—22
全球债券溢价	497	286	103	189	133
经常性账户的调整 1	7.2	16.9	20.3	17.9	6.7
经济增长率的变动 2	—13.7	—5.8	—9.4	—6.7	—0.5

注：①调整幅度＝1998 年经常性账户余额/GDP—1996 年经常性账户余额/GDP；

②变动幅度是 1997 年和 1998 年经济增长率对趋势项的偏离程度的平均值。

资料来源：Andrew Berg：The Asia Crisis：Causes，Policy Responses and Outcomes，WP/99/138，IMF。

东亚国家是此次金融动荡的“地震中心”，当然也就首当其冲，这次的影响以负面为主，但也兼有正面的。此次金融动荡对东亚国家的正面影响主要表现在：第一，东亚国家货币汇率下跌后，使原来的汇率高估得到纠正，这将直接提高这些国家出口商品在国际上的竞争力，有利于出口。第二，从长期看，这些国家的货币贬值将有利于其吸收国外长期资金，尤其是直接投资。长期资金流向主要受跨国公司全球战略和布局的制约，较少受短期金融因素的影响，虽然在短期内金融因素也会起很大的作用。东亚各国总体经济竞争力并未因此次风潮而丧失，其经济结构调整已经开始，从长期看，跨国公司的获利前景仍良好，加之汇率大跌之后，投资成本降低了，流入该地区的长期资金将会继续增加。第三，金融风暴将促使东亚国家吸取经济过热的教训，改变僵滞的金融监管方式，完善整个金融市场的监管体制，使它们的金融市场变得成熟和有效率；而金融机构也会在这次风暴中吸取教训，建立健全风险监控体系，加强自律。

1997 年亚洲金融危机虽然对中国的直接冲击较少，但间接地对中国经济也产生一系列影响，如对外贸易出口下降导致 1998 年、1999 年中国经济增长速度降低到 8%左右，并对旅游业、房地产业以及贸易行业等产生较大的冲击。

2. 对世界经济的影响

东亚国家的需求紧缩已向外界扩散。东亚国家需求的减少，意味着从世界其他地方的进口减少，这不可避免地打击了世界经济的景气程度 。受打击最严重的将是与东亚国家经济关系最密切的国家和地区，美国对亚洲发展中国家的销售占其出口总额的 1/5，其西部各州约有 80%的出口面向亚洲；日本对亚洲的出口比重高达 44%，欧洲也有 7%。东亚进口若减少 10%，将使美国国内生产总值增长率下降 1～1.5 个百分点。1997 年美国西海岸各州对亚洲出口减少 170 亿美元，损失 100 万个工作机会。

(二)2008 年美国金融危机的影响

1. 对美国自身的影响

美国自 2007 年爆发次贷危机以来，危机以房地产为渠道从金融领域逐渐向实体经济传染。这主要表现为伴随着房地产价格的下落，一方面房地产企业房屋开工数、在建数、销售数逐渐萎缩，企业利润率降低，并传染至其他行业；另一方面在房贷市场环境恶化的情况下，居民房贷还款压力增大，同时在房产减值的负财富效应下，居民消费萎靡不振。这两方面造成的后果必然是企业投资和居民消费的下降，从而拖累美国经济增长。

根据美国商务部经济分析局的进出口统计数据，金融危机改变了美国进口和出口的运行轨迹，同时改变了美国的贸易规模和贸易结构。具体而言，对外贸易的总量占 GDP 的比重下降，对外贸易的增长速度低于 GDP 的增长速度，金融危机对美国的进口有抑制作用，对美国出口有刺激作用，出口在美国对外贸易中的比重上升，而进口在美国对外贸易中的比重下降。

2. 对全球经济的影响

美国经济波动造成了全球宏观经济环境的恶化。美国此次金融危机对世界的冲击可分为两个阶段。在 2008 年上半年以前的次贷危机期间，美国为了应对次贷危机，大量印发美元增加美元的流动性，导致美元贬值、石油等国际大宗商品价格飞涨，引发世界性的通货膨胀浪潮、物价大幅上涨，引起各国社会动荡。受全球经济的影响，各国宏观经济形势也变得异常严峻，一个极大的威胁来自通货膨胀。因此在美国经济衰退和通货膨胀压力下，世界各国经济体的宏观经济决策显得异常艰难。

美国经济波动对世界各国的货币政策带来了极大冲击。在 2008 年后的短短一年多时间里，各国货币当局几乎都经历了一个反向的决策过程。菲律宾、印度尼西亚、泰国经历了一个从减息到加息的过程，而中国和韩国则经历了一个从加息到减息的过程。从整体上看，东亚各国在货币政策上出现了分歧。这表现在，一方面，在2008年下半年通货膨胀降低的情况下，中国和韩国开始大幅松动货币政策，以刺激经济；另一方面，在持续的通货膨胀压力下，尽管面对经济下行风险，东盟五国(越南、菲律宾、印度尼西亚、泰国和马来西亚)对于减息仍然保持谨慎态度，印度尼西亚甚至在2008年10月7日加息25个基点。同时，美联储为刺激经济，不断降低联邦基金利率，这不但加剧了东亚国家通货膨胀的风险，也拉大了美国与东亚经济体之间的相对利差，这将影响国际资本在东亚经济体间的流动，为东亚经济增加新的不稳定性。因此，经济减速、通货膨胀压力及相对利差的扩大，都为全球各经济体的宏观经济管理带来了新的挑战。通货膨胀并未离我们远去，而经济减速却在全球持续，全球各国必须要在二者之间作出一个艰难的平衡。

宏观经济环境恶化的表现首先是东亚经济波动的加剧，然而比这种波动更可怕的是这种波动并不是来自全球非稳健的经济环境，而是来自美国经济的"恐慌"传导。全球受美国经济影响而导致宏观经济波动的最明显例子莫过于股票市场。全球股票市场的波动已经脱离了各国经济的实际情况，在美国三大股指的冲击下不断下跌。从2008年年初至当年10月底，世界各国股票市场几乎毫无例外都经历了一个急剧的缩水过程，东亚各国股指跌幅从40%到70%不等，并且远甚于危机来源地美国(见表9—2)。

表9—2　　美国金融危机对全球各主要股市的影响

地　区	指数名称	各主要指数收盘点位		跌　幅
		2007年2月13日	2008年10月10日	
美　洲	道琼斯工业指数	12 552.24	8 451.19	33%
	NASDAQ	2 373.93	1 649.51	31%
	多伦多 S&P/TSX 指数	13 282.3	9 065.16	32%
	阿根廷 MERVAL 指数	2 043.43	1 215.99	40%
欧　洲	伦敦金融时报指数	5 880.1	3 932.06	33%
	法兰克福 DAX 指数	6 973.67	4 544.31	35%
	巴黎 CAC 40 指数	4 855.4	3 176.49	35%
亚　洲	日经225指数	13 068.3	8 276.43	37%
	韩国 KOSPI 指数	1 631.78	1 241.47	24%
	新加坡海峡时报指数	2 929.54	1 948.33	33%
	上证指数	2 831.87	2 000.57	29%
	香港恒生指数	23 169.55	14 796.87	36%

资料来源：张维武：《美国次贷危机与亚洲金融危机的对比分析》，全球品牌网，2009-02-17。http://www.globrand.com/2009/152303.shtml。

世界各国所持有的美元资产面临着损失的风险。例如，大量的贸易盈余，使东亚成为世界上拥有美元储备最多的地区，同时也是美国最大的公债持有者。美国财政部数据显示，截至2007年6月底，东亚11个经济体持有美国的长短期资产共计15 838亿美元，占外国持有美元资产总数的16.2%。其中，又以美国国债为最大部分，占到总量的46%；其次是机构债，大约占总量的35%，这是因为机构债的收益性与安全性也相对较好，如房利美和房地美发行的机构债；最后是股权资产和公司债。目前，东亚持有的美元资产面临着三种损失风险。首先，来自美元贬值的风险。其次，经济与金融形势的动荡已经使美元资产的风险加大，特别是一些股权资产和公司债。最后来自美国政府对于金融市场的救助。然而这些资金并不能直接来源于财政部的预算支出，而必须通过增发国债进行融资。一旦这些大笔资金以增量国债的形式出现，必将对美国国债市场造成剧烈的冲击，致使美国国债价值缩水。

第三节　发展中国家债务危机的形成与化解

一、发展中国家债务危机的发展概况

国际资本流动，对形成正常的国际收支调节秩序是非常关键的。在当前的国际货币制度中，利用外部资金进行融通是一国国际收支调节的重要手段之一。20世纪70年代以来，越来越多的发展中国家走上了利用外部资金发展国民经济的道路，外部资金的注入促成了许多发展中国家的经济腾飞，但是国际资本流动也形成了国际金融市场的动荡，并造成了20世纪80年代的债务危机和90年代的投机性冲击所引发的货币危机。

二、外债与债务危机的概念

国际货币基金组织、世界银行、经济合作和发展组织及国际清算银行等国际经济组织对外债下的定义是：外债是在任何特定的时间，一国居民对非居民承担的已拨付尚未清偿的具有契约性偿还义务的全部债务，包括需要偿还的本金及需支付的利息。国际经济组织对外债定义的界定具有广泛的应用性和实际意义。在世界银行每年第三季度公布的《世界债务表》就是依此定义编制的。理解这个概念时要注意四个方面：①必须是居民与非居民之间的债务；②必须是具有契约性偿还义务的债务；③必须是某一时点上的存量；④“全部债务”既包括外币表示的债务，又包括本币表示的债务，还可以是以实物形态构成的债务，如补偿贸易下以实物来清偿的债务。

债务危机就是指债务国不再具备还本付息的能力，一般用以下几个指标来衡量：①外债的总量指标。这是对外债承受能力的估计，反映外债余额和国民经济实力的关系。主要指标又有外债余额与国内生产总值的比率，即负债率，一般不得超过10%；外债余额与出口商品和劳务的外汇收入额的比率，即债务率，一般不得超过1。②外债负担指标。它是对外偿债能力的估计，反映当年还本付息额与经济实力的关系。主要指标有外债还本付息额/出口商品和劳务的外汇收入额，即偿债率，一般参照系数是20%；当年外债还本付息额与当年财政支出的比率，一般不得高于10%。③外债结构指标。它是在既定的外债规模条件下，衡量外债本身内部状况的指标。主要通过债务内部各种对比关系反映举债成本，并预示偿还时间和偿还能力，旨在降低借款成本、调整债务结构、分散债务风险。主要指标有种类结构、利率结构、期限结构和币种结构。如果一国外债负担超过了上述警戒线或安全线，就表明该国发生了债务危机。

三、发展中国家债务危机的形成原因

1982年8月，墨西哥政府宣布它不能按期履行偿还债务义务。随后一系列国家相继宣布其无力清偿外债，世界性的债务危机就此爆发了，因此有人称之为“世界债务危机”或“国际债

务危机”,并从急性危机演变为持续于整个20世纪80年代的慢性债务危机。国际债务危机的形成原因,应从债务国国内的政策失误和世界经济外部环境的冲击两方面加以分析。债务国国内经济发展战略的失误和外债管理方针的不当,使外债规模的膨胀超过了国民经济的承受能力,这是危机爆发的内因。而世界经济的衰退以及储备货币国国内的宏观经济政策所引起的国际金融市场动荡等,则是诱发债务危机的外部原因。

(一)债务危机爆发的内因

1. 盲目借取大量外债,不切实际地追求高速经济增长。20世纪70年代的两次石油危机使石油输出国积累了大量的“石油美元”,使国际金融市场资金充裕、利率很低。于是很多存在国际收支逆差的国家在国际金融市场借取了大量资金,在世界范围内平衡了国际收支。但是其中的一些发展中国家却认为国际金融市场永远可以依靠,特别是一些产油国,急于求成地追求工业化和高速度,过高估计了本国的生产能力和出口创汇能力。这样,当世界经济转入严重衰退、石油价格大跌、国际金融市场利率急剧上升时,贷款便难以按期偿还。

2. 国内经济政策失误。许多债务国自20世纪70年代以来,一直采取扩张性的财政政策和货币政策。进入80年代后,国际金融市场利率水平开始快速上升,世界贸易也处于停滞状态,这时主要债务国未能采取适当的汇率和外汇管制措施,造成一系列严重的后果。

3. 所借外债未形成合理的债务结构。外资只能作为内资的补充,对外资的过分依赖必将造成不良后果,陷入债务危机的主要国家无不是在国际资金市场蓬勃发展之时借入了超出自身偿还能力的大量贷款,而且未形成合理的债务结构,即债务的期限结构、利率结构、来源结构等。如在期限结构上,世界银行公布的17个重债务国均出现债务短期化趋势,即短期债务比重迅速上升。

4. 所借外债没有得到高效利用。债务国的外债资金利用效率低,未能把外债资金有效地用于生产性和创汇营利性项目,而是将外债资金投向规模庞大而不切实际的长期建设项目,有的项目最终没有形成任何生产能力,显然不能保证外债资金投资项目的收益率高于偿债付息率,这样,在世界经济环境突变之时难以应付,无法如期偿还债务。

5. 债务国迫于国际社会的压力,不能割断国际债务与国内经济变动的联系。因而被迫调整经济,使经济由比较繁荣变为紧缩。

6. 债务国在调整经济的同时,不得不筹集干预资金或偿债资金,因而导致国内金融恶化,出现恶性通货膨胀。

7. 偿债率逐步上升,从而使外债对经济的影响加大。据统计,债务危机国的偿债率普遍高于20%。

(二)债务危机爆发的外部经济条件

1. 20世纪80年代初以发达国家为主导的世界经济开始衰退。1979年的石油价格大幅上涨,引发了世界经济的衰退。以美国为首的发达国家为了转嫁国内危机,纷纷实行严厉的贸易保护主义措施,利用关税和非关税贸易壁垒减少进口,使发展中国家的出口产品价格,尤其是低收入国家主要出口的初级产品的价格以及石油价格大幅下降。因此,发展中国家的出口收入突然下降,于是它们的偿债能力自然要下降,债务危机也就在所难免。

2. 国际金融市场上利率和美元汇率的上升。1980年,美国为克服国内经济严重的滞胀,实行了紧缩货币和扩张财政的宏观经济政策,致使国内金融市场利率水平大幅度提高,从而吸引了大量国际资金流向美国,同时还形成美元汇率的大幅攀升。其他主要发达国家为了避免国内资金大量外流,也不得不相应提高其利率水平,从而形成世界范围的利率水平大幅上升。

发展中国家的外债多数为浮动利率的商业性贷款，国际金融市场利率水平的上升大大加重了其偿债负担。同时，由于所借债务主要是美元债务，高利率所形成的美元汇率上升，也必然会对债务国形成不利影响。

3. 债权国经济变动对偿债率较高的债务国经济有较大的影响，如债权国的贸易保护主义、债权国贷款利率的提高等。

总之，国际债务危机的产生有着多方面的原因。从根本上说，这是世界经济多种矛盾激化的结果，是长期以来国际经济发展不平衡所造成的。国际债务危机的爆发对国际金融市场的正常运转产生了严重干扰，尤其是使国际商业银行在管理上面临一场新的挑战。各债权国和债务国都在寻求一种有效的解决途径。

四、发展中国家债务危机的发展历程

特立尼达减债条款、多伦多减免债务方案、巴黎俱乐部重新安排债务等，已控制了外债的增长速度，使发展中国家债务状况有所好转。这表明国际债务战略目标已从债务缓解转向债务减免。日益严重的发展中国家的债务问题已引起国际社会的高度重视，但要彻底解决仍需要相当长的时间。国际债务问题实际上已成为影响世界经济稳定与发展的长期结构性问题。

发展中国家债务危机指有大量对外债务的发展中国家，因债务负担过重，造成国民经济发展缓慢，无法按期偿还债务本息，并由此影响西方国家债权银行稳定的严重状况。债务危机的形成主要是在 20 世纪 70 年代后期，当时，世界经济发展停滞，工业发达国家不同程度地陷入滞胀，发展中国家受其影响，无法扩大出口。加之发展中国家本身借入巨额外债兴建基础工业设施，效率不高又不能很快创造产值，出口产品主要是原材料，受国际商品市场疲软的影响甚大，因而国际收支状况严重恶化，终于在 1982 年 8 月 20 日爆发了一场全球性的债务危机。当时是在大量资本外流、商业银行贷款日益减少及官方储备急剧下降的局面下，墨西哥政府首先宣布无力偿还到期外债，要求推迟 90 天，随后 42 个债务国都因无力偿还债务而要求推迟还债，由此引发了全球性的发展中国家的债务危机。在其自身的努力下以及国际社会和债权国等多方面的支持下，发展中国家的债务战略已从单纯的缓解转向实质性的减免。这使得部分重债国得以摆脱困境，出现结构调整、经济发展的好兆头，逐步缓解了发展中国家相当严峻的债务形势。发展中国家的债务状况可划分为两个阶段。

20 世纪 80 年代为第一阶段，这一期间的特点是，债务形势十分严峻，经济发展速度大大减退。20 世纪 80 年代发展中国家的债务问题日趋严重，到 1986 年债务总额猛增到 1.12 万亿美元，到 1989 年，发展中国家的债务总额已高达 1.32 万亿美元，其中拉美国家占 1/3，而且债务总额仍在增长，到期未能偿还的短期债务经过几年的债务重新安排转成长期债务，而新的贷款并没有增加，偿债负担更加重了。一些国家，尤其是拉美国家的外债与当年商品劳务出口之比高达 300%以上，偿债率高居 40%以上。此外，发展中国家资金倒流严重，从 1982 年起，拉美国家每年大约有 270 亿美元倒流出去，使债务状况更加严重。发展中国家沉重的债务负担不仅使得债务国，特别是拉美国家的经济停滞不前，出口增长缓慢、官方储备下降，投资短缺、物价飞涨、社会动荡，而且也影响世界经济的发展，对国际政治的稳定也构成日益明显的威胁。债务国无法清偿债务，对债权国，特别是债权银行也有很大影响。1988 年，在发展中国家高达 1 万亿美元的长期债务中，私营商业银行提供的贷款占 56%，因此债务危机直接威胁着债权银行的运营，债权银行收益减少，被迫大幅度增加其贷款损失准备金，对其承担的债务风险付出了代价。20 世纪 80 年代发展中国家的债务战略为紧缩经济还债或争取经济有所发展适度还债。而实践证明，这两个战略均告失败。

20 世纪 90 年代为第二阶段，其特点是债务国经过结构性调整以及债务减免计划的实施，债务状况有所缓解，经济略有起色。进入 20 世纪 90 年代，国际债务战略进入一个新的阶段，债务国的债务增长有所放缓。1990 年发展中国家的外债总额为 1.34 万亿美元，1991 年为 1.35 万亿美元，增长幅度分别为 6% 和 3%，外债增长幅度明显放缓。主要原因在于：①一些国家的经济调整日渐深化，逐步由应急性、宏观平衡性调整转入战略性、体制性的深层次调整，并取得一定成效。②国际债务减免的努力出现实质性的进展。面对日渐严重的债务问题，国际社会及发达国家意识到长此下去债务国的经济将出现停滞甚至倒退，对西方经济和世界经济影响也很大，因此其决定也积极参与国际债务战略减免的努力，这种努力主要为“布雷迪计划”①。

五、发展中国家债务危机对世界经济的影响

债务危机是国际中长期资金流动中产生的一个主要问题，这也是国际资本市场流动性提高和开放性提升过程中产生的一个负面影响。债务危机实际上是一种国际收支危机，在国际中长期资金流动过程中，资金的使用和偿还之间存在着时间上的不一致，因为资金使用的不当或者贷款的低效利用等情况，从而导致货币危机。其传动机制是，债权国经济的衰退或恶化引起偿债危机，进而影响债务国国内的经济，且可能诱发金融危机。第二种传动机制是债务国国内经济的恶化或经济发展战略的失误，引起偿债危机，进而是债务国的金融危机。债务危机主要出现在一些发展中国家，从债务国方面看，其对世界经济产生过严重影响，债务危机对债务国中的发展中国家的经济影响比较大。

(一)对发展中国家经济的影响

外债地位的严重恶化会影响发展中国家的国际收支调节和经济增长。这种影响主要反映在以下几个方面。

第一，沉重的外债加深了债务国经济对债权国的依赖。沉重的外债使发展中国家的资信进一步下降，它们在国际金融市场可得到的贷款资金减少、贷款期限缩短，而所获得的贷款资金还不足以抵付当年的还本付息额，于是，所谓工业发达国家对发展中国家的实际资金转移没有多大发展；相反，发展中国家却不得不将其自己的部分储备资金以利息支付的形式转移到工业发达国家。发展中国家缺乏为纠正国际收支不平衡而实行经济调整所必需的中长期资金。与此同时，一些国际金融机构特别是国际货币基金组织向发展中国家提供贷款时一般都有附加条件。西方商业银行在与发展中国家谈判重新安排债务偿还时，也往往要提出一些经济和政治要求。它们向发展中国家提出的诸如整顿财政、紧缩开支、货币贬值、冻结工资、提高物价等条件，其直接目的是使这些国家在短期内具有支付能力。但许多发展中国家实践的结果，无不造成经济萎缩、失业增加、人民生活水平下降。同时，这些措施与发展中国家社会经济发展的长期目标也是抵触的。但是，由于债务还本付息的需要，许多发展中国家不得不忍痛接受国际金融机构和西方商业银行强加给它们的种种限制。这样做的结果是，许多发展中国家经济的自主性受到削弱，它们驾驭本国经济政策的活动余地越来越小，受制于西方金融资本的程度

---

①为防止发展中国家债务危机冲击国际金融市场并希望维护在第三世界的经济和战略利益，西方发达国家和一些国际金融机构先后采取和实施了一系列所谓“救援发展中国家债务危机”的政策。相继抛出了“宫泽计划”“密特朗计划”“贝克计划”，但皆以失败而告终。1989 年 3 月，美国财政部长布雷迪公布了“布雷迪计划”，其核心内容是：鼓励商业银行取消债务国部分债务；要求国际金融机构继续向债务国提供新贷款，以促进债务国经济发展，提高还债能力。同以往方案相比，“布雷迪计划”把解决外债的重点放在债务本息的减免上，而不是放在借新债还旧债的方式上。

越来越深。

第二,沉重的外债负担已经成为许多发展中国家经济发展的严重阻碍。随着许多发展中国家偿债高峰期的到来,相当一部分国民生产总值和出口收入被到期债息所吞噬,使它们本来就短缺的资金问题更趋紧张,国内资金积累能力被进一步削弱,不少国家陷入借新债还旧债的恶性循环之中。新借到的贷款绝大部分甚至全部用在债务支付上,能够用在发展生产上的外来资金越来越少。一些发展中国家的许多企业,设备和部分原料、燃料仰赖进口,许多企业仅是进行外来零配件组装,沉重的外债迫使它们压缩进口,这些企业就只好停产。许多发展中国家的经济政策被外债牵着鼻子走,不得不从偿还外债出发来安排,从而使社会经济生活陷于紊乱。1981 年,非产油发展中国家的经济增长率下降到 2.5%。这个数字不到 20 世纪 70 年代平均增长率的一半,远远低于第三次联合国 10 年国际开发战略所提出的 7%的指标,是 20 世纪 50 年代以来最低的水平,一些净石油进口的发展中国家的实际增长率还不到 2%,中等收入的发展中国家再度削减发展项目,紧缩性经济调整政策已在有的国家引出一场衰退,而许多低收入的发展中国家的经济已濒于崩溃。南北贫富差距的鸿沟进一步扩大。

第三,沉重的债务加剧了一些重债务国的社会矛盾,影响了政局的稳定。1991 年底,发展中国家的外债余额达 13 110 亿美元,相等于这些国家 44%的国民经济总产值。一半以上的债务是商业贷款,且大部分是浮动利率,阿根廷 79%的商业借款是浮动利率,其他拉美国家也在 60%~70%。浮动利率使债务国的利率风险增大,加重了偿付利息的负担。并且外债相对集中,10 个最大的债务国的外债总额达 6 000 亿美元,几乎占发展中国家债务总量的一半。巨额的债务对债务国的经济发展危害极大,其危害性视一国的负债程度而异。对债务沉重的国家来说,每年得用 15%以上的出口收入、4%以上的国民经济总收入来偿还外债。同时,因其负债累累,信用度减低,很难获得新的借款。资金只出不进,难以维持国内投资规模,久而久之,形成恶性循环,其后果将是灾难性的。外债较轻的发展中国家的处境相对好些,但也难以再从西方发达国家获得新的贷款来继续实施其经济发展计划。这是因为西方银行在发放贷款时十分小心,往往过高估计借款方的风险。此外,西方国家政府和银行忙于把有限的资金用于救急,维持脆弱的世界金融体系,因而无力也无暇去关注、满足这些国家的资金需求。有些发展中国家为偿还外债而采取的紧缩政策及其他应急措施,造成企业破产、大批工人失业。有的为了换取外汇,偿还债务,不惜牺牲国内消费,把国内市场本已紧缺的商品出口,影响了人民的生活,从而损害了社会大多数阶层的切身利益,使这些国家的社会矛盾激化。庞大的外债使许多人对本国经济前景失去信心,甚至对经济政策失去信任。领导集团中对于如何调整本国经济出现分歧,有的甚至互相攻击,更加剧了社会的动荡。债务危机已成为不少发展中国家执政当局深为忧虑的一大问题。

(二)对发达国家经济的影响

发展中国家债务危机对发达国家同样构成巨大的威胁。西方一些主要债权国因债务无法按期偿还,不得不增加财政开支,扩大财政赤字,缩减对他国的新的政府贷款。债务危机对发达国家银行带来的后果尤为严重,它不但使银行的经营收入急剧下降,而且迫使银行提取大量的呆账准备金,有些国家的银行的呆账准备金占贷款余额的比重高达 70%,导致不少国际性银行的资信度暴跌。美国的银行向拉美国家贷款最多,受害也最大。

发展中国家作为工业发达国家的制成品出口市场具有重要的地位。就单独一国而言,发展中国家的经济实力和市场容量并不大,但以 100 多个国家作为一个整体来看,则不同了。20 世纪 70 年代下半期,日本、美国和欧洲经济共同体出口中有 1/3 是输往发展中国家。特别是在经济衰退时期，当工业国家之间贸易战加剧、出口市场收缩时，发展中国家是它们过剩商品的重要出路。例如，1975年发达国家经济危机中，当欧洲经济共同体向美国和其他发达国家的出口实际下降时，向发展中国家的出口却增加了25%。在这期间，向发展中国家的出口使经济合作与发展组织的成员国能够维持300万人就业，从而在一定程度上减轻了这场危机的影响。但是，随着发展中国家债务危机的发展，这些国家的现金流量短缺、国际购买能力显著下降、进口减少，工业发达国家的出口市场因而收缩。1979～1981年间，非产油发展中国家的进口量减少了11%。1982年，工业发达国家向发展中国家的出口显著下降，经合组织成员国对非经合组织国家出口贸易的年增长率，由1981年的135%下降为1982年的3.5%，同期对石油输出国组织国家由27.0%下降为8.5%，对其他发展中国家由12.5%下降为4.0%。发展中国家从工业国家进口的减少，不可避免地影响后者的贸易与就业结构，从而使这些国家经济复苏的困难加深。

(三)对国际金融体系的影响

20世纪70年代以来，发展中国家一直依靠欧洲货币市场为它们的赤字筹措资金，欧洲货币市场的国际银行家则把发展中国家作为其资金的重要投资场所。由于一些发展中国家无力如期偿还债务，国际银行业迅速出现流动性危机，银行信心下降，并通过欧洲货币市场的国际银行网络波及各主要国际金融市场。许多银行竞相将存放在银行同业间市场的资金抽回，从而使以银行同业间市场为主体的欧洲货币市场的活力急剧收缩。欧洲货币市场在布雷顿森林体系后的国际金融体系的运转中起着重要的作用，它不仅为银行资金创造了高度的流动性，而且成为国际清偿能力的重要来源。这一市场的收缩以致崩溃，将动摇整个国际金融体系。1982年12月，勃兰特委员会渥太华会议充分估计了国际金融形势的严峻性，认为如果这一过程继续恶化，将会加重世界经济危机并失去改善国际货币制度的机会。

六、化解发展中国家债务危机的措施

如何采取措施以防范、化解危机，是各国极其重视的问题。一般来说，解决债务危机的措施有以下几个方面：

面对这种恶性传导，国际社会不愿袖手旁观，它们通过各种途径减少债务危机对债务国经济的影响。主要是通过以下手段：部分减免债务，以便减轻债务负担本身；债务资本化，即把债务转化为投资以减少债务压力，使债权国债权的收回与债务国经济的改善联系起来，调动双方的积极性；调整经济发展的战略，以增加偿债能力。这些方式有一定的作用，至少使传导机制部分失灵从而阻止国际金融和经济形势的恶化。

(一)债务重新安排

当一国发生债务危机无力偿还外债时，解决方法之一就是与债权人协商，要求将债务重新安排。这样一方面债务国可以有机会渡过难关，重整经济；另一方面债权人也有希望收回贷出的本金和应得的利息。

债务重新安排主要通过两个途径进行：官方间债务重新安排，一般通过巴黎俱乐部(Paris Club)来进行；商业银行债务重新安排则由商业银行特别国际财团(有时称为伦敦俱乐部)进行组织。

1. 官方债务重新安排

官方债务重新安排是由“巴黎俱乐部”负责安排的。“巴黎俱乐部”会议的主要作用在于帮助要求进行债务重新安排的债务国和各债权政府，一起协商寻求解决的办法。通常，参加“巴黎俱乐部”的债务国，要先接受国际货币基金组织的经济调整计划，然后才能向会议主席提出召开债务重新安排会议。获得重新安排的借款只限于政府的直接借款和由政府担保的各种中、长期借款，短期借款很少获得重新安排。典型的重新安排协议条款包括：将现在所有借款的 80%～100%延长时间偿还，通常有 4～5 年的宽限期，然后分 8～10 年时间偿付。至于利率方面，会议不作明确规定，而由各债权国与债务国协商。此外，其中有一小部分是采用再融资方式解决，即借新债还旧债。

2. 商业银行债务重新安排

商业银行债务重新安排在某种意义上比官方债务重新安排更复杂。因为商业贷款的债权银行数目可能十分庞大，每家银行自然都会尽最大努力去争取自己的利益。而且，商业贷款的种类很多。例如，欧洲债券市场的首次外债重新安排中，债权人以不同贷款形式分成三个集团：一是债券的持有人，二是中、长期的银团贷款债权，三是短期信贷的债权人。它们经过将近两年的时间才达成初步的协议。商业银行主要对本期或一年内到期的长期债务重新安排，有时也包括到期未付的本金，但对利息的偿还期不予重新安排，必须在偿还利息欠款后，重新安排协议才能生效。债务重新安排后典型的还款期为 6～9 年，包括 2～4 年的宽限期。利率会高于伦敦银行同业间拆放利率。

债务重新安排协商会议要求各债权银行共同寻求一个大家都能接受的方案，同时实事求是地衡量债务国所处的经济、金融形势，拟订一个符合债务国偿还能力的还款协议。通常，银行要求债务国在完成政府官方债务重新安排后，才去达成商业贷款重新安排。债务重新安排给了债务国喘息的时间，并使债务国有可能将大量到期债务转为中长期债务。但从根本上说，重新安排债务，虽能解一时之急，却不能从根本上解决债务危机。债务国负债总额不可能因债务重新安排而大量减少，只是变成“缓期执行”而已。

(二)债务资本化

债务资本化是指债务国将部分外债转变为对本国企事业的投资，包括债务转换股权、债务转用于资源保护以及债务调换等，从而达到减少其外债的目的。

1. 债务转换股权(debt-for-equity)

债务转换股权是 1983 年以来出现的解决债务国部分债务的办法。基本步骤为：①由政府进行协调、转换的债务需属于重新安排协议内的债务。债权方、债务方和政府各方经谈判同意后，委托某中间机构将贷给公共或私人部门的贷款向二级市场打折出售。有时外国银行也把债权直接打折售给债务国中央银行。②投资人向债务国金融当局提出申请。在取得同意后，即以这一折扣价买下这笔债务，然后到债务国的中央银行按官方汇率贴现，兑换成该国货币。③投资人使用这笔货币在该债务国购入股权进行投资。于是这笔债务便从债务国的外国贷款登记机构注销而转入股票投资登记机构。

除由政府进行协调解决的债务交易外，尚有不经政府协调的债务人与投资者之间的直接交易。由外国投资者从国际二级市场以折扣方式购进尚未到期的债券，而债务人则用本国货币提前支付这些外债。当转换完毕后，双方即在一定期限内通报债务国中央银行注销外债。有些到期外债还通过国内证券交易所公开拍卖，由债券持有人通过提出折扣进行竞争，从债务国中央银行换取该国的货币进行投资。它有以下优点：一是无需动用外汇就可减少债务，并可引进先进技术和提高就业率；二是可在一定程度上缓解债务国缺乏资金的矛盾；三是可吸引外逃资金回国参加建设。

不利影响有以下几点：一是债务转换股权如采用过多、引进过量外资，将导致一些部门的控制权逐渐落入外国公司之手，出现经济被外资控制的局面；二是如果政府通过全国的银行系统筹措债务转移所需的资金，势必造成债务国货币供应量大增、刺激通货膨胀，使货币贬值，对汇率也会产生不利影响；三是单纯通过国内资本市场进行融资以满足债权对股权转换的资金需求，会导致国内流通资金的紧张，产生利率上升的压力；四是债务额过于庞大的国家没有这么多投资机会，因此这种方法不能广泛实施。

2. 债务转用于资源保护(debt-for-nature)

债务转用于资源保护是指通过债务转换取得资金用于保护自然资源。这种措施由世界野生生物基金组织(现世界自然基金会)于1984年提出。具体做法为：世界野生生物基金组织同债务国金融机构、中央银行、政府资源管理机构或私人自然资源保护组织达成原则协议，定下换成当地货币的汇率及管理和使用这笔资金的代理机构，然后以其收到的捐赠资金从私人银行或二级市场以折扣价购进债务后，转售给债务国资源管理机构或私人自然资源保护机构，并向该国中央银行兑换成该国货币，然后再交给资源保护机构用于环保项目投资。

3. 债务调换(debt conversion)

债务调换指发行新债券以偿付旧债。具体做法为一国以债券形式举措新债，出售债券取得现款，以便在二级市场上回购债务，或直接交换旧债。这种方案的设想是，如果新债券能比现存债务以较小的折现率出售，那么其效应将是减少债务而不必使债务国动用大量外汇储备。但这种方法受限于一国的债信及资本市场的发达程度。

(三)债务危机和债务问题的解决办法

如何还债是国际金融市场正常运行的焦点问题。面临严重的债务危机时，各债务国、债权国的政府、商业银行和国际金融机构都采取了一系列缓和债务危机的措施：

1. 国际债务危机爆发引起国际金融界的巨大震动，在墨西哥宣布无力偿还债务的数天之内，国际社会就采取了一系列紧急措施，如美国政府连续提供总额近30亿美元的贷款，国际清算银行提供了近10亿美元的过渡性贷款，主要债权国的出口信贷机构也同意对墨西哥增加20亿美元的贷款。此外，世界银行和一些国际性开发银行，也为债务国提供了相当数量的援助性贷款，同时国际货币基金组织着手制订大规模的援助性贷款计划。对墨西哥挽救计划成为此后几十个债务国重新安排到期债务的样板。在国际货币基金组织的协调下，由债权国银行、债权国政府和债务国政府共同协商，重新安排到期债务，即修改原贷款协议、延长偿还债期。官方间债务的重新安排，一般通过“巴黎俱乐部”或国际援助财团进行，而欠商业银行的债务则由国际货币基金组织带头进行。这就是最初的援助措施。其意义是有助于债务国暂时渡过难关，但紧缩性的政策使债务国的生产和生活水平急剧下降。国际货币基金组织提供的金融挽救计划不是解决问题的根本途径，反而会使债务危机愈演愈烈，最终失去控制，然后通过连锁反应，波及全球。

2. 到1985年下半年，发展中国家的债务问题又紧张起来。1985年10月，在国际货币基金组织的年会上，美国财政部长贝克提出了解决中等收入主要债务国债务问题的“贝克方案”。方案包括三个要素：第一是在债务国中实行全面的宏观经济和机构改革，允许市场力量和私人企业在经济中发挥更大作用，鼓励更多的国内储蓄和投资，减少预算赤字，使贸易和金融自由化。第二是要求在三年内净增商业贷款200亿美元，为债务国启动经济提供新的周转资金。第三是发挥国际货币基金组织在大力协调债务问题中的主要作用。另外，“贝克方案”还提出了一些建立在金融市场基础之上的长期性债务缓解措施，如债务资产化、债权交换和债务回购等建议。“贝克方案”强调了必须实现债务国长期的经济增长，不能单纯依靠债务紧缩方式来平衡国际收支，在当时不失为解决债务问题的途径之一。但这个计划缺少具体的措施，一时难以完全实现，而且 1985 年发展中国家的外债总额将近 1 万亿美元，单利息支出就达 1 000 亿美元，贝克的数字无异于杯水车薪，不能使债务国真正摆脱困境。

3. 美国财政部长布雷迪于 1989 年 3 月提出新的减债方案，即“布雷迪计划”，认为国际债务问题是债务国偿付能力的危机，而非暂时的资金失灵。其强调债务本金和利息的减免，并提出应由国际货币基金组织和世界银行以及债权国政府为削减债务本金和利息提供资金支持。另外，债务国和债权银行之间的债务减免交易条件必须得到国际货币基金组织和世界银行的批准；或者是在减债协议达成之前，先要获得国际货币基金组织和世界银行的贷款保证。“布雷迪计划”的初步尝试是成功的，但是，不可能所有的重债国都能得到“布雷迪计划”的援助，计划所能提供的资金毕竟有限，并且有的国家难以满足“布雷迪计划”所要求的进行国内稳定调整、实现经济增长的前提。

以上方案和办法只能说是解决债务危机的短期对策，对缓解债务问题的确能起到积极作用，但债务问题并没有得到彻底解决。展望债务危机的前景，问题的解决仍然取决于能否有一个长期有利的国际经济环境，以及债务国能否成功地执行国内的经济调整计划；另外，还取决于能否有充足的外部资金流入以支持债务国实现持续的经济增长。只有具备这三个条件，才能真正恢复债务国的清偿能力，从而使债务危机得到彻底解决。

（四）公平解决国际债务危机

国际经济要取得平等，那么在国际金融系统内，必然要考虑到债务危机问题。国际金融系统已经被少数强大的金融机构演变成一个服务于发达国家经济运作和发展的组织，由此带来的是经济的不稳定和金融危机的重现，这些严重威胁到贫穷国家及其国民。因此，引起这些危机的国家和组织应该承担债务危机所带来的损失以及这种国际金融系统操作所带来的负面影响。然而，从目前来看，在债务危机中进行的经济调整工作却由贫穷国家来承担，这显然不合理，因此，我们需要研究在债务危机中如何保护债务国家国民的权益。

要公平地处理债务问题，以下三条原则应起引导性的作用。第一，必须认识到在任何一笔贷款的进行过程中，借贷双方都有可能是不顾后果或不负责任的，甚至有着不良企图。因此，在贷款过程中应有一种机制约束借贷双方，这种机制本身能够承担紧跟其后发生的债务危机的一部分责任，这样，不良贷款或坏账的责任就不只是由债务人来承担。第二，借贷任何一方不能在法庭中自己充当法官。这是基于法律的最基本的原则，任何为债务危机而成立的仲裁机构必须对借贷双方保持公平和公正。第三，可说明性。国家债务危机涉及的是公众利益而不是私人利益，解决危机需要使用纳税人的钱，如果解决危机的方法是在公平的框架内取得的，并能够加强对公共基金的民主监督，那么这个过程对人民和纳税人来说是公开的，并且具有可说明性。

任何国家债务危机解决的第一目的是达到国际经济的公正性；债务危机解决的第二个目的是经济的效率性、稳定性和发展性。

第四节　欧洲债务危机

2009 年 12 月发源于希腊的欧洲债务危机（又称欧洲主权债务危机），是欧元区体系制度性缺陷及其成员国经济发展不平衡的必然结果。欧洲债务危机的爆发使得欧洲经济遭受严重冲击，引发欧洲金融市场恐慌、经济增长减速并出现衰退，欧元区面临了成立以来最严峻的考验。欧洲债务危机通过贸易等渠道影响全球经济。

一、欧洲债务危机的产生与发展

2008年10月，爆发于美国的全球金融危机来势汹汹，希腊政府承诺提供至多280亿欧元(约合385亿美元)资金，以帮助其银行部门度过危机。就在一年后的2009年10月初，希腊政府突然宣布，2009年政府财政赤字和公共债务占国内生产总值的比例分别达到12.7%和113%，远超欧盟《稳定与增长公约》规定的3%和60%的上限。情急之下，希腊政府主要通过借新债还旧债来解决当下的债务问题。截至2009年12月，希腊债务达到2 800亿欧元。2009年12月，鉴于希腊政府财政状况显著恶化，全球三大评级公司先后下调希腊主权评级，惠誉(12月8日)将希腊信贷评级由A－下调至BBB＋，前景展望为负面；标准普尔(12月16日)将希腊的长期主权信用评级由"A－"下调为"BBB＋"；穆迪(12月22日)宣布将希腊主权评级从A1下调到A2，评级展望为负面。评级公司下调希腊主权评级使希腊陷入财政危机，导致欧元兑美元大幅下跌，欧洲股市暴跌，成为欧洲债务危机的导火线。自此，发源于希腊的欧洲债务危机正式拉开序幕。

2010年欧洲其他国家也开始陷入危机，整个欧盟都受到债务危机困扰。2010年1月11日穆迪警告葡萄牙若不采取有效措施控制赤字将调降该国债信评级。2010年2月4日西班牙财政部指出，西班牙2010年整体公共预算赤字恐将占GDP的9.8%。2010年2月4日，葡萄牙政府称可能降低缩减赤字的努力及西班牙披露未来三年预算赤字将高于预测，更是导致市场焦虑情绪急剧上升。2月5日债务危机引发市场恐慌，西班牙股市当天暴跌6%，创下15个月以来最大跌幅，导致欧元遭到大肆抛售，再加上欧洲股市整体暴跌，德国等欧盟核心国都开始感受到危机的影响，整个欧盟正面临成立以来最严峻的考验。2010年2月9日，欧元空头头寸已增至80亿美元，创历史最高纪录。2010年2月10日，巴克莱资本表示，美国银行业在希腊、爱尔兰、葡萄牙及西班牙的风险敞口达1 760亿美元。

2010年3月3日，希腊政府提出新的财政紧缩方案，削减公务员薪酬以及提高多种税收，预计可以为政府节支48亿欧元。但是，政府的举动引起了公职人员的不满，导致全国大罢工的发生，罢工导致航空交通及公共医疗服务大受影响，全国铁路交通陷入瘫痪。2010年4月23日，希腊正式向欧盟与IMF申请援助。由于欧洲各国在援助希腊问题上迟迟达不成一致意见，4月27日标普将希腊主权评级降至"垃圾级"，危机进一步升级，希腊债务危机愈演愈烈。

2010年5月3日，德国批准了总额达224亿欧元的援助希腊计划，以避免危机蔓延。2010年5月9日，IMF批准向希腊提供300亿欧元(约合400亿美元)救助贷款，帮助这个深陷债务危机中的欧洲国家。2010年5月10日，欧盟批准7 500亿欧元希腊援助计划。2011年7月22日欧洲峰会召开，就希腊救助问题进一步达成共识，欧元区统一向希腊提供1 000亿欧元新融资。欧盟峰会的草案提出，暂定将欧洲金融稳定机构(EFSF)的期限从7.5年延长至最少15年，将EFSF贷款利率下调至3.5%。草案并提出，EFSF将能够通过向政府提供贷款来对金融机构进行资本重组，EFSF相关条款也适用于爱尔兰和葡萄牙以及EFSF可以入市干预二级市场。

二、欧洲债务危机的成因

欧洲债务危机的成因是多方面的，根本原因是欧盟快速扩张及其制度性缺陷，美国的次贷危机只是引发欧洲债务危机爆发的导火线。

(一)欧元区内部的制度性缺陷

欧洲债务危机充分暴露出欧元区体系在深层次上的制度性缺陷,即在欧元区内部货币政策由欧洲央行统一行使,而财政政策却由主权国家分而治之,这种分散的财政政策和统一货币政策之间的不协调导致成员国失去了应对危机的宏观经济调控手段——货币政策。财政政策与货币政策是一个主权国家调节经济运行的两个最基本、最核心的工具,只有二者合理搭配才会有效地对经济运行实施调节。由于欧元区实施统一货币政策,各国缺少了利率和汇率两大工具的支持,为了走出由美国次贷危机所带来的经济衰退,成员国只能借助扩张性财政政策来刺激经济复苏。再加上这些国家的债券也会成为国际市场上的投机对象,结果造成希腊、爱尔兰、西班牙等国家物价和工资迅速上涨,财政赤字不断扩大,各国早已突破了《稳定与发展公约》所规定的财政赤字不得超过本国 GDP 的 3%、主权债务总额不得超过本国 GDP 60%的上限,并已经完全脱离了经济发展水平以及国家还款能力,导致投资者对政府债券的信任度降到了冰点,进而引发主权债务危机。

(二)欧盟快速的外延式扩张

1993 年 11 月 1 日,《马斯特里赫特条约》正式生效,欧盟正式诞生。欧盟成立以后,快速向中东欧扩张。1995 年 1 月 1 日瑞典、芬兰和奥地利加入欧盟;2004 年 5 月 1 日波兰等 10 个中东欧国家入盟;2007 年 1 月 1 日罗马尼亚和保加利亚加入欧盟。1993 年至发生欧债危机的 2009 年,欧盟快速接纳了 10 多个经济状况不容乐观的中东欧国家。加入欧盟后,各国自身的优势与劣势逐步表现出来,例如希腊这样的国家没有资源优势、没有领先的创新优势,而德国、法国这样的大国就垄断了对外出口,强势国家与弱势国家之间的矛盾越来越突出。2008 年全球金融危机的爆发,使得这些问题凸显,外围国与核心国之间的财政政策与货币政策存在着明显的不相适应,欧盟无法满足成员国不同的财政政策和货币政策偏好,外围国无法维持财政赤字,使其陷入一种结构性的衰退,并且还面临债务膨胀,外围国与核心国差距越拉越大。同时,由于经济发展不平衡,还造成欧盟内部的"搭便车"行为,希腊无节制的信贷最后需要德国这样的大国来埋单。这种只靠成员国的相互救济渠道单一且不持续,使得欧盟的救助机制极难建立,这些问题在危机爆发之初就未能及时得到解决,导致欧洲主权债务危机愈演愈烈。

三、欧洲债务危机对中国经济的影响

欧洲债务危机导致欧洲经济的减速和衰退主要是通过贸易、大宗商品价格和投资信心等渠道对中国经济产生影响。

根据德意志银行亚洲区首席经济学家马骏的研究,欧美经济增长每下跌 1%,中国出口增长就要下跌 6%;而大宗商品价格的下跌会直接冲击中国能源和原材料企业的利润、生产和投资;而全球股市和大宗商品价格的下跌,又增加经济下行的预期,打击国内投资者信心。这虽然对缓解中国的通胀在短期内有好处,但如果欧洲经济陷入衰退,本来已经在美国金融危机冲击和宏观调控之下减速的中国经济,也将面临更大的挑战。欧盟是中国最大的出口市场,2010 年中欧双边贸易达到 4 800 亿美元,欧债危机的发生影响了中国的出口,直接冲击着中欧正常的双边贸易。

欧债危机的爆发,在汇率方面也对中国出口企业形成较大的冲击。欧元持续疲弱、人民币汇率相对升值,这将对中国对欧出口造成压力,汇率升值会消耗掉本来就不多的出口利润。欧债危机还导致欧债以及欧元资产的大幅度贬值。2010 年,中国持有的欧洲资产在持续增加。截至 2011 年 6 月底,中国的国家外汇储备余额已接近 3.2 万亿美元,同比大幅增长 30.3%。

据市场估算，其中的60%～70%为美元资产，日元和欧元资产则共占到30%左右，而在这之中，欧元资产占比可能在10%～20%之间。假如按照15%估算，则欧元资产规模大概在4 800亿美元，欧元资产贬值对中国的影响可见一斑。

案例剖析

国际金融危机是经济全球化发展的必然产物吗？

在世界经济论坛2017年年会开幕式上，中国国家主席习近平作主旨演讲时讲道，“这是最好的时代，也是最坏的时代”，英国文学家狄更斯曾这样描述工业革命发生后的世界。今天，我们也生活在一个矛盾的世界之中。一方面，物质财富不断积累，科技进步日新月异，人类文明发展到历史最高水平。另一方面，地区冲突频繁发生，恐怖主义、难民潮等全球性挑战此起彼伏，贫困、失业、收入差距拉大，世界面临的不确定性上升。对此，许多人感到困惑，世界到底怎么了？要解决这个困惑，首先要找准问题的根源。有一种观点把世界乱象归咎于经济全球化。经济全球化曾经被人们视为阿里巴巴的山洞，现在又被不少人看作潘多拉的盒子。国际社会围绕经济全球化问题展开了广泛讨论。困扰世界的很多问题，并不是经济全球化造成的。比如，过去几年来，源自中东、北非的难民潮牵动全球，数以百万计的民众颠沛流离，甚至不少年幼的孩子在路途中葬身大海，让我们痛心疾首。导致这一问题的原因，是战乱、冲突、地区动荡。解决这一问题的出路，是谋求和平、推动和解、恢复稳定。再比如，国际金融危机也不是经济全球化发展的必然产物，而是金融资本过度逐利、金融监管严重缺失的结果。把困扰世界的问题简单归咎于经济全球化，既不符合事实，也无助于问题解决。

思考与练习

一、关键概念

金融危机、2008年美国金融危机、贸易传导渠道、金融传导渠道、次贷危机、外债、债务危机、布雷迪计划、贝克方案、欧洲债务危机

二、思考题

1. 2008年美国金融危机是如何产生的？
2. 2008年美国金融危机是怎样影响世界经济的？
3. 2008年美国金融危机与东亚金融危机有哪些区别？
4. 简述发展中国家债务危机的发展历程。
5. 发展中国家债务危机对发展中国家有哪些影响？
6. 欧洲债务危机对世界经济体系有哪些影响？

三、讨论题

1. 发展中国家为什么会产生债务危机？
2. 如何化解欧洲债务危机？

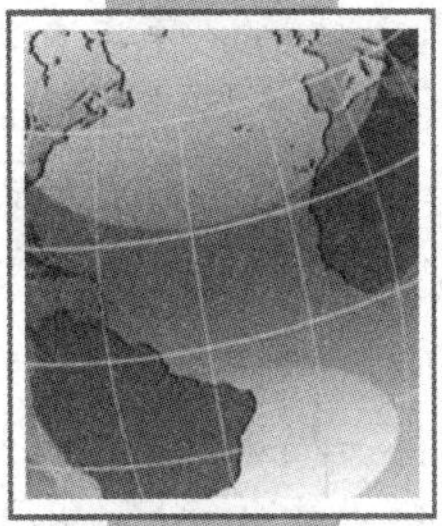

第十章 世界经济传导机制与协调机制

本章要点

本章主要以国际经济协调的根本原因是由于国际经济的相互依赖、国际经济之间的相互传导为出发点，分析了世界经济中的相互依赖的度量和传导机制；阐述了国际经济协调的背景、理论依据、协调机制；介绍了当今国际经济协调的实践。

本章需要重点掌握的内容是国际经济之间的相互传导机制、国际经济的协调机制和理论依据。

本章的难点内容是国际经济之间的相互传导机制、国际经济的协调机制和理论依据。

案例引导

东亚金融危机仅仅是亚洲的吗？

20 世纪 90 年代，泰国全方位地开放其国内市场，经济上出现了前所未有的繁荣，吸引了大批的国际流动资金的流入，国内金融业务蒸蒸日上。泰国政府承诺将泰铢与美元的比价保持在固定的汇率，这大大地增强了人们借贷的信心。国内金融机构大举借贷美元，再将美元借给企业家广建旅馆、写字楼、豪华别墅和工厂。但渐渐地，人们认识到泰国的经济并没有像预测中的那样强大，再加上国际性投机商抛售泰铢的行动，而政府并未能如其所愿地保持汇率的稳定，结果导致泰铢币值直线下降了 30%。这意味着从金融机构贷款 1 美元就要多还 30%的泰铢，许多企业家无法偿还银行的贷款，许多银行也偿还不了从国外借来的美元，整个经济体系突然全部停滞。1997 年 12 月 8 日，泰国政府宣布，关闭 58 家主要金融机构中的 56 家。一夜之间，这些私人银行都因泰铢的崩溃而倾家荡产。

泰国危机导致整个东南亚正在逐步形成的新兴市场中的资金快速外流，使韩国、马来西亚、印度尼西亚的货币大幅贬值。来自全球的或当地的投资家开始更仔细地审查这些国家的经济，企图寻找出路，把他们的资金转移到安全的国家去，或要求提高利率以偿还高风险造成的损失。

东南亚的衰退开始影响全球商品价格。首先是原材料，接着是日用品。亚洲在危机前高速的经济增长消耗掉大量的原材料，当这台机器熄火后，世界上的金、铜、铝以及最重要的原油的价格都开始疲软。这首先影响俄罗斯，亚洲危机造成原油价格暴跌，使俄罗斯政府完全依靠对原油和其他矿藏品的出口来筹集预算资金，以及依靠国外借贷来维持政府开支的情况变得更加困难。一方面俄罗斯政府偿还短期债券的利息和本金越来越困难；另一方面俄罗斯政府难以满足国际金融组织所提供的借款条件。1998 年 8 月 17 日，俄罗斯货币贬值，并单方面撕毁政府关于债券的合同而没有任何的附加条件，使得在俄罗斯投资的对冲基金、银行和投资银行出现巨额损失。

由于俄罗斯的经济体系国际化程度较高，它通过对冲基金，把俄罗斯的经济失衡机械性地传到世界上其他正在形成的新兴市场，特别是巴西。对冲基金的趋利性特点，使得它们在健全的国家出卖资产用以弥补在金融形势不好的国家的损失。巴西不得不将利率提高以防止资金外流。投资者将巴西、韩国、埃及、以色列和墨西哥的股票和债券变卖成现金，或是存放在他们的床垫下，或是变成他们能随时看到的最安全的美国国债。于是，在巴西和其他正在形成的新兴市场上出现的衰退就如机械性传递一样，大家都蜂拥抢购美国国债，造成了美国利率的下降。

当投资者纷纷寻找安全之地时，剧情的急变将正在形成的世界市场搅得一塌糊涂，这加大了美国国债的价格与新兴市场股票价格的波动，影响利率和人们的正常的投资策略，从而加大世界经济的波动。

从上述的分析中表明，20 世纪 90 年代末期产生的东亚金融危机不仅仅是亚洲的。你能阐明东亚金融危机是怎样冲出亚洲走向世界的吗？

第一节　相互依赖的定量分析

世界经济中的相互依赖指的是一个国家的经济发展取决于其他国家的发展和政策；一个国家的发展和政策又影响其他国家的经济发展。相互依赖的实质是世界范围内商品经济的整体性。在当代世界经济中，国际经济传递机制是相互依赖的一种主要形式。

一、世界经济中的相互依赖

为什么一个可以不依赖于他国的、能自给自足的自然经济反而愿意变成一个需依赖于他国的、受制于国际分工体系的开放经济？世界经济中的相互依赖正如由商品经济所决定的商品生产者的相互依赖，本质上就不是使用价值的相互依赖，而是价值的相互依赖。一个封闭的自然经济，如果说已经形成了自给自足的独立体系，那么，它开放的主要目的就不是为了某种它所缺乏的使用价值，而是一国在国际交换中实现的国民价值的增值(即使这一价值的承担者是该国同样能够生产的)，这就是在国际价值规律的作用下所决定的世界经济依赖的必然性。

世界经济中的相互依赖，从类型上看包括对称均衡的依赖和非对称均衡的依赖。在对称的和均衡的相互依赖中，各国处于同等地位。例如，发达国家之间的相互依赖，发展中国家之间的相互依赖，就属于这种情况。它们各自的经济发展并非首先取决于这类依赖。这主要是由于：发达国家之间，虽然这种国际联系和相互依赖给各自带来了利益，但各自双方的经济独立性都较强；而发展中国家之间，由于各自的发展水平均较低，较少存在着相互投资与贸易的机会。

在不对称的和不均衡的相互依赖中，各国处于不同等的地位，一方是主导性的，另一方是依附性的。例如当代发达国家与发展中国家间的相互依赖大部分是从历史上帝国主义国家与殖民地附属国的关系演变过来的。这种相互依赖不但在所谓“分工”中是不对称的，而且在政治和经济地位上也是不均衡的。

二、相互依赖的定量分析

相互依赖的定量分析，可以采用贸易和资本两个方面的衡量指标。

（一）从贸易的角度

一国的国内生产总值中进出口贸易所占比重以及两者的发展速度之比是相互依赖的数值指标。以 M 代表进口，X 代表出口，这种指标包括以下几个类型：

表示两国（或两类国家）间的相互依赖程度，可用两国或两类国家的进出口总额与它们的国内生产总值之和之比，即 $(M_A+X_A+M_B+X_B)/(GDP_A+GDP_B)$。其数值越大，依赖越强。

表示一国对世界的依赖程度，可以用一国国际贸易进出口总额占其国内生产总值的比重来表示，即 $(M+X)/GDP$，也就是外贸依存度。其数值越大，依赖越强。

表示一国对世界依赖程度的发展，可以直接用不同年份的第二类指标表示，也可以用一国国际贸易的年增长速度与国内生产总值的年增长速度之比来表示。速度之比大于1，表明对世界依赖程度的增大。

外贸依存度的实际计算方法，通常有两种：一是汇率法；二是购买力平价法。

市场汇率法考虑了很多的因素，包括市场的需求和供给情况等。汇率法通常的做法是依照市场汇率将所有的货币都转换成美元，再以此标准计算。然而，在使用市场汇率时有两个困难。首先，因为市场汇率上下波动剧烈，国家的经济规模可以很容易地在一年中变化10%或20%。其次，在应用市场汇率时，许多不发达国家看起来只有非常少的国民收入。

目前无论用哪个标准衡量，美国的经济实力都是世界上最强的。但哪个国家是第二呢？日本、德国还是其他国家？你可能认为这个问题像测量身高和体重一样容易回答。但问题是日本是以日元计算其国民产出，而德国和美国的国民产出分别以欧元和美元计算。

购买力平价理论认为两国货币的汇率等于两国价格水平之比，或是任何国家的任意一种货币的购买力都应该相等。它的基础之一是一价定律。一价定律认为在没有运输费用和官方贸易壁垒（例如关税）的自由竞争市场上，同样货物在不同国家出售，按同一货币计量的价格应该是一样的。一价定律实际上是对贸易理论中一个重要原则的重新表述：即当贸易是开放的并且交易费用为零时，同样的货物无论在何地销售，其价格都必然相同。

现在，经济学家一般偏向于使用购买力平价汇率来比较不同国家的生活水平，这同按市场汇率计算的结果相比，差别可能非常大。在使用市场汇率时，低收入国家（如中国和印度）的产出有可能被低估。这种低估是由于它们产品的很大一部分来自于劳动密集型服务，这在低收入国家（或地区）通常非常便宜。于是当我们用包括非贸易品价格的购买力平价进行计算时，低收入国家（或地区）的国内生产总值相对于高收入国家就会上升。例如，在20世纪90年代末期用购买力平价计算时，中国的国内生产总值是用市场汇率计算得出的结果的5倍。由此，中国已在90年代中后期超过德国而成为世界上第三大经济强国。

同样，用汇率法和购买力平价法计算出来的外贸依存度差别是很大的。如按照汇率法计算，中国2008年的外贸依存度约为60%，如果用购买力平价计算时，中国的国内生产总值是用市场汇率计算得出的结果的2倍，那么2008年中国的外贸依存度只有30%。

从上述的理论可以看出，对外依赖程度完全取决于进出口贸易的量，而这个量是价值量，不反映使用价值，从而不反映一国在其经济结构的哪一方面对外依赖，即不能反映相互依赖的对称性和均衡性的差异。从实际情况来看，外贸比重大的国家大部分是发达国家，但并不一定是处于非对称和非均衡的相互依赖的不利地位。并且，这三类指标都是从贸易角度而论的，有一定的局限性，因为国际经济关系不仅表现在贸易往来而且还表现在资本往来。

（二）从资本的角度

用外资与本国资本之比或与全部投资之比可以反映这一方面的依赖。

第二节　国际经济传递（导）机制

国际经济的传递（导），广义地说，就是世界经济或有关国家的经济对一国经济产生的影响。也就是说，国际经济存在着传递和外溢效应。在西方经济学中，主要是指国与国之间关于通货膨胀、失业、金融危机和经济周期等的传递，是一种经济失衡的跨国转移，是非均衡传导。

当代世界经济的传递机制表明，国与国之间在经济上的相互依赖不仅表现在商品、资本、技术、劳动力等实物形态上，而且表现为各国经济在波动和发展上的相互传递的无形形态。这种无形形态的相互依赖要比实物形态的相互依赖更为深刻。这种依赖是宏观经济上的相互依赖，在很大程度上又表现为政府经济政策上的相互依赖，因而这种传递机制造就了国际经济协调与合作的客观要求。

世界经济失衡的传导有发散和收敛两种类型。如果一国经济本身就处于失衡状态，或是通货膨胀严重，或是失业压力很大，这时国外经济失衡传导进该国，便会产生“谐振”，使经济失衡更加严重，调整工作越发困难，这就是发散型经济失衡传导。例如，1982 年的墨西哥金融危机，1997 年东南亚金融危机等。反之，一国国内经济处于良性状态，这时国外经济失衡传导到该国，便会自然“减振”，使经济失衡区域减弱或消失，这就是收敛型经济失衡传导。例如 1999 年初的拉美国家的金融危机，并没有大规模扩散。

从世界经济传导的基本框架（见图 10－1）可以看出，世界经济失衡传导主要通过国际商品流动、国际资金流动、国际劳动流动、国际信息流动等渠道由一国传导给另一国。

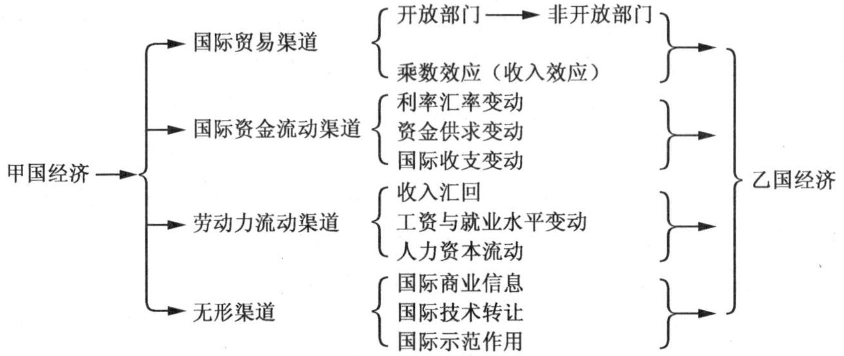

图 10－1　世界经济传导的基本框架

如果从总需求和总供给方面来分析世界经济传导，如表 10－1 所示。

表 10－1　　**世界经济传导不同途径对照**

	经济不传导（封闭经济）	国际商品流动（开放经济）	国际资金流动（开放经济）	国际劳动流动（开放经济）	国际信息流动（开放经济）
总需求	$C+I+G$	$C+I+G+X$	$C+I+G+X+F_c+F_r$	$C+I+G+X+F_c+F_r+W_f$	$C+I+G+X+F_c+F_r+W_f+a_f$
总供给	$C+S+T$	$C+S+T+M$	$C+S+T+M+D_c+D_r$	$C+S+T+M+D_c+D_r+W_d$	$C+S+T+M+D_c+D_r+W_d+a_d$

续表

	经济不传导（封闭经济）	国际商品流动（开放经济）	国际资金流动（开放经济）	国际劳动流动（开放经济）	国际信息流动（开放经济）
国民收入均衡	$I+G=S+T$	$X-M=S-I$	$X-M=(D_c-F_c)+(D_r-F_r)$	$X-M=(D_c-F_c)+(D_r-F_r)+(W_d-W_f)$	$X-M=(D_c-F_c)+(D_r-F_r)+(W_d-W_f)+(a_f-a_d)$
经济通胀	$I+G>S+T$	$X-M>S-I$	$X-M>(D_c-F_c)+(D_r-F_r)$	$X-M>(D_c-F_c)+(D_r-F_r)+(W_d-W_f)$	$X-M>(D_c-F_c)+(D_r-F_r)+(W_d-W_f)+(a_f-a_d)$
经济衰退及失业	$I+G<S+T$	$X-M<S-T$	$X-M<(D_c-F_c)+(D_r-F_r)$	$X-M<(D_c-F_c)+(D_r-F_r)+(W_d-W_f)$	$X-M<(D_c-F_c)+(D_r-F_r)+(W_d-W_f)+(a_f-a_d)$
结论	不受外来影响或经济不传导	任何一国若有贸易存在，只要能够使国际收支的贸易差额发生变化，都会影响国内经济均衡，只有通过调整储蓄、投资、税收和政府开支，才能达到新的均衡	对于一个经济开放的国家，已经出现了进出口以及国际资金的流出流入，那么资金汇入汇出等均可以将外部的经济不均衡传导到一国国内	存在有劳动力流出流入的开放经济国家，有着比仅有商品国际交换、资金国际流动更多的调节经济的手段，即劳动力收入的汇出汇入同时也将增加经济的非均衡传导的渠道	存在着信息国际交流的开放国家经济，比包含商品、资金、劳动力国际移动的均衡公式更增加了新调节手段，即信息交换，同时也增加了经济非均衡传导的机会，促使经济在各国的非均衡传导中广泛展开

说明：F_c 为流入本国的外国资金，D_c 为本国流向外国的资金；F_r 为本国流向外国资金的所得收益，D_r 为外国投入本国资金的所得收益；W_f 为本国居民从外国取得的工资收入，W_d 为外国居民从本国取得的工资收入；a_f 为信息从国外流向国内所产生的净经济影响，a_d 为信息从本国流出给外国接受方带来的净经济影响。

资料来源：张抗私主编：《世界经济概论》，经济科学出版社 2000 年版，第 237 页。

在封闭经济状态下，总需求和总供给的平衡关系为：$C+I+G=C+S+GT$；在开放经济状态下，总需求和总供给的平衡关系为：$C+I+G+X+F_c+F_r+W_f+a_f=C+S+T+M+D_c+D_r+W_d+a_d$。一个国家对外开放程度越高，外部均衡对实现总体经济均衡的意义就越重要。

一、国际贸易非均衡传递渠道

一国经济可以分为开放部门和非开放部门两个部分。世界市场价格对一国经济影响的传递过程是：世界市场价格变动首先导致一国开放部门的相应价格变动，然后又引起国内非开放部门的相应价格变化，从而发生整个国家价格水平的变化，最终导致国民产量、国民收入水平和就业水平的变化。这种价格传递的作用与一国的开放程度、一国的贸易地位的高低呈正相关。同时，它还受到一国的经济体制、消费偏好等方面的影响。当然在这里，一国政府采取的特殊政策可以减缓该国经济受传递冲击的程度。

国际市场上商品价格的变化直接影响着各国经济的发展，它使一国国内一些部门获利，也使一些部门亏损、收缩，也就是说，在一定程度上通过影响收入的变化促成了一国宏观经济的景气与衰落。例如，1973～1974 年的石油危机，使得全球石油进口国的高能耗工业受到沉重打击，发达国家由此进入 20 世纪 70 年代中期的经济萧条。相反，石油输出国却成了这次冲击和萧条的受益者，人均国民收入极大提高，消费水平提高，海外投资上升。

国际贸易影响国民收入变化的国际传导机制如图 10—2、图 10—3 所示。

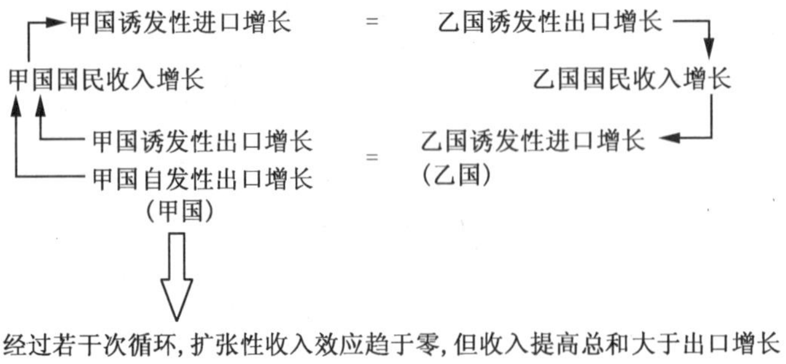

图 10—2 国民收入变化通过收入效应的国际传导(扩张型)

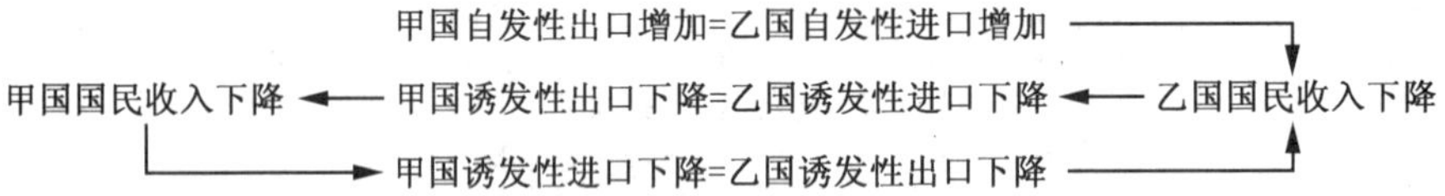

图 10—3 国民收入变化通过收入效应的国际传导(收缩型)

二、货币与资本非均衡传递渠道

在货币与资本方面，传递渠道较多，具体有如下五种形式：

一是信贷关系的传递渠道。包括一国由于信贷收缩，引起的本国企业的金融困境或支付困境，通过进出口或支付等渠道对他国经济的影响；或由于经济衰退而发生的债务负担，而对相关债权国的经济的影响。

二是利率差异的传递渠道。这主要是由于息差的存在，带来国际资本(游资)的流出或流入，随之又影响其他国家的资本供给和利率，这将导致各国的通货膨胀率与世界的通货膨胀率一起浮动。例如，20 世纪 80 年代初，美国里根政府实行高利率政策，致使国外大量资金涌入美国，美元资产成为购买的对象，汇率一时达到顶峰，一定程度上使美国国际地位有所转变，但也埋下了变为债务国的祸根。20 世纪 90 年代初德国科尔政府步里根政府后尘，实行高利率政策，吸引资金以解决德国东部重建问题。两国政府金融政策的调整都造成了国际金融的动荡，美国加剧了 20 世纪 80 年代发展中国家的债务危机，德国则使欧洲货币体系处于瘫痪状态。

三是国际收支失衡的国际传导。在资本流动的情况下，国际收支、利率、汇率之间相互传递、相互影响，如图 10—4 所示。贸易顺差国和逆差国是互为影响的结果，它们之间的资金会通过融资、套利等活动相互流动，最终会使得其利率趋同。汇率变动不但会影响一国进出口价格的变化，而且会对一国的货币、工资、生产和就业等方面产生影响。例如，美国实行扩张性财政政策，导致利率升高，吸引外国资金流入美国，引起美元升值和外币贬值，货币贬值国家的出口增多，进口减少，取得贸易顺差，从而使其生产和就业扩大。这是从需求方面考察汇率变动的国际传递效应。再从供给方面来看，以石油为例，如果石油以美元定价，美元对外币贬值，会引起从外国进口的石油成本上升，促使其物价和工资上涨，如果商品价格上涨赶不上工资上涨，厂商就会减少产量，会导致失业的增加。但同时，本币对外币贬值，以外币标价的本国商品价格下降，会扩大出口。

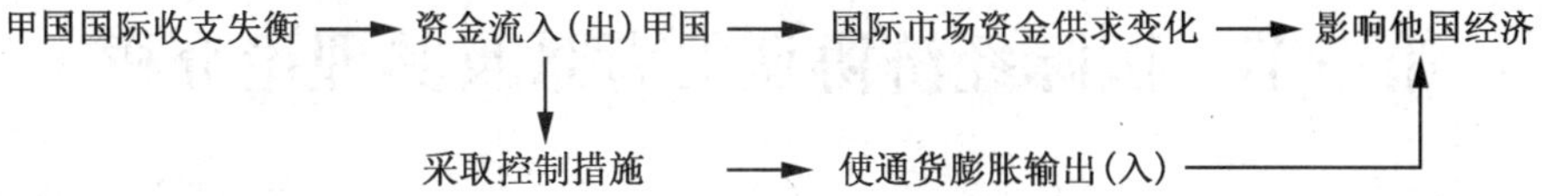

图 10－4　国际收支失衡的国际传导

四是各国货币政策的传递渠道。当一国通货膨胀率高于世界其他主要国家时，国内货币供应过多，信用较松，资本流往国外，对国际收支逆差产生影响。当该国国内采取紧缩性政策后，通货膨胀率下跌，资本不再外流，但本国的通货膨胀已传到国外。当世界其他主要国家的通货膨胀率高于国内时，资本流入国内，产生盈余影响。为了避免资本的过多流入，该国便扩大信贷和货币流通量，使国内通货膨胀率与世界一致，这样世界通货膨胀就传到了国内。

五是汇率传递渠道。如果一国宣布货币对外贬值，以扩大出口、减少进口，那么就把失业传递到了他国，如图 10－5 所示。

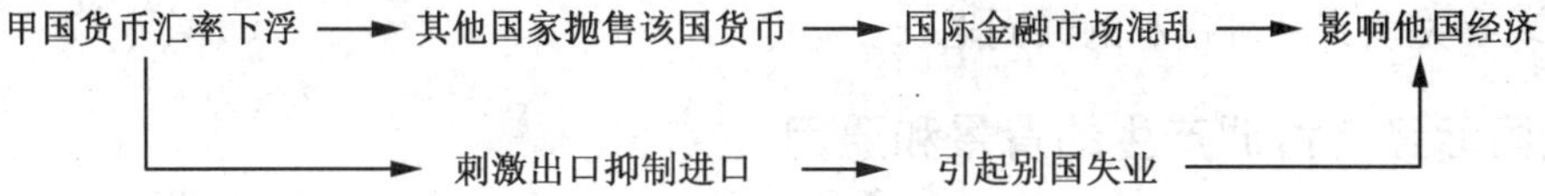

图 10－5　汇率变动引发的世界经济传导

在现实中，往往是很多种因素相互影响，因而传递也不是单一的途径。在这些传递中起决定性作用的，是国内外资本的交叉程度。具体传递途径有，在本国的外资数量和本国在国外的资本数量，其中包括本国银行中国外存款的比重和构成，本国拥有的外国有价证券和外币的数额和构成；本国与他国政府对资本流出入所持的政策，包括金融、汇率、外资、对外投资政策等；本国国内利率与国际金融市场利率的差异大小，汇率贬值的幅度；一国金融市场的发达程度，其与传递的影响程度正相关。

三、劳动力国际流动的非均衡传递渠道

劳动力的国际流动比商品与资本的国际流动要小，而且它与经济的周期波动关系不是很密切，但是传递仍然是存在的，在外籍工人人数较多时影响就会明显。这种传递是通过工人的工资水平的传递和失业人数的转移而发生的。政府的劳动力流动政策对这一传递的作用影响较大。

四、技术的非均衡传递渠道

技术的非均衡传导如图 10－6 所示。

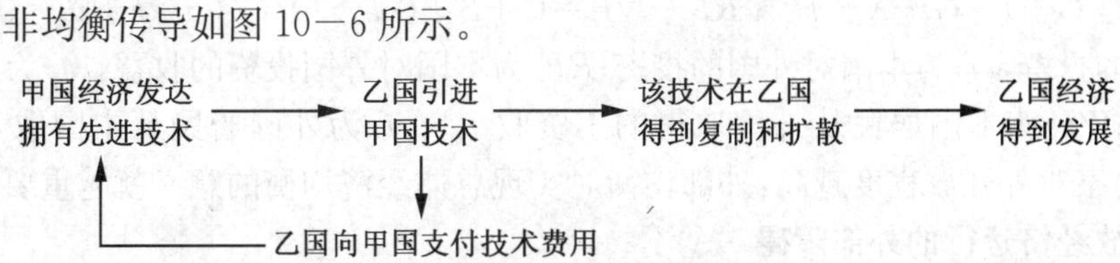

图 10－6　技术转让引起的世界经济传导

根据以上的传递效应，西方经济学家认为，单靠一国甚至几个国家实行内外均衡政策不足以解决全球问题。因此，必须依靠国际协调。

第三节　国际经济协调的背景及其理论分析

一、国际经济协调的含义

所谓宏观经济政策的国际协调（the international coordination of macroeconomic policies），简称“国际经济协调”或“政策协调”，是指以各个国家或地区的政府或国际经济组织为主体，在承认世界经济相互依存的现实前提下，就汇率政策、贸易政策、货币政策和财政政策等宏观经济政策在有关国家之间展开磋商、协调，或适当修改现行的经济政策，或联合采取干预市场的政策行动，以减缓各种突发事件和经济危机所形成的冲击，维持和促进各国经济的稳定增长。目的主要是寻求在各协调国家均能接受的前提下使协调国家整体经济利益趋于最大化。

国际经济协调与国际经济合作的差异在于，国际经济合作所覆盖的范围更加广泛，而且它强调通过扩大技术交流和信息共享、加强进出口贸易和跨国界资本流动等形式的国际经贸活动，来实现有关国家经济福利的共同增长。

二、国际经济协调产生的背景和原因

随着一体化程度的不断加深，各国经济政策的外部性越来越明显。而由于世界经济发展的不平衡性，这些国家经济政策的选择往往相互矛盾，并通过其外部性表现出来，经由传递机制得到扩大，最终导致世界经济的动荡和危机。这些外部性包括以下几个方面：

(一)国际经济关系的发展所产生的要求

随着各国经济的发展，各国对外经济活动的规模和内容日益扩大，对外贸易在国民经济中所占比重普遍提高，目前世界进出口总额占国民生产总值的比重已达 1/3 以上。国际贸易特别是在部门之间和部门内部进行的生产资料相互贸易的发展，反映出各国生产活动的相互依赖逐步深化。同时国际资金流动规模也在扩大，它既表现在发达国家间大规模的相互投资，又表现在发展中国家越来越积极地引进外资的活动。在这个过程中，各国国内金融市场逐步同国际市场联系起来，国际金融外汇交易日渐活跃。此外，国际人员流动、技术贸易、信息流动等对各国经济活动的影响也在不断加强。在当今世界，一个国家经济的发展越来越多地面临着在改善国内条件的同时如何改善外部条件的问题。解决这两个问题既不能听凭市场机制的自发调节，也不能单靠本国的政策干预，而需要各个国家的国际经济政策相互配合，这就是各国开展国际经济协调的根本原因。

(二)经济均衡的外部条件

在封闭经济状态下，经济均衡的条件是 $C+I+G=C+S+GT$；在开放经济状态下，经济均衡的条件是 $C+I+G+X+IF+RF+WF=C+S+GT+M+if+rf+wf$（其中，$IF$ 为外国对本国的投资，if 为本国对外国的投资；RF 为本国对外国投资的收益，rf 为外国对本国投资的收益；WF 为本国居民从外国取得的工资收入，wf 为外国居民从本国取得的工资收入）。一个国家对外开放程度越高，外部均衡对实现总体经济均衡的意义就越重要。

(三)开放经济运行的外部障碍

开放经济的运行始终面临进入和过度竞争两种障碍。一个国家扩展对外经济关系的可能程度受到他国市场开放程度的制约，开放经济使相互参与经济活动的各方的利益常常是对立的，因而竞争是激烈的。因此，市场进入障碍和过度竞争障碍主要受非市场因素即各国宏观经济政策的调节。当两国政策目标一致、利益却对立时，可以通过协调相互的经济政策实现充分就业，提高各自市场的开放度，增加进出口，扩大贸易，并以此带动经济增长和国民收入水平的提高，实现扩大的均衡。而在各国经济目标不一致时，国际协调则更有必要性和可能性。

(四)政策调节的外部干扰

在开放经济下，由于外部经济的介入，一国干预经济活动的政策手段的影响将明显削弱，表现在：第一，政策工具及其作用有限。一国财政货币政策主要是为解决国内均衡而制定的，即使在浮动汇率制度下，一国也很难单独通过汇率政策达到内外均衡。例如，当政府实行膨胀性货币政策，国内资金将出现大量外流，部分地抵消了政策对扩大投资的作用，抑制经济增长，使该国的出口竞争力下降，导致贸易逆差。这将促使货币当局动用外汇储备来平衡国际收支逆差，国内货币供应量减少，利率回升，外国资金流入，投资和消费增加，将会增大通货膨胀的压力。赤字财政政策也将会由于进口的增加和出口的减少导致国内投资需求被削弱，使财政扩张的投资乘数作用降低，从而降低政策效果。第二，各国政策目标不协调。例如，对通货膨胀和失业问题，各国的优先选择治理目标不同，有的国家更重视通货稳定，有的国家则把解决失业问题放在首位，这种情况在欧盟表现得尤其突出。第三，由于各国政策不协调，致使政策工具的效应降低。

第二次世界大战后，特别是 20 世纪 70 年代以来，世界经济不断出现动荡和危机：20 世纪 70 年代的美元危机，导致了布雷顿森林体系的崩溃(1973 年)，1973～1975 年出现了战后最严重的经济衰退；1973～1979 年两次石油危机的冲击以及 1979～1980 年世界范围的通货膨胀，使得整个发达国家经济深深陷入“滞胀”困境；80 年代后，整个世界经济继续动荡不安，1982 年 8 月后又爆发了一场严重威胁国际金融秩序的全球性债务危机；1985 年起，美国开始成为世界上最大的债务国，在很大程度上依赖外国的资本来弥补其巨额财政赤字和维持国内经济增长；1987 年 11 月美国纽约股票交易所的道琼斯工业指数的狂泻，又触发了一场震撼全球的股市危机；除此之外，在国际金融市场上，利率变动不已，汇价更是剧烈波动，而发达国家之间的贸易摩擦不断加剧，保护主义甚嚣尘上。正是在这种危机不断的时代背景下，“宏观经济政策的国际协调”开始盛行起来。

三、经济协调的形式

世界经济协调是各国政府通过国际经济组织、经济一体化组织、国际条约和协定、国际会议四种组织形式进行具体运作，构成一个日趋完整的世界经济协调体系。

(一)国际经济组织协调

国际经济组织协调是指活动于经济领域、跨越国界的政府间组织所进行的国际协调。它具有相对稳定、经常和持续的特征。国际经济组织通常划分为全球性国际组织、区域性国际组织、综合性和专门性组织。如国际货币基金组织、石油输出国组织、世界贸易组织、国际金融组织、世界银行、经济合作与发展组织。

联合国是当今世界上最大的综合性国际组织，其会员国包括了全球几乎所有的主权国家，促进国际经济合作是其经济工作的宗旨。其经济机构主要有经济和社会理事会(经社理事会)及贸易与发展会议(贸发会议)。经社理事会有两个职能：一是研究国际经济、社会问题，向联合国大会及成员国提出报告和建议；二是协调联合国各经济机构的活动，构建国际机构协调运作的互联网络。贸发会议是协调各国政府和区域经济集团贸易及发展政策的中心，其主要职能是制定有关国际贸易和经济发展的原则与政策，并就其具体实施提供建议，比如采取行动促进各种多边贸易协定的签订、检查和协调联合国系统内有关机构在国际贸易和经济发展领域的各项活动，推动南北对话，另外在建立普惠制、共同基金、减免发展中国家债务等方面也发挥着重要作用。

（二）区域经济集团协调

其主要形式有特惠关税、自由贸易区、共同市场、关税同盟、货币联盟的协调。

（三）国际条约和协定协调

国际条约和协定是两个或两个以上主权国家为确定它们在经济方面的权利和义务而缔结的书面协议。往往受到法律秩序的规范和约束，但不具有永久性，只具有时效性。国际条约和协定可以划分为全球性及地区性多边条约和双边条约。

（四）国际会议协调

国际会议是主权国家间政府代表通过会晤，就相互间经济关系和有关的国际经济问题进行协商，进而规定各方权利、义务的协调形式。国际会议一般没有固定的议题，与会国主要就当前迫切需要处理的经济问题交换意见，协调各自的政策立场。与会国的责任一般随着国际经济环境的改变而自然解除，因此，国际会议所进行的国际协调约束力不强，大多是临时性的，而且很不稳定。

四、国际经济协调的理论分析

国际经济相互依存理论，在一定程度上说明了宏观经济政策协调产生的原因和必要性。博弈论则揭示了国际经济协调的结果或可能。

博弈论又称“对策论”，它是由匈牙利的著名数学家约翰·冯·纽曼创立的，是关于博弈的理性行为的理论，主要分析局中人在某种竞争的条件下，“当成果无法由个体完全掌握，结局要视群体共同决策而定时，局中人为了取胜而应采取何种策略”。

一般来说，每个国家都有一个包括就业、产出和物价水平的社会福利函数，而政府管理经济的目标，就是要恰当地选择特定政策工具并确定其量值，以使社会经济福利最大化；或者说，使各种损失的组合极小化。然而，在世界经济相互依存性不断加深的情况下，一国的政策行为会影响别国的社会福利函数。这样一来，各国的宏观经济政策制定或选择过程就好似一局博弈。博弈论中所揭示的，就是局中人在各种状态下（如结盟或非结盟），如何作出决策来尽可能地使自身利益或结盟整体的利益达到最大化。

博弈包括信息不对称博弈和信息对称性博弈。西方经济学家中最先尝试着将博弈论引入宏观决策分析和国际经济协调理论中的要数西托夫斯基和哈里·约翰逊（Harry Johnson），他们于 1942 年、1953 年分别撰写的有关贸易关税与报复的文章，就是较早从博弈论的角度对国际贸易冲突进行的一种探索性分析，而理查德·N. 库珀（Richard N. Cooper）在其 1960 年发表的专著中也对欧共体的经济政策协调作了策略性分析。20 世纪 70 年代末，日本经济学家滨田宏一（Koichi Hamada）在其所著的《国际货币相互依存性的政治经济学》中，对货币领域的国际协调（特别是对国际货币体制的选择）进行了策略性分析，他还设计出一般均衡的动态模型，演绎了各国的宏观经济决策当局在三种不同行为模式的假设条件下，国际经济达到均衡的过程，并比较了三者的国民福利结果。

当然，博弈论在宏观经济分析中的应用并不意味着它能够直接消除或解决国际经济交往中所产生的各种矛盾或利害纷争，也不意味着它能够帮助各国形成一个最优的经济发展战略；但是，它确实有助于人们理解国际经济相互依存的条件下各种利益冲突局面所包括的利弊得失结构，并能够为各国之间的宏观经济政策协调设计一个更好的博弈规则，提供坚实的理论依据。

五、国际经济协调的经济效应

国际经济协调在维持国际经济的稳定并促进其发展的过程中，既有积极的作用，也存在一定的局限性。一方面，国际经济协调可以减轻各种危机对世界经济的冲击，缓和各国经济之间的矛盾和冲突，抑制通货膨胀的发展以及促进国际贸易和资本流动。另一方面，因为缺乏约束力和彻底性、缺乏公正性与平等性、目标与效果非趋同性、缺乏完善的监督机制以及首脑会议政治色彩多于经济目的等原因，国际经济协调的经济效应存在一定的局限性。

第四节　国际经济协调机制

一、贸易政策的国际协调

(一)“囚徒困境”和贸易战的产生

假定分析中只有两个国家：美国和日本；而两国在对外贸易上也只有两种政策选择：自由贸易和保护主义。另外，假定两国政府对其特定贸易政策的结果可用一定的数值来反映其满足程度(见表 10－2)。

表 10－2　　两国贸易政策博弈

日本 美国	自由贸易	保护主义
自由贸易	10 10	20 －10
保护主义	－10 20	－5 －5

从表 10－2 中可看出：如果日本、美国政府都实行自由贸易的政策，则两国满足的程度都为 10。如果日本实行自由贸易，而且又能够容忍美国的贸易保护主义，则美国就会获得最大的利益，满足程度为 20，而日本的代价是满足程度为－10，利益受损。反之，如果美国实行自由贸易而又能够容忍日本的贸易保护主义，则日本就会获得最大的利益，满足程度为 20，而美国的代价是满足程度为－10，利益受损。在实际中通常就是日美之间会爆发“贸易战”，其结果是两败俱伤(满足程度各为－5)。因此，如果日本、美国政府都实行自由贸易的政策，两国从进入对方的市场所获得的好处要大于开放本国市场所失去的利益，两国的经济福利会有所提高。

但在实际中常常出现的一个问题是：既然两国都采取自由贸易的政策会实现福利经济学中所谓的帕累托改善①，那么开放市场实现自由贸易的谈判通常为何如此艰难？

因为，导致两国都采取自由贸易政策的情形具有一种内在的不稳定性。各国在选择贸易

①帕累托改善(Pareto improvement)是一个重要的微观经济学概念，是指当双方通过贸易，从而改善原来各自的消费组合，来提升自己的福利水平。譬如：假设双方从原来的消费组合，通过贸易提升到新的消费组合，以经济学的角度来看，这就是帕累托改善。假设分析是针对两方互相竞争的对手，主要探讨如何在没有牺牲任何一方的福利下改善另一方或双方的福利。

政策的过程中，始终存在着要使其经济利益和政治利益极大化的动机。即在别国实行自由贸易的情况下，突然改行贸易保护主义政策能使本国在短期内获得最大利益。所以，各国的政策制定者在不能确定其伙伴国政府是否会履行诺言的情况下，一般都不会轻易地对某项国际约束作出承诺。这就是博弈论分析中著名的"囚徒困境"所要揭示的国际贸易政策协调过程中的难点问题。

在缺乏充分信息沟通和有效的政策协调的情况下，假如每个国家的政府都从自身的利益出发，那么，往往会将贸易保护主义视作最佳的政策选择，但是贸易保护主义是以损害其邻国利益为代价的，这种"以邻为壑"的政策行为，必将导致在国与国之间爆发贸易战，并最终使有关国家经济福利水平大幅度降低。

现实中的情况要比这复杂得多，为避免国与国之间可能爆发的"贸易战"，有必要通过谈判或协商来实现有关国家贸易政策的国际协调，通过签订国际条约的形式来约束某些政策使用的自由和限制贸易保护主义，以提高整个世界的福利水平。

(二)国际贸易政策的协调机制

全球范围内的贸易政策协调主要表现为在《关税与贸易总协定》以及后来的世界贸易组织的法律框架下所举行的各轮多边贸易谈判。

二、国际货币体系与汇率协调

(一)固定汇率下的国际协调

布雷顿森林体系建立的国际货币基金组织和世界银行是固定汇率制度下国际货币体系与汇率协调的主要机构。

但是，在固定汇率制下，一个非常突出的内在非对称性问题影响着国际经济的协调发展，那就是作为关键货币国家的美国，可以通过增加其对外短期负债来直接弥补国际收支赤字，通过向世界各国征收"铸币税"，使世界各国的实际资源向美国转移。

同时，由于"特里芬难题"，也由于布雷顿森林体系赋予了美国一个支配性的地位取代了各国宏观经济政策的协调，而美国滥用了这种特权，直接导致了该体系的最终崩溃。

(二)浮动汇率下的国际协调

这主要是指在20世纪80年代中期以来，发达国家经常通过对外汇市场进行大规模的联合干预，以便将汇率控制在所希望的范围内。这类汇率政策的国际协调事例，比较突出的共有四起：

第一，1985年9月5日，在美国倡议下召开的发达国家五国财长会议，发表了著名的"广场公报"，缓和了由于里根政府的银根紧缩政策所带来的美元坚挺和巨额的贸易逆差。结果是美元汇率逐渐下降，最终实现了"软着陆"。

第二，1987年2月，发达国家七国财长在法国巴黎召开协调汇率政策的会议，并达成了旨在稳定美元汇率的"卢浮宫协议"。主要针对1985年以来的美元大幅度回落对发达国家经济所可能带来的严重影响。这项协议为美元对日元和美元对马克的实际汇率设定了参考的汇率变动范围，或者说是建立了某种形式的"目标汇率区"。会后各国中央银行耗资高达1 000亿美元干预外汇市场，再加上美联储对国内货币供应量的严格控制，使美元同其他主要发达国家的货币汇率在较长时间保持相对稳定的状态。

第三，1989年9月，发达国家联手大规模地干预外汇市场。干预的总金额达650亿美元。其中，美国为购入德国马克和日元所抛售的美元金额为350亿美元。

第四，1995 年，美国继 1994 年的经济增长过热后，国内通货膨胀的压力增大，美元汇率急剧下降，特别是对日元，更是创下第二次世界大战以来的最低点：1 ∶ 79.75。而日本由于国内的自然灾害和金融市场动荡等原因，日元对美元的汇率上升，但由于日本经济增长乏力，政府试图通过日元汇率的下调来促进出口，从而带动本国经济的增长。于是，在同年举行的七国首脑会议上，一致同意使美元汇率有序回升。8 月 15 日，日本中央银行率先在东京外汇市场抛售日元购入美元。随后，美联储也在纽约外汇市场上进行了积极干预，促使美元对日元回升到 1 ∶ 108 的水平。

(三)当代汇率协调中的问题

第一，发达国家在联合干预外汇市场的同时，在宏观经济政策的国际协调方面有时缺乏配合，导致干预效果不佳。浮动汇率制在促进各国进行汇率政策的协调方面取得了一些成效，但其影响的范围及持续的时间是非常有限的。稳定汇率的根本保障是有关国家宏观经济政策(特别是货币政策)的协调和经济运行指标的趋同。例如，1992 年 9 月席卷西欧的金融风暴使欧洲货币体系遭受了自创建以来的最大冲击，就是由于西欧各国的宏观经济政策的不协调而导致的。由于当时美元对德国马克的汇率跌至第二次世界大战后的最低点，西欧国家的外汇市场上也出现了抢购马克的风潮。马克汇率不断上升，而英镑和意大利里拉等弱币汇率则不断下跌。在有关国家的中央银行作了大规模干预仍然无效以后，英镑和意大利里拉不得不先后退出欧洲货币体系的汇率机制。这主要就是由于欧共体成员国的货币政策的失调。为了摆脱衰退，刺激经济增长，英国、法国和意大利等国纷纷放松银根，降低利率；而德国在统一以后承受恢复东部经济的沉重负担，国内的通货膨胀出现了抬头之势，为了防止通货膨胀的进一步加剧，德国采取了紧缩银根、提高利率的货币政策，故导致了马克汇率的不断上升。

第二，现行的浮动汇率制度本身也存在着制度上的缺陷。在某些方面它仍然存在着在布雷顿森林体系下的非对称性问题。这种不对称性加剧了 20 世纪 80 年代初整个世界经济的衰退。例如，当德国和日本的中央银行在 1977～1978 年面对美国较快的货币增长而干预外汇市场以阻止马克和日元汇率进一步上升时，两国国内的货币供应量增加了；而与此同时，美国的货币存量并没有发生抵消性质的减少，结果导致整个世界货币供给的增加，加剧了 1979～1980 年间各工业化国家同步发生的通货膨胀。假定世界经济处于一个更对称的货币调节体系下，通过各国政府间进行有效的货币政策协调，即一国的货币扩张能被另一国的货币紧缩所抵消，那么世界范围的通货膨胀就会受到抑制。

第三，在现实中，政策协调的目标能否实现在很大程度上不是取决于各国的经济能力，而是取决于各国遵守协议的意愿或决心；因为对协调后的政策的履行只是一种义务，它并不具有强制性。

三、国内宏观经济政策的国际协调

(一)含义

国内政策的国际协调是指在有关国家解决失业与通货膨胀的目标选择不一致时，在相互让步的基础上，就这些国家的货币政策和财政政策进行国际协调，并达成某种妥协或临时默契，选择一个符合参与协调的各国整体最大经济利益的均衡点。

这种协调结果对于某一个或某一些国家来说或许并非是最佳的政策选择，但是，对于世界经济整体来说，它往往是一种最可靠的选择。

(二)目标

目标是要通过对财政政策的长期而持久的调整，来消除国与国之间在经济结构、发展水平和政策制度的不平衡，使得整个世界经济能更协调地发展。

(三)经济政策的国际经济协调的活动

发达国家的政策协调能对世界经济周期运动产生一定的作用，有时还能用来缓和某些国际经济领域中重大突发性事件的消极影响。

第一，从1978年的"波恩会议"开始，发达国家之间在刺激总需求方面便进行国际合作和政策协调。20世纪70年代后半期，在经历了1973～1975年战后最严重的经济危机和第一次石油危击之后，发达国家经济进入了"滞胀"的困境。1977～1978年，在美国卡特政府的倡议下，一个以发达国家宏观经济政策的国际协调为特征的、通过刺激需求增长来带动整个世界经济摆脱萧条的"火车头方法"形成：由日本和德国来充当资本主义世界经济的"火车头"，率先实现扩张性的财政和货币政策，扩大内需，以此来帮助美国削减贸易赤字，并刺激世界经济走向复苏。这一方法经过各国的讨价还价后终于在1978年的波恩会议上达成妥协，制定了同舟共济的"协调刺激经济回升的政策"：由德国和日本在控制通货膨胀的前提下进行经济扩张，以换取美国新的能源政策。这又被称为"一揽子交易"。

第二，1985年的"波恩会议"。1980～1982年，发达国家世界经济又一次陷入严重衰退。在距第一次波恩会议7年以后，发达国家世界经济的周期又把美国、日本和德国带回到各自原来的立场上，即美国要求日本和德国进行经济扩张，而美国的回报是削减巨额财政赤字、降低利率。宏观经济政策的国际协调又一次成功地缓解了它们之间的经济矛盾。

第三，在联手应对1987年10月爆发的席卷全球的股市危机方面也在相当程度上获得成功。1987年10月19日，由于美国金融政策的突然转向和美国连年出现巨额财政赤字、贸易赤字等经济因素，以及7国政策协调体制的一度失灵，由纽约股票交易所道琼斯指数的狂泻引发了一场震撼全球的股市风暴，一星期后，美元汇率全面下跌，对其他发达国家的货币汇价几乎均创第二次世界大战后的最低纪录。同年11月20日，在美国政府与国会达成了在1988年和1989年两个财政年度共削减760亿美元的预算赤字的协议后，发达国家才开始采取共同措施来应对所面临的严重危机。西欧国家普遍降低了贴现率：英格兰银行连续三次下调利率，德意志联邦银行将贴现率降至2.5%的水平。日本和德国还在增加外援、刺激内需、扩大从美国进口以削减贸易逆差等方面作出了相应的行动。正是由于发达国家加强了宏观经济政策的国际协调，才使得这次股市风暴的危害性在相当的程度上受到了抑制，没有酿成像20世纪30年代那样的资本主义世界经济的全面危机。

第五节　当今的国际经济协调

2008年爆发的美国金融危机仍在继续，世界经济的前景充满了不确定性，因而关于这场金融危机的反思和讨论多少也具有了预判和揣测的成分。但是，就国际经济协调而言，此次金融危机所带来的影响和意义是实质性的。一方面，关于国际金融治理体系的改革不再停留在口头，而是进入了实际讨论和制度变革进程中；另一方面，各主要经济体的经济实力和综合国力经过危机洗礼，也将会呈现出一个再平衡的趋势和格局，国际经济协调将更加深入和全面。这场国际金融危机是在经济全球化深入发展、国与国相互依存日益紧密的大背景下发生的，任何国家都不可能独善其身，合作应对是正确选择。为此，以20国集团为代表的各类组织先后开展了一系列国际经济协调以应对金融危机，如 20 国集团于 2008 年 11 月在华盛顿及 2009 年 4 月在伦敦举行峰会开展讨论全球经济协调事宜。

一、2008 年美国金融危机后国际经济协调的主要领域

在美国金融危机发生后，加强国际经济合作与协调的措施主要包括以下几个方面：

(一)建立健全国际经济、金融体系

这场国际金融危机充分暴露出现行国际经济金融体系的不足，特别是不足以有效化解经济全球化进程中积累的风险和矛盾。因此，建立健全能够驾驭全球经济发展、协调世界各国经济关系的国际经济金融体系迫在眉睫。这一体系改革完善的原则是坚持全面性、均衡性、渐进性和实效性，目标方向是推动国际经济、金融秩序不断朝着公平、公正、包容、有序的方向发展；基础仍是世界贸易组织、国际货币基金组织和世界银行等现有框架。

(二)遏制贸易保护主义

根据世界银行 2009 年 3 月的报告，自华盛顿峰会以来，承诺避免保护主义措施的 20 个大国中，至少有 17 个违反了承诺；众多国家共实行 47 项不利于其他国家的贸易限制措施。因此，虽不能寄希望于彻底消除保护主义，但采取积极措施遏制各种形式的保护主义，则是缓解全球经济危机的当务之急。

(三)强化国际金融监管

目前，面对全球化的金融市场，金融监管体系却依然停留在国家和地区层面上，各国的金融监管相对也较薄弱。因此，建立一个有效的国际金融监管体系，对于防止国际金融危机的深化，是一个治本之道。协调监管的内容范围包括对各类金融机构主体、金融市场、金融产品运营的监管，对信用评级机构行为和企业高管薪酬的监管，对全球资本流动的监测，对主要货币发行经济体的货币政策的监督等。

(四)改革国际货币体系

国际货币体系是国际上所形成的调节国际货币关系的原则、规定和制度的总称。现行国际货币体系是布雷顿森林体系走到尽头后，由 1976 年签署的《牙买加货币协定》所确立的。这是一个不稳定、不完善、不适应金融全球化的体系，当前这场金融危机发生后，其局限性尤显突出。因此，尽管改革国际货币体系并非易事，却非常必要。国际社会要作出积极努力，在可能的领域把意愿变为现实。

(五)加强区域经济合作与协调

在经济的各个领域加强区域合作与协调，以此作为全球性国际经济协调的先行、补充和重要组成部分。当前，协调主要包括三个方面。一是推进区域内贸易投资自由化、抑制区域内保护主义。二是加强区域内的货币金融合作。除区域货币一体化程度最高的欧元区外，亚洲的区域货币金融合作也在国际金融危机的寒风中向前推进。2009 年 2 月，东盟和中日韩三国在泰国普吉财长会议上通过的《亚洲经济金融稳定行动计划》，把筹建中的区域外汇储备库规模从以前商定的 800 亿美元扩大到 1 200 亿美元。在“10＋3”框架下建立区域外汇储备库，既是近期增强本地区危机自救能力的重要举措，也是长期推进亚洲区域一体化进程的重大进展。三是促进面向区域外的开放与协调。处理好区域一体化与经济全球化的关系，以及区域经济合作协调与全球经济合作协调的关系。

二、2008 年金融危机后国际经济协调的发展态势

此次金融危机发端于美国，最直接影响到的是与美国经济和金融联系最密切的其他发达

国家。就当前的形势而言,发达国家在世界经济格局中的基础层面,也就是经济总量和整体经济实力正在下降已成为事实,但这并不意味着其在世界经济格局中的话语权和影响力也会随之下降。

首先,经过此次金融危机的磨砺,发达国家有可能借助其在世界经济格局中的传统优势地位,通过调整经济结构以及完善经济治理制度,把握改革的主导权,巩固和扩大其在未来世界经济格局中的影响力。因为危机虽然使得发达国家的经济增长模式和发展理念受到质疑,但是也给予了发达国家喘息和调整的机会,使其有时间剔除经济增长中的不利因素,为下一轮经济增长做准备。总体来看,发达国家依然处于世界经济产业链的高端,而且在新兴产业(如新能源产业、环保产业)上具有绝对优势。至少就发达国家集团而言,美元的世界货币地位在可预见的未来很难被取代,美国经济的表现依然是世界经济的晴雨表,美国经济的好转与否直接影响着整体世界经济的发展趋势。

其次,金融危机虽然使得发展中国家的经济实力和总量排名呈现相对上升态势,但是在大宗商品价格下跌、国际贸易保护主义兴起等因素影响下,新兴和发展中经济体经济增长面临的挑战和消极因素增多:出口增长乏力、外国直接投资下降、消费疲软、汇率和资本市场剧烈波动、本币大幅贬值等。即使假设发达国家经济陷入长期的低迷状态,而发展中国家能够在一些主要国家的带领下重新回到经济增长的轨道,其在世界经济格局中的影响力和话语权能否获得实质性的提升,也是需要打一个问号的。即便是受到热捧的"金砖国家"能否在这一轮金融危机中独善其身,成为世界经济发展的新引擎,也有待进一步观察,因其在产业基础和制度基础上都缺乏强有力的支撑。

经过此轮金融危机的洗礼,国际经济协调体系将会呈现出更多的灵活性和多元性。长期以来,全球缺乏一个建立在制度化和持续性基础上的全面沟通和管理机制,以美欧为首的发达国家所掌控的世界三大经济组织,即世界贸易组织、国际货币基金组织和世界银行将世界经济治理分割成三领域:贸易、金融和发展。此次金融危机暴露出第二次世界大战后所形成的世界经济治理架构已经不能适应21世纪的现实,必须在完善全球经济治理、加强国际金融监管和改革、应对全球气候变暖等问题上建立一种包容发达国家、新兴经济体和发展中国家的机制,这种世界经济治理体系应该是更适应这个时代需要的新的经济多边主义体系。

那么,这种新的国际经济协调体系将会以什么样的形式呈现?最有可能的是,基于特定问题的各种层次和形式多样的协商与合作机制。基于目前各国政府干预经济能力的提高,大国经济政策的协调基础将获得实质性的提升。我们注意到,不仅是中美之间的协调在加强,而且发展中国家的双边或者多边合作也在加强。世界经济治理体系在对以世界贸易组织、世界银行和国际货币基金组织三大支柱架构进行修补和调整的同时,以更加灵活和多元的机制进行框架外协调,将成为金融危机带给世界经济治理体系的一个重要变化。

案例剖析

我国为什么要积极参与国际经济协调应对金融危机?

随着经济全球化的深入发展,各国经济交往日益密切,国与国之间相互依赖的程度在不断提高,当代世界经济相互之间存在很大的传递效应。目前,阻碍世界经济发展的各种矛盾日益增多和复杂化,在客观上要求各国加强国际宏观经济调控,在全球范围内建立起更加有效的经济协调机制。而全球经济调控只靠一国或几个国家是很难实现的,必须采取多边协调行动和措施,才有可能缓和各种矛盾,为世界经济的发展创造条件。

有西方学者认为，只有在适合的国家政策和全球政策的引导下，全球化才可以成为缓解全球性贫困的一个重要力量。

当前国际金融危机已对全球金融体系和经济发展产生严重影响，国际社会应通力合作，共同应对金融危机。作为负责任的发展中大国，中国及时采取一系列政策措施，促进本国经济平稳增长，为国际经济复苏作出了贡献。在目前，中国应通过哪些方面参与全球经济治理，支持国际经济复苏？从长远来说中国更要积极推动国际经济体系哪些方面的改革？

思考与练习

一、关键概念

购买力平价理论、一价定律、国际经济传递、国际经济传递机制、国际经济协调、国际经济协调机制、国际经济相互依存、博弈论、宏观经济政策国际协调、国际经济组织协调、国内政策的国际协调、全球经济治理

二、思考题

1. 简述国际经济传递(导)机制。
2. 简述国际贸易非均衡传导机制。
3. 简述货币与资本非均衡传递机制。
4. 简述国际经济协调产生的原因与背景。
5. 简述经济协调的形式。

三、讨论题

1. 国际经济协调有哪些经济效应？
2. 当今国际经济协调的主要领域有哪些？

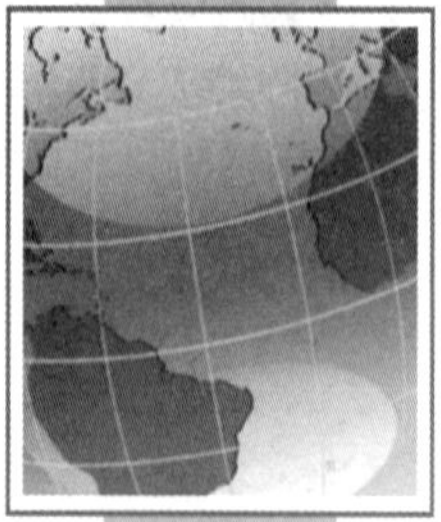

第十一章 发达国家的经济发展

本章要点

本章主要以发达国家的经济发展为主线，分析了发达国家的基本经济特征及发达国家在世界经济中的地位与作用等，介绍了美国、日本、德国、英国和法国等发达国家的经济体制、经济发展简史、主要工业部门及经济政策等内容。

本章需要重点掌握的内容是世界主要发达国家的经济体制。

案例引导

为什么美国能承受巨大的贸易逆差？

美国的贸易逆差问题已持续了40多年。美国在1971年首次出现贸易逆差之后，除1973年、1975年出现小额顺差外，其余年份均为逆差，而且逆差额的总趋势是不断扩大，不见收敛。1999年贸易逆差高达3 389亿美元，较上年增幅53.7%，占GDP的3.6%，较1990年增长了3倍。2004年美国贸易逆差为6 177亿美元，比2003年增加24.4%，占美国GDP的比重为5.3%。2006年其贸易逆差达到7 636亿美元，比2005年多出533亿美元，创下历史新高。2007年为7 116亿美元，比上年下降了6.2%，为连续5年创下历史最高纪录之后首次下降。2008年全年贸易逆差再次有所下降，达到6 959亿美元。2012年、2016年美国的贸易逆差分别为5 404及5 023亿美元。

美国贸易逆差问题由来已久，美国早就成为当今世界贸易逆差最大的国家，而且贸易逆差额在不断扩大。那么，美国巨额贸易逆差源于何处呢？为什么美国会持续出现巨额的贸易逆差？美国一定的贸易逆差给美国带来哪些好处？其他国家能承受持续的贸易逆差吗？

第一节　发达国家在世界经济中的地位与作用

世界各国根据其经济发展水平和贫富状况，通常分为发达国家和发展中国家。发达国家主要是指1960年成立的经济合作与发展组织的24个成员国。发达国家主要分布在欧洲、北美洲、大洋洲。其中以美国、日本、德国、英国、法国、意大利和加拿大7国最为发达。

一、发达国家的基本经济特征

发达国家又称已发展国家，是指经济发展水平较高、技术较为先进，并具有先进的产业结构、成熟的市场经济体系以及较高的生活水平的国家，又称作工业化国家或高经济开发国家。发达国家的基本经济特征有以下几点：

第一，高度发达的科学技术和生产力。第二次世界大战后科技革命在原子能、微电子、高分子合成技术、信息技术和航天技术等领域都在发达国家出现了重大突破。冷战结束以来，发达国家不断加大对信息技术的研究和开发，美国、欧洲和日本“科技三强”的地位更加稳固。目前发达国家科技进步对经济增长的贡献率达到80％以上。

第二，先进的产业结构。发达国家经济结构中物质生产部门（农业部门、工业部门）所占比重下降，非物质生产部门（服务业）所占比重提高，是多数国家产业结构调整的基本脉络。发达国家服务业产值占国内生产总值的比例已经高达60％以上。以信息技术为主要内容的新技术革命，不仅对传统的国际经济关系产生重大冲击，引起世界经济从工业经济向知识经济转变，而且对世界经济其他各个领域也产生深远影响，推动发达国家从工业经济向知识经济、信息经济的转变。

第三，成熟的市场经济体系。虽然发达国家根据自己的历史、文化、政治和经济情况，选择了有自身特色的市场经济模式，但是它们的市场经济体系都包含有独立的企业制度、有效的市场竞争、规范的政府职能、良好的社会信用以及健全的法制基础，市场经济体系比较成熟和完善。冷战结束以来，发达国家不断完善宏观经济调控机制，各国根据本国和世界经济发展的客观要求，在努力寻求市场与政府之间的平衡，由国家对市场运行实行导向和监控，实现最有效地配置资源，弥补市场经济本身的弱点和缺陷。

二、发达国家在世界经济中的地位与作用

发达国家人口仅占世界人口的1/4，却拥有全球GDP总量的60％、世界工业总产值的70％以上，“西方七国”GDP占全世界GDP比重超过40％；人均国民收入与世界平均水平和发展中国家水平相差悬殊。2006年发达国家人均GNI（国民总收入）33 000美元，是世界平均水平6 300美元的5倍，是世界低收入国家550美元的60倍，为此国外一些经济学家估计，如果发展中国家经济增长率每年保持5％，发达国家经济增长率保持2.5％，发展中国家要赶上发达国家，还需要150年；发达国家在对外贸易领域也占绝对优势，在全球国际贸易市场上处于中心地位，贸易额占世界比重的50％以上；发达国家在现代科学技术上领先于世界，在国际分工中处于优势地位。现代制造业部门大多集中在发达国家，而农业、矿业等初级产品部门大多集中在发展中国家，在制造业中，以高科技为特征的“朝阳工业”、资本密集型、技术密集型产业也大多集中在发达国家，而发展中国家则主要从事劳动密集型、资金密集型产业；发达国家的对外直接投资遥遥领先，在国际资本流动中居主导地位，在全球资本流动中，发达国家占世界流出资本的80％，流入资本的60％；发达国家的跨国公司规模庞大且增长迅速，掌握着世界上的主要经济资源。与此同时，发达国家在国际经济事务中起支配作用，发达国家凭借强大的经济实力，控制和操纵着以国际货币基金组织、世界银行和世界贸易组织为代表的国际经济组织，支配着全球大宗商品的国际价格、利率、汇率等主要因素的变动。

发达国家的经济规模占了世界经济规模的2/3，因此其经济实力和经济规模的增减将在很大程度上改变世界经济的规模。不仅如此，发达国家经济发展速度也在很大程度上决定了世界经济的发展速度和世界生产力的发展速度。可以说，发达国家凭借其拥有世界上最发达的生产力水平和最强大的经济实力，在相当大的程度上支配着世界经济的运行和发展，由此也给世界经济带来巨大的影响。

一方面，发达国家通过其技术和资本的溢出效应对世界经济发展起到积极推动作用。主要体现在以下几个方面：一是通过推动世界贸易，扩大了国际分工。二是通过技术贸易和跨国

公司加速科学技术向生产力转化,带动全球科学技术的进步和生产力的提高。三是发达国家的国外投资,有利于解决发展中国家经济建设资金不足的问题。四是发达国家巨大的内部需求,为世界各国提供了广阔的市场,又扩大了发展中国家的就业岗位。另一方面,发达国家通过操纵世界市场价格等方式对世界经济的可持续发展带来严重的挑战。一是通过资本输出,控制发展中国家。二是发达国家操纵市场价格,剥削发展中国家。三是发达国家经济技术的发展在使其自身经济更加发达、产业结构进一步提升的同时,也使国内不同阶层之间的矛盾不断激化,发达国家不断向世界转嫁其矛盾和经济危机,造成全球社会经济的动荡。四是在国际金融货币领域,发达国家不仅控制着国际金融机构,而且控制了许多发展中国家的财政金融。由于受制于国际金融垄断财团,致使许多发展中国家负债累累,导致其经济增长率大大低于债务的年增长率,不少国家陷入严重的债务危机。五是将污染严重、能源消耗量大、需要改造的工业转移到发展中国家,使其环境污染加剧,生态平衡破坏。六是发达国家主导着经济全球化的进程,导致全球财富不断向少数发达国家集中,加剧了世界范围的两极分化。

第二节　美国的经济发展

美国是农业、工业、服务业和国际贸易都极度发达的经济超级大国。美国 GDP 由 1945 年的 2 119 亿美元发展到 2002 年的超过 10 万亿美元,达到 10.3 万亿美元,2008 年超过 14 万亿美元。2016 年达到 18.57 万亿美元。第二次世界大战后的 70 多年时间里,约 4/5 的时间内美国经济出现增长。

一、经济体制

美国是一个拥有高度成熟的市场经济的国家。美国崇尚自由和企业家精神,实行以私有制为主体和基础的自由市场经济体制。公司制、合伙制、业主制是私有制的主要实现形式。市场经济在美国的经济发展、社会资源的配置以及整个生产、交换、消费环节中发挥着重要而不可替代的作用。

自由的市场竞争是美国经济社会发展的重要特点。具体主要体现在:第一,是以私人垄断为主导的混合经济。在美国经济中,国有经济占不到 10%,90%以上均属私有制经济。第二,政府对经济、市场的干预较少。美国十分强调市场力量对促进经济发展的作用,认为政府对经济发展只能起次要作用。美国没有全国统一性的经济计划,国家往往通过政府订货、采购以及对能源、尖端技术、农业和环保等部门施加管理等措施影响经济。第三,以消费者利益为目标。美国政府进行调控与否往往以是否有利于消费者利益为目标,而较少从生产者角度出发。社会习惯与政府政策更多地着重促进私人消费而忽视储蓄。这种倾向不仅反映在个人与企业的行为方面,而且也反映在政府公共财政的大量赤字方面。

美国模式是商品经济发展模式的总结,有利于投资、生产效率和生产力与经济的发展,它起源于英国,在美国达到顶峰。英国著名经济学家戴维·柯茨认为:这种模式中"积累的决策权主要在私人公司,它们可以自由地、最大限度地追求短期利润目标,通过金融市场获得资本;劳动者只能享有有限的和法律明文规定的劳动所得和社会权利;人们对社会政治和道德的总体认识是个人主义和自由主义"。美国经济模式的主要优点有:弹性很强的劳动力市场和产品市场,低税,激烈的竞争和股东资本主义——股东对管理者施加压力,要求使他们利润最大化。其缺点则表现为:收入差距悬殊,低福利救济,"公共物品"(例如初等、中等教育)质量差,公共服务与其社会财富不成比例，低投资率和很低的储蓄率。这种模式又被称为“盎格鲁－萨克逊”资本主义或“自由资本主义”模式。

二、经济发展简史

(一)第二次世界大战前经济发展概况

在殖民地时期，美国经济的主要形式是依赖小农场的自给自足。狩猎和裘皮贸易带来了部分的繁荣。1776 年美国建国以来，依靠本国有利的自然条件，再利用外国的先进技术、资本和劳动力，经济得到迅速发展。南北战争以后，劳动力进一步解放，北方的工业资本家取代南部的种植园主成为美国经济生活的主导。随着对资源，特别是矿产的开发，美国的钢铁生产逐渐在世界上处于领先地位；石油的发现、发电机的问世促使基础工业不断发展；新发明的电报和电话使通信系统把整个国家联结起来，为大规模的商业活动提供了便利条件。生产装配线和大规模生产等科学管理方法的运用提高了劳动效率，开始了现代化的生产流程。

随着 19 世纪 50 年代铁路网的扩大、60 年代北方工业的增长和 70 年代投资银行业的兴起，企业巨头和大金融家垄断了 19 世纪后半叶的美国经济。然而随着公司体制的出现，“技术专家”——精通公司业务的高薪经理取代了大老板的地位。新涌现的中产阶级因惧怕企业巨头，因而拥护政府参与管制商业活动和鼓励竞争；农民和劳工则要求政府出面调解劳资纠纷。这样，政府开始更多地干预经济生活。例如，管理铁路的《州际商务法》于 1887 年制定通过；另一项防止大企业控制整个行业的法例《反托拉斯法》，也于 1890 年通过并逐步实施。许多管制机构，如州际商务委员会、食品和药物管理局、联邦贸易委员会等也纷纷成立。

19 世纪后半叶，科学技术领域的重大发明和突破，特别是电力在工业领域的广泛应用，使得美国经济在随后的几十年中得到了全面发展。1880 年工业在全国生产总值中的比重已超过农业，1894 年美国的工业产值超过英国、法国、德国跃居世界第一位。第一次世界大战中，美国作为中立国，向交战双方提供军火，向协约国提供贷款，大发横财。第一次世界大战后，美国由欠 60 亿美元的债务国而成为贷出 100 亿美元的债权国，成为最富有的国家。20 世纪 30 年代的大萧条期间，罗斯福政府通过实施“新政”由政府兴办大规模的公共工程，对银行业进行彻底的检查和管制，从而解决了因经济失调所造成的严重失业问题，经济得以恢复。第二次世界大战期间，由于军事需要促进了科学技术的发展，美国成为世界经济强国，美元成为世界上最强有力的货币。同第一次世界大战一样，第二次世界大战使美国再次大发横财，进一步稳固了其作为世界上经济实力最雄厚的国家的地位。第二次世界大战使美国经济跃居世界最高水平，第二次世界大战后美国经济进入鼎盛时期。此后，美国一直致力于巩固这种国际地位。

(二)第二次世界大战后经济的发展

1. 战后经济发展概况

第二次世界大战后，美国的经济实力骤然增长，在世界经济中占有全面的优势。战后初期，美元在国际货币体系中取得了统治地位，经济持续繁荣，美国成为世界上最强大的国家，具有经济霸主地位。在完成了由战时经济向和平时期转变之后，美国经济进一步持续增长，到 20 世纪 50 年代中期，全世界一半以上的商品是美国生产的。1955～1968 年，美国的国民生产总值以每年 4%的速度增长。据不完全统计，从第二次世界大战结束到 20 世纪 70 年代初，美国的工业、农业等都经历了长达 20 多年的高速增长，国民生产总值增长了 2 倍，年平均增长 3.6%，其中工业生产增长了 2.9 倍，年平均增长率达到 4.3%，堪称美国历史上的“黄金时期”。

20 世纪 70 年代，美国经济进入衰退时期，甚至还出现外贸逆差，美国由世界上最大的债权国逐步变为最大的债务国。随着美国的黄金储备日益减少,美元贬值加剧,直至最终的布雷顿森林体系的崩溃。1975 年以后,美国和其他主要发达国家一样,经济发展进入“滞胀”阶段。80 年代初期,美国政府调整政策,采取了降低税率、减少政府支出、减少政府对企业干预等措施,1982 年后美国经济开始复苏。20 世纪 90 年代,在克林顿总统任职时期,为了在多极化的世界经济格局中占据绝对优势,美国加大改革力度,大力发展以信息产业为代表的高新技术,美国经济持续增长,通货膨胀率下降,就业率上升,财政赤字逐年递减,甚至出现盈余。美国经济从 1991 年 3 月开始,经历了 110 多个月的连续增长,呈现出高增长、高收入、低通胀、低失业率的“新经济”现象。90 年代美国经济呈现繁荣景象,成为 20 世纪美国经济发展的又一“黄金时期”(见图 11－1)。

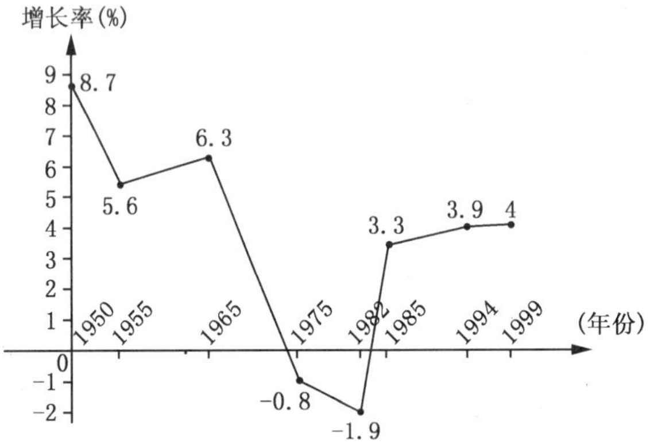

图 11－1 第二次世界大战后美国经济发展“黄金时期”

美国经济持续增长了 10 年后,于 2001 年 3 月陷入了第二次世界大战后的第 10 个经济衰退周期之中。虽然大环境中仍有通货膨胀、失业率等问题,银行利率也相对较低,但在 2002 年 3 月后经济又开始了复苏,2002～2006 年间仍有平均 2.9%的增长。2006 年美国经济的运行基本健康,GDP 连续第五年保持较快增长,比上年增长 3.4%。根据国际货币基金组织公布的数据,2007 年美国 GDP 总量为 13.79 万亿美元,占全球 GDP 总量的 25.8%。美国 2008 年 GDP 实际增长率为 1.4%,总量为 14.33 万亿美元,继续居世界首位,遥遥领先。2009 年后受到金融危机的冲击,美国经济增长缓慢,2010～2016 年 GDP 平均增长率为 2.1%。

2. 第二次世界大战后产业结构的变化

1950 年,美国的第三产业变为主导产业,占 GDP 的 54.5%。劳动力也迅速由第一、二产业向第三产业转移,第三产业逐渐在国民经济中占优势地位。1975 年,第三产业在总产值中占 65.5%,其中信息业已占总产值的 50%以上。也就是说,只用了 20 年左右的时间,美国的产业结构就变成了信息产业占主导地位。

20 世纪 80 年代美国国民经济重心向第三产业转移的速度明显加快。在国民生产总值的产业构成中,第三产业在 1980 年只占 65.2%,但到 1986 年已超过 70%。20 世纪 90 年代以来,美国第一产业在 GDP 中的比重在 1.3%～1.9%徘徊;第二产业在国民经济中的比重和地位也比较稳定,产值占 GDP 的比重稳定在 20%～23%;第三产业发展速度最快,1990 年达到 73.5%。20 世纪 90 年代以来,其比重稳定在 74%左右(见表 11－1)。无论从产值构成还是从就业构成来看,美国三大产业结构的关系或比重已呈现暂时稳定态势。

表 11-1　　美国三大产业结构的变化情况　　单位:%

产业年份	第一产业	第二产业	第三产业
1950	7.3	37.0	54.5
1960	4.3	35.5	59.9
1970	2.9	32.2	64.7
1980	2.8	30.2	65.2
1990	1.9	24.1	73.5
2000	1.3	21.5	78.5

在第三产业内部,交通和通信业增加值占第三产业比重保持下降趋势,从 1948 年的 13.35%下降到了 2000 年的 8.1%;批发和零售业在整个 GDP 和第三产业中的比重均保持了下降趋势,分别从 1948 年的 17.96%和 33.29%下降到了 2000 年的 15.88%和 21.33%。金融保险业发展迅速,其增加值占 GDP 和第三产业的比重均保持上升趋势,分别从 1948 年的 2.45%和 4.45%上升到了 2000 年的 8.31%和 11.16%,成为 GDP 和第三产业增长的一个主要推动力;同时房地产业的比重也在上升,分别从 7.32%和 13.57%上升到了 11.31%和 15.19%,成为 GDP 和第三产业增长的另一个推动力;而在第三产业内部的各行业中,占 GDP 和第三产业比重上升最快的是社会服务业,分别从 1948 年的 8.13%和 15.07%上升到了 21.92%和 29.44%,成为 GDP 和第三产业增长的第一推动力。以上的分析表明,1948 年以来,美国的第三产业比重保持了不断增长的趋势,而第三产业比重的增加主要是由社会服务业、金融保险业和房地产业推动的,而传统的批发零售业和交通通信业对第三产业比重增长的推动力在减弱。

第二次世界大战后,美国的制造业一度处于绝对优势,美国工业生产取得巨大进展,工业设备能力与生产规模都大大超过世界上其他国家,成为世界上最强大的工业国家。但是,20 世纪 60 年代末美国在钢铁、汽车、半导体等行业受到了日本和欧洲的挑战。90 年代,随着高新技术逐渐被运用于传统制造业,制造业不断革新,恢复了其竞争优势。目前,美国高度现代化的工业在世界工业中居领先地位。其中制造业占全国生产总额的 70%,以汽车、机床、精密仪器、飞机和造船业最为发达。另外,采矿、化工、冶金、国防工业、微电子技术、激光技术、生物工程、信息技术、核能和新材料、计算机技术等领域也遥遥领先于世界。然而,在小型轿车、家用电器、通信及办公自动化设备、电子计算机芯片等技术密集型产品方面,则在近年落后于日本、德国等国。

从美国产业结构变化的历程来看,科技进步与创新是其得以发展的基础,高度发达的信息业和服务业则是其支柱产业,丰富的人力资本是其得以产生的先决条件,激励竞争和创新的制度环境是其得以产生和维持的制度保证。

三、目前的主要产业部门

美国工业以技术先进、门类齐全、资源丰富、生产实力雄厚、劳动生产率高而著称于世。

(一)钢铁工业

美国钢铁工业从 18 世纪下半叶开始迅速崛起,逐渐发展成为美国经济三大支柱之一。1890 年,美国钢产量达到 480 万吨,一举超过英国跃居世界首位。从此,美国钢铁工业在世界上一直遥遥领先。到20世纪四五十年代初,美国钢产量一度超过全球的一半,1953年,美国钢产量首次突破年产1亿吨的大关。21世纪以来,世界钢铁总产量一直呈下降趋势,美国钢产量则一直保持在世界总产量的10%左右。

(二)汽车工业

美国汽车工业是20世纪兴起的一个工业部门,美国经济的三大支柱之一。自20世纪初到现在,美国汽车工业已走过了100多年的历史,在与同行的激烈竞争中不断创新发展,主宰了世界汽车工业,美国成为名副其实的汽车大国、工业大国。1978年,美国汽车产量达到历史最高点1 290万辆,随后逐年下降。进入20世纪90年代以来,因受美国国内经济衰退的影响,美国汽车工业再次陷入困境。1991年,美国共销售汽车1 230万辆,比1990年下降11.5%,为1983年以来最低水平。2006年美国三大汽车集团共销售汽车905.8万辆,相比上年的986.8万辆下降8%左右。由于2008年受全球性金融危机导致汽车销售直线下降等因素的影响,通用汽车公司于2009年6月1日宣布申请破产保护。这对美国及全球汽车企业格局产生较大的影响,2016年美国的汽车产量仅为1 219.8万辆.

(三)建筑工业

建筑工业与钢铁工业、汽车工业并列为美国经济的三大支柱,地位相当重要,被称作是美国经济的晴雨表。第二次世界大战以后,建筑业发展迅速,也带动了其他工业部门的增长速度。到1972年创历史最高纪录,年建房230万套。但在此之后,建筑工业随着美国经济的衰落而衰退。2012年美国建筑业占GDP中的比重为3.6%,房地产和相应的租赁行业占GDP中的比重为12.3%左右。美国建筑业现代化程度很高,设计技术和管理水平也居世界领先水平。

(四)高技术工业

美国政府把高技术工业作为提高经济增长率、增强综合国力的重要手段。据经合组织估计,美国在计算机技术、电子电信、生物工程、化学及航空航天等高新技术部门居世界首位,只有在工业机器人、计算机芯片和金属合金方面落后于日本。在现代通信技术方面,美国也具有绝对的优势。在航空与航天技术方面,也是美国在高科技领域内短期不会遭到国外有力挑战的少数几个部门之一。此外,美国在高分子化学、生物工程、新材料与新能源的开发与利用、超导、核能等方面,都保持着世界领先位置。

(五)能源工业

能源工业部门是美国工业中最大的部门,它包括煤炭、石油、天然气、水力、电力、核能等。石油和天然气工业是美国能源工业中最主要的部门,1989年,美国能源消费构成是:石油占40.3%;天然气占24.1%;煤炭占24.8%;核能占5.8%;水力及地热占5.0%。除传统能源外,美国还特别注重新能源的开发和利用,目前美国正在开展利用潮汐、合成燃料、太阳能等新能源。核能更是美国大力发展的重点,截至2010年,美国是世界上核电站最多的国家,其拥有104座,核电占该国总发电量的比例为19%。

四、经济政策

美国是一个拥有高度成熟的市场经济的国家。美国政府一贯采取自由放任的政策,特别是对本国大企业更是采取宽容温和的态度。

(一)货币政策

货币政策是美国调控国民经济和社会发展的主要宏观政策工具。根据《美国联邦储备法》

规定，美国的货币政策目标是控制通货膨胀，促进充分就业，创造一个相对稳定的金融环境。

长期以来，美国的中央银行即美国联邦储备委员会，简称美联储，承担着美国货币政策的制定和执行职责。联邦公开市场委员会是美联储系统中最重要的货币政策制定部门，其由7位联邦储备理事会成员以及5位地区储备银行行长组成，其中纽约联邦储备银行行长为固定成员。

在货币政策执行过程中，美联储积极运用有关金融工具(包括公开市场操作、贴现率和法定存款准备金率)以尽量减少利率和货币信贷量的变化，努力达到兼顾"充分就业、币值稳定"两大目标。目前，美联储货币政策的操作目标是联邦基金利率。美国联邦基金利率是指美国同业拆借市场的利率，其最主要的是隔夜拆借利率。随着市场经济的成熟和发展，美联储货币政策在宏观调控经济方面发挥了日益重要的作用。

(二)财政政策

财政政策是指为达到预期经济目标而确定的管理财政收入和支出活动的准则与措施。它主要通过税收、预算支出、转移支付、财政补贴、政府采购等政策工具的变化调节社会总需求，达到调控宏观经济运行的目的。美国的财政政策主要由财政部起草，美国总统府的管理与预算办公室也参与制定预算、税收和财政等政策。财政部长是美国国家高级经济政策长官，是内阁中最重要的经济政策成员，是财政政策的主要制定者。

(三)贸易政策

自20世纪以来，美国的贸易政策主要经历了四个阶段。20世纪30～70年代，美国一直实施自由贸易政策。20世纪70～80年代，美国实施贸易保护主义，人们称这一时期为新贸易保护主义时代。在这一时期，美国制定了《1974年贸易法》和《1979年贸易协定法》，特别是允许美国政府为保护本国工业而对外来竞争进行限制的"301条款"的实施，充分体现了美国贸易保护主义的色彩。20世纪80～90年代，美国执行公平贸易政策。在这一时期美国制定了《1988年综合贸易竞争法》，增加"特别301条款"和"超级301条款"。美国强调支持"公平贸易"而不是"自由贸易"。20世纪90年代以来，美国实施"政府积极干预贸易"的新贸易政策。在这一时期美国制定了历史上第一个《国家出口战略》(1993)，配合"特别301条款"和"超级301条款"，积极干预对外贸易，在这一期间美国的对外贸易得到较快发展(见表11－2)。

表11－2　　1992～2012年美国外贸出口与GDP增长数据　　单位:万亿美元

项目＼年份	1992	1994	1996	1998	2000	2002	2004	2006	2008	2010	2012
出口总量	0.62	0.70	0.85	0.93	1.07	0.98	1.16	1.46	1.84	1.83	2.21
贸易总额	1.27	1.51	1.80	2.03	2.50	2.37	2.93	3.67	4.35	4.18	4.96
GDP增长率(%)	3.3	4.0	3.7	4.2	3.7	1.6	3.6	2.9	1.1	2.5	2.8
GDP总量	6.3	7.1	7.8	8.8	9.8	10.5	11.7	13.2	14.3	14.9	16.2

资料来源:美国贸易分析局网站。

(四)汇率政策

美国作为一个高度开放的经济体，汇率政策是其一项重要的对外经济政策，它与财政、货币政策共同构成重要的宏观经济调控手段。美国是浮动汇率制，其汇率倾向往往通过财政、货币政策及相关的贸易政策反映出来。美国汇率政策的特点主要是由美元的国际地位和美国政治体制的特点来决定的。

美国的汇率政策主要以强势美元政策为主。弱势美元主要是为了配合其国内经济的需要和短时期内的经济目标的实现。强势美元政策总体上来说对美国经济有积极作用：第一，美国强势美元政策将获得更多的便利和利益。如国际交易用美元结算，可以规避汇率风险；进口商品价格低，居民受益的同时，国内的通货膨胀率降低。汇率的升值会使美国的资产变得昂贵。第二，美国强势美元政策使美国的金融势力得到了增强，金融机构也获得巨大的收益。经营美元借贷业务会大量增加，而相关的以美元计价的金融工具也主要是通过美国金融机构来经营。第三，美国可获得铸币税收入。第四，有利于美国吸引外资。大量外资的进入，可以增强其资本市场的实力，发达的资本市场对美国实现其政治、经济目标都十分有益。一是可以弥补财政赤字，如20世纪80年代美国与苏联展开的军备竞赛，最终拖垮苏联；二是20世纪90年代的10年经济增长期间，企业的筹资成本的下降，直接促成"新经济"的产业优化升级。但是，美国强势美元政策将可能会导致国内制造业的国际竞争力的降低和巨额的债务负担。

美国的汇率政策主要经历了下面几个阶段：第一次世界大战至20世纪30年代：为了配合英国恢复金本位制，加之受到世界经济大危机的冲击，美国实施美元贬值的汇率政策；布雷顿森林体系时期：主要实施以强势美元政策为主。但由于"特里芬难题"的存在，以及20世纪六七十年代的美元危机，美元在这一时期持续贬值；20世纪80年代前半期实施强势美元政策；20世纪80年代后半期至90年代前半期实施弱势美元政策。20世纪90年代后半期实施强势美元配合紧缩的财政政策。进入21世纪以来，美国为了扩大出口、增加就业，缓解失业率和通胀率，主要实施弱势美元政策，在这一时期美元以贬值为主。

第三节　日本的经济发展

日本是经济实力雄厚、工农业发达的国家，具有世界一流的制造技术。2016年GDP总量为4.94万亿美元，仅次于美国和中国，约占世界经济总量的5.9%，人均GDP总量为38 917美元，在世界各国中名列前茅。

一、政府主导型经济体制

日本经济体制的重要特点是政府一直重视和强调对经济的管理和干预。当代日本的市场经济模式在世界市场经济中独树一帜，这种模式的形成既与日本从明治维新以来所逐步建立的具有东亚特色的市场经济体制有着历史的联系，又是战后日本学习欧美建立市场经济体制的经验，并将其同本国市场经济发展的实际相结合的结果。

日本有着重视政府经济职能、强调国家干预经济的历史传统。早在明治维新时期，日本政府的经济职能就发挥了多方面的重要作用。在后来的侵华与太平洋战争中，日本政府为动员全社会的力量参与战争，又建立了国家统制经济体制，更使整个社会经济生活被直接置于政府的高度控制之下。第二次世界大战后初期，尤其是在20世纪50年代中期步入经济高速增长阶段之后，日本政府的经济职能得到空前强化，国家的宏观经济调控范围迅速扩大，力度迅速增强，以致最终形成了在发达国家中独具特色的"政府主导型"经济模式。

日本的市场经济是建立在市场经济运行机制基础上的政府主导型模式，这一模式是20世纪六七十年代形成的，取得了震撼欧美的"日本经济奇迹"。其具有两个显著特点：第一，具有强有力的经济计划导向。虽然市场机制是日本资源配置的主要手段，但与此同时，日本政府在资源配置领域起着很强的导向作用，这是日本政府主导型模式最显著的特点。日本政府这种经济导向作用主要是通过经济计划实现的。第二次世界大战后，日本政府为了使整个经济有秩序地发展，实行了一系列经济计划，包括中长期经济计划、年度经济计划和国土开发、地区开发计划等。这些经济计划具有综合性、协调性和相对稳定性，为市场经济运行提供了良好的宏观条件。第二，有卓有成效的产业政策调控。产业政策是日本政府在资源配置中得以发挥重要诱导作用的另一个有力工具。日本政府的产业政策善于进行适时的调整。例如，20 世纪 70 年代中期发生石油危机之后，日本关注发展能源替代产业和节能措施；80 年代由于长期巨额外贸顺差，这导致日本政府采取以扩大内需替代外需的国际协调型产业政策。

日本之所以重视产业政策和计划的作用，形成其特有的宏观调控职能机构配置，是因为在引入欧美市场经济模式时，根据本国国情和经济发展战略的需要加以改造，并吸取了计划经济体制的某些长处。日本模式曾经是“追赶型现代化”取得成功的经济模式，其本质内涵就在于以较高乃至极高的“政府强度”(government strength)，实现了有利于发动经济增长和缓解随之产生的各种社会、政治、经济压力的制度创新和制度供给，而且以较高的“政府质量”(government quality)，有效地确保了各种制度安排的顺利实施，从而有力地推动了经济增长和工业化进程。

二、经济发展简史

1868 年“明治维新”前，日本是一个闭关自守的封建农业国。19 世纪中叶，欧美列强用军舰打开了日本的大门，外国廉价商品大量涌入，沉重打击了日本幼稚的民族工业，日本原有的社会经济危机充分爆发导致“明治维新”。“明治维新”后，日本资本主义发展迅速。与此同时，日本推行军国主义路线，对外逐步走上侵略扩张的道路。1894 年对中国发动甲午战争，1931 年发动“九一八”事变侵占中国东北。在这一时期大量掠夺中国、朝鲜的矿产资源，在此基础上发展了采矿、冶金、机械、电机、化工等重工业。1937 年日本工业占资本主义世界总值的 4.8%，居第五位。

在经历了第二次世界大战的惨重失败后，日本出人意料地在短短不到 30 年时间内异军突起，一跃成为当时继美苏之后的世界第三大工业国和经济强国。战后日本经济的发展大致分成四个阶段：战后复兴期、高速成长期、过渡期和稳步成长期。

第二次世界大战结束后的日本经济处于极度混乱和疲乏状态，工矿业生产水平只相当于 1941 年时的 1/7，严重的粮食危机和通货膨胀遍及全国。当时支配日本的联合国军，以经济的民主化和非军事化为目标，重点实施了解散财阀、分散少数企业对经济的控制权和确立劳动权三项政策。在经济环境有所改善后，美国开始将重点转向帮助日本重建经济。朝鲜战争爆发后，在日美军的“特需”大大激发了日本企业的生产和投资活动，日本工业的潜在力量得到恢复和发展。到 1955 年，日本经济已基本恢复到战前水平。

日本在 20 世纪 50 年代至 60 年代末约 20 年时间里，由于第二次世界大战后导致的“激发创造效应”(追赶思想)，美国的扶植，国际上廉价的资源、能源以及广阔的市场，资本主义世界进入繁荣时期，以及国际经济组织的促进作用等原因，日本 GDP 保持了年均 10%以上的高速增长，1966～1968 年日本连超法、英、西德，在发达国家中仅次于美国。在经济飞速发展的同时，消费品物价持续上涨和环境污染等问题开始困扰日本经济和日本国民生活。

1973 年 2 月，美元贬值又使日元升值到 1 美元兑 260 日元。同年末，第一次石油危机爆发，原油价格暴涨了 4 倍，各种初级产品的价格也随之上扬。日元升值和国际商品价格上涨的双重因素对原材料严重依赖进口的日本经济造成了沉重打击。1974 年日本经济增长率仅为

1.8%。1979年又发生了第二次石油危机，日本经济再度滑坡。20世纪80年代前半期，在经济低速增长的前提下，日本开始建立健全财政制度、扩充社会资本和健全社会保障体系。在这一期间，日本经济政策的导向也由追求高速发展转向追求经济活动质量的提高。

1985年9月，西方7国财长作出了协调外汇市场的决定，并在纽约广场饭店(Plaza Hotel)签订"广场协议"①，日元币值因此急速上升；1986年4月，"前川报告"②出台，报告认为为了适应全球经济和发展的需要，日本自身必须调整结构，以缩小贸易顺差。"前川报告"对20世纪80年代后半期的日本经济产生了巨大影响。1987年10月，纽约股市暴跌，日元进一步升值。1987年的"第四次全国综合开发计划"将东京定位成"世界都市"(国际交流网络中心)，引发东京都地价的急速上涨。与此同时，日本政府的"休养地法"，刺激地方开发休养地的高潮。在预期土地、股票的价格会继续上涨的心理作用下，投资热潮高涨，地价、股价越炒越高，经济过热。在此阶段，日本经济稳步增长，年平均增长率为5.3%。

1989年日本政府出台政策，抑制经济过热。1990年海湾战争爆发，国际油价上升，日本股价、地价下落，经济泡沫破裂，再加上1997年发生的东亚金融危机的冲击，在整个20世纪90年代的10年间，日本经济陷入第二次世界大战后最严重的衰退。在这一期间，日本经济的平均增长速度为1.7%，通货膨胀率为0.57%。

表11—3　　1991～1999年日本主要宏观经济指标　　单位:%

年份项目	1991	1992	1993	1994	1995	1996	1997	1998	1999
GDP增长率	3.8	1.0	0.3	0.6	1.5	3.6	1.6	−2.5	0.2
物价上涨	2.67	1.74	0.61	0.17	−0.6	−1.4	0.27	0.33	−0.3
失业	2.1	2.2	2.5	2.9	3.1	3.4	3.4	4.1	4.8
出口	123	39.5	8.4	−13	−39	−71	404	13.6	−6.0

日本在20世纪90年代经济产生萧条的原因很多，概括起来有如下几个方面：一是泡沫经济后遗症，日本政府、民间对泡沫崩溃问题认识不足；二是日元的持续升值，削弱了日本产品的竞争力；三是90年代日本个人消费不足和企业设备投资不振；四是日本政府制定的"太平洋发展战略"等经济政策失误；五是日本失去了它在20世纪七八十年代享有的一系列有利条件，如对国内市场的有效保护、美国和其他国家相对开放的市场等。再加上1990年海湾战争后油价上升及1997年亚洲金融危机的冲击，日本经济受到严重打击。概括来说，正是由于日本政府忽视了产业结构调整、基础设施完善，导致其经济发展后劲不足，经济结构严重失衡，最终引发了一场经济危机。

在诸多因素共同作用下，日本经济于2002年下半年开始出现转机，并逐渐从萧条中走出。推动经济复苏的动力逐渐从财政投资、外需主导转向以企业设备投资和居民消费为主体的内需主导。日本经济此次复苏和好转表现在多个方面。首先，是GDP增长率稳步回升。从2002年开始连续5年2%左右的经济增长成为日本冷战后持续时间最长的增长期，至2007年

①1985年9月，美国、日本、联邦德国、法国及英国五个发达国家财长及中央银行行长在纽约广场饭店(Plaza Hotel)举行会议，达成五国政府联合干预外汇市场、使美元对主要货币有秩序地下调以解决美国巨额贸易赤字的协议。这就是有名的"广场协议"(Plaza Accord)。

②前川为当时的日本银行总裁，又任产业结构审议会委员长，该委员会向内阁提交的关于日本产业结构调整的报告一般称为"前川报告"。该报告有以下几个要点：扩大内需；改变经济结构，扩大对外直接投资；进一步开放国内市场；推进日元的稳定化和国际化；促进对外技术和经济合作。

年底日本持续了71个月的经济扩张期才告结束。其次,是失业率下降。从2002年起,失业率呈现逐年下降的趋势。2005年失业率为4.5%,2007年至2012年失业率一直保持在低于5.0%的水平之下。最后,是对外贸易增长。日本对外商品、服务贸易的出口自2001年起连续7年出现较快增长,2001、2002、2003、2004年度分别增长11.4%、9.7%、11.4%和9.1%;2006年增长更是达到10%以上。2005年到2012年出口贸易平均增长率为4%,进口贸易平均增长率为8%。2008年下半年以来,受美国金融危机影响,日本经济复苏和增长的趋势逐渐减缓。2010～2016年日本GDP平均增长率仅为1.45%。

三、世界一流的制造技术

日本是经济实力雄厚、工农业发达的资本主义国家。它有世界一流的制造技术,它的主要工业部门的技术装备水平和生产能力已经赶超了美国。日本经济的强大主要在于其制造业的发达。在微电子、半导体、计算机、工业机器人、超导应用、光纤通信、生物工程等新兴产业和高新技术领域,在碳纤维、精密陶瓷、纳米技术等新材料领域,日本工业已具有相当大的优势。日本在传统产业的某些方面具有绝对优势。

(一)机械工业

机械工业是日本工业的中心。日本机械技术水平高,是以汽车等运输机械、电视等电器电子机械、照相机和手表等精密仪器以及计算机等闻名于世。随着半导体技术的发展,性能优良的高科技产品和有利于环保的产品不断增加。汽车工业是日本机械工业的重点,1970年起日本汽车产业取代了钢铁产业,成为日本的第一大产业,这对日本工业的发展起到了至关重要的作用。2002年,日本机动车出口总值为43.2万亿日元,占整个制造业出口总产值的16%,占整个机械工业总产值的35%。从世界范围看,2007年,日本国内汽车的生产量为1 159.63万辆,占全世界汽车总产量的16%,位居世界第一。日本的家用电器、半导体技术等制造业的精加工能力达到很高的水平。美国波音客机上航行控制中心的电路板是日本制造的,联合国采购的越野车绝大部分是日本汽车公司的产品。

(二)金属工业

金属工业的中心为钢铁,是建筑、汽车、船舶、电气机械不可缺少的材料。2007年日本的粗钢产量为1.21万亿吨(比上年增长3.4%),超过此前最高纪录的1973年(1.2万亿吨),时隔34年再次创造了历史最高纪录,继中国之后列世界第二位,在特种钢等高附加值钢铁产品方面,日本的技术在世界上名列前茅。日本主要钢铁企业有新日本制铁、日本钢管、川崎制铁、住友金属工业等;除钢铁外,日本还使用大量铜、锌等金属进行工业生产。

(三)化学工业

日本化学工业的发展主要依赖进口石油、天然气等原料进行生产。日本生产的化工产品主要有塑料、合成橡胶、合成纤维、肥料、硫酸、药品、涂料、化妆品、胶卷等。日本在化学工业的科研方面投入了大量资金,化学工业的进步对汽车、信息和生物产业的发展都起到了巨大的推动作用。石油化学工业是日本化学工业的重点,化学工业生产的一半是由石油化学工业创造的。日本的石化工业实行集约化生产,对石油等原料进行多次提炼、综合利用,进行“一条龙”生产。日本有许多石化联合企业闻名于世。

第四节 欧洲主要国家的经济发展

欧洲经济发展水平居各大洲之首。工业、交通运输、商业贸易、金融保险等在世界经济中占重要地位，在科学技术的若干领域内也处于世界领先地位。欧洲大多数国家属于发达国家，其中德国、英国和法国等国家经济发展水平最高，南欧一些国家经济水平相对较低。

一、德国的经济发展

德国是工业和国际贸易都极发达的经济大国。2016 年德国的 GDP 总量为 3.45 万亿美元，仅次于美国、中国和日本，名列世界第四，2003～2008 年德国连续 6 年出口总额居世界第一。

（一）经济体制

德国是德意志联邦共和国的简称。德国现行的经济制度是在第二次世界大战后逐步形成的，德国经济学家称之为社会市场经济制度。实施这种制度，既不是放任自由发展，也有别于国家集中的经济统制。这种制度以自由竞争为基础，政府一般不直接参与市场过程，而是采取各种宏观经济政策手段间接调控经济活动，维护市场运行的秩序，实现政府预期的经济目标。

德国社会市场机制有以下几个主要特点：第一，充分发挥市场机制作用。德国经济制度的核心是市场经济。政府鼓励各种商品在市场上开展竞争并且保护竞争，但对那些自发性恶性竞争行为加以限制。1957 年议院通过了《反卡特尔法》，国家专门在经济部设立卡特尔局对垄断行为和恶性竞争随时加以干涉。第二，政府经济管理部门加强宏观调控，主要投资于基础产业，对于生产企业，政府一般不直接投资，但对于节能和能源生产，国家预算要拨出较多经费，无偿资助企业。第三，重视推行社会福利制度。德国属于欧洲较早实施社会福利的国家之一。1883 年俾斯麦政府就颁布了《疾病保险法》和《工伤保险法》。第二次世界大战后，社会福利受益的范围和程度显著扩大，几乎包括生、死、残、老以及生育、教育、疗养等。整个国家社会福利开支大致占国内生产总值的 1/4 以上。第四，稳定货币制度，控制通货膨胀。德意志联邦银行是国家银行，但不属于政府管辖，较西方其他国家的中央银行具有更大的独立性。法律规定其任务是：发行纸币，充当政府的国库代理机构职能，具有中央银行职能，其行政级别高于政府内阁各部，直接向议会负责，不受政府控制。这就保证了银行能顺利地履行其职责，不受政府首脑更迭的影响，具有执行经济政策的独立性和连续性。德国实行社会市场经济机制的理想目标：一是保证币值和物价稳定；二是力求达到高就业水平；三是实现外贸平衡；四是保持经济适度增长。实际上上述四项目标很少同时达到，但在德国，保证币值及物价的稳定一直都是首要目标。

（二）经济发展简史

德国是后起的资本主义国家。15 世纪末 16 世纪初，资本主义的生产关系开始萌芽，但发展缓慢。19 世纪 30 年代，当英国的工业革命即将完成的时候，德国的工业革命才刚刚开始。1848 年，德国爆发了一次不彻底的资产阶级革命，在一定程度上为资本主义的发展扫清了道路。在 1850～1870 年间，德国经济发生了决定性的变化。在此期间，工业生产增长 1 倍，在国民生产总值中，工业的比重从 21%提高到 28%。1870 年德国的工业生产已占世界的 13.2%，超过法国，仅次于英国和美国。

1871 年，普法战争胜利，结束了德国境内长期的封建割据局面，从而为德国资本主义大工业的迅速发展创造了有利条件。从法国手中索取的巨额赔款并夺取了煤炭基地阿尔萨斯全省和洛林的一部分，大大增强了德国工业的实力，为德国经济的跳跃式发展提供了雄厚的资金和资源。于是，在 19 世纪 70 年代末 80 年代初，德国已基本上完成了工业革命，到 20 世纪初，实现了资本主义的工业化。1889 年，工业产值在德国国民生产总值中的比重达到 37%，第一次超过农业。到1913年,工业产值的比重又提高到45%,而农业产值却下降到23%。在工业中,重工业取代了轻工业的地位。至此,德国已在最新技术成就的基础上建立起比较完整的工业体系,其工业生产已超过英国,成为一个以重工业为主导的欧洲最强的资本主义国家。

德国是两次世界大战的发动者。1945年5月法西斯德国战败投降后,苏、美、英、法等根据《雅尔塔协定》和《波茨坦公告》,分区占领德国及其首都柏林。从此,德国分为德意志民主德国和德意志联邦德国,走上了不同的发展道路,分属社会主义和资本主义两大阵营。

第二次世界大战后初期的联邦德国,经济混乱不堪,出现恶性通货膨胀,工农业生产水平低下。1946年的工业只及1938年的22.9%。加上统一的德国被人为地分成东、西两个部分,使之陷于原料不足、粮食奇缺的困境,经济处于衰退崩溃之中。但由于拥有强大的技术和劳动后备力量(科技、熟练工人、生产管理组织),加上美国的扶植,因此经济的恢复和发展很快。到1950年,工业生产便恢复到战前最高水平。1951～1966年进入高速增长阶段,国民生产总值年平均递增7.1%。相继赶超英、法,创造了举世瞩目的“经济奇迹”。20世纪60年代中期之后,联邦德国经济进入平稳发展时期,增长减缓,1968年国民生产总值被日本超过,退居资本主义世界第三位。1978～1985年的8年中,国内生产总值的年平均增长率仅为2%。20世纪80年代中期以后,经济保持连续增长,1986～1990年国内生产总值的年均增长率达3.4%。

德国的分裂使完整的国民经济结构和统一的国内市场遭到严重破坏,给民主德国的经济恢复与发展造成了很大困难。战后初期,民主德国首先实行生产资料国有化,没收了战犯和垄断资本家的财产,并把银行、交通运输、企业收归国有,同时进行了土地改革。从1948年开始,经过两年的经济恢复,1950年工业生产能力达到战前1936年的水平。1960年实现了农业合作化,从1951～1985年,完成了七个五年计划。1981年全国实现了工业企业联合化,1986年国有企业和合作社企业占到全国国民收入总和的96%以上。1981年4月德国统一社会党提出以“依靠科学技术、提高经济效益”为中心内容的“80年代经济发展战略”,进一步推动了经济发展。1981～1985年国民收入的年平均增长速度为4.4%。1989年国内生产总值为3 534亿马克,人均21 500马克,成为世界上经济发展水平较高的国家。与此同时,国民经济的部门结构也发生了较大变化,工业所占的比重由1949年的42.2%增加到1989年的67%,而农林业相应地由30.8%下降到9.9%,商业和服务业也有一定的增长。统一前的民主德国已经是一个比较发达的社会主义工业国,但与联邦德国相比,经济实力相差甚远。东、西德的人口之比为1 ∶ 4,国内生产总值之比为1 ∶ 6,人均国内生产总值方面东部仅及西部的2/3,技术水平落后西部20多年。

1990年8月31日两德签订《统一条约》,同年10月3日东部五个州加入联邦德国,两德正式统一。实现两德统一,首先是德国货币联盟的形成,即统一使用联邦德国马克。其次是民主德国国有企业私有化的过程。因此,两德统一后,德国经济呈现的活跃景象,与当时已经开始经济滑坡而进入衰退的美国、英国等发达国家形成鲜明的对照。1991年德国的国内生产总值增长了4.91%。但是好景不长,到1992年增长率为1.76%,1993年仅为1.70%,此后的10年间,德国经济增速便缓慢下来,失业人数不断上升。

随着世界经济的强劲复苏,停滞多年的德国经济在2004年获得了1.8%的温和增长,这相对于前三年的数据是一次飞跃,德国经济呈现出整体好转的迹象。2005年默克尔出任总理之后,德国经济平稳发展,2005年经济增长只有0.9%,2006、2007年增长达到2.5%,是进入21世纪以来德国经济增长最好的年份,2008年经济增长又下滑到1.3%水平,失业率下降到10%以下。2009年德国经济出现－5.1%的负增长,2010～2016年GDP平均增长率为

2.05%。总体来说,德国经济发展呈现出一些新特点,发展态势渐趋平缓。

(三)主要工业部门

德国工业生产门类齐全、体系完整、技术水平先进,重工业占绝对优势。第二次世界大战后,其内部结构发生了明显变化。20 世纪 50 年代,其重点发展电力、钢铁等基础工业;60 年代,石油化工、汽车、飞机制造业发展很快;70 年代以后,电子、电气工业急剧增长;80 年代以来,随着高科技的发展,电子、电气工业已经成为最大工业部门;90 年代末期,汽车制造、电子电气仪器、化工设备、机械工业等部门是支撑经济的主导力量。

1. 汽车制造业

德国是世界汽车工业发祥地之一,世界上第一辆汽车于 1886 年诞生于德国。汽车工业已发展成为德国的支柱产业,是德国的第一大产业,德国税收的 1/4 来自汽车及相关产业。目前,德国汽车产量列中国、美国和日本之后,居世界第四位。德国主要整车制造商为戴姆勒集团、大众汽车集团公司(Volkswagen)、奥迪公司(Audi)、宝马公司(BMW)、保时捷公司(Porsche)、欧宝公司(Opel)、曼公司(MAN);主要汽车配件企业有博世、大陆、ZF、蒂森·克虏伯、西门子、VDO、巴斯夫及 Hella 等。德国最大的汽车制造中心是沃尔夫斯堡,它是大众汽车公司的总部所在地,有德国"汽车城"之称。

2. 机械制造业

机械制造业是德国历史最悠久、最富传统的工业领域,是德国的第三大支柱产业。标有"德国制造"的产品以它可靠的质量、纯熟的技术和优良服务在全世界赢得了良好的声誉。多年来,德国机械制造业在专利登记上居美国、日本之前为世界首位,约占全球机械专利的28%,这使其创新能力居于全球领导地位。德国机械设备制造业是典型的出口导向型产业,机械制品出口也超过美国、日本居世界之冠。在机械设备业的 31 个产品领域中,德国产品在 21 个领域是世界出口第一,在其余领域内也几乎全部位列世界三甲之内。在德国 31 类机械设备中,涡轮机、建材机械以及矿山机械成为最畅销的产品,出口增幅高达 40%。此外,机床、工业洗衣设备等也很受欢迎。

3. 化学工业

德国化学工业在世界上占有极其重要的地位,也是德国原材料和生产资料工业中最重要的部门。销售额仅次于美、日居世界第三位。2006 年销售额达 1 620 亿马克,比 2005 年增长了 6.0%。出口额居世界第一位,并占世界化工品出口总额的 1/6。德国化学工业不仅规模巨大,而且科研和技术水平也居世界最先进之列。德国化学工业用于研究开发的费用占其总营业额的 6.3%,居世界各国同行业第一位(第二位是日本,约为 5.9%)。德国拥有为数众多的世界级大型化工企业,其中巴斯夫公司(BASF)是世界最大的化学企业之一;德固赛公司(Degussa)是世界最大的精细化工品生产商之一。

4. 电子电气工业

德国电子工业与电气工业规模仅次于日本,居世界第二位,拥有雄厚的实力和极高的技术水平。西门子、奔驰、博世等都是驰名世界的大公司,还有 2 000 多家中小企业,也不断开发和运用微电子、光电、能源、信息、通信等科学技术,确保德国在这一领域处于世界领先地位。德国电气工程和电子工业产品约有 10 万种。拥有 160 多年历史的西门子已发展成为当今世界上最大的电气和电子公司之一,其业务涵盖了信息与通信、自动化与控制、电力、交通、医疗、照明以及家用电器等行业,其核心业务领域是基础设施建设和工业解决方案。西门子旗下现拥有员工约 40 万人,据 2007 年统计报告称,其年收益达 724 亿欧元。

5. 钢铁工业

德国不仅是钢铁生产大国，也是钢铁贸易大国，其出口量一直保持生产总量的50%左右。截至2006年底，德国钢铁工业销售额达423亿欧元，同比增长1.71%；粗钢总产量达4 720万吨，占欧盟25国粗钢总产量的1/4，位居世界第六，出口量达2 900万吨，排名世界第五。德国拥有世界级的大型钢铁集团，仅蒂森・克虏伯钢铁公司2006年在德国本土的粗钢产量就达1 550万吨，位列世界钢铁20强的第12位。

（四）经济政策

德国政府在发挥市场竞争作用的同时，形成了一套有特色的、完整的政府宏观经济政策体系。

1. 货币政策

西方市场经济国家大多将经济增长放在首位，如英、法等国就是如此。而德国则不同，始终将货币稳定放在首位。德国在货币政策上如此注重通货的稳定，一是源于德国新自由主义的通货稳定保证经济增长的观点；二是基于德国历史上两次特大通货膨胀使公众对其深恶痛绝。也就是说，长期以来，德国都是实行以“反通货膨胀为纲”的货币政策。

2. 财政政策

财政政策是德国政府干预经济的又一重要手段。1982年10月，面对德国正陷入严重的经济危机与财政危机之中，科尔政府提出了以实现财政平衡、降低税收负担、进一步鼓励企业发展、收缩过于膨胀的社会福利网为主要目标的新经济政策。1998年施罗德出任总理后取消了科尔政府最后阶段的改革，面对经济的下滑和较为严重的失业问题，紧缩开支的财政政策成为其政府的最高准则，追求社会的平衡发展是施罗德政府的夙愿。2003年，作为施罗德上任以来最大的一次改革举措，宣布削减福利，减少企业和国家负担，激发劳动力活力，并实施有利于就业的措施。2005年默克尔出任总理后面临的问题重重，而经济问题无疑是重中之重。默克尔政府逐步调整雇佣法、减少失业保险金以降低工资附加成本、对高收入者加征富人税等。2006年，德国的经济形势出现好转，失业率下降。2007年德国启动了涉及州政府与联邦政府财政分配的第二阶段联邦制度改革。此后，德国经济得到发展，2010年经济增长率达到4.5%，失业率从2008年的7.5%降到2012年的5.4%。

二、英国的经济发展

英国是服务业和工业都极为发达的世界经济大国。2016年英国的GDP总量为2.63万亿美元，仅次于美国、中国、日本、德国和法国，名列世界第六，人均GDP总量为40 096美元，在世界各国中名列前茅。

（一）经济体制

英国的市场经济体制经历了200多年的发展，目前发展成为一种典型的混合型市场经济体制。在市场经济发达的国家中，与美国、日本相比，英国混合体制的特点尤为明显、更具典型。主要表现在以下四个方面：

第一，独具特色的产权制度。第二次世界大战后，英国在工党主政期间大力发展国有经济，分别在1945～1951年和1975～1979年掀起两次国有化高潮，国有企业得到迅速发展。但是，英国国有化企业的发展并没有代替私营公司在英国经济中的主导地位。特别是撒切尔夫人主政时期进行的大规模私有化运动，对煤气、石油、汽车和电信等部门的上百个大型国有企业实行了民营化。虽然国有经济比重降低，但英国还是公私混合产权结构。

第二，混合型的自由企业制度。英国市场经济体制的微观基础是自由企业制度。目前，英国企业以公司制、合伙制、单人业主制等组织形式构成自由企业制度的基本结构。在自由企业制度下，每个人都有权利自己创办和经营企业。只要依法办理登记，承担纳税义务，就可以成立新的企业，企业的生产经营方向、产品和服务的定价、生产经营的规模均由企业自行决策。企业真正做到自主经营、自负盈亏、自担风险。

第三，混合型的资源配置机制。英国经济资源配置以灵敏的市场机制为主要手段，政府运用必要的宏观间接调控（主要是需求管理）进行调节。市场机制在资源优化配置中的基础作用体现在一切经济活动都直接或间接地处于市场关系之中，价格由市场供求形成，价格信号基本反映了产品及资源的稀缺程度。政府主要运用财政政策和货币金融政策等，调节总需求和总供给，实现经济的良好增长。

第四，功能完善的市场体系。英国的市场体系完整、功能完善，尤为突出的是劳动力市场和金融市场。英国的就业水平一直较高。从2001年以来，英国政府采取了一系列的创造就业机会和鼓励就业的措施，促进劳动力市场的发展。

在这种新型的混合型市场经济体制下，英国经济近年来不断向前发展。

（二）经济发展简史

13世纪中叶，为了生产羊毛，出现了圈地运动，资本主义开始萌芽。15世纪，资本主义更加发展。16世纪至17世纪上半叶，欧洲直通印度的新航路的开辟、美洲大陆的发现及环球航行的成功，使英国对外贸易迅速增长，位于海陆交通要道的伦敦因此成了国内外贸易的中心。18世纪中叶至19世纪中叶，英国兴起产业革命，使英国由农业国变为工业国，从而改变了整个国民经济的状况，使英国成为世界上最先进的工业国，在生产和贸易方面跃居世界首位，有"世界工厂"之称。它拥有的商船吨位也占世界第一。依靠强大的海运业，英国从世界各地获得廉价原料，发展大量的贸易交往，获得巨额收益。伦敦成为国际金融中心。

17世纪起，英国开始夺取殖民地和海上霸权。到19世纪70年代，已建立了庞大的殖民帝国，即所谓的"大英帝国"。其海外统治地域遍及欧洲、亚洲、美洲、非洲、大洋洲，至1914年英国的殖民地面积扩大到3 350万平方公里，为其本土面积的110倍，每天24小时都有一部分殖民地处在白天，英国因此自矜为"日不落帝国"。

19世纪最后30年，英国逐渐丧失工业垄断地位。19世纪90年代，其工业产值被美国超过，20世纪初又被德国超过，从此，英国丧失"世界工厂"的优势地位。虽然如此，但整个19世纪对英国可以说是一个伟大的社会改进时期。首先是禁奴运动取得成功，随后是《工厂法》、《工人住宅法》、《公共卫生法》和《初等教育法》的颁布。

英国是第一次世界大战的战胜国，但大战使英国的元气大伤。英国的商船在战争中损失了70%，而美国和日本的造船业生产值却在大战期间大增，使英国丧失了保持100多年的海上霸权。此间，英国的对外贸易锐减，出口贸易减少一半以上，进口额却增加近一倍，出现对外贸易巨额逆差，此时出口额被美国超过。此后，其航运、金融业也相继失去了优势。随着英国经济的衰退，大英帝国也迅速趋向崩溃。

第二次世界大战期间，英国殖民帝国的崩溃以及工业和货币金融潜力的削弱，对英国帝国主义的地位产生了决定性的影响，大量的军事开支和把英联邦国家控制在宗主国范围内的企图，使英国动用了生产领域的资金。因此，第二次世界大战后英国对国内资本积累的实际援助有限，国家预算经常有巨额赤字。为了弥补赤字又导致了通货膨胀的发生与发展，国内物价飞速上涨，其商品在国际市场上的竞争能力逐渐下降。其经济实力减弱，致使其在第二次世界大战后长期处于财政金融危机和经济停滞交替或同时发生的状态之中。1950～1973年，英国年均经济增长率为2.7%，英国的通货膨胀率为4.6%。1973年经济受石油危机的冲击，通货膨胀率从9.1%上升至1974年的16%。政府为了控制通货膨胀而紧缩开支，经济陷入“滞胀”。1973～1979年，经济平均年增长为1.3%，通货膨胀为15.5%。

1979年，保守党上台执政，撒切尔政府采取了一系列措施，英国成功地减少了国家赤字的总额及国家的货币发行量。通货膨胀明显下降，从1980年5月的22%的历史最高峰逐步降到1986年的3.9%。1980～1988年间，经济平均增长率为2.7%，不仅超过美国、联邦德国、法国等主要工业国家，也超过经合组织成员国2.6%的平均增长率，仅次于日本4.1%的增长率。英国经济在连续7年增长之后，1989年增长减速，1990年开始随着整个西方经济的不景气也出现了负增长，但在1992年第三季度开始缓慢回升。1992年下半年到1996年的5年里，英国经济持续稳定增长，国民生产总值的年均增长率始终保持在2.8%的水平。1996年的通货膨胀率也较低，仅为2.8%，失业率为7.6%。

英国经济持续增长的推动力是个人实际可支配收入的增加和消费信心的改善。1996年个人实际可支配收入增长3.75%，消费支出年增长率达4%。1996年后英国经济处于“低通胀的稳步增长”阶段。据联合国经济合作与发展组织的数据显示，在1997年至2006年的10年间，英国经济年平均增长率达2.7%。英国人均GDP由1997年的22 781美元上升到2016年的40 096美元。近年来，英国经济稳定复苏、就业状况持续好转。

（三）主要经济部门

英国服务业是国民经济的支柱产业，农业只占很小比重，钢铁、煤炭、纺织等传统制造业在英国产业结构改造中已逐步萎缩。目前各产业经济增加值在英国经济中的比重大致为金融、批发及零售、房地产等部门在内的服务业占72%，制造业和建筑业占23%，能源和自然资源业占4%，农、渔、林业占1%。

1. 金融服务业

英国是现代金融体制的发源地，金融业发达，全国除了在爱丁堡、曼彻斯特、卡迪夫、利物浦、利兹和格拉斯哥有6个金融交易中心外，还在伦敦形成了欧洲最大、同时也是世界三大金融中心之一的金融城。2007年伦敦超过纽约成为世界上最大的国际金融中心。其金融市场主要包括外汇、银行、黄金和保险市场。

伦敦外汇市场在世界外汇交易额中居于首位。伦敦证券交易所是英国资本市场的中心，是世界上最大的证券交易所之一，拥有世界上最多的外国上市公司。伦敦也是欧洲货币市场的中心。伦敦欧洲货币市场的交易量仍占整个欧洲货币市场总额的1/3左右。伦敦外汇市场上，经营外汇买卖的银行及其他金融机构均采用了先进电子通信设备。据2004年4月统计，伦敦外汇市场的日交易额为7 530亿美元，占全球份额的31%，高于纽约和东京两家交易所的总和。伦敦还是全球流动性最强的黄金买卖和拆借业务的现货市场，也是全球黄金交易结算中心。伦敦保险市场是世界性的保险与再保险业务的运作中心，尤其在海运和航空保险方面独领风骚，约占国际保险市场业务的20%。以劳合社为代表的伦敦保险市场，是世界上唯一的专业保险市场，目前劳合社仍是海险和航空险的主要国际中心。

2. 工业

英国的工业门类齐全，主要分为制造业、能源和水供应业及建筑业。在制造业中，许多产品的制造和出口都处于世界领先地位。其主要产品为机械、电力设备、无线电、飞机、发动机、化工产品、化肥、人造纤维及纺织品等。英国将近80%的出口产品为工业制成品和半制成品。

近年来发展较快的是电力和电子工程、化学、仪表、食品、饮料、烟草以及纸张和印刷出版等。

英国是世界上第三大最完善的航天工业国家，仅次于美国和俄罗斯。从20世纪70年代末至90年代初的10多年间，宇航工业生产能力和产值都扩大了一倍，出口净增300%。作为英国制成品的最大出口部门，其宇航工业制造各式航空、航天及电子产品，并研制开发了独具特色的民用航空系列产品。罗尔斯·罗伊斯是世界上最大的飞机发动机制造商之一，全世界使用该厂发动机的飞机不少于万架。英国公司在空中客车A380的机翼结构、燃料系统和飞机降落装置部件生产中都占据主要份额。

英国是世界化工生产大国，化工业是英国最大的制造业部门。英国化学工业规模较大，其规模居西欧第二位。英国一向是有机化工产品、无机化工产品、塑料制品和化肥等基本化学工业品的主要生产国。据英国化学工业统计，化工产品中制药业所占份额最大；其次是特种产品和化妆品类。帝国化学工业公司是一家能与巴斯夫、杜邦等化学工业公司抗衡的英国化学公司。

20世纪90年代以来，英国机动车及零件的销售额超过200亿英镑以上，其中汽车的销售额占90%。在英国的五家大型汽车厂基本垄断了汽车的销售，它们分别是罗弗、福特、沃克斯霍尔、普乔特和塔尔波特，控制了全国小轿车产量的99%。

英国能源资源丰富，在欧盟国家中居首位，是世界上石油、天然气和煤炭的主要生产国，是世界上第五大产天然气国和第八大产油国。自2004年起英国已成为能源净进口国，2012年英国能源净进口量达7 502万吨标准油。随着经济的发展，能源危机将考验英国新一轮的经济增长。

（四）经济政策

英国从1979年开始，以撒切尔夫人为首的保守党开始上台执政，放弃了凯恩斯提出的以刺激消费为主的扩张经济学说，改而奉行以控制通货膨胀为目的的货币主义为主的紧缩经济政策。于是，严格控制货币的发行量，改革税收制度和社会福利制度，控制政府支出并同时推行私有化政策以增加政府收入，减少政府对经济的干预以恢复企业的活力，精简公务人员等。正是这一系列政策措施使得英国依然保持着经济大国的地位，并且在20世纪90年代经济能够得到持续的增长。

20世纪90年代末，因倡导“第三条道路”而上台执政的布莱尔首相，加大了对经济制度和技术的创新力度，扼制了衰退，促进了增长。在国内经济政策方面，布莱尔政府建树颇多。首先，采用货币政策，运用利率杠杆调节经济。其次，运用财政手段，减税增支，确保经济增长。同时在应对失业问题方面实行最低工资制，采取政府出资和企业联合培训失业人员技能的“新政”。灵活就业机制的强化，以及大力推动创意产业的发展，使得英国的失业率保持在4%以下，是欧洲面对全球化挑战中应变能力最强、政策最成功的国家。在布莱尔执政的10年中，英国保持着低通货膨胀率、低利率和低失业率，经济持续稳定增长，是世界第五大经济体。布莱尔政府财政大臣戈登·布朗于2007年就任英国首相，布朗主张减税以刺激需求，促进经济的持续发展。2010年卡梅伦出任英国首任，他主要着手解决英国面临的财政赤字和社会问题等难题。2016年，特蕾莎·梅当选英国首相，她执政后将面临英国公投脱欧后所带来的新挑战。

三、法国的经济发展

法国是农业和工业都极为发达的世界经济大国。2016年，法国的GDP总量为2.45万亿美元，仅次于美国、中国、日本、德国，名列世界第五，人均GDP总量为38 128美元，在世界各国中名列前茅。

(一)经济体制

从总体上讲,法国的经济体制是一种现代市场经济体制,它与西方其他国家的市场经济体制有许多相似之处,但又有着自己的特点:第一,国有经济在国民经济中居重要地位。法国是个老牌资本主义国家,私营经济是国民经济的主体。但是,长期以来,法国一直十分重视国有化运动。通过国有化运动,国有企业在能源、交通、金融、保险等垄断性行业占据主导地位,在计算机、航空、电子、化学、钢铁、机械制造等竞争性行业占据重要地位。

第二,在市场机制发挥主导作用的基础上实行计划调节。法国经济体制是市场经济体制,经过长期的演进和发展,已形成完备的市场体系,这为市场机制提供了良好的作用条件和环境。第二次世界大战结束后,法国在坚持市场调节的同时,建立并形成了一整套指导性的计划体制,开始对国民经济进行广泛而深入的计划干预。

第三,国家对国民经济的运行实行强有力的干预。法国政府对国民经济的干预在西方各市场经济国家中是最强的。法国政府通过掌握和支配大量的国民收入再分配过程,将占国内生产总值40%以上的国民收入集中到自己手中,凭借这部分财力,法国政府在国民经济的基础部门及新兴产业领域进行直接投资,从而影响全局的发展。为了使资本市场服务于经济发展的需要,法国政府将整个货币金融体系控制在手里,对信贷活动实行直接管理。国家通过直接持有生产资料,在垄断和竞争性行业建立了许多国有企业,它们为政府进行经济管理奠定了物质基础。由于有这些物质条件做保证,法国得以通过经济计划,运用财政政策、货币政策、领土整治政策、产业政策、工资和价格政策以及社会保障政策等手段对整个国家经济进行管理和调节,使整个经济是在国家的引导下运行。

以上特点表明,法国的市场经济体制已不是简单的市场经济模式,而是一个现代的、发达的市场经济模式。国家与企业、国有经济与私营经济、计划调节与市场调节有机地结合在一起,共同发挥着调节资源配置的作用。

(二)经济发展简史

法国是欧洲资本主义发展较早的国家。15世纪后期,法国完成了政治上的统一,建立了中央集权的封建专制主义政权。16世纪以后,法国进入由封建主义向资本主义过渡的时期。1789年爆发了具有世界历史意义的法国资产阶级大革命。此后,资本主义经济迅速发展。继英国产业革命开始50年后,法国于19世纪20年代开始产业革命,自此直至19世纪60年代,工业产值一直仅次于英国,居世界第二位。与此同时,法国还是仅次于英国的第二大殖民帝国:1914年殖民地面积达到1 060万平方公里,比其本土面积大18倍以上。但在19世纪末,由于农村中小农经济占绝对优势,农业比较落后,而且大量资本向国外借贷,致使本国工业发展资金不足,发展缓慢,随后被后起的资本主义国家——美国和德国超过,工业退居第四位。

第一次世界大战中,法国是作为“协约国”一方。由于法国是欧洲主战场,国民经济遭到了特别严重的破坏,全国经济损失总计达2 000亿法郎。第一次世界大战结束后,根据《凡尔赛和约》,法国收回了失去的阿尔萨斯和洛林,获得了德国的巨额赔款。同时,以国际管理方式取得了萨尔煤田的开采权。这促使法国经济一度迅猛增长。1920～1929年国民生产净值年平均增长率达到5.9%(1901～1913年仅为2.6%);工业发展速度更快,年平均增长率达到8.2%,远远超过同期的美国(4.6%)、德国(4.5%)、英国(2.4%)和意大利(4.3%),居世界第一位。

第二次世界大战中,法国经济又遭受严重破坏。据统计,法国在战争期间所受到的经济损失，按1945年价格计算总计高达48 930亿法郎。战后初期，法国经济面临着严重困难。面对当时百废待兴的局面，法国政府把医治战争创伤和恢复国民经济作为首要任务，用了大约5年时间，对整个国民经济进行了必要的恢复和调整。由于措施得力，战后经济恢复很快，1949年即恢复到战前水平。

从20世纪50年代末起，由于欧洲共同体的建立，欧洲经济一体化对法国经济产生了积极影响，法国经济进入持续高速发展阶段，历时15年实现了经济现代化。1959～1974年，法国国内生产总值的年均实际增长率高达5.7%，超过美国(3.9%)、英国(3%)和联邦德国(4.7%)。

1973年，中东战争造成震荡世界的石油危机，对缺少能源的法国冲击很大。1973～1979年国内生产总值年均增长率仅为1.3%。20世纪80年代初以后，法国经济转入全面调整和低速稳定增长时期。1980～1983年，法国国内生产总值年均增长率仅为1.5%，低于资本主义世界平均水平。20世纪80年中期，国民经济在调整中稳步前进，形势明显好转，1985～1990年GDP年均增长率为3%。进入90年代初，受世界经济整体衰退的影响，法国经济增长较缓。1991～1992年年均经济增长率仅为1.25%，1993年则为－1.0%，到1994年回升至2.5%。1994年以来，在全球经济复苏的带动下，法国经济进入恢复性增长时期，2000年经济增长率达3.8%，创恢复期最高点，2002年和2003年增长率分别减至1.2%和1.1%。自2004年以来，法国经济再次复苏，经济增长率回升至2.3%，2006年为2%，2007年为1.9%。但受欧债危机的影响，2010～2016年法国GDP平均增长率仅为1.14%。

(三)经济特征

法国是欧洲发展较早的国家，目前是工农业都十分发达的世界经济大国。

1. 发达的工农业国家

法国的工业(包括建筑业和公共工程)排在欧洲第二，居德国之后，约占世界的5%。全国就业的29%、投资的40%和出口的近80%，是由工业部门实现的，工业化水平很高。法国是欧洲最大的农业生产国、出口国，世界第二大农产品出口国。法国不同于德国、日本、英国等以工业为主的国家，也不同于加拿大、澳大利亚等具有发展中国家某些特色的国家。其工业与农业在国民经济中均占重要地位，这一点与世界头号强国美国颇为相似。自1979年以来，法国一直是全球农产品、食品第二大出口国，仅次于美国。

2. 国家垄断资本主义发达，生产和资本日趋集中

法国经济主要为大型垄断组织所控制，生产集中化程度高，国家垄断资本主义发达。1936～1982年法国曾掀起过三次国有化高潮，将大批工业垄断公司和大型银行收归国有，形成了实力强大、垄断程度很高的垄断资本集团，影响并左右着经济发展方向与进程。世界前10强的两大银行和前50强的4家大型工业公司都是国家垄断集团，如埃勒夫·阿基坦石油工业集团、法国石油公司(安道尔公司)、雷诺汽车公司等。许多大型工业企业、大型保险公司及航空运输等部门都由国家直接控制。

3. 产业结构发生重大变化

第二次世界大战后法国经济经过近70多年的发展，经济结构发生了深刻的变化。根据法国全国统计及经济研究所(INSEE)的统计，在国民经济增加值总额中，农业和建筑业的比重呈下降趋势，与此同时，工业和第三产业呈上升趋势。

(四)主要产业部门

1. 农业

法国是个发达的工农业国家，农业不仅在国民经济中占重要地位，而且劳动生产率也很高。法国农业以种植业为主，林、牧业落后。在种植业方面，法国是世界上第五大谷物生产国(仅次于中国、美国、印度和俄罗斯)之一，法国的主要经济作物有甜菜、油菜籽、葵花和烟草等；在畜牧业方面，法国的主要牲畜有牛、猪、羊以及家禽等；法国农业加工业十分发达，食品加工业是农工商联合企业的主导部门。法国农业生产可以用以下几点概括：第一，劳动生产率高，战后法国农业劳动生产率增长速度一直高于其他经济部门。第二，多种经营方式，综合发展。第三，专业化水平提高。其专业化经营，包括实行地区专业化、农场专业化和作业专业化。目前，法国大约70%以上的农场实行单一种(养)，农业生产或农产品加工过程也分阶段实行专业化。第四，农工商一体化。法国的农工商综合体由四类次一级的综合体组成：生产综合体、产前综合体、销售综合体和国际贸易综合体。四类综合体内部互相依存，共同促进法国农业的发展。法国成为发达的农业国，原因是多方面的。它与法国的自然条件、农业现代化方针的实施、广阔的欧盟农产品市场、重视农业教育与科研以及专业化的推行等有着密切联系。

2. 工业

工业在法国国民经济中占重要地位，工业产值约占GDP的1/4。由于法国矿产资源尤其是能源缺乏，整个工业向节省能源和原材料的知识密集型发展。传统部门如钢铁、造船、纺织等日益衰落，尖端技术工业迅速发展。以汽车、飞机、电子、电气为主的机械制造和石化工业、核能工业等已成为法国的骨干工业部门。

(1)汽车工业。汽车工业是法国工业的支柱之一，是战后发展非常迅速的一个部门。1950年总产量仅35.8万辆，到2016年法国汽车总产量为208.2万辆，位居世界第11位。法国的汽车生产集中在私营的标致集团和国营的雷诺集团两大集团。标致集团是法国最大的汽车生产垄断集团。目前，法国的两大汽车生产商标致—雪铁龙集团与雷诺集团位居世界前15位。

(2)宇航工业。宇航工业是法国重要的工业部门，在世界上也仅次于美国和俄罗斯，居第三位。目前，法国不仅能制造多种型号的军用、民用飞机和战术导弹，而且在研制和生产人造卫星、宇航设备、战略导弹等方面均具有较高水平。法国在宇航工业方面积极发展同西欧其他国家的合作，现已同10多个西欧国家通过双边和多边合作，制造了30多种航空定型产品。著名的有“空中客车”大型客机、“美洲虎”喷气式战斗机和“美洲豹”军用直升机以及新型高科技运输机、战斗机、运载火箭、导弹、通信卫星等。法国宇航产品60%以上供出口，远销100多个国家和地区。法国宇航工业在2015年出口额达394亿欧元，一半与空中客车项目有关。

(3)核能工业。由于常规能源煤炭、石油缺乏，法国非常注重核能的发展，其核电工业的发展已有长远的历史，并在世界上处于领先地位。20世纪90年代法国已成为仅次于美国的世界第二大核能发电国，并形成了自己独立完整的核能工业体系。法国运行中的核电机组共有58座，总装机容量为63 130兆瓦，现均仅次于美国列世界第二位，分别占到了全球总数的12.9%及全球总量的16.1%；核电占总发电量的70%以上，位居世界主要工业大国首位。法国还是核电设备和技术的重要输出国(中子增殖反应堆的研制居世界首位，核废料处理技术也较先进)，可以向世界各国出口成套的核电站设备。当今，法国核电工业在世界上占有很重要的位置，它与美国、日本构成了世界核电工业的三强。

(五)经济政策

第二次世界大战后，法国同其他发达国家一样，长期奉行凯恩斯主义，大力加强国家对经济的干预。20世纪70年代中期以后，法国和其他发达国家一样经济普遍出现了“滞胀”。法国前总统吉斯卡尔·德斯坦在执政后期转而倚重鼓励竞争的“新自由主义”理论，采取以抑制通货膨胀放在首位的紧缩政策。德斯坦的经济政策不但没有促进法国经济增长，反而加深了国内矛盾。1981年5月以密特朗为首的社会党上台执政。在社会党执政的14年里，推行"紧缩"和"自由经济"政策取得了明显成效，使法国经济从此走出持续近10年的"滞胀"困境，转入低通货膨胀下的经济稳定增长时期。1995年5月，希拉克上台后，基本上还是继续沿用密特朗执政时的政策。但是希拉克政府的温和政策并没有给法国经济发展带来很大希望，相反一系列经济社会问题随之出现。2007年萨科奇上台，针对法国经济体制方面的弊端，力主推行自由市场经济，主要举措是改革现行的社会福利和劳工制度。针对法国高福利制度造成的人们对国家福利政策的依赖，萨科齐不断重申"劳动的价值"，强调"多劳多得"；他主张降低企业社会福利和税收负担，从而刺激经济发展，降低失业率，取消失业救济。同时在社会、教育等方面采取了一系列措施，以提高法国经济增长速度和国际竞争力。2017年，马克龙当选法国新一届总统，他执政后积极推行减税政策。

案例剖析

为什么国际上总是有人要把中国经济奇迹称为"中国泡沫"？

自1978年改革开放以来，中国经济已持续高速发展了40年。到目前为止，除了中国，没有任何一个国家能以超过9%的年均增长率高速持续增长40年，中国是一个奇迹。从西方工业化发展道路看，经济增长过程中会出现经济循环，中国好像打破了此经济循环的宿命，一直持续发展。进入21世纪以来，中国经济飞速发展，西方经济学家根据西方现代经济学理论考察中国经济，认为中国经济发展过快，已进入了经济过热，泡沫越吹越大，"中国泡沫"即将破裂。但中国经济没有崩溃。这一中国现象使得西方经济学家开始质疑现代经济学理论。中国正在不断吸收世界的资金、技术、科研、设备、人才。中国现象是对"经济循环理论"和"比较优势理论"最大的挑战。未来30年，中国经济继续保持高速增长的客观条件仍然存在，在中国政府继续坚定不移地推进改革开放政策的背景下，中国经济发展仍将处于高速增长期。

第二次世界大战结束以来的70多年时间里，发达国家如日本、德国和法国等经济得到一定的发展，因此国际社会宣称为"日本奇迹"、"德国奇迹"及"法国奇迹"，并有人断言"美国模式优于任何发展模式"。然而，为什么国际社会总有人要鼓吹中国经济即将崩溃呢？

思考与练习

一、关键概念

产业结构、新经济、通货膨胀、通货紧缩、泡沫经济、特里芬难题、"特别301"条款、"超级301"条款、前川报告、广场协议

二、思考题

1. 发达国家有哪些基本经济特征？
2. 第二次世界大战后美国的产业结构出现了哪些变化？
3. 第二次世界大战后初期日本的经济为什么能实现高速增长？
4. 德国社会市场机制有哪些主要特点？
5. 英国的金融服务业发展现状如何？
6. 法国经济有哪些基本特征？

三、讨论题

1. 如何评价美国的贸易赤字？
2. 日本与法国的市场经济体制有哪些异同点？
3. 日本在 20 世纪 90 年代出现的经济萧条对中国经济发展有哪些经验教训？

第十二章 新兴经济体经济发展

本章要点

本章主要以新兴经济体为主线，介绍了新兴经济体的范畴、新兴经济体在世界经济发展中的作用以及新兴经济体经济发展面临的挑战等，分析介绍了“金砖国家”①和“展望五国”经济发展的基本情况。

本章需要重点掌握的内容是新兴经济体经济发展的概况及“金砖国家”的基本国情。

案例引导

“金砖国家”能否成为当今世界经济增长的引擎？

“金砖国家”已形成当今世界的“新生代”力量，是最有成长性和代表性的新兴经济体大国。尤其是从各国的国土、人口、资源等方面来看，都具有较大能量。“金砖国家”国土面积占世界领土总面积的30%，人口占全球总人口的42%。根据国际货币基金组织的统计，2016年“金砖国家”的经济总量已超过美国，外汇储备大约有4万亿美元。国际舆论普遍认为，对于这新的五个经济体，尽管金融危机也让这些国家遭受了不同程度的冲击，但大多仍能保持一定的经济增长，情况比发达经济体要好得多。然而，也有国际舆论认为，“金砖国家”经济可持续增长的后劲不足。首先，各国的经济目前很大程度上依赖出口，国内消费尚未构成经济支柱。特别是中国和印度，虽然近年来经济增长迅速，但个人电脑等消费品的普及率仍然偏低。其次，近年来大宗商品价格出现上涨，虽然俄罗斯和巴西这两大原材料供应国大大受益，但是对中国和印度这两个能源消耗大国则带来许多新的挑战。再次，各国的经济不同程度上依赖于美国，如果美国经济出现问题，这些国家很难独善其身。最后，各国限制外资入股当地企业，企业的公司治理不佳，有竞争力的跨国公司不多。

2017年“金砖国家”峰会在中国厦门举行，金砖合作步入第二个“黄金十年”。

你认为“金砖国家”能带动世界经济新一轮增长吗？它们要怎样做才能成为当今世界经济平稳增长的引擎？

①“金砖四国”指“金砖国家”中的巴西、俄罗斯、印度和中国四个国家。

第一节　新兴经济体概论

一、新兴经济体的范畴

新兴经济体，即经合组织（OECD）①以外的发展中国家，其中包括苏联成员国和东欧国家，由于在经济全球化过程中这些国家的经济快速发展，目前它们的许多经济指标正在接近发达国家。

在经济全球化的条件下，经济要素的流动性大大加强，出现了某种"溢流"效应，资金、技术等经济要素寻找低成本、高增长的实现场所。新兴经济体国家恰恰具备了这些必要的社会、文化或资源条件，从而成为接纳全球产业转移的合适场所。与此同时，这些国家内部也出现了社会生产和社会需求的良性互动，经济获得了内在动力，开始了增长的循环。这些新兴经济体国家中的代表是"金砖四国"和"展望五国"。

综观新兴经济体中的"金砖四国"和"展望五国"的情况，它们都具有成为新兴国家所需具备的丰富的自然资源、增长的年轻劳动人口、国内政经稳定、积极引进外资以及消费人群扩大五大条件。"金砖四国"的巴西、俄罗斯、印度和中国均是人口和国土面积大国；"展望五国"的越南、印度尼西亚、南非、土耳其和阿根廷也是较大的国家。这些国家已经进入经济快速发展轨道，对世界经济格局产生了较大影响。不过，上述国家还有一个特点，它们都不属于西方文化圈或不属于西方文化圈的中心地区，从而形成了工业化进程以来世界文化的大变局，可能会促进世界政治多极化、文化多元化的演进。

从发展模式上看，新兴经济体国家大体采用了政府主导的市场经济模式，与以前的亚洲"四小龙"和其他东南亚国家类似，这反映了这种模式在发展中国家的普遍适用性。这一模式与早期发达国家的"完全自由市场经济"有别，具有更强的"他组织"色彩。在这些国家中，只有依据自身的历史文化条件较好地完成社会组织的重建，才可能有效地推进经济建设。

二、新兴经济体在世界经济发展中的作用

新兴经济体的快速增长带动了全球增长的速度。自 2000 年以来，世界 GDP 年均增长率为 3.2%，而 1950～1973 年间欧、日在第二次世界大战后复兴的"黄金时期"仅为 2.9%，更远远超过 1870～1913 年间由于技术革新、扩大贸易和资本流动等积极因素所形成的工业革命时期的 1.3%的年均增长率。

新兴经济体的快速发展恰恰是在它们连续遭到挫折的过程中实现的，而且增长速度高出发达国家一倍（见表 12—1）。这些挫折包括墨西哥在 1994 年年末、东亚在 1997 年、俄罗斯在 1998 年、巴西在 1999 年、土耳其在 2000 年、阿根廷在 2001 年和委内瑞拉在 2002 年所先后发生的各种危机。

①指 1960 年成立的经济合作与发展组织的 24 个成员国，其包括了主要发达国家。

表 12－1　　1983～2016 年新兴经济体的经济发展情况　　单位：%

年　份	1983～1992	1993～2002	2003～2012	2013	2014	2015	2016
世界平均 GDP 增长率	3.55	3.35	4.18	3.47	3.57	3.4	3.21
发达经济体 GDP 增长率	3.5	2.79	1.67	1.33	2.08	2.23	1.66
新兴市场和发展中经济体 GDP 增长率	3.65	4.09	6.65	5.12	4.69	4.26	4.33
G7 集团 GDP 增长率	3.4	2.53	1.41	1.37	1.95	2.08	1.3
经常项目差额占 GDP 比重(发达经济体)	−0.33	−0.23	−0.58	0.51	0.53	0.72	0.78
经常项目差额占 GDP 比重(新兴市场和发展中经济体)	n/a	0.14	2.56	0.58	0.54	−0.17	0.33
外债总额占 GDP 比重(新兴市场和发展中经济体)	34.72	36.36	27.94	28.06	n/a	n/a	n/a
外债偿还额占 GDP 比重(新兴市场和发展中经济体)	6.1	8.55	9.05	10.23	n/a	n/a	n/a

资料来源：IMF：*World Economic Outlook*。

当前，新兴经济体在制造业上呈现出较好的发展势头，但在高端产业和金融业上仍处于弱势，内在机制也还有待健全完善。但从总的趋势来看，21 世纪以来即使出现了经济上的危机、中断或曲折，新兴国家的经济发展仍一直保持良好势头。只要它们坚持市场开放，实施稳健的财政与货币政策，其前景将被更加看好。它们有劳工成本低的优势，加上引进西方技术与知识，在提高劳动生产率方面具有巨大的发展空间，这是由于追赶要比保持领先地位容易得多，即所谓后发优势。

(一)国内生产总值高速增长

新兴经济体在 21 世纪的前五年中 GDP 年均增长率近 7%，远远超过发达国家的 2%～3%。2006 年是新兴经济体表现最好的一年："金砖四国"经济增长率达到 8.3%，远高于世界平均水平；2004～2006 年 32 个主要新兴经济体连续三年全部实现了正增长，即便是最贫困的非洲，也连续三年实现 GDP 增长 5%(见图 12－1)。

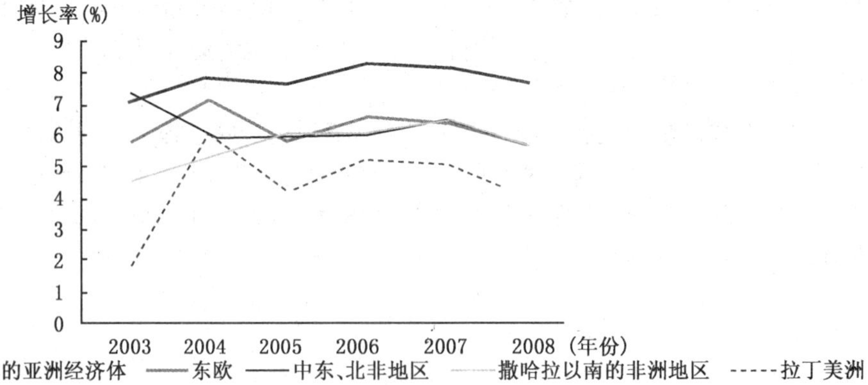

资料来源：德意志银行研究中心。

图 12－1　新兴经济体 GDP 增长率走势

受全球市场动荡和美国金融危机影响，2008 年新兴市场经济增长速度比 2007 年有所放慢。2009 年增长率跌到谷底，仅为 2.7%。但是随着金融危机后新兴市场经济基本面的显著改善以及良好的增长前景，2010 年增长恢复到 7.6%，2013～2016 年发展中国家 GDP 年均增长率为 4.6%。这些经济体将继续保持强劲增长势头，成为世界经济增长的火车头。

(二)对世界经济的贡献越来越大

据统计，新兴经济体与发展中国家 GDP 占全球 GDP 的比重已从 1990 年的 20%跃升至 2016 年的 39%，全球经济版图已发生相应的变化。新兴国家中，“金砖四国”和“展望五国”又属佼佼者。

据 OECD 经济史学家安格斯·麦迪逊(Angus Maddison)根据购买力平价推算的结果，从 11 世纪直到 1820 年，当今的发展中经济体产值曾占世界总量的 80%左右。但这一优势地位在欧洲技术革命之后完全丧失，到 20 世纪初，它们的份额已跌至 40%。如今，它们正在整体复兴(见图 12—2)。事实上，发展中经济体呈现潮涌式的发展始于 20 世纪末，在 21 世纪初汇成整体壮大的潮流。2012 年新兴经济体年增长率为 5.1%，发达国家为 1.2%。如按此速度推算，20 年后新兴经济体将占到全球产出的 2/3(按购买力平价计算)。

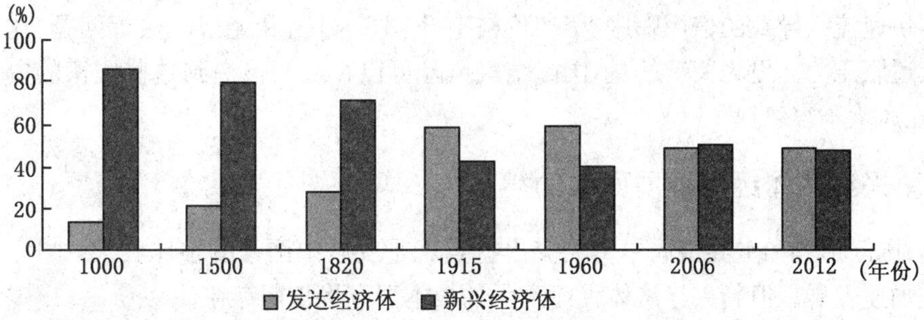

注：GDP 以购买力平价计算。

资料来源：IMF：《2012 年世界经济展望》。

图 12—2　新兴经济体占全球 GDP 的比重

(三)国际收支持续盈余

按照国际货币基金组织等权威机构的统计，2012 年新兴经济体的出口总额占世界总额的 38.8%，外汇储备占 64.0%，能源消费量占 54%。从全球范围来看，发达国家与发展中经济体的经常项目收支状况呈现截然不同的走势，前者逆差不断扩大，后者盈余不断增加。从整体上看，发达国家从 1999 开始转向经常项目逆差，到 2005 年逆差已从 1 148 亿美元扩大到 4 863 亿美元，2005 年后逆差逐步缩小，2012 年只有 581 亿美元；而发展中经济体从 1999 年转向经常项目盈余，到 2005 年盈余已从 316 亿美元增加到 5 147 亿美元，2005 年之后盈余出现上下波动，2010 年盈余为 3 349 亿美元(见表 12—2)。

表 12—2　新兴市场和发展中经济体(EMDE)经常项目差额　单位：10 亿美元

年　份	2005	2006	2007	2008	2009	2010
发达经济体经常项目差额	—385.40	—446.50	—341.90	—517.54	—68.02	2.42
新兴市场和发展中经济体经常项目差额	434.99	633.72	603.64	670.81	246.74	281.36

续表

年　份	2011	2012	2013	2014	2015	2016
发达经济体经常项目差额	－40.39	28.29	238.50	251.87	325.12	361.06
新兴市场和发展中经济体经常项目差额	380.27	357.57	173.22	168.40	－51.11	－96.20

数据来源:IMF数据库。

(四)外汇储备显著增加

发展中经济体随着经常项目盈余的不断扩大,外汇储备大幅上升。经历了1994年以来的历次金融危机之后,它们为防范风险、增加自身经济安全、减少对国际货币基金组织融资的依赖,不断扩大外汇储备积累。到2005年,发展中经济体外汇储备已高达2.399万亿美元。特别是中国,2006年外汇储备超过1万亿美元,2011年超过3万亿美元。发展中经济体庞大的外汇储备显示了自身的经济实力,也为其抵御外部冲击、降低外部风险以及致力于世界经济均衡增长奠定了物质基础。

2007年以后,新兴市场经济体继续保持增长趋势。但所有的新兴市场经济国家都面临着国际资本快速流入导致的信用膨胀、资产价格上升、本币升值和经济过热等问题,这些问题形成了巨大通胀压力。更为关键的是,国际金融风险可以在瞬间传递到这些国家的资本和金融市场,潜在风险不容忽视。

三、新兴经济体经济发展面临的挑战

当前,国际形势和世界格局中一大突出特点就是发展中国家的整体壮大,“第三世界”的群体正在加速发展。但新兴经济体大而不强的根本弱点将长期存在。

第一,政治、军事力量薄弱。经济力量并不等同于保障经济的政治、军事力量。大部分新兴经济体在军事上是弱国,中国的国防预算还不足美国年度军费的增长额。现在世界上还不存在“新兴集团”,新兴经济体由于多方面的背景不能像欧、美那样组成共同利益联盟。在亚洲,中国的崛起被印度的崛起所平衡,美国正千方百计地拉拢印度成为它的战略伙伴,用以抵消中国的影响。许多国际政治、经济组织仍被西方国家操纵利用,新兴经济体难以与之抗衡。

第二,经济发展中有许多不确定因素。新兴经济体很像19世纪后期美国经济起飞时那样容易出现波动。许多新兴经济体是外向型经济,严重依赖外国市场,特别是欧美等发达国家市场。美国摩根士丹利公司经济学家斯蒂芬·罗奇指出,现在新兴经济体的弱点已不像20世纪90年代那样依赖于外国资金,国际市场对商品需求的情况对它们影响更大。例如,中国对外贸易量一度占到GDP的60%,如果国际市场需求低迷,商品价格下降,它将严重受损。另外新兴经济体的银行体系纰漏甚多,容易引发金融危机。新兴经济体各阶层的收入差距不断拉大,经济不平等问题容易造成社会动荡。

第三,经济实力核心因素明显落后于发达国家。新兴经济体在研发能力、经济管理经验、资金、人才与教育、劳动生产率、规模经济等方面都明显处于劣势。它们要发展经济或进行产品与服务升级,都还需要引进和借鉴发达国家的技术和知识。但在借助发达国家的支持中有许多难以预计的变数。

第四,必须应对发达国家的干扰。发达国家绝对不会坐视穷国成为自己的竞争对手。它们一方面要用尽经济全球化的潜力从中谋利,但同时也必然尽力阻挠新兴经济体利用全球化发展自己。贸易壁垒、技术垄断、资金控制等手段将被发达国家交替利用。值得注意的是,由于全球化造成富国普通员工相对贫困化,贸易保护主义逆流在发达国家世界有相当的群众基础,很容易被一些政客利用,贸易摩擦将层出不穷,政治讹诈甚至军事威胁也是可能出现的。

总体来看,两种力量之间综合国力竞争从量变到质变的转化将是一个很长的历史过程。新兴经济体产品与服务由多到精,国力由弱到强的发展必将经历一系列的斗争,绝对不会轻而易举地实现。

第二节 “金砖四国”——BRICs

在新兴经济体中,最突出的是“金砖四国”(BRICs)。2003 年 10 月,高盛公司在题为《与BRICs 一起梦想:通往 2050 年的道路》的全球经济报告中预言,BRICs 将于 2050 年统领世界经济风骚。高盛估计,巴西将于 2025 年取代意大利经济位置、2031 年超越法国;俄罗斯的经济将于 2027 年超过英国、2028 年超越德国;印度的经济规模将于 2035 年超过日本;中国的经济规模将于 2041 年超过美国成为全球第一经济大国。到 2040 年,“金砖四国”的经济规模可能会超过目前掌握全球经济话语权的六国集团(G6)(美国、日本、德国、英国、法国、意大利)。按货币汇率计算,到 2050 年世界十大经济体中有五个是新兴经济体,除 BRICs 外,另加上墨西哥。到 2050 年,世界经济格局将会剧烈洗牌,全球新的六大经济体将变成中国、美国、印度、日本、巴西、俄罗斯。届时,现有的六大工业国将只剩下美国与日本。具体如图 12—3 所示。

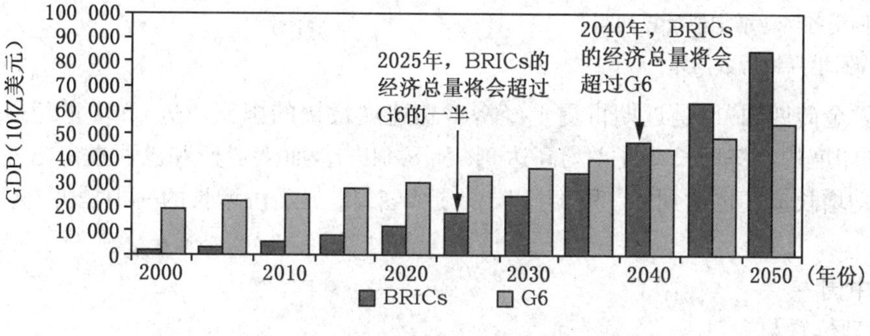

图 12—3 “金砖四国”经济总量增长预测

高盛公司认为,“金砖四国”将迅速影响其他经济体的经济增长,所占世界经济的比重也将会上升,因此会成为全球经济整合的政策重心。目前“金砖四国”确实已经成为推动世界经济发展的强有力的新发动机。从宏观经济层面看,中国经济在“金砖四国”中居于领先地位。2000～2005 年,“金砖四国”对全球经济增长的贡献接近三成,中国的贡献度高达 17%,高于其他三国的贡献度之和。统计显示,2007 年世界经济增长的一半是由“金砖四国”中的中、印、俄所带动的。2016 年“金砖四国”的外汇储备总计大约 4 万亿美元,经济总量大致是美国的90%。在美国次贷危机引发全球性金融风暴之后,虽然“金砖四国”的经济也遭受影响,但“金砖四国”的实力和发展潜力仍令世界刮目相看。

一、“金砖四国”基本概况

“金砖四国”都是人口和国土面积大国,人口之和占世界总人口的 40%以上,国土面积占世界的一半左右,尽管印度的国土面积大概只有中国和巴西的 1/3、俄罗斯的 1/5,但它的可耕地面积无论是在相对比例和绝对数量上都超过了中国、巴西和俄罗斯,因此得以支撑庞大的人口规模(见表 12—3)。

表 12—3　　2017 年 BRICs 主要经济指标对比

	巴西	俄罗斯	印度	中国
GDP(亿美元)	17 961.87	12 831.63	22 637.92	111 991.45
人均 GDP(美元)	8 649.95	8 748.37	1 709.59	8 123.18
GDP 实际增长率(%)	−3.59	−0.22	6.69	7.11
农业增加值(亿美元)	979.29	608.25	3 928.27	9 582.47
工业增加值(亿美元)	3 815.63	4 160.22	6 529.93	44 583.64
服务业增加值(亿美元)	13 166.94	8 063.16	12 179.73	57 825.34
三次产业比例*	5.45∶21.24∶73.30	4.74∶32.42∶62.84	17.35∶28.85∶53.80	8.56∶39.81∶51.63
劳动力(亿人)	1.03	0.76	5.13	7.87
CPI(%)	8.74	7.05	4.94	2.00
人口(亿人)	2.08	1.44	13.24	13.79
人口自然增长率(%)	0.82	0.17	1.15	0.54
粗钢产量(万吨)	3 021.2	7 080	9 561.8	80 837

* 该比例用各产业增加值计算而得。

数据来源:世界银行数据库。

同时,"金砖四国"也是近期世界上经济增长速度最快的国家。进入 21 世纪以来的十多年,中国和印度的经济增长速度平均高达 9%和 8%以上,而俄罗斯和巴西在走出改革初期的混乱后平均增长速度也达到 6%和 3%以上。近年来,世界经济增长的一半是由"金砖四国"所带动的。

(一)中国

1. 地理位置与人口

中华人民共和国位于亚洲大陆的东部、太平洋的西岸。其陆地面积约 960 万平方公里,仅次于俄罗斯和加拿大,是世界上陆地面积第三大国。

中国是世界上人口最多的发展中国家。根据国家统计局统计,2011 年末总人口为 134 735 万人。中国也是世界上人口密度较高的国家之一,每平方公里的平均人口密度为 135 人;但分布颇不均衡。

2. 新中国的经济发展状况

1949 年中华人民共和国成立之前,中国犹如一个极度贫弱的巨人,有近 5 亿人口,全国主要工业品最高年产量仅为:纱 44.5 万吨,布 27.9 亿米,原煤 6 188 万吨,发电量 60 亿千瓦小时;粮食最高年产量也只有 1.5 亿吨,棉花 84.9 万吨。此为新中国经济发展的起步点。

新中国的经济发展经历了一个曲折的过程。1949～1952 年经济恢复之后,从 1953 年开始实行以五年计划为基础的计划经济,"一五"(1952～1957 年)计划的指标都顺利完成或超额完成。社会总产值年平均增长 11.3%,国民收入增长 8.9%,农业增长 4.5%,工业增长 18%。"二五"(1958～1962 年)期间,经济发展遭到严重挫折,由于 1958 年的"大跃进"、1959 年的自然灾害和苏联撕毁合同并撤退专家，造成国民经济全面失调，1959～1961年国民经济陷入困境。在这一期间社会总产值年平均增长率为0.6%，国民收入则为负增长，平均每年为-3.1%。经过1960～1962年的调整，经济得到恢复，1963～1965年得到一定的发展。1966年开始的"文化大革命"，使国民经济濒临崩溃的边缘。1976年"文化大革命"结束后，国民经济得到迅速恢复和发展。

1978年，中国共产党十一届三中全会制定了新的经济发展战略，改革旧的经济体制并且实行对外开放。1984年公布了《中共中央关于经济体制改革的决定》，1985年又作出了《中共中央关于科学技术体制改革的决定》和《中共中央关于教育体制改革的决定》。这些改革措施使中国的经济发展进入了一个全新的阶段。

1979～2012年间，中国国民经济年平均增长9.8%，比同期世界经济平均发展水平快6.8个百分点（见图12-4）。其中，20世纪90年代年均增速超过10%，人均GDP年均增长8.1%。1978年，中国GDP只有1 473亿美元，2016年中国的GDP总额达到11.2万亿美元；外汇储备也由1978年的1.67亿美元增至2016年的3万亿美元，成为世界第一大外汇储备持有国。按国际货币基金组织的评估，中国在2007年对全球经济增长的贡献已超过了美国。2016年中国经济增长对世界的贡献达到35%。

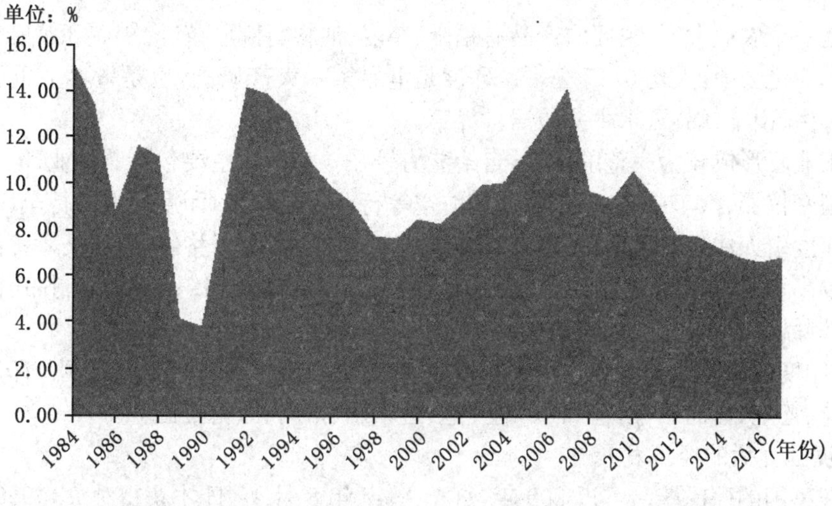

数据来源：中国国家统计局。

图12-4 1984～2017年中国经济增长率

2012年，中国初级产品和一般工业制成品产量居世界第一，农业劳动者比重已由改革开放初期的70.5%下降到35%，第二产业产值占国内生产总值的比重超过46%，表明中国工业化进程已基本跨越初级阶段，进入中级阶段。中国正推动工业结构升级以带动工业增长质量和国际竞争力的提高，加快传统产业的技术改造和新兴产业的发展，推进市场化、城市化与工业化的协调发展，提高第三产业产值占国内生产总值的比重，推动农村剩余劳动力向非农产业转移，以进一步推进工业化进程和从工业大国走向工业强国。

"十一五"期间，在GDP构成中，国有经济占近1/3，混合经济占1/3强，民营经济占1/3，呈现三足鼎立的格局。与20世纪90年代初相比，"十一五"期间私营企业户数和产值得到快速增长，许多私企开始从零售商业、饮食、服务、修理等传统产业中分离出来，将目标锁定在知识、科技含量较高的产业上。堪称"中小企业王国"的浙江，是全国私营中小企业最发达的省份，拥有各类私营中小企业60多万家，约占全省企业总数的99%。经过不断发展和资本积累之后，越来越多的私营企业发展规模日趋扩大，资本投入、集团化经营快速增长。

“十二五”期间，中国各级政府积极推进产业结构优化升级，促进区域协调发展，建设资源节约型、环境友好型社会，深化体制改革和提高对外开放水平，深入实施科教兴国战略和人才强国战略。自进入“十三五”以来，中国坚持适应、把握、引领经济发展新常态，坚持适应我国经济发展主要矛盾变化，在经济建设中坚持以习近平新时代中国特色社会主义经济思想为指导，以新发展理念为主要内容、以供给侧结构性改革为主线、以实施三大战略为支撑，不断推进我国社会经济的高质量发展。

(二)印度

1. 印度概况

印度位于亚洲南部，是南亚次大陆上最大的国家，与巴基斯坦、中国、尼泊尔、不丹、缅甸和孟加拉国为邻，濒临孟加拉湾和阿拉伯海，海岸线长约5 560千米。

印度总人口为12.1亿人(2011年数据)。作为世界四大文明古国之一的印度资源丰富，拥有云母、煤、铁、铝、铬、锰、锌、铜、铅、磷酸盐、黄金、石油等丰富的矿产资源。其中云母的产量和储量为世界之首；煤储量居世界第四，产量居世界第三；铁矿石产量居世界第四；铝土产量居世界第六。

印度是一个农业大国，主要农产品有稻米、小麦、油料、甘蔗、茶叶、棉花和黄麻等。全国耕地面积约1.6亿公顷，人均0.17公顷。印度是世界第一大产奶国，也是世界上重要的产棉国和产茶国。牛、山羊、绵羊、水牛头数居世界第一。

印度工业已形成较为完整的体系，自给能力较强。其工业主要包括制造业、电力、矿业、纺织、食品、精密仪器、汽车制造、软件制造和航空等行业。近年来，印度政府实行全面经济改革，经济发展速度引人注目。目前，印度在天体物理、空间技术、分子生物、电子技术等高科技领域都已达到较高水平。印度的主要出口商品有珠宝制品、棉纱及棉织品、化工制品、机械及五金制品、石油制品、皮革、海产品、铁矿砂及矿产品等。

此外，印度的旅游业和服务业也比较发达，在国民经济中占有相当的比例。印度主要旅游点有阿格拉、德里、斋浦尔、昌迪加尔、纳兰达、迈索尔、果阿、海德拉巴等。

2. 印度独立后的经济发展

印度在英国的殖民统治下近200年，直至1947年8月15日才获得独立，1950年1月25日成立共和国。独立后，以尼赫鲁为首的国大党政府，采取了土地改革、废除长期束缚农业生产的土地制度，统一国内市场，实施“五年计划”，引进外国资本和技术，大力发展公营经济和实行公私营经济并举的“混合经济”等一系列重大措施，使国民经济很快恢复，并开始了工业化进程。独立后的60多年来，印度在经济建设中取得了较大成就，已建立起较完整的经济体系，成为发展中国家中经济发展水平较高的国家之一。

印度独立后经济有较大发展。1950～1951年度到1980～1981年度，印度经济年均增长率达到3.5%，远远超过殖民时期1%的年均增长率。20世纪80年代，经济发展速度年均达到5.8%。在这一时期，农业由严重缺粮达到基本自给；工业已形成较为完整的体系，自给能力较强；科技事业发展迅速，有较强科研能力。经济中存在的主要问题是：生产率低、经济效益差，农业受制于自然条件，工业发展缺乏资金和技术，再加上通货膨胀、财政赤字、贸易逆差、外债负担以及人口负担等问题日益突出，已成为20世纪末印度经济发展的制约因素。

印度政府于1991年7月开始进行经济改革，陆续颁布了新的工业、贸易、投资和外汇政策，旨在运用更为自由化的经济政策和市场机制，争取提高工业企业效益、增加就业、扩大出口、吸引外资、保持经济的稳定增长。1994～1995年度，印度继续坚持经济改革并推出一系列新举措，包括进一步放宽工业许可证，向私人和外国投资者开放基础通信服务，降低银行利率，削减资本货物进口关税，改革税制，降低公司税并对落后地区的工业企业免税五年等，使印度经济获得较大发展，成为改革四年来经济发展最快的一年。1994～1995年度印度国内生产总值为85 410.3亿卢比，同比增长率为6.3%，人均国民生产总值为9 287卢比，当年通货膨胀率为10.9% 。虽然这一期间经济获得较快发展，但也存在诸如财政赤字过大、通货膨胀率偏高、基础薄弱和电力供应不足等问题(见图12—5)。

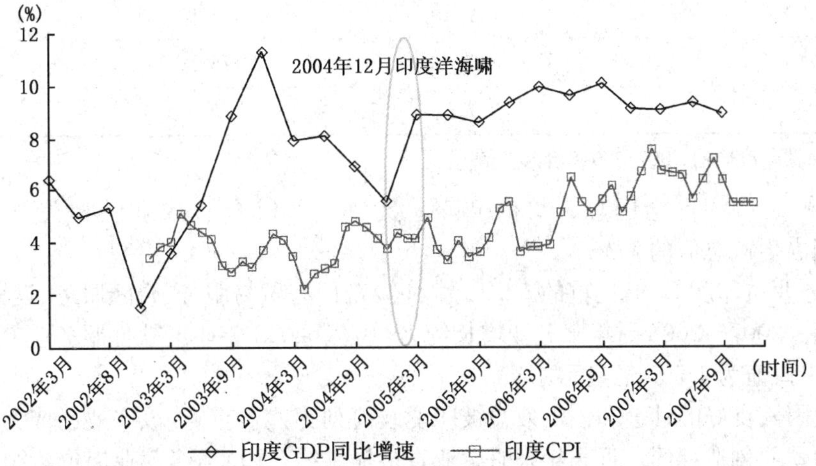

资料来源：中国金融投资网。

图12—5 2002～2007年印度GDP及CPI增长趋势

进入21世纪以来，印度政府继续进行经济改革，放松对工业、外贸和金融部门的管制，2001～2006年“十五”计划期间经济年均增长率为7.76%。其中2003～2004年度实现了8.5%的高增长率，2004～2005年度增长率为7.5%，2005～2006年度增长率为9%。

2006年，印度出台“十一五”计划，将2007～2012年的经济增长率定为年均9%。为此，印度政府不断深化第二阶段经济改革，加速国有企业私有化，实行包括农产品在内的部分生活必需品销售自由化，改善投资环境，精简政府机构，削减财政赤字。2006～2007年度印度经济实现9.6%的高增长。2007～2008年度为应对通胀，印度政府采取紧缩货币政策，大幅提高利率，经济增长小幅放缓至8.7%，通货膨胀率为5.5%。2009～2012年，印度经济增长逐年放缓，2012年仅增长3.2%，通货膨胀率为9.3%，2012年GDP总量为1.84万亿美元，位居世界第10位。2013～2016年，印度GDP年均增长率为7.25%，2016年经济总量为2.26亿美元。

(1)工业增长占2017年GDP增长比重的28.9%。近年来，印度纺织、食品、精密仪器、汽车、软件制造、航空和空间等新兴工业发展迅速(见表12—4)。

表 12—4　　**2004～2007 年印度主要工业产品产量**

产品＼年份	2004～2005	2005～2006	2006～2007
煤(万吨)	41 290	43 706	43 083
原油(万吨)	3 400	3 210	3 480
水泥(万吨)	13 360	14 780	16 130
钢材(万吨)	3 930	4 650	5 080
化肥(万吨)	1 540.5	1 557	1 609
布(亿平方米)	453.8	495.8	533.9
发电量(亿度)	6 086	6 175	6 624
汽车(万辆)	156.5	170.2	206.5

资料来源:《印度政府 2007～2008 年度经济概览》。

(2)农村人口约占全国总人口的 67%。2011～2012 年度农业及相关产业增长率为 1.9%,占国内生产总值的 17%。

(3)服务业占印度 GDP 比重的 53.8%。主要部门有贸易服务、金融服务、运输、通信和信息服务业等。2007～2008 财年服务业增长约为 10%。2016 年印度软件服务业产值约 396 亿美元,其中出口值为 1 500 亿美元。

旅游业因其良好的社会和创汇效益被印度政府列为发展重点,该产业已成为主要创汇部门和重要的就业创造部门。近几年来旅游业直接提供约 5 190 万个就业岗位。2016 年访印外国游客人数约为 880 万,比上年增长 9.7%,创汇约 229 亿美元,比上年增长 8.8%。

印度的中央和地方财政分立,预算有联邦和邦两级。每年 4 月 1 日至次年 3 月 31 日为一个财政年度。印度多年来推行赤字预算以刺激经济发展,中央和邦级地方债务累计占国内生产总值的 80%,庞大的赤字已成为经济中主要的不稳定因素。2015～2016 财年,印度财政赤字为 96 477.8 亿卢比(约合 1 448.8 亿美元),占 GDP 比重 6.4%。2016 年,外债为 4 718.5 亿美元,占 GDP 的 21%。其中,长期外债 3 669.7 亿美元,短期外债 838.2 亿美元。2017 年,印度外汇储备为 3 365.8 亿美元。

近年来,由于进口增加、出口不振,印度贸易赤字日益严重,成为国际收支失衡的主要原因。2015～2016 年,印度进出口总额 6 259 亿美元,进口 3 615 亿美元,出口 2 644 亿美元。出口商品主要包括:初级产品为农业及相关产业产品,铁矿石及其他矿产等。加工商品有纺织品、珠宝、机械产品、化工产品、皮革产品、石油及副产品。主要进口商品为:油料、宝石、电器、金银、化工产品、食品及机械等。主要进出口地区是欧盟(比利时、瑞士、德国、荷兰、英国)、北美地区(加拿大、美国)及澳大利亚、日本和中国。

(三)巴西

1. 巴西概况

巴西位于南美洲东南部。东面濒临大西洋,海岸线长 7 400 多千米。巴西是拉丁美洲面积最大的国家,总面积 851.42 万平方公里。全国共分 26 个州和 1 个联邦区(巴西利亚联邦区)。

巴西总人口 1.98 亿(截至 2012 年),居拉美首位。其中白种人占 54.03%,黑白混血种人占 39.94%,黑种人占 5.39%,黄种人占 0.46%,印第安人约占 0.16%。葡萄牙语为官方语言。居民大部分信奉天主教。首都巴西利亚融会了世界古今建筑艺术的精华，有“世界建筑博览会”之称。

巴西自然条件得天独厚。横贯北部的亚马孙河是世界上流域最广、流量最大的河流。素有“地球之肺”之称的亚马孙森林面积达750万平方公里，占世界森林面积的1/3，其中大部分位于巴西境内。在西南部的世界第五大河巴拉那河上有极为壮观的伊瓜苏大瀑布，巴西与巴拉圭合建的被誉为“世纪工程”的世界第一大水电站伊泰普水电站就建在巴拉那河上。

巴西矿产资源丰富，主要有铁、铀、铝矾土、锰、石油、天然气和煤等。其中已探明的铁矿砂储量为250亿吨，产量和出口量均居世界第一位。铀矿、铝矾土和锰矿储量均居世界第三位。截至2007年底，巴西已探明石油储量达到126.23亿桶，从而使该国石油储量在南美地区仅次于委内瑞拉，排名第二。

2. 巴西经济发展

19世纪下半叶至20世纪30年代，在农业出口的带动下，巴西工业开始发展。20世纪30年代至60年代初，巴西全面开展进口替代工业化，制造业部门获得较快发展。1947～1960年间的国内生产总值平均每年增长7.3%，20世纪60年代中期至70年代中期，政府采取“高增长战略”，制造业部门不断向世界市场拓展。1968～1974年间的经济增长率高达10%以上，这一阶段因此被誉为“巴西奇迹”。70年代中期以后，由于受到石油危机的冲击，国民经济中的一些结构性失衡越来越明显。但政府仍然依赖于巨额外债，兴建了不少耗资巨大、收效期长的大规模工程项目。至1982年，经常项目赤字已高达163亿美元，国际储备减少到40亿美元，中长期外债的还本付息额相比于出口收入的比重已上升到97%，外债总额达701亿美元。

面对20世纪80年代的债务危机，巴西历届政府先后实施了克鲁扎多计划(1986年2月)、布雷尔计划(1987年6月)和夏季计划(1989年1月)，这些非正统的经济计划以反通货膨胀为主要目标，但均未达到预期的效果。因此，1988年后经济一直处于停滞甚至严重衰退和高通货膨胀状态中。80年代末以来，政府开始对经济进行深刻的改革。从90年代开始，巴西向外向型经济模式转轨。1990年3月执政的科洛尔政府制订了指导整个90年代经济发展的“新巴西计划 ”。1993年，政府实施以恢复国民经济、遏制通货膨胀、增加社会福利、改革税收为主要内容的新经济计划——“雷亚尔计划”。1994年政府实施了“雷亚尔货币稳定计划”，有效遏制了高通胀，使通胀率降为一位数。卡多佐总统执政期间，执行以控制通胀为目标的稳健经济政策，深化改革，加速宏观经济结构调整，积极推进私有化进程。1997年后，由于受亚洲和俄罗斯金融危机的冲击，巴西经济发展受到一定程度的影响。1998年底至1999年初巴西金融市场剧烈动荡，政府被迫放弃1994年以来实行的固定汇率制，货币大幅贬值，经济遭受重创。在国际社会的支持下，巴西政府在较短时间内稳定了金融形势，国内生产总值当年实现了低增长。

进入21世纪以来，巴西政府严格执行同国际货币基金组织达成的协议，继续进行经济、金融和产业结构调整，加大对宏观经济的管理和调控力度，经济有所回升。但由于爆发了全国性电力危机，加上受全球经济衰退和阿根廷经济危机影响，巴西经济增长乏力。

2001年巴西国内生产总值5 070亿美元，当年GDP增长率为1.51%；通货膨胀率为7.67% 。2006年国内生产总值为23 228.18亿雷亚尔(约合10 670亿美元)，当年GDP增长率为3.7%；而通货膨胀率则下降为3.14%。

2016年巴西国内生产总值为1.79万亿美元，是拉美第一大经济体、世界第九大经济体。服务业、工业、农牧业为国民经济的支柱产业。

(1)工业体系较为完整，工业产值居拉美之首。巴西工业基础雄厚，门类齐全。钢铁、汽车、造船、石油、化工、电力、制鞋等行业在世界享有盛誉，核电、通信、电子、飞机制造、信息、军工等领域的技术水平已跨入世界先进国家行列。

巴西工业实力和工艺均居拉美首位。20 世纪 70 年代即建成比较完整的工业体系，工业基础较雄厚。2000 年工业产值占国内生产总值的 34.1%。主要工业部门有：钢铁、汽车、造船、石油、水泥、化工、冶金、电力、建筑、纺织、制鞋、造纸、食品等(见表 12—5)。自 20 世纪 90 年代中期以来，药品、食品、塑料、电器、通信设备及交通器材等生产增长较快；制鞋、服装、皮革、纺织和机械工业等出现萎缩。2001 年巴西工业增长率为－0.58%，2016 年工业产值增长 5.3%，占国内生产总值的 21.2%。

表 12—5　　1998～2005 年巴西主要工业产品产量

产品＼年份	1998	1999	2000	2001	2002	2003	2004	2005
铝(万吨)	120.8	125.0	127.7	113.2	131.5	138	146	149.9
粗钢(万吨)	2 576	2 500	2 787	2 898	2 960	3 115	3 293	3 163
纸浆(万吨)	668.7	720.4	744.7	743.1	800	920	953	991
汽车(万辆)	158.6	134.4	167.1	180	178	182.7	221	245

资料来源：巴西地理统计局，巴西中央银行。

(2)巴西农牧业发达，是世界蔗糖、咖啡、柑橘、玉米、鸡肉、牛肉、烟草、大豆的主要生产国。巴西是世界第一大咖啡生产国和出口国，有“咖啡王国”之称，甘蔗和柑橘的产量也居世界之首。巴西是仅次于美国和德国的世界第三大糖果生产国。各类糖果产量每年达 800 亿颗。糖果业年产值为 5 亿美元。每年出口糖果 5 万吨左右。全国可耕地面积约 4 亿公顷，被誉为“二十一世纪的世界粮仓”。巴西的畜牧业非常发达，以养牛为主。

巴西可耕地面积约 4 亿公顷，已开垦约 9 000 万公顷，牧场 2 亿公顷。2000 年，巴西农牧业产值占国内生产总值的 8.8%。2001 年农业增长率为 5.11%。咖啡、甘蔗、柑橘产量居世界第一，橙汁产量约占世界市场的 85%。大豆产量为世界第二，玉米产量居世界第三。除小麦部分尚需进口外，粮食基本自给。畜牧业较为发达，1980 年起实现人均一头牛。2006 年农牧业增长 4.1%，占国内生产总值的 8%，其中农业增长 3.6%，谷物总产量达 1.166 亿吨(见表 12—6)。2017 年，巴西农业产量达到 980 亿美元，占国内生产总值的 5.5%。

表 12—6　　主要农产品的产量　　单位：万吨

产品＼年份	1999	2000	2001	2004	2005	2006
稻谷	1 175.0	1 109.0	1 029.7	1 282.9	1 322.7	1 157.9
大豆	3 090.1	3 273.5	3 697.6	4 979.3	5 230.5	5 341.4
小麦	243.8	166.2	344.7	585.1	584.6	487.3
玉米	3 202.0	2 802.1	3 533.1	4 212.9	3 497.7	4 251.5
杂豆	293.7	307.8	244.3	297.8	304.4	347.1
棉花	141.3	200.2	264.0	209.9	211.0	158.6

资料来源：巴西地理统计局，《巴西年鉴》，巴西农业供给公司。

(3)2000 年巴西服务业产值占国内生产总值的 57.1%。2001 年服务业增长率为 2.52%。主要部门包括不动产、租赁、旅游业、金融、保险、信息、广告、各类个人服务项目、咨询和技术服务等。2006 年服务业增长 3.7%,占国内生产总值的 54%,2017 年服务业占 GDP 的 73.3%,成为经济增长的主要动力。

巴西的旅游业久负盛名,为世界十大旅游创汇国之一。全国主要旅游点有里约热内卢、圣保罗、萨尔瓦多的教堂和古老建筑、巴西利亚城、伊瓜苏瀑布和伊泰普水电站、玛瑙斯自由港、黑金城、巴拉那石林和大沼泽地等。2005 年巴西拥有旅行社 9 130 家,拥有 18 000 家饭店、30 多万个客房,旅游业直接或间接从业人员 440 万人。2000 年巴西共接待外国游客 538 万人次,2016 年接待外国游客 660 万人次,同比增长 4.8%。外国游客大多来自拉美、欧洲、美国。

受巨额债务的影响,巴西财政收支长期赤字。1996 年公共赤字 292.3 亿美元,1997 年为 494.11 亿美元,1998 年为 575 亿美元,1999 年为 520 亿美元。为摆脱财政赤字,巴政府从 1999 年起厉行增收节支,增加初级财政盈余。2016 年经常项目赤字为 235.3 亿美元,占同期国内生产总值的 1.3%。

2000 年巴西公共部门债务总额为 5 631.6 亿雷亚尔,占国内生产总值的 49.5%。2000 年外汇储备为 329.9 亿美元,外债为 2 450 亿美元。2016 年初级财政赤字达 1 612.8 亿雷亚尔,占国内生产总值的 2.6%,账面财政盈余 248 亿雷亚尔,占 GDP 的 0.4%。2016 年巴西公共债务余额 2.9 万亿雷亚尔,占 GDP 的 46.2%,外债余额 5 432.6 亿美元,外汇储备 3 538.5 亿美元。

近年来,巴西政府对外贸政策作了重大调整。摒弃以高额关税限制进口的保护主义,对出口进行奖励和补贴,鼓励提高产品质量和加强出口竞争机制,宣布开放市场,减免 5 000 种商品进口关税。1999 年雷亚尔对美元贬值后,巴西产品出口迅速增加,外贸形势逐步好转。2012 年,巴西外贸再创新高。2016 年巴西外贸顺差 477 亿美元(见表 12—7)。

表 12—7　**2008～2013 年巴西外贸发展情况**　单位:亿美元

年份 产品	2008	2010	2012	2014	2016	2017
出口	1 979.42	2 019.15	2 425.78	2 251.01	1 852.35	2 177.39
进口	1 729.85	1 817.68	2 231.83	2 291.54	1 375.52	1 507.49
差额	249.58	201.47	193.95	—40.54	476.83	669.90

数据来源:巴西工贸发展部。

巴西主要进口机械设备、电子设备、药品、石油、汽车及零配件、小麦等;出口以汽车及零部件、飞机、钢材、大豆、药品、矿产品(主要是铁矿砂)等为主。主要贸易伙伴为欧盟、美国、南方共同市场、除南方共同市场以外的拉美一体化协会(ALADI)国家、日本及东南亚国家。

(四)俄罗斯

1. 地理位置与人口

俄罗斯,全称“俄罗斯联邦”。1991 年 12 月苏联解体后,俄罗斯联邦成为苏联在联合国安理会地位的继承国。同年 12 月 25 日,俄罗斯苏维埃联邦通过决议,将俄罗斯苏维埃正式更名为“俄罗斯联邦”,简称为“俄罗斯”,首都莫斯科。

俄罗斯联邦位于欧亚大陆的北部,领土包括欧洲的东部和亚洲的北部,是世界上面积最大的国家。俄罗斯联邦从西向东依次与 14 个国家接壤。俄罗斯濒临 12 个海,面向 3 个大洋。

俄罗斯联邦总人口约1.437亿(截至2013年),居世界第八位。俄罗斯是世界上人口减少速度最快的国家之一,近十几年来俄罗斯人口自然增长率呈现负增长,人口老化、出生率下降,劳动力储备严重不足。俄罗斯全国人口密度约为9人/平方公里,欧洲部分人口密度最大。

俄罗斯境内有100多个民族,其中俄罗斯人约占79.82%,此外还有鞑靼人、乌克兰人、楚瓦什人等。俄语是俄罗斯的官方语言。

2. 俄罗斯自然资源

俄罗斯自然资源十分丰富,种类多,储量大,自给程度高。森林覆盖面积8.67亿公顷,占国土面积50.7%,居世界第一位。木材蓄积量807亿立方米。天然气已探明蕴藏量为48万亿立方米,占世界探明储量的1/3,居世界第一位。石油探明储量65亿吨,占世界探明储量的12%～13%。煤蕴藏量2 000亿吨,居世界第二位。铁蕴藏量居世界第一位。铝蕴藏量居世界第二位。水力资源4 270立方千米/年,居世界第二位。铀蕴藏量居世界第七位。黄金储藏量也在世界上名列前茅。

3. 俄罗斯经济发展

1991年12月,苏联解体、俄罗斯独立之后,俄联邦提出向自由市场经济过渡的激进式改革计划。大力推行私有化,培育私有者阶层;全面放开价格,实行对外贸易自由化;紧缩财政,实现无赤字预算。这种激进式的"休克疗法"使俄罗斯经济遭到巨大的冲击。

1999年受卢布贬值和国际市场油价上扬以及普里马科夫政府大幅调整经济政策、加强国家宏观调控等内外多种因素的综合影响,俄罗斯经济呈现好转势头,主要经济指标基本恢复到金融危机前的水平。2000年,普京继续推行社会经济稳定政策,拒绝搞"休克疗法"和激进的自由市场经济改革,致力于改善国内投资环境以吸引外资。加紧推行税制改革,简化税种,减轻税负,促进国内工业复苏和发展。对外利用国际油价一度上涨的有利形势,大搞"能源外交",拓展国外市场,经济好转势头进一步得到巩固,宏观经济指标大幅上扬。2000年GDP增长率达到10%。2001年俄罗斯经济延续了2000年的强劲反弹势头,GDP增长率达到5.1%,居世界第三位。之后,俄罗斯GDP年均增长率在一段时期内始终保持在5%以上。2000～2003年,俄罗斯国内生产总值累计增长29.3%,达到4 000亿美元;2006年经济保持快速增长,增幅达6.7%,2006年俄罗斯GDP增长突破万亿美元大关,接近完成GDP十年内翻番所需每年约7%的增长率。2006年经济总量首次超过苏联解体前水平,位列世界第十,人均GDP达7 010美元。2016年俄罗斯国内生产总值达到1.29万亿美元,列世界第11位,人均GDP 8 929美元。

二、"金砖四国"的经济发展

20世纪90年代以来的20多年,中国、印度、巴西和俄罗斯成为世界新兴市场中最引人注目的四个国家。随着"金砖四国"的快速发展,全球经济格局也因为四国的增长发生了巨大的变化。

在"金砖四国"中,中国经历了40年"奇迹"般的发展,在中国经济高速增长的90年代初,地处拉美的巴西仍然挣扎在拉美债务危机的泥潭中,而印度和俄罗斯的改革则陷入混乱。时至今天,俄罗斯、巴西和印度的制度基础并没有发生根本的改变,但它们的快速发展不仅是全球经济增长的动力,最关键的是呈现在世人面前一种全新的发展模式和理念。

印度经济发展十几年来年平均增长率一直保持在6%～7%,2007年高达9.2%。即使受到世界经济危机的影响,2008年中国、印度、巴西和俄罗斯的经济增长速度也分别达到9.0%、7.3%、5.2%和5.6%,成为当今世界经济中的亮点,占全球经济的比重在逐年上升(见表12－8)。

表 12—8　　2004～2016 年发达国家和“金砖国家”对世界经济增长的贡献率(PPP 加权)

年份	2004	2006	2008	2010	2012	2014	2016
美国	18.39	13.04	−3.03	11.43	16.71	15.45	10.71
欧元区	9.71	13.22	3.93	7.86	−5.66	6.89	10.21
日本	4.08	2.56	−4.18	6.66	3.96	0.77	2.53
金砖国家	26.09	33.22	58.30	39.28	46.97	41.27	40.19
中国	14.02	20.16	38.49	23.63	33.26	30.16	33.03

数据来源:世界银行数据库。

从全球增长态势看,“金砖四国”经济实力及对全球经济增长的贡献率提高,对发达经济体的依赖程度降低,而以美国为首的发达经济体 GDP 占世界份额则同步下降。

中国和印度已成为全世界最具投资吸引力的三个国家中的两个(另一个是美国)。随着经济的飞速发展,“金砖四国”外汇储备无一例外都有增长。

(一)国内生产总值

“金砖四国”作为新兴经济体的代表所取得的杰出经济成就,为其他众多的发展中经济体树立了典范。进入 21 世纪以来,“金砖四国”迎来了新的发展时期。从 2000～2012 年,巴西、俄罗斯、印度和中国的年平均经济增长率分别达到 3.4%、5.8%、6.9%和 9.3%(见图 12—6)。“金砖四国”的发展道路为其他新兴经济体的崛起提供了宝贵的经验。

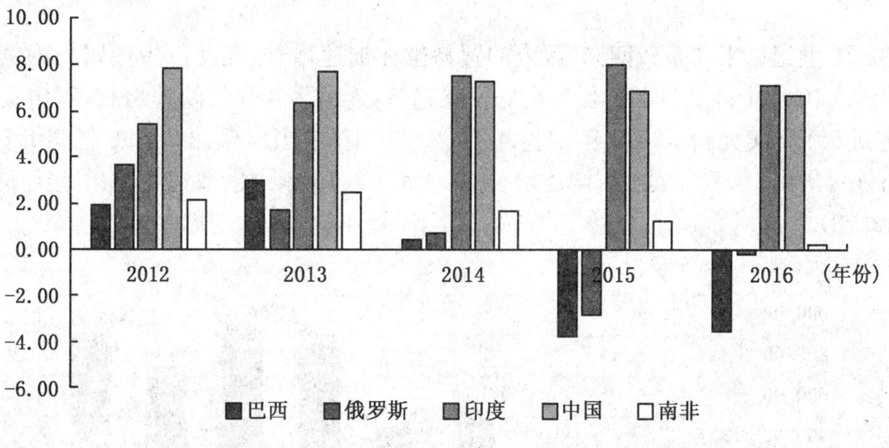

数据来源:世界银行数据库。

图 12—6　2012～2016 年“金砖国家”经济增长率

加入世界贸易组织后的中国、加速改革的印度、复兴中的俄罗斯、走出危机快速复苏的巴西,都呈现出良好的增长势头。得益于石油价格的飙升,俄罗斯经济进入持续增长的第 10 个年头,这是自苏联解体以来持续增长时间最长的时期。巴西这个拉美最大的经济体 1994 年到 2002 年年均经济增长率仅为 2.2 %,2005 年和 2006 年,巴西经济的增长率分别是 3.2%和 3.8%,2007～2012 年巴西经济增长率平均为 3.7%。

“金砖四国”中当属中、印经济的发展最为突出。中、印两国没有机械地按照“华盛顿共识”的简单规则行事,而是基于自身的国情,认识到经济增长的复杂性,政府制定并推行了渐进的、正确适宜的改革政策,从而避免了可能产生的经济和社会代价。中、印所取得的举世瞩目的经济成就，为众多发展中国家树立了榜样。联合国贸发会议认为，中国15年来能保持9.6%的平均增长速度，证明其做法是“健康”的，发展中国家应借鉴中国自20世纪80年代经济改革以来所实行的国家干预的经验。

(二)国际贸易与区内贸易

在2000～2005年间，“金砖四国”对全球增长的贡献按美元计算为28%，而按购买力平价计算为55%。“金砖四国”在全球贸易中的占比继续快速上升，2007年约为15%，比2001年的比例翻了一番(见图12—7)。

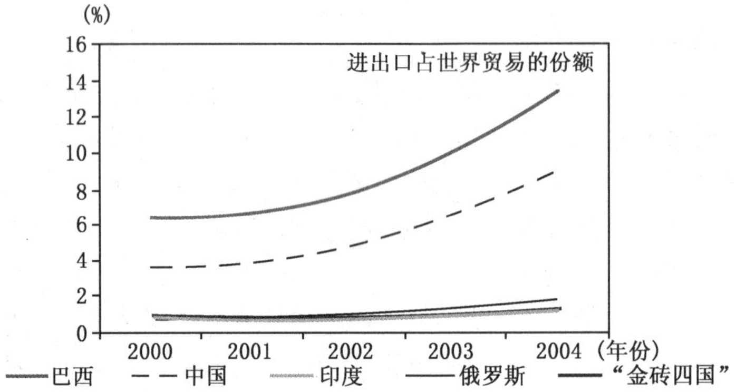

资料来源：IMF以及高盛公司。

图12—7 “金砖四国”的国际贸易增长趋势

进入21世纪以来，“金砖四国”区内的贸易也在加速增长，在此以中俄贸易为例。据中国海关统计，2010年中俄贸易继续保持良好发展趋势，连续多年保持快速增长，双边贸易额再创新高，达到554亿美元，比2009年增长42.9%。其中，中国对俄出口296亿美元，同比增长69.1%；俄对华出口258亿美元，同比增长21.4%。2016年中俄双边贸易已达到892亿美元(见图12—8)。

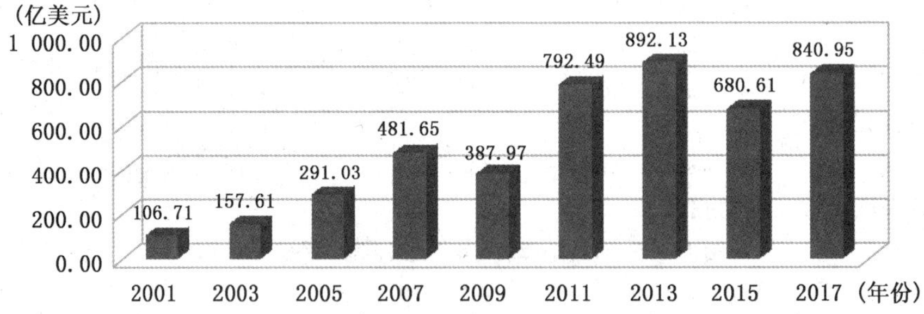

数据来源：中国海关总署。

图12—8 2001～2017年中俄贸易统计

2010年“金砖四国”内部的贸易已接近这些国家贸易总量的8%。贸易关系发展的迹象数不胜数。例如，巴西对中国的贸易量大增，而中国在巴西的投资也在大幅增长。而印度(知识产权)和巴西(农业)也通过世界贸易组织的谈判，显示了它们在发展中国家政策制定方面的领导力。

(三)国际资本流动

“金砖四国”在全球金融发展中扮演了重要的角色。最近的资料显示,2016 年“金砖四国”掌握着全球外汇储备的 37%以上。中国的外汇储备最多,俄罗斯、印度和巴西也积累了巨大的外汇储备。尽管积累了大量的外汇储备,但每个国家的真实汇率在 2015～2016 年两年中都在上升。中国的外汇储备已超过七国集团外汇储备的总和。巴西外汇储备在 2016 年也已超过 3 000 亿美元,位列世界第六。

“金砖四国”的经常账户继续保持健康的顺差,反映出这个集团在全球储蓄供应中的重要作用。随着中国顺差的快速增长,“金砖四国”的经常账户在 2016 年达到 1 862.8 亿美元,占“金砖四国”国内生产总值的 1.1%。中国、巴西和俄罗斯近年来都拥有庞大的贸易盈余,中国的顺差来自货物贸易,巴西和俄罗斯的顺差来自初级产品贸易。“金砖四国”日益成为美国经常账户赤字的重要对手方。

(四)国际市场容量

进入 21 世纪,“金砖四国”的经济进入了持续高增长阶段,中国正在逐渐成为世界制造业的中心,国内工业化进程明显加快,俄罗斯经济 2000 年开始复苏,并逐渐进入稳定的高增长阶段,而以巴西为代表的拉美经济体也保持良好的增长态势。

巴西拥有“金、木、水、火、土”五大资源,这也是巴西能够成为世界第五大经济体的条件之一。俄罗斯拥有世界上最多的矿产资源,例如天然气的蕴藏量及生产量是世界第一,这就是它不断发展壮大并称霸欧陆的条件之一。印度的年轻劳动力丰富,年轻的人口结构优势也是印度经济被看好将维持快速增长的重大原因之一。中国拥有 13.5 亿人口及广大的市场,这 13.5 亿人口既是生产者也是消费者。换句话说,中国既是工厂,也是市场。中国和印度虽然近年来经济增长迅速,但个人电脑等消费品的普及率仍然偏低。巴西 29 岁以下的人口占全部人口的一半以上,印度目前 70%的人口不满 35 周岁,这表明未来 20 年,这些年轻人口会成为数量庞大的消费主力。“金砖四国”中的中国及印度的人均收入也在快速上升。由于四国消费人口结构趋于年轻化,且财富不断增加,四国的市场将持续走好。

“金砖四国”经济的兴起,必然首先反映在必需物资如能源和金属等商品市场上。“金砖四国”作为新的需求增长点和消费力发动机的重要性现在已经充分显现出来了。商品市场出现的牛市行情正是由于“金砖四国”对这些基础原材料的巨大需求所引起的,并且还在不断推升市场购买需求。自 2010 年以来,“金砖四国”的股市总体表现较为强劲,中国、巴西、俄罗斯和印度的股指在这一期间均有上升。

综上所述,中国具有在生产效率、资本和市场方面十分明显的优势;巴西在资源和市场方面具有长期发展的基础优势;俄罗斯在政府调控能力和资源方面具有较大的优势;印度则在市场容量和宽松的政策环境上具有优势。因此,“金砖四国”的经济仍会维持一段长时期的高增长。

在未来的 50 年内,“金砖四国”有可能成为世界经济中的一股更大的力量。与其他新兴市场的增长不同,“金砖四国”有能力广泛影响全球经济和全球市场,“金砖四国”是目前及未来全球化前景的核心,它们是自己国家以外的市场和投资机会的关键推动因素。商品市场的持续走高就是“金砖四国”的增长推动全球走势最明显的例证。它们未来将拥有 8 亿的中产阶级人口,超过美国、西欧与日本中产阶级的总和。它们将在能源、天然资源、资本三大市场扮演主角,成为全球最重要的消费市场。

三、推动"金砖四国"经济发展的因素

(一)人力资本和就业

"金砖四国"丰富而廉价的人力资源成为其前期经济发展的重要因素和比较优势。"金砖四国"均拥有丰富的人力资源,其中,中国和印度分别是世界排名第一和第二的人口大国。

近几年,"金砖四国"的就业增长趋势明显,印度在过去十年就业增加了 20%左右,其中 70%的增长来自非农业部门的就业,但这个速度仍然大约只有中国的一半,尽管中国有严格限制人口流动的户籍等城市保护措施。目前,中国和印度农业人口的比例不到总人口的 40%和 50%;巴西和俄罗斯的农业人口一直比较稳定,分别为 20%和 10%左右(见图 12−9)。

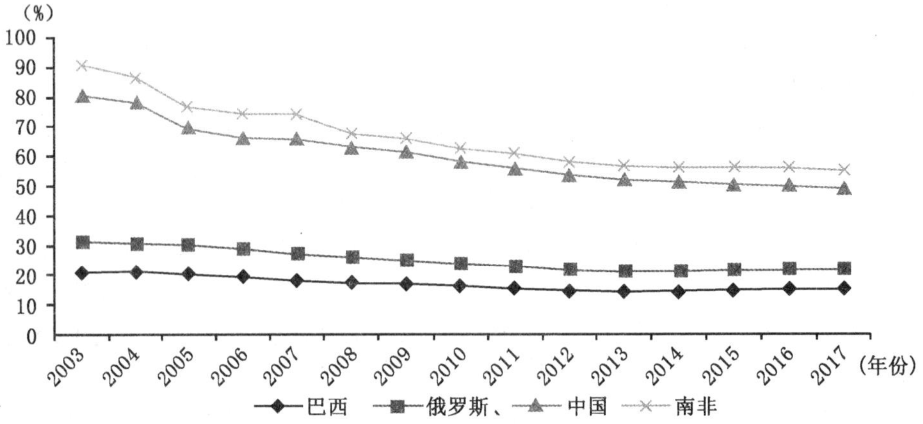

数据来源:世界银行数据库。

图 12−9 "金砖四国"农业就业占总就业趋势

中国和印度的服务业就业人口增加均很快,大约增加了 1/4,所占比例基本相当,但与巴西和俄罗斯相比仍然有差距,后两者服务业的就业人口比例基本都在 60%左右。

(二)投资、消费与储蓄

投资对"金砖四国"的发展都起到了重要的作用,但对中国的影响远大于对印度、俄罗斯和巴西的影响。事实上,投资和出口向来是中国经济增长的两大动力。中国的高投资来自于高储蓄,在过去的 20 多年,中国的储蓄率和投资率一直是印度、巴西和俄罗斯的 2 倍以上。

因此,中国发展模式与印度、巴西和俄罗斯的发展模式最大的不同是中国的增长大部分来自于投资和出口。而印度、巴西、俄罗斯的国内消费增长则对经济作出了巨大贡献。

在家庭消费支出下降的同时,中国政府消费支出却急剧上升。进入 21 世纪以来的 10 多年,中国政府消费支出上涨的速度大约是巴西、俄罗斯的 4 倍和印度的 2 倍。2012 年,中国财政比预计超支 1 412 亿元人民币。

(三)出口与外国直接投资

"金砖四国"作为全球外国直接投资目的地的份额仍在继续上升(2015 年约占全球总量的 10%,是 2000 年占比的 2 倍多)。随着"金砖四国"的企业扩大在全球的业务,"金砖四国"的外国直接投资也大大增加(占全球总量的 3%以上,是 2000 年占比的 6 倍),并购项目也在增加。

出口和外国直接投资是仅次于国内投资的另一重大推动力量,也是中国模式和印度模式最大的不同之一,中国出口和外国直接投资占 GDP 的比重大约为印度的 4 倍。即使与巴西和

印度相比，中国的出口比例也相当于后两者的近 2 倍。中国出口商品绝大多数是低附加值的工业制成品，高附加值的服务业出口的比例比印度、巴西和俄罗斯低 10 个百分点以上。

外国直接投资对中国和巴西的增长有显著的推动作用。中国长期对外资提供过于宽松的“超国民待遇”使中国成为发展中国家最大的外国直接投资目的地国。中国吸引的外资质量普遍不高，主要以劳动密集型资本为主，这也是中国成为世界工厂的一个主要原因。印度吸引外资的质量和利用效率是四国中最高的，主要得益于其完善的产权制度和法律体系所带来的良好的软环境。尽管印度外资总量不高，但外资对印度经济增长和技术进步的贡献远大于中国。俄罗斯和巴西吸引的外资规模相对较大，而且间接投资占了一定的比例（见图 12－10）。

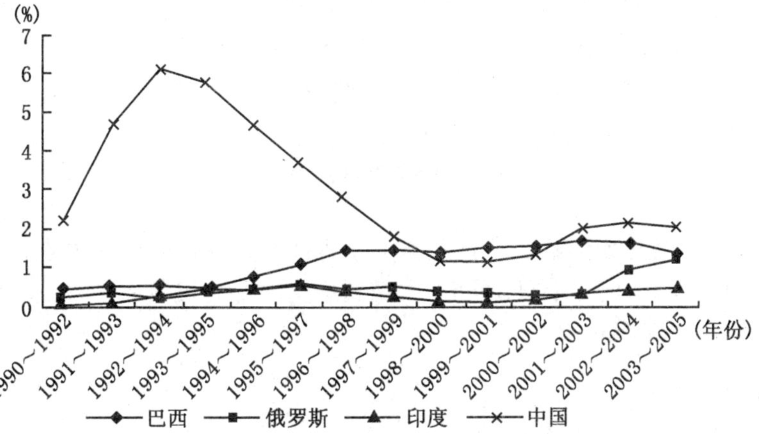

资料来源：UNCTAD：*Foreign Direct Investment Statistics*。

图 12－10　1990～2005 年“金砖四国”的引进 FDI 业绩指数

巴西、俄罗斯、印度和中国同为发展中新兴经济大国，占全球外国直接投资的比例逐渐上升，但四国利用 FDI 所取得的绩效及其在经济发展中所起的作用有很大的差异性。在业绩指数方面，中国引进 FDI 的业绩高于其他三国，具有比较优势，但优势空间正在逐步缩小；在潜力指数方面，中国引进 FDI 的潜力高于印度和巴西，但远远落后于俄罗斯（见图 12－11）。

第三节　“展望五国”——VISTA

“展望五国”作为具有潜力的新兴国家，继“金砖四国”之后已在世界上引人瞩目。“展望五国”被认为在未来几十年内经济将会有飞速的发展。根据 2007 年下半年日本经济学家对“金砖四国”经济发展所作的推算，从 2005 年至 2050 年，西方七大工业国的经济规模以美元计算的话与现在相比最多扩大到 2.5 倍，“金砖四国”扩大到 20 倍，“展望五国”预计可扩大到 28 倍，因此，可以说“展望五国”是最具发展潜力的新兴国家。

“展望五国”与“金砖四国”有许多的不同点。一是与率先发展的“金砖四国”相比，“展望五国”的经济发展阶段相对落后，但从另外一个角度来看，这也意味着“展望五国”今后发展的余地要比“金砖四国”更大一些；二是“展望五国”与“金砖四国”相比在政治上不太稳定，但这是相对而言，与其他新兴国家相比，“展望五国”的政治还是稳定的。

“展望五国”所面临的共同风险是容易发生通货膨胀、基础设施建设滞后。除了这两个共同的问题之外，每个国家还各自面临着不同的问题，如南非有艾滋病传播扩散和社会治安问

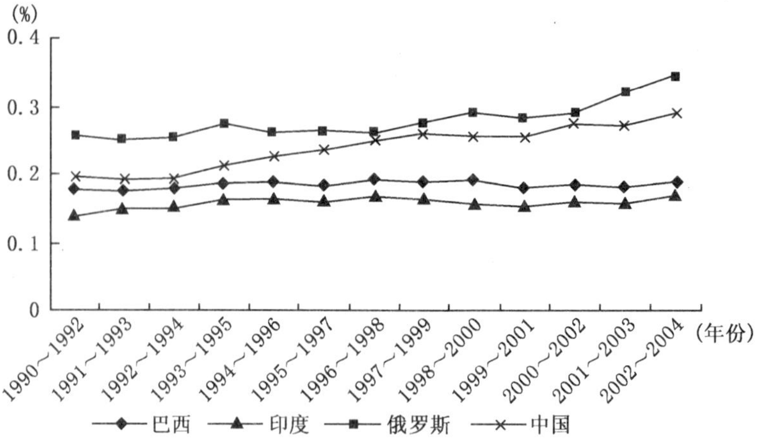

资料来源：UNCTAD:*Foreign Direct Investment Statistics*。

图 12－11　1990～2004 年“金砖四国”FDI 潜力指数对比

题，土耳其的最大课题是如何解决慢性经常赤字等。但只要这些问题处理得当，都不会影响“展望五国”成为有潜力的新兴国家；同时，考虑到这些国家的发展前景，这些国家的企业应当把着眼点放在中长期投资上。

一、越南

越南位于中南半岛东部，北与中国接壤，西与老挝、柬埔寨交界，东面和南面临南海。海岸线长 3 260 多千米。地处北回归线以南，属热带季风气候，高温多雨。越南矿产资源丰富，种类多样。主要有煤、铁、钛、锰、铬、铝、锡、磷等，其中煤、铁、铝储量较大。有 6 000 余种海洋生物，其中鱼类 2 000 种，蟹类 300 种，贝类 300 种，虾类 75 种。森林面积约 1 000 万公顷。2007 年总人口接近 8 700 万人。1986 年对外调整与邻国的关系，对内进行经济体制改革，使越南走上相对稳定的发展道路。2016 年，越南 GDP 总值达 2 013.3 亿美元。

越南属发展中国家，1986 年开始实行革新开放。1996 年提出要大力推进国家工业化、现代化。2001 年确定建立社会主义定向的市场经济体制，并确定了三大经济战略重点，即以工业化和现代化为中心，发展多种经济成分、发挥国有经济主导地位，建立市场经济的配套管理体制。经过 20 年的革新，越南经济保持较快增长，1990～2006 年国内生产总值年均增长 7.7%，经济总量不断扩大，产业结构趋向协调，对外开放水平不断提高，基本形成了以国有经济为主导、多种经济成分共同发展的格局。

2006 年，越南正式加入世界贸易组织，并成功举办 APEC 领导人非正式会议，越南经济继续发展。政府采取措施调整经济结构，增加工业、建筑和服务业比重，降低农业、林业和水产品业比重。完善市场经济体制，改善投资环境。经济保持快速增长，主要经济指标均获完成和超额完成，但同时也面临增长质量和效益低、结构调整尚未到位等制约因素。

越南是传统农业国，农业人口约占总人口的 75%。耕地及林地占总面积的 60%。粮食作物包括稻米、玉米、马铃薯、番薯和木薯等，经济作物主要有咖啡、橡胶、腰果、茶叶、花生、蚕丝等。2016 年越南农林渔业总产值(按固定价格计算)比 2005 年增长 1.4%，约占 GDP 的 15.4%。1986 年实行革新开放后工业发展迅速，2006 年，越南工业产值 490.82 万亿越盾，比上年增长 17%。其中，国有企业产值增长 9.1%，外国独资企业产值增长 23.9%，合资企业产值增长 18.8%。2016 年越南工业和建筑产值 1 056.8 万亿越盾,比上年增长 7.6%。

越南和世界上 150 多个国家和地区有贸易关系。近年来,越南对外贸易保持高速增长,对拉动经济发展起到了重要作用。2016 年进出口贸易总额约为 3 505.8 亿美元,贸易顺差 28 亿美元。其中,出口 1 766.9 亿美元,增长 9.1%,进口 1 738.9 亿美元,增长 5%。截至 2016 年,越南累计吸引外商投资总额约 1 153.9 亿美元。外资的进入对越南引进先进生产技术和管理经验,推动经济增长,解决就业起到了重要作用。

二、印度尼西亚

印度尼西亚位于亚洲东南部,地跨赤道,与巴布亚新几内亚、东帝汶、马来西亚接壤,与泰国、新加坡、菲律宾、澳大利亚等国隔海相望。印度尼西亚是世界上最大的群岛国家,由太平洋和印度洋之间 17 508 个大小岛屿组成,其中约 6 000 个有人居住。陆地面积为 1 904 443 平方公里,海洋面积 3 166 163 平方公里(不包括专属经济区),素称"千岛之国"。属热带雨林气候,全国各岛处处青山绿水,四季皆夏,人们称它为"赤道上的翡翠"。资源丰富的印度尼西亚有"热带宝岛"之称,有丰富的石油、天然气以及煤、锡、铝矾土、镍、铜、金、银等矿产。其渔业资源也很丰富,官方估计潜在捕捞量为每年 620 万吨。印度尼西亚政府重视旅游业,注重开发旅游景点,旅游业已成为印度尼西亚创汇的重要行业。主要旅游点有巴厘岛、婆罗浮屠佛塔、多巴湖等。人口 2.25 亿人,有 100 多个民族。

印度尼西亚是东盟最大的经济体,农业、工业和服务业均在国民经济中有着重要地位,其中农业和油气产业为传统支柱产业。1968 年以来,特别是 20 世纪 80 年代调整经济结构和产品结构后,经济发展取得一定成就。第一个 25 年长期建设计划中,国民生产总值年均增长 6%,通货膨胀控制在 10%以内。1994 年进入第二个 25 年长期建设计划,即经济起飞阶段。政府进一步放宽投资限制,吸引外资,并采取措施大力扶持中小企业、发展旅游、增加出口。1997 年印度尼西亚受东南亚金融危机重创,经济大幅衰退,货币贬值。为摆脱经济困境,印度尼西亚政府被迫向国际货币基金组织求援。1999 年印度尼西亚经济开始缓慢复苏,但整改阻力较大,私企外债、银行呆账等问题难以解决。经过 10 年的经济改革和结构调整,印度尼西亚逐步回到发展轨道,个人消费、投资和出口等逐渐成为印度尼西亚经济增长的引擎。2016 年,印度尼西亚国内生产总值为 9 324.5 亿美元,比上一年增长 5%,人均国内生产总值达到 3 604 美元。

印度尼西亚工业发展方向是加强外向型的制造业。2016 年制造业增长逾 3.3%,占国内生产总值的 20.3%。主要部门有采矿、纺织、轻工业以及农业。旅游业是重要创汇行业,受到政府高度重视,注重开发旅游景点,兴建饭店,培训人员和简化手续。外国游客 1997 年达 520 万人次,之后受金融危机和国内政局影响连续下滑,2000 年开始回升。2016 年达 1 153.9 万人次。爪哇岛是印度尼西亚经济、政治和文化最发达的地区,一些重要的城市和名胜古迹都坐落在这个岛上。

三、南非

南非共和国因地处非洲南部而得名,素有"彩虹之国"和"黄金宝石之国"之誉。南非位于非洲大陆最南端,东、西、南三面濒临印度洋和大西洋,与纳米比亚、博茨瓦纳、津巴布韦、莫桑比克、斯威士兰、"国中之国"莱索托接壤。大部分地区属热带草原气候,国土面积约 1 219 090 平方公里。矿产资源丰富,现已探明储量并开采的矿产有 70 余种。黄金、铂族金属、锰、钒、铬、钛、硅铝酸盐的储量居世界第一位，蛭石、锆居第二位，氟石、磷酸盐居第三位，锑、铀居第四位，煤、钻石、铅居第五位，锌居第六位，铁矿石居第九位，铜居第十三位。人口为 5 180 万人（截至 2011 年）。

南非属于中等收入的发展中国家。国内生产总值约占全非 22%，对外贸易占全非 24%，是非洲经济最发达的国家。自然资源丰富，是世界五大矿产国之一。金融、法律体系比较完善，通信、交通、能源等基础设施良好。矿业、制造业和农业是经济三大支柱，深矿开采等技术居于世界领先地位。但国民经济各部门发展水平、地区分布不平衡，二元制经济特征明显。20 世纪 80 年代初期至 90 年代初期，受国际经济制裁影响，经济出现衰退。新南非政府制订了“重建与发展计划”，强调提高黑人的社会、经济地位。1996 年推出“增长、就业、再分配”的宏观经济政策，旨在通过国有部门私有化、削减财政赤字、增加劳动力市场灵活性、促进出口、放松外汇管制、鼓励中小企业发展等措施实现经济增长，增加就业，逐步改变分配不合理的情况。姆贝基政府执行严谨的财政和货币政策，逐步推动国有资产重组和私有化进程，推进劳动力市场和贸易领域的结构调整，适时增加社会服务投入。新南非的经济总体保持低速增长。2004 年～2008 年，南非 GDP 增势强劲，平均达到 4.7%，农业、制造业、旅游业增长较快，2016 年南非国内生产总值为 2 941.3 亿美元，约占非洲经济总量的 1/4。外贸盈余增加，本币汇率较强反弹。但失业率居高不下、收入分配严重不均等问题依然存在，增强黑人经济实力是南非面临的长期问题。

制造业、建筑业、能源业和矿业是南非工业四大部门。制造业门类齐全，技术先进。主要产品有钢铁、金属制品、化工、运输设备、机器制造、食品加工、纺织、服装等。制造业产值约占国内生产总值的 1/5。南非电力工业较发达，发电量占全非洲的 2/3，为世界上电费最低的国家之一。南非是世界第五大钻石生产国，产量约占全世界的 8.7%。南非是世界上最大的黄金生产国和出口国，黄金出口额占全部对外出口额的 1/3。南非德比尔斯公司是世界上最大的钻石生产和销售公司，总资产 200 亿美元，其营业额一度占世界钻石供应市场 90%的份额，目前仍控制着世界粗钻石贸易的 60%。

南非的农业、畜牧业和水产养殖业较发达。农业生产总值约占国内生产总值的 4.1%，并提供 13%的正式就业机会。农业生产受气候变化影响明显。农产品和农产品加工产品出口占非黄金出口收入中的 30%。各类罐头食品、烟、酒、咖啡和饮料畅销海外。南非盛产花卉、水果，葡萄酒享有盛誉。旅游业发达，旅游业是南非第三大外汇收入来源和就业部门。

四、土耳其

土耳其共和国地跨亚、欧两洲，位于地中海和黑海之间。大部分领土位于亚洲的小亚细亚半岛，欧洲部分位于巴尔干半岛东南部，全国总面积约 780 576 平方公里。东邻伊朗，东北邻格鲁吉亚、亚美尼亚和阿塞拜疆，东南与叙利亚、伊拉克接壤，西北和保加利亚、希腊毗连，北临黑海，西与西南隔地中海与塞浦路斯相望。矿产资源丰富，主要有硼、铬、铜、铁、铝矾土及煤等。三氧化二硼和铬矿储量分别约为 7 000 万吨和 1 亿吨，均居世界前列。煤炭储量约 65 亿吨，多为褐煤。森林面积 2 000 万公顷。但石油、天然气紧缺，需大量进口。工业有一定基础，轻纺、食品工业较发达。主要的工业部门有钢铁、水泥、机电产品和汽车等。西部沿海地区工农业十分发达，东部内陆地区交通闭塞、生产力水平相对滞后。它的气候温和，地形复杂，是世界植物资源最丰富的地区之一。人口 7 472 万(2011 年)。

土耳其属发展中经济体，私有和公有经济成分并存，主要以农业和制造业为基础。虽然国民生产总值增长快于人口增长，如 2005～2008 年经济增长分别为 8.4%、6.9%、4.7%和 1.1%，2016 年国内生产总值为 8 574.2 亿美元，但人均国民生产总值仍只有 24 912 美元，低于欧洲国家水平。

土耳其是传统的农牧业国家，农业较好，粮、棉、蔬菜、水果、肉类等基本自给，农业生产值占整个国民生产总值的 20%左右。农业从业人口占总人口的 46%。农产品主要有小麦、大麦、玉米、甜菜、棉花、烟草和马铃薯等。粮食和水果等能自给自足，并有出口。安卡拉羊毛闻名于世。农业占国内生产总值的近 1/5，使用国内一半左右的劳动力。在一般情况下，土耳其的大多数粮食作物可以自给。大部分可耕地用来种植粮食作物，其中小麦和大麦的种植面积最大。经济作物(棉花和烟草)是重要的出口商品。狭窄海岸地区的低地得到大面积灌溉，生产榛子、无核小葡萄、葡萄干和水果(包括柑橘、柠檬和甜瓜)，也种植蔬菜供应国外市场。在常年长草的牧场，可牧放绵羊、少量的牛和山羊。森林主要是针叶林，大约占全国面积的 1/4，主要分布在黑海周围，至今很少开发。

采矿业以国有公司为主，仅占国内生产总值的 1%。地方开采的铁矿、煤、褐煤、铝土和铜为国家重要的新兴工业提供原材料。土耳其是主要的铬铁矿生产国，多数用于出口。由于国内石油资源有限(只能满足 1/6 的需求)，该国不得不花费大量外汇进口石油。2/3 的电力由热电厂生产，大约 1/3 的电力由水电站提供。

制造业使用国内大约 1/10 的劳动力，占国内生产总值的 1/5。尽管生产率低，但由于棉花在当地种植，工人工资也低，纺织业(包括纱线、织物和地毯)仍然是 20 世纪 70～80 年代增长迅速的工业，尽管生产率不高。石化工业在 80 年代初发展很快。土耳其已成为中东地区主要的钢铁生产国。工程机械工业也发展迅速。旅游业是国民收入的一个重要来源。

农村失业状况比城市更严重，但在伊斯坦布尔以外，技术工人和管理人才仍然短缺。根据 1947 年颁布的《劳工法》，工会为合法组织，此后发展迅速；工人工会联合会是最大的组织。20 世纪 70 年代，土耳其许多非技术工人前往西欧国家寻找工作，但 80 年代以后，去国外打工的目标区域已从欧洲转向中东国家。政府在 80 年代执行紧缩开支计划，同时由于在国外工人的汇款增加，使土耳其能够大大抵消其长期存在的贸易赤字。

土耳其的铁路系统总长度为 8 400 千米，公路系统中只有大约 1/7 铺有路面，但汽车运输仍然占主导地位。国际和国内海运依靠伊斯坦布尔港、伊兹密尔港和梅尔辛港，但石油化工产品的主要海运终点则在伊斯肯德伦附近。国际机场位于伊斯坦布尔、安卡拉和伊兹密尔附近。

农产品和工业产品在主要出口商品中大致各占一半。主要出口贸易伙伴有德国、意大利和美国。德国为土耳其提供了大量进口机器和设备。土耳其享有得天独厚的旅游资源，旅游业已成为土耳其国民经济的重要支柱之一。

五、阿根廷

阿根廷共和国，面积 278 万平方公里，为南美洲第二大国，仅次于巴西。阿根廷位于南美洲东南部，东濒大西洋，南与南极洲隔海相望，西同智利接壤，北邻玻利维亚、巴拉圭，东北部与巴西和乌拉圭为邻。阿根廷物产富饶，气候适宜，土地肥沃，沿海渔业资源、旅游资源和水力资源丰富。森林面积占全国总面积的 1/3 左右。矿产资源丰富，矿产资源有石油、天然气、煤炭、铁、银、铀、铅、锡、石膏、硫磺等。现已探明蕴藏量：石油 28.8 亿桶，天然气 7 635 亿立方米，煤炭 6 亿吨，铁 3 亿吨，铀 2.94 万吨。

阿根廷经济增长受益于丰富的自然资源，高度受教育的人口，出口导向的农业部门，多样的工业基础。20 世纪 70 年代晚期，阿根廷所累积的债务和每一次的通货膨胀使国内民不聊生。1991 年，阿根廷政府将比索兑换成美元，并且限制其币值。接着从 1995～2001 年，政府着手于贸易自由化、资产私有化，抑制通货膨胀，并且努力促使 GDP 增长。但由于受到国外市场经济上的打击使得其成果并不显著。2002 年，阿根廷不能偿还它的债务，GDP 下滑，失业率超过 18%，比索贬值 75%。从 2003 年开始，阿根廷经济总体形势稳定，经济连续 6 年保持高速增长。2006 年全年国内生产总值比 2005 年增加了 8%，2007～2008 年阿根廷的经济增长率均达到 7%。2016 年国内生产总值达到 5 451.2 亿美元。

阿根廷是综合国力较强的拉美国家。工业门类较齐全，主要有钢铁、电力、汽车、石油、化工、纺织、机械、食品等。工业产值占国内生产总值的 1/3。核工业发展水平居拉美前列，现拥有 3 座核电站。钢产量居拉美前列。机器制造业具有相当水平，其生产的飞机已进入国际市场。食品加工业较先进，主要有肉类加工、乳制品、粮食加工、水果加工和酿酒等行业。阿根廷是世界上葡萄酒主要生产国之一，年产量 30 亿公升。工业产值超过农业，占国民生产总值的 40%左右，工业部门齐全，有食品、纺织、皮革等农牧产品加工工业，近年来钢铁、汽车、化工、石油开采和提炼、电子、电力等部门发展甚速。交通发达，铁路全长约 5 万公里，公路 105 万公里。

阿根廷农牧业发达，为世界主要的农牧产品生产国和出口国之一。全国牲畜的 80%集中在潘帕斯大草原。主要种植小麦、玉米、大豆、高粱和葵花籽等。牧场和草原占全国土地面积的 55%，耕地占 12.7%。畜牧业有牛、羊、猪、马，畜牧业占农牧业总产值的 40%；农产品有小麦、玉米、大豆、高粱、大麦、棉花、亚麻籽等。羊、牛的头数和小麦、玉米、大豆的产量都居世界前列。阿根廷是世界粮食和肉类重要生产国和出口国，素有“粮仓肉库”之称。出口以农牧产品为主，其中肉类、小麦、玉米、大豆、亚麻籽、羊毛等占出口总值的 75%～80%，近年来工业品出口也有大幅度增长。进口多为机器设备、工业原料、化学品等。近年来，阿根廷已成为南美最大的旅游目的地国家。

案例剖析

供给侧改革与供给学派是一回事吗?

当前，对供给侧结构性改革与西方供给学派两者关系的认识存在一些不同的观点。有人认为我国当下的供给侧结构性改革只不过是西方供给学派的“现代版本”，其理论来源可以追溯至 19 世纪初便开始风靡的“萨伊定律”(供给自动创造需求)，而实践形态在美国前总统里根与英国前首相撒切尔执政时期亦是早已有之。言下之意，供给侧结构性改革就是要在经济理论上拥抱西方供给学派。实际上，认为中国的供给侧结构性改革是西方国供给学派的翻版，这种判断是完全错误的。虽然两者都是从供给侧入手，但两者不仅没有直接关系，而且存在着本质区别。首先，宏观经济背景不同。美国供给学派产生是要解决美国宏观经济于 20 世纪七八十年代突发的“滞胀”。中国供给侧结构性改革产生是要实现由低水平供需平衡向高水平供需平衡跃升。其次，管理和调控宏观经济的手段不同。供给学派认为经济增长的唯一源泉在供给侧，对供给作片面强调，甚至主张与需求管理“彻底决裂”。中国对供给侧的注重则并不否定和放弃需求管理，强调供给侧和需求侧是管理和调控宏观经济的两个基本手段。“放弃需求侧谈供给侧或放弃供给侧谈需求侧都是片面的，二者不是非此即彼、一去一存的替代关系，而是要相互配合、协调推进。”再次，宏观政策主张不同。供给学派的主要政策主张是减税，不注重全面的政策配套问题。中国供给侧结构性改革，“不只是一个税收和税率问题，而是要通过一系列政策举措，特别是推动科技创新、发展实体经济、保障和改善人民生活的政策措施，来解决我国经济供给侧存在的问题”。最后，具体措施不同。供给学派认为，增加生产和供给必须通过增加投资和劳动来实现，特别是投资的增加。中国的供给侧结构性改革的主要任务是，“推进供给侧结构性改革，要从生产端入手，重点是促进产能过剩有效化解，促进产业优化重组，降低企业成本，发展战略性新兴产业和现代服务业，增加公共产品和服务供给，提高供给结构对需求变化的适应性和灵活性。简言之，就是去产能、去库存、去杠杆、降成本、补短板”。

思考与练习

一、关键概念

新兴经济体、“金砖四国”、“金砖国家”、供给侧结构性改革、“展望五国”、外汇储备

二、思考题

1. 简述新兴经济体的经济发展对世界经济的贡献。
2. 新兴经济体经济发展将面临哪些挑战?
3. 简述印度独立后经济发展的概况。
4. 简述巴西经济发展的现状。
5. 简述推动“金砖四国”经济发展的主要因素。

三、讨论题

1. 试分析比较“金砖四国”经济发展模式的异同点。
2. “展望五国”经济发展的潜力有哪些?

第十三章
转轨经济体经济发展

本章要点

本章主要以俄罗斯和中东欧国家经济改革与发展为主线，介绍了独立后的俄罗斯经济改革与发展、普京时代的俄罗斯经济以及中东欧经济转轨与发展，分析了中东欧国家独特的经济转轨背景、过渡方式及经济模式，总结出中东欧国家转轨的成功经验与教训。

本章需要重点掌握的内容是中东欧国家独特的经济转轨方式及其经验教训。

案例引导

俄罗斯与中国的经济改革有哪些异同点？

在20世纪的最后20年，苏联和中国从苏联模式的计划经济向市场经济转轨无疑是当代世界经济史上最为重要的事件之一。当东欧及苏联开始尝试“转型”的时候，西方的许多经济学家一直推崇“休克疗法”，认为市场化和私有化是成功转型的必要组成部分，并且认为应同时或在一个较短时期内实现这几个条件。这个“疗法”本质上等同于迎合了IMF对经济紧急紧缩所开的标准处方。“休克疗法”的支持者们期望转型过程中经济增长呈现一个“J曲线效应”，刚开始经济有所下滑，紧接着是GNP的强劲回升。东欧及苏联的大部分国家都采用了这种“休克疗法”方案，然而，始料不及的是，该方案导致GNP急剧、持久地下降，并伴有特别高的通货膨胀和其他社会指标的严重恶化。

与“休克疗法”方案不同的是，东亚国家存在一种相对应的“渐进的”或“逐步演化的”转型方式，中国的经历是这种方式的一个典型例子。它通常是分阶段地、部分地尝试，逐步推广地进行。刚开始一些经济学家认为，这个模式有着致命的缺陷并会导致失败，而“休克疗法”在理论上则是理论完美、现实可行的。20世纪80年代后期，许多观察家预测东亚的改革将走入死胡同，它的经验给苏联东欧国家提供了一个“有益有用”的负面教训。然而，与东欧及苏联国家的经济崩溃和社会危机迥然不同、形成鲜明对比的是，中国自其改革开始便成为世界上经济增长速度最快的国家之一。中国还有效地把通货膨胀控制在可接受的水平。

国际问题观察家们认为，“中国模式”意味着政治稳定，而稳定的政治局势对任何国家的政府和民众来说，都具有强大的吸引力。经济发展要以政治稳定作保证，这样的思路符合亚洲民众的心理特征及亚洲国家的基本国情。国外的调查表明，改革、开放、发展、渐进、试验和稳定是最常用来描述“中国模式”的词语。参与该项调查的组织表示，“中国模式”是以强有力的政府主导、渐进式改革、对内改革与对外开放为特征。国际社会认为，对其他国家而言，“中国模式”中的一些得到国际社会高度赞赏的关键因素，不仅适合中国等亚洲发展中国家的国情，而且对欧美发达国家来说也有参考价值。

从上述的阐述中你能比较出俄罗斯与中国的经济改革有哪些异同点吗?

第一节　转轨经济体的经济模式

经济转轨是整体性的制度结构变迁。20 世纪 80 年代末 90 年代初以俄罗斯为代表的中东欧国家由计划经济以急剧转型的方式实施市场化改革,放弃行政性调控措施,加强市场机制在经济运行和调控中的作用。这些国家被国际货币基金组织统称为"经济转轨国家"(economy transition countries/economy transforming countries/reforming countries)。

一、经济转轨的独特历史背景

经济转轨国家的经济转轨是在独特的历史背景下进行的,在五个方面有别于其他转轨国家:

第一,经济转轨是在社会主义时期经济体制转轨受挫、与西方高度发达的经济和富裕的生活水平形成较大反差的背景下进行的。中东欧国家的右翼政党在政局变化后全盘否定过去,把崇拜西方和照搬西方模式的思想推向极端。以波兰为代表的许多国家接受了美国经济学家萨克斯教授关于采用激进转轨战略和转轨纲领的建议。1993 年后,随着左翼政党的复出,以左翼政党为代表的原东欧经济学思想重新发挥影响,经济转轨进入调整和深化阶段。

第二,经济转轨是在 40 多年中央计划经济体制的经济基础上开始的。它表现为国有制占绝对优势;国家垄断经济活动;经济结构严重扭曲,工业和重工业比重过大;资金严重匮乏;人们习惯于社会主义时期形成的集体主义思想和平均主义思想;等等。

第三,经济转轨的进程始终伴随着以不同思想为基础、代表着不同社会阶层利益的左右翼政党激烈的理论争论和政治斗争。争论的焦点主要是围绕采用什么样的经济目标模式、经济转轨战略(转轨速度和代价问题尤为突出)、私有制比重和私有化的方式、克服通货膨胀的指导思想和政策、社会保障的覆盖面和运行方式等。

第四,中东欧国家的经济转轨是在建立所谓的政治"民主"、"自由"的公民社会和政治多元化的背景下进行的。中东欧各国在政局变化后实行政治多元化、多党制、议会制和总统制。政治体制转轨与经济体制转轨同步进行,这加大了经济转轨的难度。

第五,中东欧国家的经济转轨是在本国右翼政治力量在西方支持下推翻共产党政权,废除原共产主义政治制度的背景下进行的。同时,西方国家和一些国际金融机构以根本改变政治制度作为向中东欧国家提供贷款和援助的条件。所以,中东欧国家的经济转轨从一开始就带有浓厚的政治色彩,并使社会处于严重的政治动荡中。在这种背景下,西方各种政治和经济思想涌入中东欧国家,特别是经济自由主义思想曾风靡一时。

二、经济转轨国家的独特经济过渡方式

在过渡方式上,中东欧国家基本是以激进方式和快速实现经济自由化、私有化、市场化和稳定化转向市场经济为特征。其独特性主要表现在以下四个方面:

(一)自由化经济模式

经济转轨初期许多中东欧国家从集中的中央计划经济体制向自由化程度很高的美国式自由市场经济转轨。选择这种经济模式的初始条件是:公有制占所有制结构的 90%以上,缺少独立自主的经济主体,基本没有市场,商品市场因商品匮乏而不发达,没有生产资料市场和劳

动力市场，经济结构不合理，市场机制尚未确立。在这种情况下取消国家经济计划部门，政府将纷纷从国家经济生活“脱身”、实行“完全的私有化”和“彻底的私有化”。其后果是各国不同程度地出现宏观经济失控、经济转轨混乱、“大私有化”难以推动和社会问题太多。1993 年以后，许多中东欧国家加强了国家对宏观经济的调控职能或实行社会市场经济，放弃了“全面私有化”和“彻底私有化”，放慢了“大私有化”速度。此后宏观经济得到初步稳定，大部分国家经济逐渐回升。

(二)私有化浪潮

中东欧国家的私有化概念有广义和狭义之分，在这里是广义概念。中东欧国家对所有制改造采取有偿和无偿两种方式。有偿方式主要是将企业出售给国内外投资者；有偿方式还包括承包、租赁、合资等形式。无偿方式则属于广义的私有化。农业土地归还土改时的土地所有者和解散农业生产合作社，重新分配合作社财产；对国有企业、地方所属企业和集体所有制企业的改造。中东欧国家的国有企业私有化是在几年内通过“小私有化”和“大私有化”，把国有资产占 90% 以上的所有制结构改造成以私有制和股份制为基础的多种所有制并存的结构。中东欧国家私有化的概念和内涵、私有化的指导思想和原则、私有化的方式和方法远比其他国家更为复杂，私有化范围之广、规模之大和难度之深是不多见的。

(三)“休克疗法”

许多中东欧国家在半年到一年时间内就实现了自由化：急速放开价格，实行市场价格；放开市场，实行“市场准入”，允许各种所有制形式的企业及其产品进入国内外市场；实行浮动汇率机制，实行本国货币在国内自由兑换。

(四)稳定化

以货币主义理论为指导思想实行稳定化。经济转轨初期在短时间内放开价格、放开市场之后，中东欧各国普遍出现高通货膨胀、财政赤字、经常项目逆差和国际收支不平衡。所以，稳定宏观经济就成为经济转轨中的重要任务，否则，经济转轨的各项战略任务难以实现。一些国家在政局动荡、各种经济活动严重萎缩的背景下，在大中型国有企业改造基本未开始、市场主体的产权制度尚不明晰、适应市场经济的银行体制尚未确立的背景下，以货币主义的货币数量论为理论依据，实行全面紧缩政策。因反对把货币主义和新凯恩斯主义结合起来的主张，拒绝实行适度财政紧缩和适度稳定生产相结合的政策。实行全面紧缩政策后，高通货膨胀虽然得以控制，但各国生产不同程度地萎缩，甚至有些国家经济危机加深。自东欧剧变以来，抑制通货膨胀一直是中东欧国家经济转轨的重要任务之一。

三、经济转轨国家独特的经济模式

在市场经济运行模式出现多样化的当今世界，各国和地区的市场经济都有自己的特点。在 20 世纪 90 年代，中东欧国家市场经济的基本特征是：以私有制和股份制为基础的各种所有制并存；市场调节与国家计划调节相结合；经济效率与社会公正相兼顾。它在经济制度、经济运行方式、国家经济职能、所有制结构和产权制度、社会保障体系等方面既完全不同于原来的计划经济体制，也与西方国家的现行市场经济有很多差别。

首先，国家职能作用方面。经济转轨后，中东欧国家政府机构的规模大大缩小，在取消国家的部分经济职能的同时，国家又承担或加强了另一部分职能。因市场作用具有局限性，因此国家的经济职能作用主要体现在以下四个方面：一是致力于创造使市场机制有效发挥作用的经济环境和秩序。政府制定各种经济法规，维护并强制执行这些经济法规。二是国家实行保证经济稳定增长的职能作用。它包括:制定宏观经济目标,制定国家中长期规划和发展战略;跟踪国内和国际形势,预测未来经济发展,对经济发展的重大问题作出决策,促进经济增长;根据国内外市场行情和发展目标制定各种经济政策,运用市场机制调节总需求和总供给,以保证经济稳定和均衡发展。三是影响资源配置。保证公共部门和某些基础设施部门的资源得到有效配置。四是通过税收和财政预算进行收入的再分配,给低收入者和困难者予以补助。

其次,所有制结构和国有资产运营方式。建立起以私有制和股份制为基础的混合所有制结构。到20世纪末,中东欧国家的所有制格局是私有、国有、各种形式的股份所有制(或称混合所有制)、合作社和集体所有制并存。保留的那部分国有制企业也被改造成各种形式的股份所有制。这种以私有制与多种所有制并存的所有制结构有助于资金市场的运行。企业不仅摆脱了与国家的行政隶属关系,而且开始建立起新的产权制度。中东欧国家新的产权制度使原国有企业不仅有资产使用权,而且具有收益权、转让权和对新增资产的处置权在内的完整的产权。它的实施使改造后的国有企业及其资产运营方式发生了巨大变化。国有企业可与其他所有制形式的企业一样进入资金市场,通过参加兼并、参股和控股等资金流动活动,使大多数国有企业变成了混合所有制企业(除少数为国家独资企业),并通过参股和控股扩大了国有资产对经济的影响作用。新的产权制度以新的形式使国有资产在大中型国有企业中占有举足轻重的地位。截至1999年,一些中东欧国家的国有资产仍占社会总资产的40%或50%以上。

最后,社会保障制度。现代市场经济要求建立与其相适应的、高度社会化的分配与再分配制度。中东欧国家现行社会保障制度虽然没有达到高度社会化水平,但已摆脱计划经济时期的国家和企业统包的体制,社会福利已与企业脱钩,实行社会保障金制度。私有化后的企业向国家上缴一定股份或工资额,用于建立社会保障基金。例如,在波兰,纳入“大众私有化”的国有企业必须将其25%的股份交给国家用于建立社会保障基金。在保加利亚,私有化后的企业必须向政府缴纳其工资总额的35%作为社会保障基金,7%作为失业保险。中东欧各国的退休者、失业者和社会弱者在社会保障机构领取退休金和各种保障金。但在20世纪末,中东欧各国因经济实力的限制,社会保障的覆盖面和标准也受到了制约。

表13—1　　1983～2012年转轨经济体的经济发展概况　　单位:%

年份	1983～1990	1991～1998	1999～2002	2003～2006	2007	2008	2009	2010	2011	2012
世界实际GDP增长率	3.9	3	3.6	4.5	5.4	2.8	−0.6	5.2	4	3.2
发达经济体GDP增长率	3.7	2.5	2.6	3.3	2.8	0.1	−3.5	3	1.6	1.2
发展中经济体GDP增长率	4.5	5.7	4.8	6.1	8.8	6.1	2.7	7.6	6.4	5.1
转轨经济体GDP增长率	3	−5.2	4.5	4.9	5.4	3.1	−3.6	4.6	5.2	1.6
7国集团潜在GDP增长率	2.8	2.6	2.6	2.6	2.3	−0.3	−3.8	2.8	1.5	1.4
	经常项目差额占GDP的比重									
发达经济体	−0.3	0.2	−0.8	−0.7	−0.8	−1.1	−0.1	0	−0.2	−0.1
发展中经济体	−1.7	−2.1	0.2	−1.1	3.9	3.5	1.5	1.5	1.9	1.4
转轨经济体	0.2	−0.6	0.6	−0.5	—	—	—	—	—	—
	外债总额占GDP的比重									
发展中经济体	37.6	40.2	39.9	33.4	—	—	—	—	—	—
转轨经济体	8.4	18.9	19.7	15.5	—	—	—	—	—	—
	外债偿还额占GDP的比重									
发展中经济体	4.3	5.4	6.2	4.7	—	—	—	—	—	—
转轨经济体	2.1	2.1	2.7	2.1	—	—	—	—	—	—

资料来源:IMF数据库。

第二节　俄罗斯经济发展

自20世纪90年代起，世界上30多个国家先后卷入这场有史以来规模最大、范围最广的经济转轨进程之中。在这些转轨国家中，俄罗斯是最具典型性和代表性的国家之一。因此，俄罗斯的经济转轨引起整个世界的普遍关注。

一、俄罗斯经济

俄罗斯是世界经济大国。苏联时期它是世界第二大经济强国。苏联解体后其经济一度严重衰退。2000年之后俄罗斯的经济迅速恢复发展，2006年俄罗斯的经济全面超过1990年解体前，2012年俄罗斯的国内生产总值达到20 147亿美元，位居世界第8位。丰富的自然资源为俄罗斯工农业发展提供了坚实的后盾。俄罗斯重工业基础雄厚，部门齐全，以机械、钢铁、冶金、石油、天然气、煤炭、森林工业及化工等部门最为发达。近年来俄罗斯的电子计算机工业、宇航航空工业、高科技产业迅速崛起。特别值得一提的是俄罗斯的国防工业在世界上具有重要而独特的地位、实力雄厚，其武器产品出口到全球各地。俄罗斯农牧业并重，主要农作物有小麦、大麦、燕麦、玉米、水稻和豆类，畜牧业主要为养牛、养羊、养猪业。俄罗斯主要出口商品是石油和天然气等矿产品、金属及其制品、化工产品、机械设备和交通工具、宝石及其制品、木材及纸浆等；主要进口商品是机械设备和交通工具、食品和农业原料产品、化工品及橡胶、金属及其制品、纺织服装类商品等。

(一)俄罗斯经济概况

俄罗斯在20世纪90年代，经济形势可以说是全面恶化的，主要表现如下：①生产下降。1992年同1991年相比，国内生产总值下降19%，国民收入下降20%，石油生产下降15%，农业生产下降8%，消费品生产下降155%，其中食品生产下降23%。②财政赤字，通货膨胀。俄罗斯经济危机还表现在财政上出现巨额赤字。到1992年8月，其赤字达到8 000亿卢布，相当于其国民生产总值的15%。俄罗斯财政赤字引起了信用危机和现金短缺，这必然导致大量发行货币，随之而来的是通货膨胀和失业率猛增。③外贸下降，卢布贬值。1992年俄罗斯外贸大幅度下降，外贸形势恶化，导致俄罗斯的外汇严重短缺，卢布贬值，内债、外债急剧增加，无法维持，只能靠西方国家的“援助”和“贷款”来支撑。1993年俄罗斯经济进一步恶化。工农业总产值继续下降，通货膨胀，物价飞涨，人民生活水平不断下降，失业率居高不下。据有关资料统计，37%的俄罗斯人当时生活在贫困线以下。④陷入严重金融危机。1998年上半年，俄罗斯陷入了严重的金融危机，股市暴跌，卢布贬值。仅1998年上半年，股市下跌了50%，美元兑卢布汇率提高到1美元兑换6.201～6.203卢布，超过俄罗斯中央银行规定的最高限价6.188卢布。为了维护卢布的汇率稳定，俄罗斯中央银行花了大笔美元，黄金与外汇储备越来越少。由于担心卢布贬值，外国投资者不愿将钱投资到俄罗斯，并从俄罗斯货币市场上将资金撤回，从而使俄罗斯的金融市场更加不稳定。

1999年，普里马科夫政府大幅调整经济政策，俄罗斯经济呈现好转势头，主要经济指标基本恢复到金融危机前的水平。自2000年以来，普京继续推行社会经济稳定政策，俄罗斯GDP年均增长率保持在5%左右。2012年及2013年，俄罗斯GDP总量均已超过2万亿美元，分别为20 161亿和20 790亿美元，进入世界十大经济体行列。目前，俄罗斯政局稳定，农业生产不断发展；由于石油价格近年来的上涨，内需市场不断扩大，俄罗斯经济开始步入良性循环的轨道。

(二)俄罗斯经济结构

俄罗斯的产业部门主要包括工业、农业、商业、通信、交通运输、邮电及其他服务性行业。其中最主要的是农业和工业，工业又包括重工业和轻工业。据俄罗斯国家统计局公布数据，2012 年俄罗斯 GDP 主要构成中，工业为 36%，贸易为 42.9%，交通运输业为 6.6%，建筑业为 7.2%，农业为 4%。如果按产品和服务分类看，这种变化更为明显，2012 年产品生产占俄罗斯 GDP 的比重下降为 40%，而服务业所占比重达到 60%。目前，俄罗斯产业结构主要表现为以下几个特点：

第一，以能源工业为支柱。俄罗斯的能源矿产总储量占世界能源总储量的 40%，是国际上最大的能源出口国家之一，这使得俄罗斯的 GDP 成了名副其实的石油经济，国际石油价格的走势也决定了俄罗斯的经济发展成果。普京政府曾出台各种优惠政策来发展其他产业，以摆脱国民经济对世界石油市场的依赖性。

第二，以军事工业与机械重工业为重点。俄罗斯作为全球第二大军事巨头，军工产品与重工业产品是出口商品的重点。但随着冷战的结束，国际军火市场已经发生了根本性的改变，俄罗斯已经开始重视发展具有优势的重型机械工业。

第三，民用工业落后。由于多年的经济体制改革失败，导致俄罗斯国内民用工业设备老化、技术严重落后，生产出来的产品满足不了国内居民的需求。2004 年后，俄罗斯的民用工业开始在政策支持下慢慢恢复。

第四，农业是国民经济的基础。普京执政以来非常重视农业的振兴和农村的复兴。普京总统的第二任期内，实施新土地法所确定的土地制度改革；沿着市场经济大农业的道路发展农业生产；继续实行大力支持农业的政策。

俄罗斯经济结构正不断趋向合理，其国内经济也不断改观。

(三)俄罗斯主要产业部门

俄罗斯工业发达，核工业和航空航天业占世界重要地位。2012 年工业产值为 191 838 亿卢布，同比增长 2.1%。工业从业人口 2 119 万人，占总就业人口的 28.0%。工业基础雄厚，部门齐全，以机械、钢铁、冶金、石油、天然气、煤炭、森林工业及化工等为主，木材和木材加工业也较发达。俄罗斯工业结构不合理，民用工业落后状况尚未根本改变。主要工业区有中央工业区、西北工业区、乌拉尔工业区、西西伯利亚工业区等。俄罗斯的农业也比较发达。2012 年农业产值为 20 609 亿卢布，同比下降 3.8%。农业人口 756 万人，占总就业人口的 9.9%。农牧业并重，主要农作物有小麦、大麦、燕麦、玉米、水稻和豆类。经济作物以亚麻、向日葵和甜菜为主。畜牧业主要为养牛、养羊、养猪业。

1. 工业

俄罗斯工业原本就高度发达，其在全苏联占有极其重要的地位，工业总产值占全苏联的 2/3。目前，俄罗斯已经形成了以 9 大工业部门(能源、黑色冶金、化学和石油化工、机器制造和金属加工、木材加工和造纸、建筑和材料、轻工、食品和微生物)为中心的完整的工业体系。主要工业基地有西伯利亚石油区、伏尔加—乌拉尔石油区、奥伦堡气田、库兹巴斯煤田和伯朝拉煤田。

工业在俄罗斯经济中起着重要的作用。俄罗斯工业的特点是：重工业发展始终占优先地位，同时随着社会分工的发展和科学技术的进步，逐渐涌现出许多新兴工业部门，工业生产集中程度很高，这是俄罗斯生产力布局政策的结果，俄罗斯工业部门现共有 12 个行业及其下属

300多个不同的部门和相当数量的个别生产部门。同时,工业内部结构得到一定程度改善。

在工业内部结构中,原材料部门比重出现了微弱下降,由2000年的61.2%下降至2016年的55%;制成品部门比重相应上升,其中,轻工业(包括纺织、服装、皮革和制鞋工业)与粮食、饲料工业比重下降;而技术含量较高的机器制造业尽管在20世纪90年代大衰退期间比重持续下降,但2004年前后的几年中,机器制造业在工业总产值中的比重不断上升,其与金属加工业所占比重已大体恢复至转型前水平。食品加工业的比重也有所上升。

2. 农业

俄罗斯的农业远不如工业发达,但由于土地面积大,所以这里曾是苏联最大的农产品供应基地,粮食产量占苏联总产量的65.6%。俄罗斯的主要粮食作物是小麦和黑麦,此外还有大麦、燕麦、荞麦、玉米、大豆等。俄罗斯还种植蔬菜、水果、葡萄、茶叶、亚麻等经济作物。

畜牧业是俄罗斯农业的重要生产部门,主要牲畜有牛、绵羊、山羊、猪等。俄罗斯不仅养马业发达,在北部地区冻土带和森林冻土带还有养鹿业。畜牧业的主要畜产品产量一度大幅度下降,牲畜存栏数减少。2000年初牛的存栏头数为2 800万头,比1990年减少2 900万头,即减少逾50%;猪为1 830万头,相应减少2 000万头;绵羊和山羊为1 470万只,减少75.5%。

俄罗斯于1992年下半年开始推行国有资产私有化政策。在农业领域实行国有农场和集体农庄的私人农场化。但由于国家在推行土地私有化方面进展缓慢,农民对土地私有化的社会心理承受能力有限,农村私有化进展缓慢。在叶利钦时期,特别重视发展农户(农场)经济(或称私人农场)。普京上台执政后,不得不改变农业发展政策,变革农业发展道路。普京强调要搞大型的农业综合体 ,要把俄罗斯农业发展成为"大的商品生产者"。目前,大型农业在俄罗斯农业中起着重要的作用,它们生产92%的粮食,94%的甜菜,86%的向日葵籽,70%的蛋,49%的奶,39%的肉,38%的羊毛,21%的蔬菜和90%的饲料。

进入21世纪以来,俄罗斯农业总的来说有一定的增长。但农业与整个国民经济相比而言,有其明显的弱点:一是表现为增速低;二是不稳定性。无论从增长速度还是从粮食产量与肉制品产量来看,波动情况时常出现。随着俄罗斯新农业法——《联邦农业发展法》于2007年1月11日颁布生效,农业被正式列为俄罗斯经济发展的重点领域之一。近年来,俄罗斯农业生产不断发展,已进入稳定阶段。

二、俄罗斯经济政策与经济制度

(一)俄罗斯经济政策

1990年以来,俄罗斯政府进行了一系列经济改革。1990年5月,叶利钦总统在经济改革中推行"休克疗法",改革的主要方针是:放开价格、实行私有化和土地改革。改革的目的是实行完全的市场经济。1992年1月2日,俄罗斯全部放开价格。同年7月,俄罗斯开始实行大规模私有化改革。对国有大型企业实行股份制,对中小企业实行全面私有化等。私有化的范围包括土地、建材工业、商业批发、公共饮食、食品工业、农业和零售商业、轻工、通信、汽车运输和修理行业。但叶利钦政府的"休克疗法"最终宣告失败。

2000年普京上台执政后,正式提出俄罗斯必须走第三条道路:既不回到过去的计划经济体制,也不再照抄西方模式的自由化激进式经济改革,而是走将人类社会经济发展的共同方向与本国的具体国情相结合的改革道路和模式。具体措施有:在市场经济微观体制方面,反对实行重新国有化,主张在现有私有化结果的基础上加强对企业和国有资产的管理,提高经济效益。在市场经济宏观体制方面,主张建立有效的财政金融体系;在财政方面,普京反对经济自由主义的"小财政"政策，主张实行积极的财政政策。在金融体制方面吸取金融危机的惨痛教训，调整和完善现行金融体制，继续进行危机后的治理。在对外经济关系方面，主张实现俄罗斯经济同世界经济的一体化，但是必须循序渐进地进行。

(二)俄罗斯经济体制

1991年12月，苏联解体后，俄联邦提出向自由市场经济过渡的激进式改革计划。1998年9月普里马科夫继任总理后开始对政策进行新的重大调整，突出的是：改变转轨目标模式，实行社会市场经济；按时发放和补发工资及退休金；稳定金融和财政；调整宏观政策的方向，从货币紧缩转为刺激经济发展；改变私有化政策，提高企业生产效率；克服对外经贸政策的盲目性和片面性，注重发展民族经济等。

2000年普京上台执政，宣告俄罗斯改革的新道路的开启。普京改革道路的公式就是：市场经济＋民主原则＋俄罗斯现实。就具体经济体制而言，就是要建立社会市场经济体制，其基本特征是实行混合所有制、保持国家有限干预、重视社会公平和社会保障。

三、普京时代的俄罗斯经济

2000年1月，普京从叶利钦手中接过俄罗斯的权杖，入主克里姆林宫，标志着俄罗斯一个新时代的开始。普京在政治、经济、军事、外交等方面采取了一系列新的措施，使俄罗斯经济出现了连续增长，人民生活水平有了改善，社会趋向稳定。

(一)普京时代俄罗斯经济的主要成果

现代俄罗斯经济经历了转轨型危机→萧条式稳定→恢复性增长的转型过程。在叶利钦时代，由于改革方针和经济政策的失误，俄罗斯已由世界一流强国沦落为二流国家：经济实力削弱近一半，居民生活水平下降约40%，企业半数以上亏损，内外债台高筑，经济出现美元化和实物化趋势。叶利钦交权时留给普京的俄罗斯，其经济实力只及美国的1/10和中国的1/5。普京上任后，利用有限的政治资源，依靠强力部门支持，进行了大刀阔斧地拨乱反正和"可控市场经济"改革，使俄罗斯经济逐步从严重的危机状态中摆脱出来，走向复苏，并实现了持续稳定的增长。自2000年至2012年，俄罗斯经济始终保持着高速增长，年均增幅约为5.8%，俄罗斯经济增长势头强劲，经济形势发生了显著变化，综合国力大为增强。

(二)普京政府推动经济发展的政策和措施

1997年起始于东南亚的世界性金融危机为俄罗斯经济的发展提供了两个难得的有利机遇：一是卢布大幅度贬值迫使俄罗斯大幅度压缩进口，客观上刺激了国内产业恢复生产；二是危机后世界各国经济普遍出现的恢复增长，加大了对能源的需求，造成国际市场油气价格暴涨且居高不下。1998年国际油价最低时每桶仅为8美元左右。2002～2008年，国际原油价格大幅上涨到150美元/桶，其他资源性产品价格指数也迅速上涨。俄罗斯正是紧紧抓住上述有利机遇，努力增加能源生产，扩大油气出口，从中获得了巨大的经济收益，从而支持和拉动其经济的恢复增长。近年来，来自石油和天然气出口收入已占到俄罗斯财政收入的40%～50%。

2000年普京上台执政后，强调绝不能再搞照抄西方模式的激进经济改革，在其任期内，为了恢复和发展俄罗斯经济，采取了诸多有效的政策措施。

第一，降低通货膨胀率和稳定利率。在财政预算方面，改变了过去激进派政府的国家预算收支政策，实行量入为出的无赤字预算收支政策，调整和完善了联邦财税制度，加强了联邦对预算收入的调节职能，并利用有利的国际市场行情所创造出来的一部分财政年度预算资金余额，于2003年建立了联邦稳定基金。2007年3月俄罗斯稳定基金额达到1 081亿美元。

第二，制定和通过了俄罗斯长期经济发展规划，规定：2000年后的10年，GDP年均增长速度不低于5%。到2010年GDP将增长1.5倍，达到4 570亿美元，国内固定资产投资将增加1/3，外贸出口和进口预计分别达到1 042亿美元和953亿美元，外汇储备达到524亿美元。从2004年起年通货膨胀率不超过10%。在这一战略框架内，逐步形成了由长期规划（为期10年的社会经济发展基本方针）、中期规划（为期2年的社会经济发展中期纲要）和短期规划（国家年度预算）相结合的规划体系。

第三，治理和改善经营、投资环境。为此所采取的主要措施有：一是颁布实施了《税法典》（第二部），通过减少税种、降低税率、扩大税基、调整结构、减少乃至取消税收优惠和加强征管等手段刺激投资。2006年俄罗斯政府又修改了相关法律，降低了增值税、利润税和自然人收入税；俄罗斯中央银行取消了有关外汇业务储备金制度；取消了对外汇的所有限制，卢布成为完全自由兑换货币；大幅度降低汽车零配件进口税等。二是对金融工业寡头分别采取限制、利用和打压政策。不许金融工业寡头干政，只许其守法经营。对少数寡头如别列佐夫斯基、古辛斯基以及霍多尔科夫斯基等偷税漏税和诈骗国家财产等违法乱纪行为进行惩罚。三是创造条件，在2011年加入世界贸易组织 。

第四，颁布和完善了一些有效的法律和政策。先后修改和颁布了《外国投资法》（1999年）、《产品分成协议法》（2000年）、《海关法》（2004年）、《矿产资源法》、《联邦采购法》和《经济特区法》（2005年）等一系列涉外法律法规。修改和通过了《股份公司法》（2001年）、《土地法典》（2001年10月）和第三部私有化法《俄罗斯联邦国有资产和市政资产私有化法》（2001年）。第一次规定非农业土地（约占整个土地面积的2.7%）可以进入市场流通和买卖。

第五，加大了对基础设施建设和科技的投资力度。为了加大国家对经济发展的扶持力度，建立了政府扶持投资项目的机制，为此俄罗斯政府建立了国家投资基金，主要用于推动全国大型投资项目的实施，如铁路、公路、电力工业建设等基础设施建设。加大对科技的投入，成立“政府科学创新委员会”，着手建立科技创新体制，提高科技成果产业化水平，促进信息技术等“新经济”增长。

第六，对需要重点发展的工业部门实行政策倾斜。俄罗斯把食品、冶金、建材、航空、造船、轻工等部门列为国家重点发展部门，采取政策倾斜，实行相应的改组、吸引外资、提高进口关税、立法等配套措施。为了刺激出口，俄罗斯政府对部分具有竞争实力的加工和高科技产品实行出口支持政策。2006年9月26日，俄罗斯经济发展和贸易部确定了国家扶持的出口企业名录，主要包括机器制造、宝石、无线电仪表、涂料、飞机制造、船舶、压缩机和木材加工等企业。

（三）普京政府推动经济发展所取得的成效

1. 总体经济指标明显走强，工农业产值稳定增长

1999年借助于金融危机所产生的“卢布贬值效应”和国际石油价格上涨等外部因素，俄罗斯经济开始止跌回升，主要社会经济指标明显好转，如GDP、工业生产总值、固定资产投资、财政预算收入和居民实际货币收入等等，无论从增长幅度还是从实际增长值来说都显著增加。1999年俄罗斯GDP增长了6.3%，2000年经济增长率达到了世界少有的10%，其后一直保持较高的经济增长率。2003～2006年，俄罗斯的经济增长率始终保持在7%左右，这在世界大国中十分突出。1999～2006年，俄罗斯GDP累计增幅达到53.4%。2012年GDP突破2万亿美元大关，位列世界第8，人均GDP达14 000美元。

2. 财政金融状况好转，预算收入大幅度增加

普京时代俄罗斯经济好转的突出标志是，困扰俄罗斯经济多年的通货膨胀问题得到了有

效控制，通货膨胀率从1999年的36.5%降至2006年的9%以下。同时，俄财政金融状况明显好转，国家财政预算结果从赤字转为盈余，且从2000年起财政预算盈余连年大幅增加，为其偿还债务打下了良好的基础，同时经济的抗风险能力增强，国际信用评级提高。2000年1月31日，俄罗斯提前偿还了应于2008年到期的所欠国际货币基金组织的33.3亿美元债务。2006年8月俄罗斯提前还清了巴黎俱乐部债权人的220亿美元债务余额。1999年俄罗斯的外债余额是1 080亿美元，2006年已降至520亿美元。自2006年7月起，俄罗斯实行卢布完全可自由兑换，目前汇率稳定。

3. 外贸进出口大幅度增长，黄金外汇储备成倍增加

对外贸易是俄罗斯经济最重要的支柱产业之一，它对拉动经济增长发挥着不可替代的作用。从2000年起，由于国际市场行情对俄罗斯能源和原材料出口出现了十分有利的形势，加之金融危机后卢布大幅贬值提高了俄罗斯出口商品竞争力，促使俄对外贸易开始大幅回升，连年保持高额顺差。1999年后，随着连年出现巨额的外贸顺差，俄黄金外汇储备额逐年大幅度增加：从2000年底的270亿美元增至2006年底的3 030亿美元。2007年，俄罗斯的黄金和外汇储备仅次于中国和日本，居世界第三位。

4. 投资环境进一步改善，国内外投资显著增加

2006年俄罗斯固定资产投资增长率为13.7%，投资增长最快的部门是建筑和贸易。这一事实显示俄罗斯经济将在稳固坚实的基础上平稳发展。由于俄罗斯经济改革的进步，吸引外资投资的环境有所改善，吸引外资逐年增加，使其成为世界范围内投资的新热点。外商投资从1999年的95.6亿美元增加到2006年的551亿美元。截至2006年底，俄罗斯累计吸引外资达1 429亿美元。伴随着国内经济形势的好转和外资的增加，从2001年起，俄罗斯资金外流数额开始有所减少，每年资金的流入额已经超过流出额。2006年俄罗斯回流资金达410亿美元。

5. 居民收入逐年增加，人民生活得到显著改善

根据有关资料的统计显示，叶利钦时期的1998年的贫困人口仍占人口总数的20%以上，全国拖欠工资、退休金和军饷逾1 200亿卢布，1999年仍有21%的俄罗斯居民月收入低于30美元。随着经济形势的好转，俄罗斯公民的收入逐渐增加，特别是大城市居民的收入增长幅度更大。2006年俄罗斯人均工资收入增加了13.4%，2007年增加了14.4%。2006年首都莫斯科居民的平均工资水平已经超过1 000美元。低收入居民的比重从2005年的18.5%降到2006年的15%。1999年俄罗斯失业人数达930万人，2006年降为530万人。随着居民收入的提高，消费需求和投资需求都有了较大的增长，俄罗斯的贸易零售市场和房地产市场呈现出十分繁荣的景象。2006年俄罗斯零售贸易总额达3 255亿美元，比上年增长了13%。2006年，莫斯科市的房地产价格上涨幅度超过了100%。

普京时代俄罗斯经济所实现的连续增长既有外部因素，又有内部因素；既有政治因素，又有经济因素。其经济好转是在内外因素和政治经济因素的综合作用下出现的。普京执政以来，一直把俄罗斯内外政策的着力点放在发展经济上。他之所以坚持要求维持俄罗斯经济的高速增长，其主要原因是：第一，在普京看来，实现经济高速增长是俄罗斯对所遇到的国内外各种挑战和威胁的唯一回答。第二，普京在竞选总统时提出了富民强国纲领，如果增长速度上不去，就无法实现这个纲领。第三，如果低速增长，就意味着俄罗斯21世纪初在经济上难以缩小与发达国家的差距，俄罗斯也就难以成为强国，而这恰恰是普京步入政坛以来最为重要的政治理想。第四，经济力量已成为当今世界决定性的力量，经济上不去，俄罗斯很难与它作为多极

世界中的一极地位相称。

第三节　中东欧经济发展

一、中东欧国家概况

(一)中东欧国家

“东欧”包括自然地理上的东欧、中欧和南欧部分国家,“西欧”包括自然地理上的西欧、中欧和南欧部分国家。“东欧”和“西欧”划分的标准主要依据是政治力量,它是一个政治地理概念。欧洲东部与政治地理中所说的“东欧”范围不同:政治地理中的“东欧”指的是前民主德国、波兰、前捷克斯洛伐克、匈牙利、罗马尼亚、保加利亚、前南斯拉夫、阿尔巴尼亚等欧洲中部和南部的国家;而欧洲东部是指苏联所占欧洲部分,包括波罗的海三国(立陶宛、拉脱维亚、爱沙尼亚)、东欧平原三国(白俄罗斯、摩尔多瓦、乌克兰)和俄罗斯的欧洲部分。

“东欧”是一个特定的政治概念。它是指第二次世界大战以后,根据《雅尔塔协定》由苏联影响和控制的欧洲东部地区。这一地区的国家包括波兰、匈牙利、前捷克斯洛伐克、前南斯拉夫、阿尔巴尼亚、保加利亚、罗马尼亚和前民主德国 8 个国家。

1989～1991 年,东欧国家的政局相继发生剧变,民主德国在 1990 年 10 月 3 日与联邦德国实现合并,两个联邦制国家——南斯拉夫和捷克斯洛伐克相继解体,并在两国原来的疆界内出现了一些新独立的国家。1993 年 1 月 1 日捷克斯洛伐克和平分家之后形成了两个新的主体国家:捷克和斯洛伐克。1991 年 6 月,南斯拉夫解体之后,塞尔维亚共和国和黑山共和国组成了南斯拉夫联盟,克罗地亚、马其顿共和国、斯洛文尼亚和波斯尼亚—黑塞哥维那则成为新的独立国家。

政局剧变和新国家的出现,极大地改变了“东欧”地区的政治地图。不仅如此,伴随着中东欧国家“回归欧洲”的进程,这些国家纷纷抛弃了原来政治含义极强的“东欧”概念,开始采用更多具有地理色彩和带有历史、文明传统的表达方式:“中东欧”。目前,“中东欧”包括下列 12 个国家:波兰、匈牙利、捷克、斯洛伐克、罗马尼亚、保加利亚、阿尔巴尼亚、南斯拉夫、斯洛文尼亚、克罗地亚、马其顿共和国和波斯尼亚一黑塞哥维那。

但也有国际媒体把苏联解体、东欧剧变后这一地区形成的 27 个国家泛称为中东欧国家,它们是阿尔巴尼亚、亚美尼亚、阿塞拜疆、白俄罗斯、波黑、保加利亚、克罗地亚、捷克、爱沙尼亚、格鲁吉亚、匈牙利、哈萨克斯坦、吉尔吉斯斯坦、拉脱维亚、立陶宛、马其顿、摩尔多瓦、波兰、罗马尼亚、俄罗斯、斯洛伐克、斯洛文尼亚、塔吉克斯坦、土库曼斯坦、乌克兰、乌兹别克斯坦和南斯拉夫联邦。

根据联合国、世界银行、世界贸易组织以及国际货币基金组织的分类标准,中东欧国家(Central and Eastern Europe Countries,CEEC)特指位于中东欧地区的共 12 个国家,包括阿尔巴尼亚、保加利亚、克罗地亚、捷克、爱沙尼亚、匈牙利、拉脱维亚、立陶宛、波兰、罗马尼亚、斯洛伐克和斯洛文尼亚。

(二)中东欧国家经济简史

由于外族的入侵,在历史上东欧国家长期处于落后的状态。在西欧资本主义蓬勃发展的同时,东欧国家的经济却在泥泞中挣扎。在 19 世纪上半叶,东欧国家经济发展速度放慢,拉大了同西方国家的差距。1820～1870 年,东欧国家人均国内生产总值分别占西欧核心国家人均国内生产总值的 58.1% 和 48.8% 。1913 年,这个指标下降到 42% 。在 19 世纪下半叶和 20 世纪,东欧国家曾经试图从世界的落后边缘地区中摆脱出来。在 19 世纪 60 年代到第一次世界大战结束的半个世纪中,这些国家纷纷照搬西方模式,引入西方的制度,加入以英国倡导的国际自由体制,奉行出口导向型的工业化政策。

半成功的现代化使得东欧国家开始怀疑西方价值观和经济模式。第一次世界大战之后,出口导向型的工业化被进口替代工业化政策所取代,自由经济被保护主义和积极的国家干预所替代。在 20 世纪上半叶,尽管遭受 1929 年开始的经济危机的冲击,但西欧国家依然保持了对东欧国家的经济比较优势。同 20 世纪初相比,1913～1938 年,东欧国家同西欧国家经济水平相比没有发生大的变化。到 1938 年,东欧国家的经济水平依然是西欧核心国家的 44.1% 。

1948 年之后,东欧国家或是自愿或是被迫地接受了苏联模式的计划经济以及强迫式的工业化,在随后的 20 多年中,东欧国家现代化取得了一定进展。在现代史上,这时期是东欧国家第一次缩小了同西欧国家的差距。1950～1973 年,东欧国家经济以年平均 3.9%的速度发展(高于世界平均水平),从而改善了东欧国家的地位,但它们的经济水平依然只有西欧国家的 1/2 和西欧核心国家的 1/3。进入 20 世纪 70 年代中期之后,由于没能正视石油危机给世界经济带来的严重影响,未能及时进行经济调整,加之计划经济本身的制约,东欧国家的经济发展速度开始放缓。以波兰“盖莱克” 战略①为典型代表的东欧国家的“赶上”战略失败了。到 80 年代,东欧国家的经济危机进一步深化,接踵而来的是经济停滞和下降。

在 1973～1992 年间,苏联模式工业化的痛苦结果,经互会孤立主义市场的失败和转换到新经济模式的过程,致使东欧国家国内生产总值和工业产值下降了 25%～50%。东欧国家的年平均增长率是—0.8% 。同期,西欧国家的年增长率在 1.8%左右,几乎是东欧国家同期发展速度的 3 倍,致使东西欧之间的差距从 1∶2 扩大到了 1∶4。东欧同欧洲以外的西方国家相比,其差距从 1∶3 扩大到 1∶5 左右。在近代史上,东西欧人均国内生产总值从来没有相差过 1/5 到 1/4,而到 20 世纪 80 年代中后期,东欧国家在历史上第一次在人均国内生产总值的指标上落后于拉丁美洲国家。同 19 世纪初相比(当时东欧人均国内生产总值约为西方国家的 60%),东欧国家的经济地位大大恶化了。这也是导致 1989～1991 年东欧国家制度变化的经济原因。

20 世纪 80 年代末 90 年代初,伴随柏林墙倒塌、东欧剧变、苏联解体以及经互会解散等历史事件,中东欧国家普遍开始了政治和经济转轨。在经济上,从以指令性计划为主的计划经济体制向以市场调节为主的市场经济体制转变。

经过 12 年的改革,在饱尝到“急急忙忙走弯路”的痛苦之后,这些国家已将经济转轨战略由“休克疗法”为主调整为“渐进推进”为主,截至 2001 年中东欧国家的转轨取得了相当的进展。在经济方面,通过实行限制性的货币和财政政策、对本国货币进行贬值、调整汇率、大幅度削减各项补贴并控制通货膨胀等措施,绝大多数中东欧国家已经实现了宏观经济稳定。绝大多数商品和劳务的价格已经放开,取消了外贸垄断,企业、个人均可从事进出口贸易,进口配额和出口许可证制度逐渐被取消,外贸地理从原经互会国家迅速转向西方国家,同欧盟的贸易已

①1970 年,波兰在盖莱克执政后,提出了“高速发展战略”,即高速度、高积累、高消费的“三高”政策。盖莱克认为,过去波兰经济发展中只要重工业,不要人民的政策是错误的。因此,他既要高速发展重工业,又要大幅度提高人民的生活水平,但这需要庞大的资金支持。为了获得资金,盖莱克采取了向西方国家借贷的方法。结果,出现了生产和消费同步高速增长的局面。5 年中,波兰工业年均递增 11%,国民收入年均递增 10%,职工工资年均递增 9%,出现了波兰历史上罕见的繁荣景象。然而,盖莱克的“高速发展战略”超出了波兰的国力,波兰财政收支出现严重失衡。此后,波兰经济危机日益严重,波兰出现了历史上规模最大、时间最长的罢工浪潮,经济一下倒退了 10 年。

占中东欧国家对外贸易的55%～75%。绝大多数国家已实现了本国货币的国内可兑换，正向国际可兑换方向迈进。几乎所有的小企业都已实现了私有化，国有大企业的私有化正处于攻坚阶段。到2001年底，私营部门的产值在各国GDP中的比重为50%～75%不等。到2001年，波兰、匈牙利、捷克、斯洛伐克、斯洛文尼亚和阿尔巴尼亚的GDP已经超过了1989年时的水平。目前，各国正在大力改善市场经济环境，制定和完善适合市场经济发展的各项法律法规，并重新界定国家在经济生活中的作用。

（三）回归欧洲

中东欧国家正在进行的经济转轨也需要国际社会，特别是欧盟的援助。如果加入欧盟，这种援助将从"外援"转变为"内援"，而且援助的数额和领域都将扩大。中东欧国家将因此获得巨大的经济利益，能够更快地推动经济转轨和缩小同西欧国家经济水平的差距。从这个意义上说，"回归欧洲"也是中东欧国家第三次现代化进程的开始。

1991年12月16日～1995年6月15日，欧共体先后同中东欧七个国家签订了《欧洲协定》，即《联系国协定》。这七个国家是：保加利亚、捷克、罗马尼亚、波兰、匈牙利、斯洛伐克和斯洛文尼亚。

1993年6月，欧共体哥本哈根首脑会议确定了中东欧国家加入欧盟必须满足的四项基本标准。应该强调的是，由于大多数中东欧国家提出加入欧盟，因此，欧盟的哥本哈根入盟标准不仅确定了转轨的方向，而且在相当程度上推动着转轨的进程。由此，中东欧国家的转轨也可视为"内驱外推"型的现代化进程。

1994年4月～1996年6月，中东欧七国相继向欧盟递交了入盟申请。1997年7月，欧盟发表了对中东欧候选国的第一个评估报告，对候选国的政治、经济和社会进行了全面评估。1998年3月，欧盟开始同捷克、匈牙利、波兰和斯洛文尼亚四个中东欧国家进行入盟谈判。2000年3月，罗马尼亚、保加利亚和斯洛伐克开始入盟谈判。

2002年12月13日，根据欧盟委员会的第四个评估报告，欧盟哥本哈根首脑会议决定，在2004年5月1日，接纳捷克、波兰、匈牙利、斯洛文尼亚和斯洛伐克五个中东欧国家入盟。2007年，罗马尼亚和保加利亚入盟。2013年7月，克罗地亚入盟。至此，中东欧国家"回归欧洲"圆梦实现。

二、转轨后CEEC经济发展

自20世纪80年代末东欧剧变、苏联解体之后，中东欧地区包括波罗的海三国在内的12个中东欧国家在经济发展上都出现了不同的变化。在20年的改革中，中东欧国家经济发展状况值得关注。据欧洲复兴开发银行统计，截至2001年该地区尚有8个国家实际国内生产总值没有恢复到1989年的水平；从1990年到2001年的11年间，该地区的平均年增长率仅为0.73%，而同期世界经济年均增长率约为2.5%。从经济发展水平来看，中东欧地区国家大致可分为三类：

第一类是地处中欧的波兰、捷克、匈牙利和斯洛伐克，1990～2001年的年均经济增长率为1.95%，在该地区居于首位。第二类是位于中东欧地区南部的国家，只有阿尔巴尼亚和斯洛文尼亚恢复到了剧变前的水平，前南斯拉夫解体后各地区的经济都不景气。罗马尼亚和保加利亚2002年的实际国内生产总值分别只有1990年的83%和87%。这些国家的同期年均增长率不足1%。第三类是波罗的海三国爱沙尼亚、拉脱维亚和立陶宛都未达到1989年的实际国内生产总值，同期年均增长率约为-1.4%。

(一)CEEC 经济发展条件

中东欧国家经济发展受多方面因素的影响和制约。其中,既受到一些中长期因素比如经济周期、战乱、民族纠纷等影响,也受到一些短期因素如自然灾害的困扰;既有外部经济环境不景气的制约,也受到了各不相同的国内问题的束缚。

1. 相对稳定的国内局势

中东欧国家国内形势的稳定是其发展经济的前提。波兰、捷克、匈牙利、斯洛伐克等国经济增长率相对较高的主要原因是这些国家在剧变后都有幸避免了内乱,使得经济没有出现太大滑坡。而前南斯拉夫由于解体后陷入动荡,经济一度急速下降。

1993～1994 年,立陶宛、波兰和匈牙利发生了政府换届、左翼政党上台的重大政治变化,然而这并未对各国经济进程产生消极影响。其原因在于,经过几年的探索,波兰、匈牙利、捷克和波罗的海三国已逐步确立了议会政治制度,不论左、中、右翼各政党均已习惯于把与敌对政党之间的斗争纳入议会形式的解决轨道,控制于宪法允许的范围内。三国的左派政党上台后均重申,坚持议会政治和市场经济的方向;与前任政府不同之处,仅表现为左翼政府十分强调建立完备的社会保障制度,以更大的精力解决失业问题。在其他经济政策方面,则与前一届政府大同小异。在其他中东欧国家,尽管较完备的议会政治体制尚未最终确立,但大多数政党与社会阶层对此已基本达成共识,因此,不合法的街头政治斗争比以往已大大减少。所以,中东欧各国在 1994 年虽然政局多变,却未对经济改革和经济运转造成多大的消极作用。

自 20 世纪 90 年代以来,中东欧国家经济在比较稳定的国内形势条件下不断恢复和发展。

2. 市场经济体制的实施

中东欧国家要走出困境并不断发展,就必须把握机遇,适时进行市场经济体制变革、调整经济结构以及宏观经济政策。该地区剧变后,经济体制由原来的计划经济转变为市场经济,因此,政府运作、企业运行、市场运转机制等都要进行相应的改革。传统经济结构中第一产业和第二产业比重过大的局面需要及时调整。政府的宏观经济政策如财政、货币、汇率和税收政策等,也都要根据具体情况不断作出灵活反应。

(1)CEEC 的私有化进程

中东欧国家转轨以来,作为转轨的核心环节的非国有化改造一直步履维艰。一则因为国有制工业成分在工业固定资产中所占比重过大,一般均占 90%以上;二则因过去的经济改革力度和深度不够,国家与企业的关系并未能真正理顺,国有工业企业的亏损面超过 50%。因此,依靠本国尚未发育健全的中产阶级购置政府准备进行私有化改造的那部分国有资产,必然会面临重大的困难。然而 1993 年以来,波兰、匈牙利、捷克 3 国一方面依靠外商的入股、合资、收购,另一方面则通过吸引各界人士参加的“公众私有化”或称“投资券私有化”,有力地推动了非国有化进程。继 1993 年 3 国私营经济所提供的产值超过 GDP 的 1/3 后,1994 年这一重要指标又超过了 60%。

罗马尼亚等国的非国有化进程不及上述 3 个国家,也逊于波罗的海国家,但同样取得了一定进展。到 1994 年底,非国有企业提供的产值一般也超过了 GDP 的 1/3。加之前几年这些国家的工业生产能力下滑幅度相当大,故而其私有化进程也可以带来势头比较脆弱的回升。

进入 21 世纪后,大多数 CEEC 私有化改造已经基本完成,宏观经济的各项指标日趋稳定,新一轮投资和引资的竞赛拉开帷幕。

(2)CEEC 的市场经济体制

到 2003 年,从总的情况来看,中东欧国家市场经济体制已经初步确立。这主要表现为:首先，与市场经济体制相适应的法律框架已经建立。或通过制定新宪法，或对原宪法进行根本性的修改，各国明确规定国家实行社会市场经济。在具体经济领域通过立法，如制定价格法、私有化法、公司法、合同法、税法、反不正当竞争法、预算法、银行法、破产法、证券法、外国投资法等法律法规来调节经济机制的运行。

其次，建立适合市场经济运行的各种要素市场。例如，建立了商品市场、资本市场、劳动力市场等，实行或初步实现货币自由兑换，或至少已经实行经常项目下的货币自由兑换。

再次，实行新的税制。各国调整了税赋和税制结构，减少了税种和统一了税收标准，引用增值税和法人税，对外资企业实行各种优惠政策(在中东欧 12 国中，仅斯洛伐克从 2002 年 9 月 1 日起不再免征外国投资者 5 年所得税和减免后 5 年的所得税)。

最后，实行新的社会保障制度。建立了城乡居民社会医疗保险制度，对职工实行失业和养老保险等。

(3)CEEC 的宏观调控

20 世纪初，中东欧国家政府的管理职能只限于依据综合经济发展情况对各领域实行政策性指导，利用经济杠杆和财政货币手段对国家的整个经济生活实行宏观调控。目前中东欧国家政府的宏观调控职能不断拓展，政府可以运用各种政策和工具对本国农业、房产业、货币金融机构等方面进行干预。

在中东欧 12 国中，波兰、匈牙利、捷克、斯洛伐克、斯洛文尼亚 5 国构筑(社会)市场经济体制的步伐要快于罗马尼亚、保加利亚、阿尔巴尼亚、克罗地亚、马其顿、波黑和南联盟 7 国。前 5 国(社会)市场经济体制运作也明显好于后 7 国。目前，中东欧 12 国基本上都完成了转轨和改革，各国经济在反复中发展，但仍然面临诸如通货膨胀、失业、贫穷等问题。

3. CEEC 出口与引资

中东欧国家灵活有效地借用外力，通过促进出口和吸引外资来推动经济增长。经济增长率相对较高的波兰、捷克、匈牙利和斯洛伐克在 1990～2001 年间所吸收的外资总额占该地区吸纳外资总额的 79%，四国同期的出口额占 CEEC 的 71%。转轨经济体的进出口概况如表 13－2 所示。

表 13－2 **1983～2010 年转轨经济体的进出口概况** 单位：%

经济体 \ 年份		1983～1990	1991～1998	1999～2002	2003～2006	2007	2008	2009	2010
进口增长率	先进经济体	7.1	6.2	7	6.8	5.5	1	－12.1	11.5
	发展中经济体	1.5	9.3	8.2	8.6	14.8	8.4	－8.3	14.8
	转轨经济体	2.1	0.6	5.5	7.6	—	—	—	—
出口增长率	先进经济体	5.9	6.4	6.1	6.7	7	2.4	－11.6	12.1
	发展中经济体	5.2	9.2	7.8	8.3	9.8	4.3	－7.9	13.3
	转轨经济体	0.3	1.5	7.4	7.6	—	—	—	—
贸易条件	先进经济体	1.3	0.3	－0.3	0.4	0.4	－1.8	2.5	－1
	发展中经济体	－2.8	－1.2	2.1	－0.4	1.6	2.7	－4.8	2.7
	转轨经济体	－0.5	－1.5	1	－1.1	1.8	－2.7	3.4	－3.8

资料来源：IMF：《世界经济展望》。

中东欧国家直接投资流入量从 20 世纪 90 年代中期前的年均 32 亿美元增加到 2000 年的 254 亿美元，是 20 世纪 90 年代中期前的近 8 倍。尽管有这样的增长幅度，但与中国和东亚国家以及拉美国家相比，中东欧国家引资总量仍处于较低的水平。根据世界投资报告的统计，90 年代后半期到 2000 年间国际直接投资有了大幅度的增长，到 2000 年国际直接投资创下了近 1.3 万亿美元的最高纪录。在整个 90 年代平均 28%的直接投资是流向发展中国家，东亚、东南亚和南亚地区平均吸引了 13%的直接投资，而拉美和加勒比海地区平均吸引了 10.6%的直接投资，而中东欧国家只占 2.5% 。

由于在对外开放程度和吸引外资所实行的优惠政策方面一直存在差异，各国引进外资数量出现明显差距。波兰 5 国引进外资一直名列前茅，例如，到 2001 年底，波兰吸引外资总额达 430 亿美元，为东欧国家之最；匈牙利为 271.61 亿美元，居第二位，但人均值居第一位。显然，外资参与得越多，经济转轨与经济发展就越快。1999 年，匈牙利 30%的 GDP 是由外资企业创造的；在捷克和波兰，这一比例甚至高达 50%。而由于缺乏资金，保加利亚、罗马尼亚等国的许多大型国有企业仍处于亏损状态，这就影响了经济转型乃至整个经济的发展。

由此可见，中东欧国家中各国的开放程度、吸引和利用外资的力度与其经济发展程度存在一种正相关的关系。因此，中东欧国家要发展，在加大开放、引进和利用外资方面具有很大的潜力和必要性。

(二)CEEC 经济恢复发展

进入 21 世纪以来，整个中东欧经济基本上摆脱了剧变初期急剧衰退的阴影，开始出现增长或恢复性增长，但经济发展差距明显：波兰、匈牙利、捷克、斯洛文尼亚、斯洛伐克 5 国经济发展明显好于罗马尼亚、保加利亚、阿尔巴尼亚、克罗地亚等国，并已超过剧变之前自身的水平。在转轨初期，中东欧国家经济出现急剧衰退，降幅平均达 40%。自 20 世纪 90 年代各国相继转轨和改革以来，各国经济发展态势不一，但是总体趋势转好，特别是少数中东欧国家经济发展突出。

1. CEEC 经济发展简况

(1)波兰

波兰经济自 1989 年转轨以来，总体上得到了较快发展。在中东欧国家中，波兰经济率先走出谷底，1992 年波兰 GDP 首次增长 2.6%。此后 6 年经济持续增长，年均达 5.6%以上。1992～2003 年，波兰经济一直保持增长势头，经济实力不断增强，国际竞争力逐步提高。1996 年波兰实际的 GDP 已超过剧变之前的水平。1998 年波兰的 GDP 比 1989 年增长 20%以上，通货膨胀率降低到 7%以下(1989 年为 2 000%)。1999 年起经济增速放慢，2010～2012 年，经济增长在 3.0%左右，2012 年 GDP 达 4 898 亿美元。2016 年 GDP 总值为 4 676 亿美元，人均 GDP 为 12 316 美元。

采矿、机械制造、钢铁、交通运输设备、化工、食品等是波兰的支柱产业。通过结构调整、技术改造和吸收外资，波兰工业的技术水平和竞争力得到较大提升，对外贸易和吸引外资能力发展迅速。波兰政府通过降息、减税、减轻企业负担、扶持中小企业、加大基础设施投入、鼓励出口和投资等措施刺激经济增长。波兰政府 2003 年 1 月提出了“复兴经济的发展战略”。波兰于 2004 年 5 月 1 日加入欧盟，实行与欧盟一致的外经贸政策。对外贸易成为波兰经济增长的主要动力之一。

(2)匈牙利

20 世纪 90 年代初，匈牙利社会制度发生变革，经济严重衰退。国内生产总值、工业生产和农业生产分别下降23%、30%和40%。由于匈牙利政权过渡平稳，政局相对稳定，经济法规逐步完善，已基本与欧盟法律体系接轨，为市场经济运行创造了良好的条件，尤其是大力推行私有化和积极引进外资，有力地推动了匈牙利经济的恢复和发展。

匈牙利经济于1994年首次实现增长2.9% 。1995～1996年经济形势显得较为严峻，但1997年后步入稳定增长阶段，一直保持中等发展速度。1997～2001年匈牙利GDP分别增长4.4%、5.1%、4.5%、5.2%和3.8%。2000年GDP的增长速度超过1989年的水平，通货膨胀率控制在10%以内，失业率为6.4%。

据匈牙利经济部统计，截至2002年底，匈牙利引进外资已达267亿欧元。全国已有3万多家外资企业，其产值占匈牙利GDP的近50%，出口额占匈牙利出口总额的80%。2002年，受世界经济下滑的影响，匈牙利经济增势减缓，GDP增长3.3%，高于欧盟平均增长水平。2005年，匈牙利的GDP增长4.1%，年均通货膨胀率为3.5%。财政赤字占匈牙利GDP的6%以上，匈牙利政府削减赤字的任务较重。经合组织估计匈牙利的年均失业率为7.1%。2010～2012年，GDP增长率分别为1.0%，2.0%和－2.0%，平均通胀率为5.0%。2012年匈牙利的GDP达1 246亿美元。2016年GDP总值为1 257亿美元，人均GDP为12 778美元。

（3）捷克

20世纪90年代，捷克政府推行自由市场经济，盲目推崇市场的自发作用，导致自1996年下半年以来经济连续滑坡。1998年，社民党政府上台后采取了改善宏观经济、推动需求增长的政策，实施“经济康复计划”，把紧缩财政政策改为扩张政策，加强对金融秩序的整顿，加上国际经济环境的改善以及国外投资的增长，捷克经济终于在1999年第二季度止跌回升，2000年GDP增长3.1%。2001年，捷克启动“加速经济发展战略”，经济形势继续好转。2002年，捷克宏观经济环境比较稳定，金融秩序运行良好，通胀率保持在低水平，但受全世界特别是欧洲经济不景气的影响，加之又遭遇百年罕见的水灾，国内投资和消费乏力，产业结构不合理的矛盾更加突出，经济增长速度放缓。2003年捷克国内生产总值增长2.9%，成为欧洲地区经济增长速度最快的国家之一。

据捷克国家统计局统计，2004年捷克国内生产总值达到1 070亿美元，人均10 494美元，国内生产总值增长率达到4.4%，带动捷克工业增长的主要动力是外资企业的新开工项目及世界钢铁市场价格的不断走高。

2005年，捷克的经济增长率为6%，政府财政赤字约占GDP的3.25%。2005年下半年，受国际能源价格影响，进口价格上升带动捷克国内价格高企，年均通货膨胀率为1.6%。经合组织估计捷克的年均失业率为8%，与2004年持平。2010～2012年，GDP年平均增长1.1%，通胀率平均为2.2%，2012年GDP总值达1 964亿美元。2016年GDP总值为1 930亿美元，人均GDP为18 286美元。

（4）斯洛文尼亚

斯洛文尼亚属中等发达国家，有着良好的工业、科技基础。但由于受前南斯拉夫危机的影响，1991年和1992年国民生产总值呈下降趋势。1992年德尔诺夫舍克总理执政以来，为改善经济采取了四项措施：一是控制货币发行量，缩减财政开支，以期稳定物价和控制通胀；二是通过私有化法，加快私有化，以提高生产率；三是健全银行体制，中央银行只向议会负责，不受政府控制；四是刺激消费，以消费带动生产。经过几年的治理，斯洛文尼亚经济已进入中速发展阶段。1996年斯洛文尼亚国内生产总值增长率为3.5%，人均产值达9 273美元，斯洛文尼亚现已成为整个中东欧地区最有活力的国家之一。1996年其GDP已恢复到1991年宣布独立时的水平。

进入21世纪，斯洛文尼亚人均GDP为12 000美元，职工月均工资为500多美元。自2004年5月加入欧盟以来，斯洛文尼亚经济状况良好，并保持稳定增长的态势，2004全年经济增长为4.6%，GDP总额达到259.2亿欧元，人均12 977欧元。其中，以外贸为主的服务业占GDP的60.5%，其次为工业(31%)、建筑业(5.5)以及农业(3%)。2010～2012年，斯洛文尼亚的GDP平均增长－0.1%，通货膨胀率为2.0%，失业率低于6%。2012年，斯洛文尼亚的GDP达452亿美元。2016年GDP总值为440亿美元，人均GDP为21 320美元。

(5)斯洛伐克

1989年捷克斯洛伐克局势剧变后，斯洛伐克根据俄联邦提出的“休克疗法”开始进行经济改革，导致经济出现大衰退。1993年1月斯洛伐克独立后，政府实行“社会市场经济”，对经济政策作了调整，加强宏观调控，调整产业结构，严控财政支出，鼓励出口，注重引进外资，1994年经济形势开始好转，此后几年持续增长，平均达6%。1996年国内生产总值比上年增长6.4%；工业生产总值为5 318亿克朗，比上年增长2.5%；通胀率和失业率均较上年有所下降；财政赤字为269亿克朗；外汇储备为57.94亿美元，比上年增长7.6亿美元；外贸额为6 058亿克朗，其中进口为3 352亿克朗，比上年增长28.5%，出口为2 706亿克朗，比上年增长6.1%，贸易逆差为645亿克朗。1996年人民生活水平已高于剧变前的水准，1998年GDP已超过剧变之前的水平。从1999年上半年起，斯洛伐克经济增长速度放慢。

经过多年的开放竞争和调整，斯洛伐克的经济管理水平、企业竞争能力和产业结构得到明显提升，经济进入增长期。2003年，斯洛伐克国内生产总值为325.1亿美元，同比增长4.2%。2005年，斯洛伐克主要依靠内需扩大推动经济增长，其GDP增长6%。但是，斯洛伐克的出口形势仍不佳。2005年，斯洛伐克的失业率达16.2%，为1999年以来的最低纪录；通货膨胀率为2.7%，财政赤字占GDP的4.1%。2012年，GDP增长为1.8%，通胀率为3.6%，GDP总值达911亿美元，人均GDP为16 847美元。2016年GDP增长为3.3%，总值为895亿美元。

(6)保加利亚

保加利亚在1989年底逐步向市场经济过渡，在平等的条件下发展包括私有制在内的多种所有制经济，优先发展农业、轻工业、旅游和服务业。1991年2月，在世界银行的协助下开始实施“休克疗法”进行经济改革：减少国家财政对物价的补贴，大部分物价放开，由市场调节，实行浮动汇率，解散农业社，土地实行私有化，并开始国有企业私有化的进程等。实行上述措施后，市场供应紧张的状况缓解，商业和服务业发展较快，但同时也带来了生产严重衰退、通货膨胀、失业人数骤增和人民生活水平急剧下降等后果。

保加利亚经济于1994年停止下滑，当年GDP增长1.4%。1995年经济继续增长2.5%，可是1996年经济形势突然逆转，发生了自1989年后最严重的经济危机，GDP竟下降10.9%；1997年再次下降7.4%，且物价大幅上涨(通货膨胀率为578%)。由于奉行“有条不紊的宏观经济和结构政策”及实行货币联汇制，1998年经济大有起色，立即转增3.5%，通货膨胀率仅为1%，为10年来最低。1999年约1/3家庭生活在贫困线之下。2001年，保加利亚GDP已为剧变前的3/4，人均GDP不足1 500美元，职工月均工资为110美元，通货膨胀率为5%～7%。据保加利亚官方统计，2005年保加利亚国内生产总值为266亿美元，比2004年增长5.5%；进出口总额为287亿美元，其中，出口为118亿美元，进口为169亿美元，逆差为51亿美元；失业率为10.7%，通货膨胀率为6.5%。2012年保加利亚的GDP增幅为0.8%，通胀率为3.0%，GDP总值达509亿美元，人均GDP为6 978亿美元。2016年GDP增长为3.4%，总值为524

亿美元。

(7)罗马尼亚

罗马尼亚从1989年开始改革经济体制,向市场经济过渡。1991年相继通过了《土地法》《私有化法》等一系列法令。1993年3月,议会通过了《关于1993~1996年政府施政纲领的经济、社会改革战略》。罗马尼亚经济从1993年底开始回升,1995年GDP增长竟达到了7%,人均GDP已达1 480美元(1989年约为1 500美元)。

1996年右翼政府上台后采取激进的经济政策,导致经济重新下滑。1996~1998年经济出现大滑坡,3年内下降约15 %。1999年GDP继续下降,债务的本息已近30亿美元,外汇储备不足20亿美元,往来账户的赤字达16亿美元。另外,大型国有企业大多亏损严重,其中1997年150家最大的国有企业共亏损约10亿美元。1999年经济降至谷底,只相当于1989年的74.4%。2000年社民党政府成立后,把恢复经济作为首要目标,当年经济增长1.6%;2001年增长5.3%,2002年增长4.9%,2003年增长4.9%。2004年,罗马尼亚GDP增长8.3%,达到600亿美元,超过了1989年的水平。人均GDP达到2 765美元。2012年,罗马尼亚的GDP增长率为3.1%,通货膨胀率为3.3%,GDP总值达1 927亿美元,人均GDP为9 036美元。2016年GDP增长为4.8%,总值为1 870亿美元。

(8)克罗地亚

克罗地亚是原南斯拉夫地区经济较为发达的国家,1990年国内生产总值为248亿美元,人均5 195美元。克罗地亚在独立后经济明显衰退。克罗地亚经济从1994年起复苏,年增幅高达6%,但1999年又出现负增长,2000年止跌回升。

从2000年开始,克罗地亚经济实现了持续增长,并保持了较快的增长势头,2000年和2001年克罗地亚经济增长幅度分别为2.9%和3.8%。2002年克罗地亚经济增长5.2%,属欧洲经济增长水平最高的国家,2003年克罗地亚经济增长速度逐渐放缓,不过仍达到4.3%,由于美元贬值因素,2003年克罗地亚国内生产总值按美元计达到283亿美元,人均6 385美元,全年平均通货膨胀率1.5%,为克罗地亚独立以来最低水平,在中东欧地区也是最低水平。克罗地亚2004年国内生产总值按美元计达到343亿美元,人均7 730美元。克罗地亚的经济在2004年实现"软着陆"后,2005年经济增长适度反弹。2012年国内生产总值达到592亿美元,人均13 881美元;GDP增长率为-2.0%,通货膨胀率为3.4%。2016年GDP增长为2.9%,总值为504亿美元。

(9)阿尔巴尼亚

阿尔巴尼亚经济基础薄弱,是欧洲最贫穷的国家之一。剧变之前,阿尔巴尼亚经济已濒临"全面崩溃"的边缘。自20世纪90年代初起,阿尔巴尼亚从计划经济体制向市场经济体制转轨,提出以私有化为主的经济改革计划。1992年民主党新政府提出了以私有化、降低通货膨胀、提高经济增长、刺激出口为主要内容的经济改革计划,并采取"休克疗法"等激进措施。1993年结束了靠外国人道主义援助度日的紧急时期。1994年经济开始回升。1995年经济增长11%,土地私有化和小私有化已基本完成,大约70%的国有财产实现了私有化。1995年大私有化进程也开始起步。1996年经济继续有所增长,但通货膨胀加剧。由于投资环境差,外国投资少,资金匮乏,大型企业私有化艰难,阿尔巴尼亚之后继续处于瘫痪状态,经济仍很困难。

主要受全国性骚乱的影响,1997年阿尔巴尼亚经济下降7%。但从1998年起,经济又迅速恢复增长,通货膨胀率也较低。从综合情况来看,阿尔巴尼亚经济高速增长还只是在原来极其低下的水平上出现的良好趋势。2000年职工月均工资已达105美元,失业率却在16%以上。2002 年至 2007 年，经济增长连续 5 年达 5%以上。2012 年国内生产总值为 126 亿美元，GDP 增长率为 1.6%，通货膨胀率为 2.0%，人均 GDP 为 4 000 美元。2016 年 GDP 增长为 3.4%，总值为 121 亿美元。

(10)立陶宛

立陶宛独立后通过企业私有化走向市场经济，经济形势基本平稳。1996 年，立陶宛经济在经历了年初的银行危机和政府更迭等变化后，继续保持回升的趋势，国内生产总值比 1995 年有所增长。20 世纪末期立陶宛已完成市场经济转轨，非国有企业产值占 GDP 的 73%。2002 年，宏观经济状况进一步好转，金融、税收改革取得成效，私有化进程不断深入，市场供求改善，外资流入增多。经济保持较快增长，GDP 增幅为 5.9%。2003 年立陶宛实现国内生产总值 548.46 亿立特(约合 158.84 亿欧元)，比 2002 年同期增长 8.9%，连续 3 年保持 6%以上的增长速度。2003 年人均 GDP 为 15 879 立特(约合 4 598.88 欧元)，比 2002 年同期增长 8.5%。2003 年立陶宛平均失业率为 10.3%，同比下降了一个百分点。登记失业人口年均为 16.7 万人，同比减少 15.8%。2012 年，立陶宛的经济发展较慢，但保持增长势头，经济增长率为 3.7%。通货膨胀率为 3.1%，GDP 总量达 423 亿美元，人均 GDP 为 14 183 美元。2016 年 GDP 增长为 2.3%，总值为 428 亿美元。

(11)爱沙尼亚

1991 年 8 月 22 日，爱沙尼亚宣布彻底脱离苏联而独立。独立后的爱沙尼亚在经济上经历着有史以来最困难的时期。全国食品和能源严重短缺，卢布一再贬值，物价不断上涨，经济形势十分严峻，爱沙尼亚的通货膨胀日益加剧，1992 年的通货膨胀率高达 400%。进口价格的上涨是造成爱沙尼亚通货膨胀的主要原因，加之卢布汇率急剧下跌以及爱沙尼亚放开价格的做法，也进一步加剧了经济危机。

1996 年，爱沙尼亚政府继续奉行以平衡预算、稳定克朗、自由贸易和快速推行私有化为主要内容的经济政策。经济总体形势稳定，并继续保持着低速增长的势头。财政、金融、贸易及服务业状况良好，通膨率明显降低，私有化已进入最后攻坚阶段。存在的主要问题是，基础产业发展滞后，外贸逆差继续攀升。1999 年爱沙尼亚经济遭受了自 1991 年独立以来最严峻的危机，主要原因为 1998 年 8 月的爱沙尼亚金融危机。爱沙尼亚于 1999 年 9 月加入世界贸易组织。能源供应、电信、铁道等国营单位私有化进程仍在进行。爱沙尼亚于 2004 年 5 月 1 日加入欧盟。当前爱沙尼亚经济发展迅速，IT 方面较发达。目前有一部分芬兰公司将一部分运营部门搬入爱沙尼亚，也促进了经济发展。2012 年的经济增长率为 3.9%；受高油价影响，通货膨胀率为 3.9%，GDP 总值达 223 亿美元，人均 GDP 为 16 717 美元。2016 年 GDP 增长为 1.6%，总值为 231 亿美元。

(12)拉脱维亚

拉脱维亚经济基础较好，以工业和农牧业为主，是波罗的海沿岸的经济发达国家，也是苏联经济最发达和最富饶的地区之一，在波罗的海三国中，其工业实力位居第一，农业实力位居第二。

1991 年 8 月 22 日拉脱维亚宣布独立后，拉脱维亚历届政府都把推进私有化和自由市场经济作为经济体制改革的基本方针。拉脱维亚国民经济结构发生了明显变化，服务性行业在整个国民经济中所占的比重已由 1990 年的 31%上升到 1994 年的 51%。由于在宏观调控政策方面的失误，1995 年夏拉脱维亚发生金融危机，全国最大的商业银行——波罗的海银行宣布倒闭，使已出现的经济回升势头受到一定影响。1995 年 12 月新政府组成后，主张积极发展生产,并力主恢复与俄罗斯及其他独联体国家的传统经济贸易联系。1996 年国民经济略有回升,国内生产总值达 50 亿美元,较上年增长 2.5%。1998 年拉脱维亚成为世界贸易组织成员国。

1999 年后,拉脱维亚经济进入恢复性且快速增长的时期。随着经济发展,拉脱维亚各项社会发展指标明显改善。2001 年人均国内生产总值为 3 254 美元,外汇储备为 7.54 亿美元。2004 年 5 月拉脱维亚加入欧盟。入盟后拉脱维亚执行的是欧盟的贸易政策和商品检验检疫的规定标准。

2016 年,拉脱维亚 GDP 达到 278 亿美元(比上年增长 2.0%),人均 GDP 达到 14 060 美元。产业结构方面,受外资投入等因素的影响,拉脱维亚形成了以第三产业为支柱、第二产业处于恢复性快速发展时期、农业还相当薄弱的经济结构。自独立以来,拉脱维亚对外贸易增长迅速,是支撑国民经济运行和满足国内市场需求的重要因素。拉脱维亚经济发展的对外依存度很大,实行自由贸易政策。

2. 次贷危机对 CEEC 的影响

受美国次贷危机所引起的全球金融海啸的影响,中东欧国家发生的金融危机具备了当初东南亚金融危机的"双胞胎危机"——货币危机和银行危机的主要特征:

第一,资本内流,银行体系外债增加,外汇暴露风险累积。目前,作为欧洲地区的新兴市场经济国家,中东欧国家也吸引了大量的外资流入。据统计,截至 2008 年 6 月,海外银行对欧洲发展中国家总共有 17 449 亿美元的债权,占总的银行债权比例超过 90%,如爱沙尼亚、拉脱维亚、匈牙利等国外债占 GDP 比例已超过 70%;波兰、捷克的外债占本国 GDP 比例为 100%;匈牙利外债则为其 GDP 的两倍多;俄罗斯目前的外债共为 4 650 亿美元,已超过其外汇储备。

第二,外部环境恶化,资本撤出。中东欧国家的金融危机主要是由美国次贷危机的扩散和蔓延所导致的。自 2007 年 7 月美国次贷危机爆发以来,全球经济陷入衰退,国际金融危机也进一步加剧,发达国家纷纷从中东欧国家撤资,导致这些国家的资本外流、外汇储备下降和货币贬值。同时,国际信用评级机构也纷纷下调了这些国家的信用等级,使得这些国家的外部融资变得更加困难,这又加速了外资的撤离。

第三,贸易赤字上升,货币贬值压力进一步加大。目前的中东欧国家外贸环境也在不断恶化。这些国家主要是从事加工贸易品出口,其出口对象主要是西欧国家,西欧国家的经济衰退、需求下降、进口减少,导致中东欧国家的贸易赤字进一步增加。实际上,一些波罗的海国家贸易赤字占 GDP 的比重甚至达到 20%左右。另外,俄罗斯经济增长和外汇来源主要依赖能源的出口,随着国际油价大幅度下滑、外汇收入剧减,俄罗斯贸易收支也在不断恶化。

第四,提高利率,但货币和银行问题难以兼顾。随着资本外流,货币贬值压力增加,为了吸引资本,同时提高投机者借入本币投机外汇市场的资金成本,央行通常会提高利率。

对中东欧国家而言,为应对危机也采取了升息的措施。例如,2008 年 10 月 22 日,匈牙利央行宣布将基准利率由 8.5%大幅提高至 11.5%;俄罗斯央行也从 2008 年 11 月 12 日起将再贷款利率从 11%提高到 12%。在当前全球经济面临衰退之际,各国都在采取降息措施,唯独中东欧国家却在提高利率,以防范货币的大幅度贬值。但是,提高利率会导致银行体系出现问题。

第五,固定汇率崩溃或货币贬值,银行体系债务加重。在中东欧国家中,一些国家采取浮动汇率(如匈牙利),一些国家采取固定汇率(如波罗的海三国),由于外债较高,甚至采取浮动汇率制的国家也不敢贬值,央行必须干预外汇市场,以稳定汇率,由此出现了外汇储备下降、资本外流、货币贬值。另外，许多银行的负债和公司债务都是以美元或欧元记账的，当固定汇率制度崩溃或本国货币贬值时，以本国货币表示的债务会增大。因此，货币危机又经常会导致银行危机。

由此可见，货币危机和银行危机彼此之间具有“共生性”。次贷危机后，中东欧国家爆发的金融危机也具有这种“双胞胎危机”的特点：资本外流、货币贬值、银行债务加剧，只不过它的货币贬值发生在银行危机之前。

案例剖析

中国为什么要采取渐进式的金融改革开放？

中国金融体系的改革开放始于1979年，采取的是渐进式策略，大致经历了由浅入深的四个阶段：1979～1985年以利用外资为主旨的初期开放阶段；1986～1993年围绕乌拉圭回合的“按现状承诺”开放阶段；1994～2000年着眼于市场化金融运行机制和为加入世界贸易组织作准备阶段；2001年至今履行加入世界贸易组织的“预先承诺逐步开放”阶段。2006年底，中国加入世界贸易组织的五年过渡期结束。2006年12月11日以后，外资银行在中国具有完全的市场准入，允许开办人民币零售业务。这标志着中国金融业的全面对外开放。近期中国金融开放的下一个目标将是实现人民币资本项目的可兑换。

目前，中国的资本项目已经具备了一定的开放程度，但距离完全开放尚有一段距离。中国货币当局表示，人民币资本项目可兑换的进程要与中国的经济发展水平、宏观调控和金融监管能力、金融市场发育程度、市场主体风险管理能力等相适应，要与其他改革通盘考虑配套推进，还要考虑国际经济形势和国际金融环境。要在有效防范风险的前提下，有选择、分步骤地放宽对跨境资本交易活动的限制，逐步实现资本项目可兑换。从目前国际金融环境来看，中国没有为人民币资本项目可兑换设定时间表，这无疑是一个正确的选择。

那么，中国金融改革开放为什么要采取渐进式的战略和步骤呢？

思考与练习

一、关键概念

转轨经济体、CEEC、“休克疗法”、东欧第三条道路、经济转轨、“盖莱克”战略

二、思考题

1. 经济转轨国家的经济转轨有哪些独特的历史背景？
2. 经济转轨国家的独特经济过渡方式有哪些？
3. 经济转轨国家的经济模式有哪些基本特征？
4. 俄罗斯经济结构有哪些特征？
5. 普京政府推动经济发展的措施有哪些？

三、讨论题

1. 简要评价苏联解体和东欧剧变对世界经济格局的影响。
2. 分析论述CEEC转轨历程，并分析其未来发展态势以及对世界经济的影响。

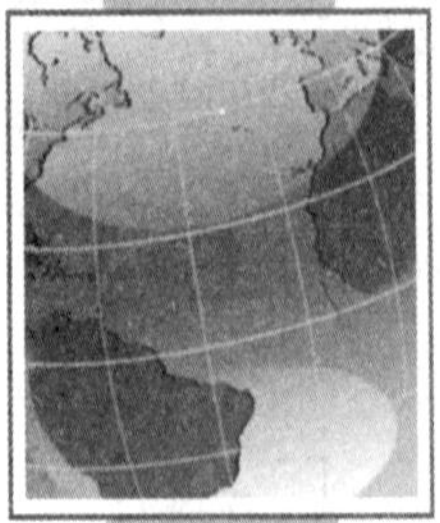

第十四章 世界经济格局

本章要点

本章主要介绍了世界经济格局的演变；分析了当代世界经济格局的基本态势和影响因素；指出了中国在未来世界经济格局中的作用与地位。

本章需要重点掌握的内容是世界经济格局的形成与影响因素。

案例引导

2050 年世界格局将发生怎样的变化？

2003 年 10 月，高盛集团在题为《与 BRICs 一起梦想：通往 2050 年的道路》的全球经济报告中预言：“‘金砖四国’将于 2050 年统领世界经济风骚，其中巴西将于 2025 年取代意大利的经济位置；俄罗斯将于 2027 年超过英国；印度可能在 2032 年超过日本；如果不出意外的话，中国可能会在 2041 年超过美国。”“金砖四国”合计的 GDP 可能在 2041 年超过西方六大发达工业国(G7 中除去加拿大)。这样，到 2050 年，世界经济格局将会大洗牌，全球新的六大经济体将变成中国、美国、印度、日本、巴西和俄罗斯。

“金砖四国”是重要的新兴市场国家，是新兴和发展中国家的领头羊，有巨大的发展潜力。“金砖四国”的国土面积占世界各国领土总面积的 26%，人口占全球总人口的 42%，按购买力平价计算对世界经济增长的贡献率已经超过 50%。“金砖四国”在国际事务中都具有重要影响。2008 年 7 月八国集团会议在日本北海道召开。会议决定增加中国、印度、巴西、墨西哥和南非五国，从此八国集团扩大为十三国集团，基本上反映了全球国家实力。2010 年以来，中国和印度经济均实现年均超过 7%的高速增长。随着全球化背景下“金砖四国”等新兴市场经济体的崛起，使得国际经济力量发生了一些变化，发展中国家强烈要求和主张在国际事务中推进国际关系民主化，并开始有一些话语权。

历史上的强国都只能维持一个世纪左右的辉煌。第二次世界大战结束以来，美国一直是世界上的超级大国，到 2050 年它的辉煌也许已经走到尽头。那么，到 2050 年世界格局将发生怎样的变化？是一超多强的格局，还是多极、三极、两极的格局呢？

第一节　当代世界经济的特点

一、当代世界经济的内涵

世界经济开始于第一次科技革命时期，形成于第二次科技革命时期。有学者认为，世界经济是在国际分工、世界市场和世界货币体系的基础上逐步形成的全世界范围的生产关系及与其相适应的交换关系的体系，是各国经济在相互联系和相互作用中形成的世界范围内的有机整体。这个关于世界经济的定义，其特点在于把国际分工、世界市场和世界货币体系并列起来，共同作为世界经济的基础；同时，把世界经济看作是由各个国家经济组成的整体。然而，世界经济作为一种经济形式，必有其自身的特点和运行机制。

世界经济是世界各国经济相互联系和相互依存而构成的全球范围的经济体系。它是在国际分工和世界市场的基础上，把世界范围内的各国经济通过商品流通、劳务交换、资本流动、技术转让等多种形式和渠道有机地联系在一起。

世界经济是一个特殊的经济范畴。同时，世界经济又是一个历史范畴，是人类社会发展到一定历史阶段的产物。世界经济的内涵随着世界经济的发展而发展，在当代主要包括以下几个方面：第一，世界经济不是各国经济的简单综合，而是在国民经济基础上，由国民经济密切联系而形成的超越国民经济的实体。它的运行规律不再是各国、各地区经济规律的直接延伸，而是一个有其自身运行和发展规律的经济体系。第二，跨国公司成为世界经济的主导力量，是世界经济最终形成和成熟的标志。跨国公司的发展超越了国际贸易、国际资本流动以及国际移民等单一要素流动的模式，形成了多要素综合性转移的模式，使世界经济更具开放性、包容性和国际性。第三，世界经济的主体包括世界各国消费者、各国企业和跨国公司、各民族国家和国家集团、各区域性和国际性经济组织。国际经济组织在世界经济活动中发挥着举足轻重的作用。各主体之间相互作用而决定世界经济的微观和宏观状态。第四，在世界经济全球化浪潮中，一方面各国政府对本国经济的控制能力在减弱；另一方面，区域经济一体化组织和国际经济组织的规模发展壮大和机制不断完善，对世界各国经济的影响日益加深。

二、当代世界经济的特征

当代世界经济的发展以经济全球化为主要特征，世界经济的总体格局和运行方式发生了巨大的变化。贸易自由化、金融全球化和生产一体化全面推动了经济全球化。冷战结束后，世界经济经过大的震荡、调整与重组，进入了一个新的发展阶段，综观当代世界经济的发展变化，可以看出，世界经济的发展出现了许多新的现象和新的特点：

第一，科学技术是世界经济发展的助推器，高新技术成为各国经济竞争的重点。从当今世界经济发展的实际情况来看，科学技术尤其是高新技术对经济的增长和生产力的发展起着至关重要的作用。科学技术作为生产力越来越受到世界各国的高度重视。为了不在这场新的科技革命中成为落伍者，各国均把经济竞争的主攻方向转向高新技术领域。其表现为以下两个方面：一是各国都为发展高新技术注入了大量资金。20 世纪 80 年代的 10 年里，美国的科研经费增加了 1 倍多，已达到近 2 000 亿美元。英国、法国、德国、日本四国的科研经费的总和在 1970 年仅为 380 亿美元，但在 1988 年达到了 1 300 亿美元，增长了近 3.5 倍。20 世纪 90 年代以来，各国科研经费的增长势头仍然很快。20 世纪 90 年代以来，美国用于信息产业的投资每年已在 2 000 亿美元以上，年增长率则在 10%以上，在美国投资总额中所占的比重已超过 40%。1997 年，美国用于研发的支出高达 2 680 亿美元，比日本、德国、英国、法国、意大利、加拿大六国加在一起的总和还要多。新兴工业国家如韩国、新加坡等也纷纷提高科研经费。进入 21 世纪以来，各国的科研经费的投入都在不断增加。二是各国工业企业大量生产高新技术产品。为了使高新技术产品迅速投入市场，各国工业企业都大量投入资金和人力进行高新技术的开发，在保证资金投入的前提下，把大量的人才调往科研和新产品开发领域，为开发高新技术产品提供了智力保证。如冷战结束后，美国将大量人力、物力、财力转入和平经济的轨道，把占联邦政府科技经费 1/3 的 700 多个联邦实验室的近半数工作转向提高经济竞争力的领域。设立了“信息基础建设特别工作小组”，制订并实施一系列信息基础设施建设计划，持续保持巨额投资。这从世界各大型跨国公司的全球研发经费投入就可略见一斑(见表 14－1)。

表 14－1　　2005 年全球研发投入总额最多的十大公司　　单位：亿欧元

排　名	国家	公 司	研发经费
1	德国	戴姆勒·克莱斯勒公司	56.58
2	美国	辉瑞制药有限公司	56.53
3	美国	福特汽车制造公司	54.44
4	日本	丰田汽车公司	54.22
5	德国	西门子公司	50.63
6	美国	通用汽车公司	47.82
7	美国	微软公司	45.50
8	日本	松下电器公司	44.19
9	美国	国际商用机器公司	41.67
10	德国	大众汽车公司	41.64

资料来源：欧盟委员会，《产业研发投入报告：动向与展望》，2005 年 12 月 9 日。

第二，总量发展和不平衡发展并存。发达国家之间、发展中国家之间、发达国家与发展中国家之间本来就存在着巨大的经济差距。以发达国家为主导的经济全球化本身又存在着不平等的结构。在这一背景下，世界经济发展的不平衡性将会加剧。

一方面，西方发达国家间的经济矛盾在加剧。目前，在世界经济中占据主导地位的仍然是美、日、欧这实力最强的三方。过去因东西方政治对立、军事对峙，西方国家间的矛盾一般居于次要地位。20 世纪 90 年代后，由于苏联的解体，政治和军事对抗消失，经济安全取代军事安全成为首要问题，美、日、欧之间的经济矛盾和冲突逐渐表面化，经济关系趋于紧张。在高新技术领域，美国在总体上仍居优势，但也受到日本和欧盟多方面的挑战。目前日本已在微电子技术、家用电器、光纤通信技术等领域超过英国，欧盟对美国的技术威胁也在增大，在许多领域已赶上美国，一些高新技术已处于世界领先地位，由于高新技术竞争地位的变化，在高新技术产品上的摩擦也越来越严重。近年来，美、日、欧之间经济大战连绵不断，汽车战、油料战、农产品价格补贴战、钢铁战、纺织品战等此起彼伏，愈演愈烈。在军火销售方面摩擦日益增多，英、法两国是美国军火销售的主要竞争对手，为了抢夺市场，美国采取多种手段排挤英、法，引起英、法的强烈不满。

另一方面，南北之间的经济不平衡性更加严重。第二世界大战后，在民族解放运动高涨和殖民体系瓦解的基础上，广大发展中国家纷纷摆脱帝国主义的羁绊，获得政治独立，在经济发展上也取得了一定成绩。但总体来说，经济发展还比较缓慢且面临诸多困难，进入 21 世纪以来，发展中国家与发达国家在经济上的差距进一步扩大，南北之间的经济失衡更加严重。这种经济上的严重失衡使广大发展中国家普遍陷入艰难的困境，为生存和发展而斗争已成为大多数发展中国家所面临的首要任务。

第三，在全球化迅猛发展的潮流中，世界经济区域化正在加速发展。世界经济区域化是生产力高度发展的结果，是建立在经济国际化的客观基础之上的。第二次世界大战后，随着世界经济格局的发展演变，世界经济走上了多极化。美国、日本、欧盟成为当今世界经济实力最强的三极。它们为了保持和进一步夺取在世界经济中的优势，都在同周边国家广泛加强联系，组建不同类型的区域经济合作体，以加强自己的经济实力，提高自己在国际经济中的地位。20 世纪 80 年代后，随着经济规模和发展潜力巨大的欧盟、北美自由贸易区、亚太经济合作组织的建立，为了加快地区经济的发展，世界各大洲的区域经济合作的步伐显著加快，大大小小的区域性合作组织如雨后春笋般涌现出来，遍及世界各地，形成了一个以各个区域为活动范围和联系主体的经济网络。区域经济合作的加速发展，是当代世界经济的又一个显著特点。经济全球化在很大程度上促进了国际贸易的发展和各国的交流。

第四，面临环境、资源和人口等全球性问题的严峻挑战。环境、资源和人口问题是世界经济发展进程中不可避免的问题。随着世界经济的发展，人类活动对环境的破坏日益严重，而人口增长的巨大负担和经济资源的相对匮乏也已成为世界经济发展的障碍。这些问题已成为世界经济可持续发展的严重制约因素，解决这些问题需要世界各国的共同努力。

目前，世界各国尽管在保护环境方面取得了许多成效，但是，气候变化、物种灭绝、越来越多的人口需要养活等威胁地球环境的主要问题中有许多尚未解决，而且所有这些问题都将人类的生存置于危险的境地。其他严峻的问题还包括水污染、鱼类捕捞过度、生物多样性受到挑战等。

根据目前的趋势与现有的技术，工业产值上升意味着每年排放的温室气体至 2030 年将增加约 50%，到 2050 年将增加 2 倍（见图 14－1）。

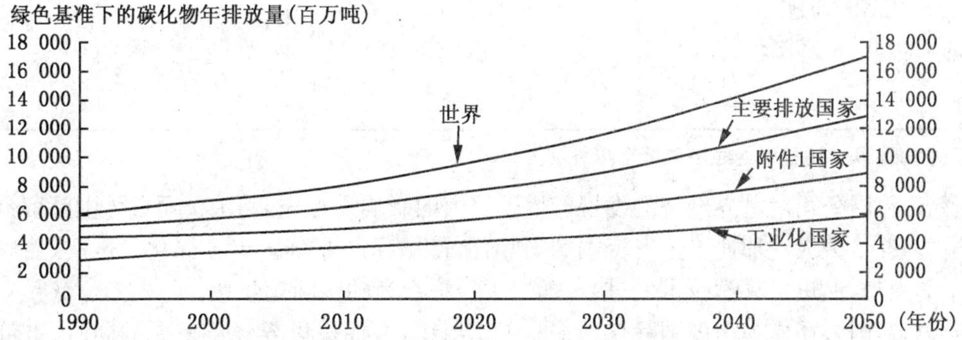

资料来源：2007 年《世界银行报告》。

图 14－1　发展中国家碳化物排放增长趋势

全球经济的发展对能源资源的需求情况将会提出更高的要求，特别是对煤、石油、天然气的需求（见表 14－2）。同时，各国也应该充分利用科学技术开发新能源和可再生能源。煤炭尽管仍举足轻重，但份额会下降，石油、天然气、核能以及水能、风能、太阳能等再生能源的份额会有所提高。

表 14—2　**2005 年全球能源需求比重比较**　单位：%

	2005 年
煤	25
石油	35
天然气	21
电力	17
其他可再生能源	2

资料来源：国际能源署(2007)。

世界人口问题不仅在总量上会给世界带来更大的压力，而且就现今经济发展趋势，人口老龄化问题(见表 14—3)日益突出，从而给经济社会的发展带来了严峻考验。

表 14—3　**2005～2010 年和 2045～2050 年世界主要发展集团和主要地区的出生时预期寿命**　单位：岁

主要地区	2005～2010 年	2045～2050 年
世界	67.2	75.4
较发达区域	76.5	82.4
欠发达区域	65.4	74.3
最不发达国家	54.6	67.2
其他欠发达国家	67.9	76.4
非洲	52.8	66.1
亚洲	69.0	77.4
欧洲	74.6	81.0
拉丁美洲和加勒比海地区	73.3	79.6
北美洲	78.5	83.3
大洋洲	75.2	81.0

资料来源：联合国秘书处经济和社会事务部人口司(2007)。

第五，跨国公司对世界经济的发展产生了巨大的影响。首先，跨国公司成为国际贸易的主要渠道。其次，极大地加速了生产资本的国际化，使国际产业分工更加深化。再次，加速了国际资本的流动，促进了科学技术的进步，加快了经济行为的国际化步伐。

同时，跨国公司作为高度国际化的垄断资本组织，在促进世界经济发展的同时，也带来了许多消极影响。在现存的国际经济旧秩序下，它强化了发达国家的资本优势和技术优势，加深了南北矛盾；加剧了国际金融市场的不稳定性；使得许多弱小的国家和企业任其摆布、为之服务。

第二节　世界经济格局及其演变

一、世界经济格局的内涵

所谓“世界经济格局”，是指世界经济按照一定标准划分的各种经济力量对比及其所形成的世界经济结构。这种标准通常可由社会经济制度、经济的不同发展程度来划分。其核心内容是大国或国家集团之间的经济力量对比关系和支配别国经济乃至世界经济的权力配置情况(利益制衡状态)。

世界经济格局是世界经济中各种力量整体的反映，具有相对稳定性。只有在各种经济力量对比发生重大质变时，世界经济格局才会出现根本变化，形成新的结构。例如，苏联的解体，导致世界政治、经济格局的彻底变化，意味着冷战的结束。世界经济格局的变动一般表现在两个方面：第一，各国经济力量对比关系的变化引起世界经济权力分配的改变；第二，人类经济活动空间分布的变化。

人们通常用“极”(pole)来说明世界力量中心及其在世界经济格局中的地位和突出作用。能够作为“极”的国家必须是实力极、增长极、引力极和辐射极。能称之为一“极”的经济体必须是在世界政治经济中具有举足轻重作用的国家或国家集团。

由于世界经济格局与世界政治格局之间存在着直接联系和制约的辩证统一关系，因此，政治家、经济学家、外交家常常把这两者结合起来进行研究。

二、世界经济格局的演变

随着世界经济的形成和发展，各国和各地区之间经济联系在扩大和深化，部分落后国家借助与先进国家的经济联系实现了超越性的发展，各国政治经济发展不平衡在加剧，各国的经济实力在不断发展变化。在这个过程中，科学技术革命带来的社会生产力的巨大提升，深刻地影响着各国的产业结构，各国经济体制和世界经济体制都发生了重大而深远的变化。

从 17 世纪以来，世界经济格局不断发生变化，世界经济中心不断转移。在世界经济格局中，第一个称雄世界的是荷兰。从 17 世纪初至 17 世纪中叶，荷兰不断扩展，其海外实力已大大超过了先于它一个世纪进行海外扩张的西班牙和葡萄牙，成为当时欧洲最大的殖民强国。18 世纪中叶到 19 世纪中叶，英国始终占据世界经济中心，并一直维持到 19 世纪末 20 世纪初。20 世纪初，英国、美国、德国、法国在世界经济上呈现出第一次多极化。第一次世界大战后，美国在经济上独霸世界，世界经济格局又呈现单极化。第二次世界大战后，美国与苏联势均力敌，互相争夺霸主地位，在政治上、军事上构成两极格局。20 世纪 70 年代后，世界经济呈现美国、日本、西欧三足鼎立之势。

(一)荷兰称雄世界

在 17 世纪中叶，荷兰不仅商业繁荣，渔业、海运业和工场手工业也都超过了任何其他国家。当时它是资本主义最发达的国家，其首都阿姆斯特丹是当时世界贸易中心，也是国际信贷中心。但是依靠商业资本建立起来的经济优势和世界霸权地位是不牢靠的，它很快就将世界第一的交椅让给了凭借工业资本而发展壮大起来的英国。

(二)英国独霸世界经济

从 18 世纪中叶到 19 世纪中叶，英国独霸世界经济整整一百年的时间。英国单极的世界经济格局集中表现在几个方面：一是英国是世界工厂；二是英国是世界上最大的殖民帝国；三是英国在国际贸易中占据独家垄断地位；四是英国是最早的资本输出国和国际金融中心。

（三）西方列强共同主宰世界

19 世纪末 20 世纪初，随着向帝国主义阶段的过渡，资本主义发展不平衡大大加剧：一方面是英国的技术和工业垄断地位的丧失，以及它在其他一系列重要领域中优势地位的削弱；另一方面，是美、德两国的经济力量，特别是技术、工业实力急剧增长，美、德、法等国追赶英国的步伐在加快。结果，在当时业已形成的统一的、无所不包的资本主义世界经济体系中，英、美、德、法四大国的经济实力趋于均衡化，没有一个国家能像英国在产业革命时期那样处于全面垄断地位，由此形成了新的四个主要经济中心并立，或者说出现了四大强国共同控制世界并互相争雄的局面。这标志着世界经济中英国作为单极的格局已经成为历史，而被以美、英、德、法四雄并存的第一次多极格局所取代。概括说来，19 世纪末 20 世纪初，英国丧失了在世界工业的垄断地位，世界上出现了一个群雄并起的局面：没有一个国家在世界经济中占据绝对优势地位，而是由英、美、德、法四极共同统治世界（见表 14—4）。这是世界经济史上出现的首次重大的格局变化，它具有深远的影响。

表 14—4　　20 世纪初期的第一次世界经济多极格局　　单位：%

项　目	国家 / 年份	美　国	德　国	英　国	法　国
工业平均增长率	1870～1913	5	4.4	1.9	2.7
各国占世界工业的比重	1870	23	13	32	10
	1913	38	16	14	6
各国占世界贸易的比重	1870	8	11	22	10
	1913	11	13	15	8

在世界经济第一次多极格局的形势下，各大国之间新的经济实力对比与各国当时拥有的殖民地与势力范围的现状很不相称，英、法两个老牌资本主义国家在经济上已处于或趋向劣势，但它们所拥有的殖民地却超过新兴资本主义强国德、美两国殖民地总和的十几倍。一场争夺世界霸权的重新瓜分殖民地与势力范围的帝国主义大战已经不可避免。在战前已加速形成的以英、法两国为首的协约国集团与以德国为首的同盟国集团之间矛盾空前激化的条件下，1914 年 8 月，第一次世界大战终于爆发。

（四）世界经济中心向美国转移

第一次世界大战以后，世界经济中心加速向美国转移。两次世界大战中间的 20 年间（1918～1937 年），美国虽然遭受了 20 世纪 30 年代特大经济危机的沉重打击，但经济仍有所发展，在资本主义世界占绝对优势。

在第一次世界大战中战败的德国在美、英等国的扶持下，经济得到了较快的发展，其仅次于美国而处于资本主义国家的第二位；英国和法国仍居第三位和第四位；日本上升至第五位。第一次世界大战后，苏联建立了社会主义经济体系，经济得到快速发展。1928～1940 年间，苏联国民收入增加了 4.1 倍，工业产值增长了 5.5 倍。苏联工业产值在世界经济中的比重，由 1913 年的 2.6%提高到 1937 年的 13.7%，由世界第五位跃居第二位，成为仅次于美国的第二大工业大国。其他国家经济则呈现出不平衡发展的特征，世界经济重新向多极化格局过渡（见

表 14—5)。

表 14—5　　20 世纪 30 年代的第二次世界经济多极化格局　　单位:%

项　目	国家 / 年份	美　国	英　国	法　国	德　国	日　本	苏　联
各国在世界工业中的比重	1930	40	9.5	7.6	10.5	2.9	5
	1937	36.2	9.5	4.3	10.4	3.5	13.7
各国在世界贸易中的比重	1925	14	15	7	8	1	4
	1937	13	16	5	9	4	1

这一时期,美国在世界经济中的地位,不是受到其他资本主义国家的挑战,而是开始受到苏联的挑战。苏联的高速发展确立了其作为世界一极的地位,显现了世界经济格局中两种经济体系并存的新特点。

资本主义国家经济政治的不平衡发展,又导致了 1939～1945 年的第二次世界大战。第二次世界大战结束后,只有美国极度扩张了自己的经济,增强了国际经济地位,成为资本主义世界中唯一的超级经济大国,构建了第二次世界大战后初期到 20 世纪 60 年代初世界经济的单极格局。

从 19 世纪末到 20 世纪中叶,美国在世界经济中的地位不断上升,全面取代了英国的地位,成为新的世界经济中心。

(五)"两极"格局向多极化演变

美国在第二次世界大战后所确立的世界经济霸主地位首先遭到了苏联的挑战,苏联成为世界上仅次于美国的经济大国,形成了美苏争霸的两极世界。

在 20 世纪五六十年代,发达资本主义国家发展的不平衡现象依然存在。其中,日本增长最快,欧共体国家的经济地位也有所上升,美国工业生产在资本主义世界工业生产中的比重不断下降,出现了美、日、欧三足鼎立的局面。

20 世纪 70 年代以后,美国在世界经济中的霸主地位越来越受到日本和欧共体经济实力不断增强的挑战,资本主义世界经济格局呈现出多极化发展趋势(见表 14—6)。

表 14—6　　多极化时期各经济体力量对比(以美国为基准)

项　目	国家 / 年份	美　国	欧共体	日　本	苏　联
GDP	20 世纪 80 年代中期	100	79.9	47	54.9
GNP	1990	100	111.2	54.6	49.4
工业生产	20 世纪 80 年代中期	100	116.6	49.3	80
	1990	100	114.5	54	78.8
出口贸易额	20 世纪 80 年代中期	100	366	96.6	42
	1990	100	363.4	77.1	26.9
国际储备额	20 世纪 80 年代中期	100	223.3	36.8	—
	1990	100	439.9	108.6	—

（六）世界经济格局的新发展

20 世纪 90 年代以来，随着苏联的解体，第二次世界大战后所形成的以美、苏为主导的两极国际格局向着多极化方向演变。就世界经济格局而言，发达工业国家已经形成美国、日本、欧盟三大经济力量，并在国际经济关系中居于主导地位；苏联解体后，俄罗斯等独联体国家经济陷于困境，中东欧国家则在体制转轨过程中向西欧靠拢，整体力量削弱自不待言；亚洲等新兴工业化国家经济蓬勃发展，在世界经济舞台上的地位日益重要；中国则在改革开放的浪潮推动下成为国际经济关系中不容忽视的新力量。在这种多极化世界经济新格局的形成过程中，区域经济一体化进程对提高区域经济组织成员国自身地位和对世界经济格局的转变有着极其重要的影响。

第二次世界大战后，区域经济合作组织蓬勃兴起。20 世纪 90 年代冷战结束以来已经得到了迅速发展，并且逐渐形成几个大的区域经济组织。以欧盟、北美自由贸易区以及东南亚国家联盟等为代表的一批区域经济组织在世界经济发展和世界经济格局中占有越来越重要的地位。

综上所述，冷战结束以后，一个多极化的世界已经不以人们意志为转移地形成了。美国谋求世界霸主地位同世界走向多极化的趋势之间的矛盾，是无法克服的历史性矛盾。今后美、日、欧之间的斗争将趋于激化。中国在世界经济中也发挥着越来越重要的作用。但是，“一超多强”格局短期内不会有太大改变。

第三节　当代世界经济格局及趋势

当代世界经济格局主要是指 20 世纪 90 年代以来的世界经济格局。

一、经济全球化对当代世界经济格局的影响

冷战结束以来，多极化的世界经济格局正在形成过程中。其基本特点是美国保持其领先地位；欧盟在国际经济事务中的作用呈现上升趋势；东亚经济合作加强；以中国为代表的发展中国家的崛起，必将影响和改变世界经济格局。在美国、日本、欧盟三足鼎立的格局下，各新兴经济体、区域经济一体化组织等经济实体正不断壮大，在国际经济事务中影响日益上升。世界经济格局呈现由多个力量（国家）或力量中心（国家集团）不同程度地影响和决定的趋势。

20 世纪 80 年代末 90 年代初以来，世界经济发展进入了一个新时期，以信息技术、网络技术、新能源技术为代表的新的科技革命，带来社会生产力和产业结构的巨大变化，国际贸易、国际金融和国际投资突飞猛进，各国经济体制和世界经济体制都发生了重大而深刻的变化。经济全球化以空前的速度扩张和深化着，世界各国、各地区在经济上的相互渗透、相互融合和相互依存不断加深，这一不可逆转的历史趋势对世界经济和世界经济格局产生了深远的历史意义。这体现在以下方面：

第一，经济全球化为后进国家的崛起提供了机遇。经济全球化意味着生产要素在世界范围内自由转移的客观障碍日益削弱，使得取得政治独立的后进国家在追求和实现国家工业化和经济现代化的历史进程中，可以比较便捷、充分地获得外来的资金、技术、人才和市场的支持，可以更好更快地开发和利用国内资源、发展本国的产业和提升产业结构，从而可以加快经济增长，缩短追赶先进国家的时间。据估计，1950～1960 年，发展中国家和发达国家的 GDP 年均增长率分别为 4.7%和 4.1%；1960～1970 年分别为 5.8%和 5.1%；1970～1980 年分别

为5.6%和3.1%；1980～1990年分别为3.6%和3.2%；1990～1999年分别为5.4%和2.4%。很显然，发展中国家的经济增长速度高于发达国家。发展中国家在世界经济中的地位有所上升，发展中国家的产值占世界生产总值的比重在20世纪60年代为14.5%，70年代初上升为15.9%，1989年达到17.9%，1999年上升至21.6%。在发展中国家涌现出一批新兴工业化国家和地区，如亚洲的泰国、新加坡、马来西亚、印度尼西亚、韩国以及中国的香港和台湾地区；拉丁美洲的巴西、墨西哥、阿根廷；非洲的埃及；欧洲的希腊、土耳其等。世界经济统计资料表明，近代史上最早崛起的英国，其人均产值翻一番的时间花了58年(1780～1838年)；继之而起的美国，实现人均产值翻一番的时间缩短为47年(1839～1886年)；晚于美国崛起的日本，实现人均产值翻一番的时间又减少为34年(1885～1919年)；而第二次世界大战后相继兴起的一些国家人均产值翻一番的时间，巴西用了18年(1961～1979年)，韩国用了11年(1966～1977年)，而人口最多的中国仅用了10年(1977～1987年)。这正是后进国家崛起时间缩短的例证。

当今，尽管经济全球化的进程还是以美国为首的先进国家所主导，后进的发展中国家在国际分工和国际交换中还处于劣势地位，但它们毕竟获得了比历史上任何时期更为宽松的国际环境，给它们提供了前所未有的历史机遇。

经济全球化对世界经济的影响趋势是：发展中国家经济增长快于发达国家；发展中国家中的亚洲国家和地区增长最快，对外开放程度最高，并成为带动世界经济增长的新的火车头；拉丁美洲和北非国家次之；撒哈拉以南的非洲国家增长最为迟缓，成为被“边缘化”的主要地区。

第二，经济全球化为世界开辟了和平共处的新时代。首先，经济全球化促进了国际经济合作。世界各国通过相互贸易和相互投资形成了日益紧密的从产业到产品、从零部件到生产工艺的国际分工，形成了“你中有我、我中有你”的内在联结关系。这种关系的不断加强，必然促进国与国之间经济上合作、政治上协商、文化上交流关系的发展，从而为世界和平奠定坚实的基础。其次，经济全球化促进了经济主权互让。随着经济全球化的发展，即随着国际贸易和国际投资的扩大、国际性经济组织的增多、经济运行规则的国际化，使诸如跨国公司、世界贸易组织、世界银行、国际货币基金组织以及各种地区性、行业性的国际经济组织，都在不同经济领域和不同程度上成为世界经济运行的新主体，都对民族国家的经济主权及其行使构成某种牵制和取代，使各民族国家经济主权形成互让和交叉。例如，各国在关税税率的确定和减让上，在货币汇率的确定和变动上，在产品卫生标准的确定上，在世界银行贷款的使用上，都受到国际协定的约束。世界经济的运行日益受到国际经济组织和国际经济协调机制的调节。同时，经济全球化促进了世界多极化。经济地位变化，带来政治上、军事上的地位变化。任何先进和强大的国家也不能永远保持“唯我独尊”的地位，任何落后国家和贫穷的国家都有获得崛起的机会。冷战结束以来，不仅美国、日本、德国、中国、印度、俄罗斯在世界经济中的地位在变化，而且有条件在综合实力上成为世界上举足轻重的国家越来越多，如发达国家行列里的加拿大、意大利、澳大利亚，发展中国家的巴西、墨西哥、阿根廷、智利、印度尼西亚、南非等。也有越来越多的国家走入发达国家的行列，形成日益增多的有广泛影响的经济贸易中心，也就是形成相互制约和相互合作的“多极”。经济全球化促进了世界多极化，世界多极化增强了人类和谐化。

多极化是一种趋势，到目前为止并没有成为一种基本的格局。在新的世界经济格局最终定型之前，会有一个较长的过渡期。但是，多极化具有客观必然性，作为世界经济格局的一种趋势，不可阻挡。中国领导人最早提出并积极倡导世界多极化。当年毛泽东在会见一些西欧国家领导人时，曾多次阐明中国支持西欧联合自强、共同反对两个超级大国的霸权主义的重要思想。

当今世界经济格局是多极化，但又是不平衡的多极化；是在以和平和发展为主旋律条件下，充满矛盾和利益冲突的多极化；是一个在发展中各经济体实力不断磨合稳定的过程；同时，也将是发展中国家和新兴经济体实力不断提升、国际经济秩序不断调整的未来。

二、当代世界经济格局的基本态势

(一)美国一极独大

美国是当代世界经济的超级经济强国。第二次世界大战后，美国 GDP 占世界 GDP 总量曾经超过 50%。目前美国占世界 GDP 总量的比重虽然与其最强大的时期相比，已经大幅度下降，但始终保持在 20%～30%的水平。根据国际货币基金组织公布的数字，进入新世纪以来，美国的经济增长仍然强劲，金融危机前的 2007 年美国 GDP 总量为 13.79 万亿美元，占全球 GDP 总量的 25.8%(见表 14—7)。近年来，美国占全球 GDP 总量一直在 25%左右。

表 14—7　　2005～2007 年各国家和地区 GDP 增长率　　单位：以不变价格计算的年度增长百分比

国家(地区)	GDP			出　口			进　口		
	2005 年	2006 年	2007 年	2005 年	2006 年	2007 年	2005 年	2006 年	2007 年
全球	3.3	3.7	3.4	6.5	8.5	5.5	6.5	8.0	5.5
北美	3.1	3.0	2.3	6.0	8.5	5.5	6.5	6.0	2.5
美国	3.1	2.9	2.2	7.0	10.5	7.0	5.5	5.5	1.0
中南美洲[a]	5.6	6.0	6.3	8.0	4.0	5.0	14.0	15.0	20.0
欧洲	1.9	2.9	2.8	4.0	7.5	3.5	4.5	7.5	3.5
欧盟 (27)	1.8	3.0	2.7	4.5	7.5	3.0	4.0	7.0	3.0
英国	6.7	7.5	8.4	3.5	6.0	6.0	18.0	21.5	18.0
非洲和中东	5.6	5.5	5.5	4.5	1.5	0.5	14.5	6.5	12.5
亚洲	4.2	4.7	4.7	11.0	13.0	11.5	8.0	8.5	8.5
中国	10.4	11.1	11.4	25.0	22.0	19.5	11.5	16.5	13.5
日本[b]	1.9	2.4	2.1	5.0	10.0	9.0	2.5	2.5	1.0
印度	9.0	9.7	9.1	21.5	11.0	10.5	28.5	9.5	13.0
新兴工业化经济体(4)[c]	4.9	5.5	5.6	8.0	12.5	8.5	5.0	8.5	7.0

注：a. 包括加勒比海地区；

b. 贸易量数据来自海关数据，用贸易额除以单价计算；

c. 中国香港、韩国、新加坡和中国台湾。

世界银行网站发布的 2016 年各国 GDP 数据表明：美国 2016 年 GDP 为 18.57 万亿美元，继续居世界首位，遥遥领先其他各国。由于美国 GDP 总量比第二名的中国、第三名的日本及第四名的德国的总和相差只有 1 万亿美元，这表明美国的领先优势在未来一二十年内不可动摇。

美国在世界经济中一极独大是由多方面因素决定的，这主要表现在：

1. 历史渊源

美国是两次世界大战的最大受益国。两次世界大战中多数参战国受到重创，只有美国借助战争，地位得到提升。第一次世界大战使美国从战前的资本输入国变为资本输出国，由债务国变成债权国，掌握了世界黄金储存量的1/2，控制了国际金融市场，世界金融中心也由英国移到美国。第二次世界大战后，美国与欧洲主要资本主义国家力量对比发生了根本改变，美国占资本主义世界工业比重从36%上升到54.8%，美国确立了世界经济霸主地位。

2. 核心因素

领先的科技水平和人才培养机制。借助第二次科技革命的推动，美国经济迅速发展，取代英国成为世界经济霸主。此后，美国长期保持了世界科技强国的地位。美国拥有70%以上的诺贝尔奖得主。美国获得的国际专利的数量一直遥遥领先于世界各国。多年以来，美国获得的国际专利的数量维持在全球国际专利申请量的1/3以上。美国政府把从全世界吸引人才作为国家战略，美国保持科技优势的秘诀是从全世界吸引和争夺人才。美国国家科学院在2005年底曾经向国会提交一份报告，这份报告显示：目前在美国工作的拥有博士学位的科学家或工程师中，超过38%是外国裔。2003年美国授予的工程学博士学位中，59%的学位授给了外国人。

美国重视科技、教育以及人才培养，这一点在美国每年的教育科研经费的投入情况上就可以很明显地看出(见表14—8)。

表14—8　　美国主要年份教育经费投入及占GDP的比例

年　份	机构教育经费总投入 (百万美元，以1999年不变价格计算)	占GDP的比例 (%)	公共教育经费占 GNP的比例(%)
1975～1976	362 363	7.3	6.8[a]
1985～1986	419 251	6.4	6.7[a]
1995～1996	580 301	7.2	5.0[b]
1998～1999	641 191	7.1	5.1[c]
1999～2000	646 800	7.0	

注：a. *UNESCO Statistic Yearbook* 1989，pp. 4-11；

b. 机构公共教育经费占GDP比例，OECD Education at a Glance 2001，p. 80；

c. OECD Education at a Glance 2001，p. 100。

资料来源：机构教育经费总投入及占GDP的比例来自Digest of Education Statistics 2000，U. S. Department of Education，2001，pp. 34-35。

美国政府长期保持对基础科学的研究资助。布什总统在2006年国情咨文中提出“美国竞争力计划”。该计划对基础科学的研究资助经费总额高达1 360多亿美元、历时10年，是美国政府自20世纪60年代“阿波罗登月计划”以来最大的一项投资决策。美国2008年财政预算中研发支出总预算为1 430亿美元，比2007年同比增加了20亿美元，增幅达1.4%。美国政府还出台鼓励企业技术创新的财税优惠政策。税收优惠不针对特定产业，税收激励主要表现在鼓励研发；研究开发费用直接作为成本列支，而不作为资本性支出。

3. 制度结构

优越的产业结构。凭借科技领先优势，美国在第二次世界大战后进行了几轮产业结构调整，使美国的产业结构发生了巨大的变化。特别是20世纪90年代以来，美国的高新技术产业和金融服务业发展迅猛。服务业在美国GDP中所占的比重约为75%，从业人员的比重从

63%上升到80%左右。在美国多年贸易逆差的情况下，服务贸易保持顺差，并且年均增长超过两位数。2011年，美国服务贸易总额1.0万亿美元，同比增长8.2%。其中服务出口同比增长10.2%，服务贸易顺差1 790.3亿美元，同比增长22.8%。2016年，美国服务贸易总额1.2万亿美元，同比增长0.3%。

作为世界上最发达的经济体之一，美国的产业结构比较稳定，三次产业之间的比例关系基本上维持在1∶20∶79的水平。现代服务业是美国的主导产业。金融和专业服务是现代服务业的主要内容。美国的金融服务和专业服务在国民经济构成中居于较为突出的位置，分别占GDP的31% 和17%(2011年)，高于或接近于制造业所占的比重，而在中国地位比较突出的运输仓储业，在美国GDP中的比重只有2.8%，处于很低的位置。

4. 重要条件

在经济全球化中获得巨大利益。当今对世界经济全局影响最大的三个世界经济组织是世界贸易组织、国际货币基金组织与世界银行。其中国际货币基金组织、世界银行是1945年根据布雷顿森林协议建立的。根据布雷顿森林协议建立了以美元为中心的国际货币体系。虽然1973年布雷顿森林体系崩溃，美国的地位相对下降，但其仍然在这些组织中保持核心地位。2004年全球贸易总量的68%以美元结算，2007年仍然达到50%以上。美元在全球央行外汇储备中的比例，1973年占84.6%，2007年仍然达到64.2%。

美国跨国公司对外直接投资，特别是在发展中国家的直接投资所获利润要远远高于在国内投资的利润。美国海外投资在全球名列第一。根据美国商务部的报告，2007年美国海外资产增加1.21万亿美元。2007年购买外国股票1 310亿美元，外国债券1 429亿美元，直接投资3 167亿美元。2006年美国公民的海外收入6 476亿美元，2007年达到7 793亿美元(包括利息、股息以及直接投资收益)。

多年以来，美国还是世界最主要的投资目的国。在2002年以前吸引外资稳居世界第一位，2003年、2004年、2006年为第二。联合国贸易和发展会议发布的2007年《全球投资报告》显示，美国2007年吸收的外国直接投资又居世界第一。根据美国商务部的报告，2010年美国外资累积投资总额为23.5万亿美元，2011年为26.0万亿美元，2012年为27.2万亿美元，呈现持续增长的态势。

5. 宏观调控

美国是依靠一个资源配置效率极高的自由市场体系来充分调动其所有资源(包括人力资源、物资和金融资源)而成为世界最强大的国家的。其一系列的制度支持体系是其自由市场正常运转的重要保障。美国政府创造了一套对市场经济进行有效调控的模式。进入20世纪90年代后，克林顿政府为了促进美国经济结构的大调整和保持美国竞争活力，在产业组织政策上作了相应调整。克林顿政府大力削减国防开支；高度重视科学技术在产业结构调整中的作用；加大政府在研究与开发上的投入，特别是在民用方面的投入；积极干预对外贸易；为美国的高新技术产业开拓国际市场；注重利用高新技术改造传统制造业。这些都对美国最近十几年经济的持续增长起到了重要作用。

在世界经济多极化日趋发展、国际经济竞争日益加剧、国际政治形势走向缓和的背景下，美国的世界经济霸主地位虽然被动摇，但凭借其政治、经济、科技、军事方面的优势，特别是制度方面的优势，美国仍然会在较长的一段时期内保持其作为世界经济格局中重要一极的地位。

(二)欧盟的地位不断上升

欧盟始于1952年的欧洲煤钢共同体，1965年改造为欧洲共同体，1993年演化为欧洲联盟。经过 7 次扩大,到 2013 年,欧盟成员国扩大到 28 个。

欧盟是世界上经济最发达的地区之一,经济一体化的逐步深化又促进了该地区经济的进一步繁荣。经过 50 多年的发展,欧盟已先后建立了关税同盟,实行共同外贸、农业和渔业政策,统一了内部大市场,基本实现了商品、人员、资本和服务的自由流通,建立了经济与货币联盟。1979 年 3 月,欧共体巴黎首脑会议决定建立欧洲货币体系。1988 年 6 月,欧共体首脑会议提出建设经济货币联盟、发行统一货币。1993 年 11 月,《马斯特里赫特条约》正式生效后,经济货币联盟建设快速发展。1994 年 1 月 1 日,欧洲货币局正式成立。1995 年 12 月,马德里首脑会议决定于 1999 年 1 月 1 日起正式启动单一货币,并将统一货币定名为欧元。目前,欧元区有 19 个成员国,欧元是欧元区内唯一法定货币。

欧盟是世界货物贸易第一大出口方和第二大进口方,服务贸易第一大供应方;是全球最不发达国家的最大出口市场和最大援助者,多边贸易体系的倡导者和主要领导力量。欧元对美元汇率的持续走高,提升了欧元在国际金融市场上的地位。目前世界上已有 40 多个国家与欧元建立了货币联系。在世界各国央行的外汇储备中,欧元已由最初的 17.9%上升到 26.1%。

欧洲是世界产业革命的摇篮,也是近代许多重大科学技术发明的发源地。从 1984 年欧共体第一个研究与发展总体规划的制定到 1985 年"尤里卡计划"的诞生,欧洲在高技术领域内的国际竞争能力不断加强。2002 年 3 月,在欧盟巴塞罗那高峰会议上,欧盟各成员国元首与政府首脑一致通过了一项令世界关注的重要决议,即至 2010 年欧盟的研发总投入要从占其 GDP 的 1.94%提高到 3%,其中 2/3 来自企业界。2003 年 4 月,欧盟委员会正式出台了关于使研发经费占其 GDP 3%的行动计划。这一重大举措充分体现了欧盟科技联合、共同进步的坚定决心。

2006 年 2 月,欧盟委员会宣布了筹建欧洲技术研究院的决定。2006 年 9 月欧盟科研投入分配预算获得了当时 25 个成员国的一致批准,根据该项预算案,欧盟将对 2007 年到 2013 年间的欧盟第七个"研究与技术发展框架计划"投入 545 亿欧元。

欧盟是目前世界上规模最大、一体化程度最高、经济发展程度最高的区域经济政治联合体。根据国际货币基金组织公布的数字,2016 年,欧盟 28 个成员国国民生产总值达到 16.4 万亿美元,占世界 GDP 总额的 22.2%,人均实际 GDP 达到 35 797 美元。

(三)"10+3"堪称世界一极

东亚合作形式包括:(1)"10+3",即东盟与中、日、韩的对话与合作;(2)"10",即东盟自身的发展与合作;(3)"10+1",即东盟分别与中、日、韩之间的对话与合作;(4)"3",即中、日、韩之间的对话与合作。

20 世纪 80 年代中期以来,东亚地区不仅是世界上对外贸易增长最快的地区,也是区域内贸易发展最迅猛的地区。1980～2000 年,东亚区域内贸易占世界贸易的比重由 4.8%上升到 12.7%,1980～2005 年,东亚区域内贸易额占东亚地区贸易总额的比重由 34.7%上升至 54%,高于北美自由贸易区的同期发展水平。

进入 21 世纪以来,东亚经济合作取得了一定成绩。在 2010 年中国—东盟自由贸易区全面建成的带动下,区域经济正处在新一轮周期增长的进程之中,东亚再度成为全球经济增长最快的地区之一。2012 年,中、日、韩和东盟 10 国的 GDP 总量达到 17.6 万亿美元,略超过欧盟 16.6 万亿美元的 GDP 总量,占全球 GDP 总量的 24.6%。2016 年,中、日、韩和东盟 10 国的 GDP 总量达到 20.1 万亿美元,大幅超过欧盟 16.4 万亿美元的 GDP 总量,占全球 GDP 总量上升到 26.5%。

东亚区域经济合作的形成具有重要的经济战略意义。建立一个有序的东亚区域经济组织，真正形成“世界第三极”，加速整个世界政治经济格局的多极化演变，为世界经济格局多极化发展奠定和谐元素。

(四)影响世界经济格局的其他力量

西方一些著名的投资机构提出了“金砖四国”“金钻十一国”“展望五国”等投资概念，并且预言，在未来50年内“金砖四国”会全面超越发达国家的六大强国。发展中国家的崛起无疑将加快世界经济多极化进程。

1.“金砖四国”(BRICs)

2001年，美国高盛公司经济学家吉姆·奥尼尔在一份研究报告中预测，中国、俄罗斯、印度、巴西四国GDP之和在2025年有望达到美、日、德、法、意、英六国之和的50%，并将在2050年之前全面超越六国。奥尼尔以巴、俄、印、中四国英文名称的第一个字母为基础，创造了一个新词BRICs，由于这个词和英文“砖头”的写法大致吻合，“金砖四国”的说法从此风靡全球。①

“金砖四国”概念提出十多年之后，事实似乎正在验证奥尼尔的预测。四国保持了快速的经济增长率，在全球增长中占有1/3的份额。据国际货币基金组织数据统计，2007年“金砖四国”的GDP总额达6.859万亿美元，占世界GDP总额的12.86%，按照购买力平价计算已达到GDP总额的27.46%。2016年，四国GDP总量为16.6万亿美元，已相当于欧盟28个成员国国民生产总值，占全球GDP总量的22.4%。

进入21世纪以来“金砖四国”迎来了新的发展时期。从2000年到2006年，巴西、俄罗斯、印度和中国的年平均经济增长率分别达到2.6%、6.8%、6.4%和9.3%。金融危机后的2008年到2012年，四国的增长分别达到3.2%、1.8%、6.5%和9.2%(见图14－2)。2010年以来，中国和印度一直保持强劲的发展态势。

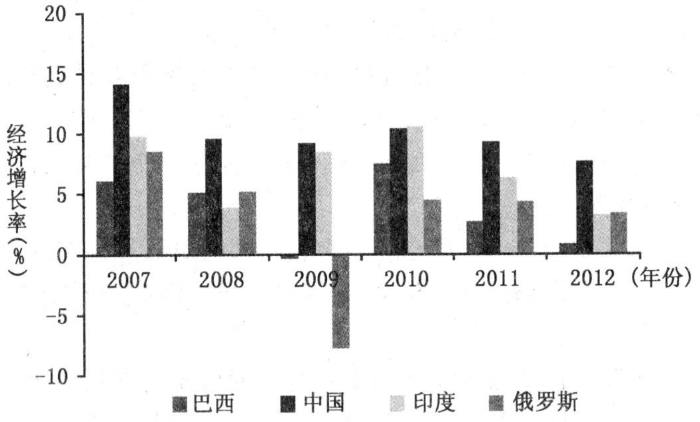

资料来源：IMF数据库。

图14－2　2007～2012年“金砖四国”经济发展情况

“金砖四国”外汇储备十分可观。2012年底，中国的外汇储备达到3.331 1万亿美元，居全

①“金砖四国”来源于英文BRICs一词，是指巴西(Brazil)、俄罗斯(Russia)、印度(India)和中国(China)四国，因这四个国家的英文名称首字母组合而成的“BRICs”一词，其发音与英文中的“砖块”(bricks)一词非常相似，故被称为“金砖四国”。其中，巴西被称为“世界原料基地”；俄罗斯被称为“世界加油站”；印度被称为“世界办公室”；中国被称为“世界工厂”。“金砖四国”(BRICs)一词最早由高盛公司首席经济学家吉姆·奥尼尔在2001年11月20日发表的一份题为《全球需要更好的经济之砖》(The World Needs Better Economic BRICs)中首次提出。

球第 1；俄罗斯外汇储备达到 5 378 亿美元，跃居全球第 5；印度外汇储备达到 3 004 亿美元，居全球第 10；巴西外汇储备达到 3 731 亿美元，居全球第 7。“金砖四国”外汇储备总额已接近 4.59 万亿美元，占世界外汇储备总额的 37.2%。

2.“金钻 11 国”

2007 年高盛公司再创“金钻 11 国”的投资新概念，“金钻 11 国”包括：墨西哥、印度尼西亚、尼日利亚、韩国、越南、土耳其、菲律宾、埃及、巴基斯坦、伊朗和孟加拉国。

高盛公司预言以新兴市场为代表的新势力将超越发达市场的高速发展，成为 21 世纪全球经济发展的主旋律。高盛预测到 2050 年“金钻 11 国”的 GDP 将与美国比肩，“4＋11”国（“金砖四国”＋“金钻 11 国”）的 GDP 总量在 2035 年有望超越七大工业国家。

3.“展望五国”

日本“金砖四国”经济研究所在 2007 年提出“展望五国”概念，即越南、印度尼西亚、南非、土耳其和阿根廷 5 国，英文名称首个字母的组合“VISTA”在英文中有“展望”之意。[①]“展望五国”属于有潜力的新兴国家，拥有丰富的自然资源，年轻劳动力呈增加趋势；国内政治局势稳定，正积极引进外资，具有购买力的中产阶级在崛起。

以中国为代表的发展中国家的崛起必将影响、改变和优化世界经济格局。发展中国家的崛起对世界经济格局的影响主要表现在：第一，崛起的发展中国家，尤其是“金砖四国”属于幅员辽阔、经济规模庞大、经济体系完整和门类齐全的国家，且分布于亚、欧、美三大洲，影响遍及全球，加快了世界经济多极化进程；第二，发展中国家经济实力持续增强，在国际经济格局中的地位和影响不断上升，有助于促进国际经济秩序合理化；第三，随着经济实力及综合国力增强，发展中国家进一步提高在国际政治事务中的影响力，推动国际政治格局多极化。

第四节　世界经济格局与中国

在 21 世纪过去的 10 多年中，同一个世界上演了两台“戏剧”。一边是美国主演的侵略伊拉克的战争“戏剧”，经过 3 年多的较量，美国在世界上陷入空前的孤立。另一边是以“金砖四国”（BRICs）为代表的发展中国家经济发展势头良好，轰轰烈烈、有声有色。

一、世界经济格局的新变化

（一）“南南合作”形成了巨大规模

长期以来，人们期望“南南合作”的发展，但是实际效果并不显著。21 世纪以来，情况发生了令人欣喜的变化。“南南合作”已经形成了巨大的规模，亚、非、拉各洲的经济一体化发展强劲。

东盟以及“10＋3”“10＋1”形式的区域经济机制运行有效，中国—东盟自由贸易区升级版已经正式启动，东亚峰会已经形成常态化。中国提出的“一带一路”倡议，建设成效明显，得到 100 多个国家和国际组织的支持。上海合作组织已经吸收了巴基斯坦和印度为成员国。在此区域经济一体化的逐步推动下，东亚乃至整个亚洲地区的经济合作和一体化的局面，将会在条件成熟的时候应运而生。

---

①“展望五国”是越南（Vietnam）、印度尼西亚（Indonesia）、南非（South Africa）、土耳其（Turkey）和阿根廷（Argentina），5 个国家英文名字的首字母缩写 VISTA，英语中 VISTA 有眺望、远眺的意思。被日本《经济学人》认为是继“金砖四国”之后，最有潜力的新兴国家。这一概念是由日本“金砖四国”经济研究所所长门仓贵史在 2007 年提出的。

非洲经过长期的政治动乱和军事冲突以后，痛定思痛，以欧盟为榜样，把原来的非洲统一组织改组为非洲联盟，强调首先发展经济，拥有8亿人口和丰富资源的非洲开始走上比较稳定的发展道路。进入21世纪以来，非洲经济一直稳定发展，而且还涌现出一些经济发展明星。除了南非和北非以外，非洲的安哥拉、莫桑比克、坦桑尼亚、尼日利亚、加纳等国的经济发展良好。

在美洲，经过长期艰苦的谈判，在原南方共同体和安第斯集团的基础上，建立了由12个南美国家组成的南美国家共同体。它拥有1 700余万平方公里的土地、3.6亿人口、9 730亿美元的GDP，有全球30%的可用森林、10%的可耕地及各种丰富的资源。

(二)发展中国家经济情况普遍好转

占新兴经济体GDP 2/3的"金砖四国"经济增长较快，亚非拉三大洲的发展情况都很好。据世界银行的统计，2007～2012年在中国和印度等新兴市场国家的拉动下，发展中国家经济增长依然强劲，发展中国家平均增长近6.1%，为发达国家经济增长的一倍。发展中国家经济是在知识经济时代和经济全球化的条件下，利用国际生产链的拉长，国际分工的新变化发展起来的。在亚非拉地区，地区武装冲突和国内武装冲突都逐渐平静下来，拉美的许多国家，也勇敢地摆脱了新自由主义的束缚，向左倾斜，强调捍卫自己的主权和资源，发展独立的民族经济，努力摆脱贫困。

(三)发展中国家在努力构建国际经济新秩序

在世界贸易组织"多哈回合"马拉松式的谈判中，以印度、南非、巴西为首的发展中国家集团与发达国家顽强斗争，对于发达国家的大量农业补贴以及对发展中国家的制成品的不合理的关税等问题的谈判，始终达不成协议。发展中国家为了捍卫自己的民族利益，集体抵制不合理、不平等的国际经济秩序，使谈判不得不中断。这样的斗争，实际上绵延了几十年。进入21世纪以来，由于发展中国家经济的较好发展，使得它们具有实力和理由来进行斗争。由于发展中国家经济的相互合作和一体化的程度日益加强，也使它们有更大的勇气进行斗争。这也是发达国家经济和发展中国家经济力量对比变化的一种表现。

从上述情况来看，世界经济格局已经出现了变化的新萌芽，从多年形成的"三个中心"(美国、日本、西欧)开始逐步向七国集团和"金砖国家"过渡。也就是从"中心"与依附的关系逐步过渡到相对平等和相互依存的关系。当然，发展中国家经济对发达国家经济的依附关系，不是短时期内可以完全摆脱掉的，而且两者始终保持着相互依存的紧密关系。随着经济全球化的发展，相互的依存关系也日益紧密。在发展中国家经济发展的同时，发达国家经济也在向前发展，相互起着推动作用。但是，力量的对比会随着经济的发展，特别是随着发展中国家自主创新技术的发展，而逐步变化。

二、中国在世界经济格局的地位

当代世界经济格局正在由美国一极向美、欧、亚三极方向发展，其中中国经济持续的快速增长尤为令人瞩目。国内一些媒体乐观地将21世纪称为"中国世纪"，而西方一些人士也将中国的崛起视为威胁。

(一)中国是一个地区性经济强国

毫无疑问，中国的国际地位正在随着中国经济的持续发展而逐步提高。2016年，中国GDP超过11.2万亿美元，人均GDP从2008年的3 266美元增加到2016年的8 130美元。外汇储备也由1952年的1.39亿美元、1978年的1.67亿美元增至2008年的1.95万亿美元，

2011 年超过 3 万亿美元，2012 年中国的外汇储备达到 3.4 万亿美元，已经成为世界第一大外汇储备持有国。2017 年，中国进出口总额达到 4.1 万亿美元。改革开放 40 年来，中国已经成为货物贸易第一大出口国、第二大进口国。按国际货币基金组织评估，2016 年中国经济的增长对世界经济增长的贡献达到 35%。

由于中国有 13.5 亿人口，进入小康生活水平的勤劳聪明的中国人呈现出巨大的消费和创造能力：1999 年钢铁消耗量超过美国，2012 年中国钢铁消耗量是美国的 6.6 倍；2001 年手机保有量超过美国，2012 年中国手机保有量是美国的 3.3 倍；2002 年啤酒消耗量超过美国，2012 年中国啤酒消耗量是美国的 2.1 倍；2007 年外贸出口超过美国，2013 年中国成为世界上最大的货物贸易国；2010 年制造业生产值超过美国，2012 年中国制造业产值是美国的 1.1 倍；2010 年汽车产量超过美国，2012 年中国汽车产量是美国的 1.2 倍；2010 年专利批准量超过美国，2012 年中国专利批准量是美国的 1.1 倍。

虽然中国正在走向富裕，逐步成为一个消费大国和某些产品的生产大国，但还不是一个世界性的经济强国或世界强国。进入 21 世纪以来，中国在瑞士洛桑国际管理学院发表的国际竞争力排名中一直位居第 20 多位；根据联合国贸易和发展会议发表的《世界投资报告》显示，中国对外直接投资的总量很少，一直只占引进外资额的 10%以下；中国每生产一个单位的 GDP，消费的原油是发达国家的 2.3 倍；环境问题每年会消耗 GDP 的 8%～12%；城乡差距从 20 世纪 80 年代的 1.8∶1 扩大到目前的 3∶1；此外，较高的失业率、贪污腐败等问题的存在，使得中国仍未摆脱发展中国家的基本特征。

(二)中国成为世界强国所面临的挑战

虽然中国仍是一个发展中国家，但正在向世界经济强国迈进，中国政府一再明确表态要成为负责任的世界大国。首先，中国国内充满活力的需求不断地为世界创造出新的市场，2013 年中国货物进出口总额达到 4.16 万亿美元，其中进口额 1.95 万亿美元。进口的猛增，进一步刺激了世界经济的增长，尤其是亚洲地区国家经济的发展。其次，上海合作组织、中国—东盟自由贸易区、亚太经合组织等政治与经济上的区域合作，以及“和平发展”理念的提出，反映出中国在推进世界和平与繁荣上的承诺与愿意承担起世界大国的责任。但是，中国要真正成为世界强国还面临着许多挑战。

中国经济正在高速增长，但是国内外一系列因素不断地在阻碍中国经济更快地发展。美国兰德公司国防研究所高级经济顾问查尔斯·沃尔夫曾列举出未来中国经济要保持高速增长可能面临的八大陷阱：失业、贫困和社会不安定；某些官员的腐败对经济的负面影响；艾滋病等传染病；水资源不足和环境污染；能源消费和能源价格；金融体系和国有企业脆弱；海外直接投资的缩小；台湾海峡问题及其他冲突。这八项因素都可能阻止中国成为世界强国。

三、中国的崛起推动世界经济格局多极化

中国是重要的新兴市场国家。人口占全球总人口的 20%，国内生产总值已经排在世界的第二位，是世界第一大货物贸易国，对世界经济增长的贡献率已经超过美国，排在全球第一位。中国在国际事务中已具有重要影响，在许多国际地区问题上的看法已经代表了世界上绝大多数的发展中国家，国际地位不断提高。

与此同时，中国的进一步快速崛起的潜力不可忽视。2008 年 7 月八国集团会议在日本北海道召开。会议决定增加中国、印度、巴西、墨西哥和南非 5 国，从此八国集团扩大为十三国集团，基本上反映了中国在世界各国中的实力。

30多年来，七国集团是富国俱乐部，垄断了国际事务的话语权和决策权。随着全球化背景下“金砖11国”等新兴市场经济体的崛起，使得国际经济力量发生了一些变化，发展中国家强烈要求在国际事务中推进国际关系民主化，并开始有一些话语权。无论是作为制造业产品重要的出口国还是作为全球重要的进口市场，以中国为代表的新兴经济体和发展中国家已经越来越多地紧密地融入全球国际分工链条当中。以中国为代表的这些新生力量的参与和支持，对于全球经济治理来说，发挥了比以往任何时候都更积极的作用。近年来“金砖11国”就国际经济和发展领域的重大问题经常进行对话、交换与合作，这十分有利于增强新兴市场和发展中国家整体的声音、形象和影响，有利于推动经济多极化的发展，不仅对中国有利，也对国际社会有利，有助于世界经济的早日复苏和平稳发展。

中国自改革开放以来，在40年的时间内经济年均增长率超过9%。印度自20世纪90年代以来，俄罗斯、巴西自进入21世纪以来，都根据各自国情进行了经济改革，经济增长均高于西方国家和世界平均水平。据此，无论是现在还是将来，中国经济无疑在这些新兴和发展中国家中都将扮演“领头羊”的角色。

在某种程度上，中国在未来世界经济格局中可能更多的是扮演平衡者的角色。但是，中国到底有多大的影响力，对此我们既不能高估，也不应低估。作为世界经济中的第二大经济体，中国在推进世界经济格局多极化的过程中是一个重要的参与者，但还不是主导者，而且中国的参与不同于一般发展中国家的参与，而是可以起到平衡发展中国家和发达国家力量对比和影响力的一个关键参与者。

案例剖析

中国是地区强国还是世界大国？

毫无疑问，中国的国际地位正在随着中国经济的持续发展而逐步提高。2016年中国GDP超过11.2万亿美元，人均GDP从2008年的3 266美元，到2016年达到8 130美元。外汇储备也由1952年的1.39亿美元、1978年的1.67亿美元增至2008年的1.95万亿美元，2011年超过3万亿美元，2012年中国的外汇储备达到3.4万亿美元，已经成为世界第一大外汇储备持有国。2017年，中国进出口总额达到4.1万亿美元。改革开放40年来，中国已经成为货物贸易第一大出口国、第二大进口国。因此，中国是地区强国还是世界大国一直是近年来世界性的热门争论话题。国际社会怎么看中国当然很重要，因为它们的看法从不同程度上影响着它们的对华关系。但更重要的是中国如何理性地看待本身的国力。如果不能理性地看待自己的崛起，不仅内部的持续发展会出现问题，而且对中国的对外政策也会产生不当影响，如盲目高估自己的国力、非理性的民族主义、大国沙文主义等。

那么，你认为中国是一个世界性的强国还是一个区域性的大国呢？

思考与练习

一、关键概念

世界经济、世界经济格局、单极化、“两极”格局、多极化、“一超多强”、区域集团化、“金砖11国”

二、思考题

1. 试概括世界经济的内涵、特点和发展趋势。
2. 阐述当代世界经济格局的内涵、特点以及发展趋势。

3. 美国在世界经济中一极独大主要表现在哪些方面？
4. 试分析中国要成为世界强国将面临哪些挑战。
5. 21 世纪以来世界经济格局出现了哪些新变化？

三、讨论题

1. 如何看待当今世界经济格局中中国的国际地位？
2. 东亚区域经济合作的形成具有哪些重要的经济战略意义？

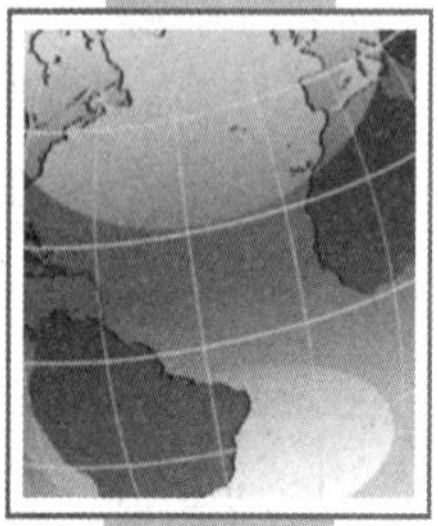

第十五章 世界经济背景下的中国经济

本章要点

本章主要以中国经济发展与世界经济格局以及中国因素与世界经济的互动为主线，介绍了中国经济发展的主要特点、世界区域经济发展概况、中国在世界区域经济格局中的地位以及中国对世界经济的影响等；分析了2008年美国金融危机对中国经济的影响和展望；指出了中国经济增长动力依存，并且在今后的经济发展中，要走有中国特色的可持续发展之路，坚持以经济建设为中心，注重可持续发展、以人为本以及知识创新。总之，就是要坚持习近平新时代中国特色社会主义经济思想。

本章需要重点掌握的内容是中国经济发展对世界经济的影响。

案例引导

中外经贸摩擦为什么越来越频繁？

中国已经进入贸易摩擦多发期。2016年全年共有27个国家发起119起针对中国的贸易救济措施，涉案金额达143.4亿美元，同比增长76%。特别是欧盟等21个国家和地区对中国钢铁产品发起的“双反”调查，金额高达79亿美元，占到当年涉案金额的55%。中国已经连续20年作为全球遭遇贸易摩擦最多的国家。中外贸易摩擦的高发深刻影响着中国对外贸易的发展格局。

中外贸易摩擦为什么越来越频繁？探索其原因是多方面的。既有国际的，也有国内的；既有客观的，也有主观的；既有经济因素的影响，还有政治、法律因素等的制约。许多人认为，国外对中国出口产品实施反倾销调查的原因是由外因引起的。第一，是中国经济崛起与国际贸易保护主义的碰撞。中国经济迅速崛起，对外贸易快速增长，特别是出口增长，在推动全球贸易发展的同时，也给其他国家带来了竞争压力。在出口强势带动下，国际收支持续顺差。经济发展的不平衡，导致贸易保护主义重新抬头。他国把本国经济发展面临的困难归咎于中国，导致摩擦的频频发生。第二，是加入世界贸易组织时存在不利条款和世界贸易组织例外条款的模糊性。中国在加入世界贸易组织时签署的三项条款（非市场经济条款、特定产品过渡性保障条款和纺织品特殊保障措施）对我国遭遇反倾销有直接影响；贸易保护主义常常利用世界贸易组织个别条款在例外规定上存在的模糊和漏洞，对我国实行进口限制；世界贸易组织的争端解决机制没能被充分利用，这都促成了贸易摩擦的加剧和发生。

除了这些外因之外，你还能找到其他原因吗？

第一节　中国经济发展与世界经济格局

一、中国经济发展的主要特点

改革开放40年来，中国经济一直保持持续快速的增长势头，从总体上看，中国经济具有以下基本特征。

（一）经济平稳快速增长，对外依存度过高

从增长速度看，据相关资料统计，2016年中国GDP的增长速度达6.7%，增速较快（同期：美国1.6%，俄罗斯－0.2%，德国1.8%，意大利0.9%，法国1.2%，英国1.8%，日本1.0%，印度6.8%）；2003～2007年，我国国民经济连续五年实现10%以上的增长（见表15－1）。

表15－1　　2010～2017年我国国内生产总值及其增长速度

年份 指标	2010	2011	2012	2013	2014	2015	2016	2017
GDP总量（亿元）	413 030	489 301	540 367	595 244	643 974	689 052	743 586	827 122
GDP增长速度（%）	10.6	9.5	7.9	7.8	7.3	6.9	6.7	6.9

资料来源：中国国家统计局。

从经济总量看，国内生产总值的世界排名继续保持第二。2002年，我国国内生产总值分别相当于美国、日本和德国的13.9%、37%和71.8%，只占世界总额的4.4%，到2006年，已分别相当于美国、日本和德国的20%、60.6%和91.3%。根据中国国家统计局公布的数据，中国2016年GDP现价总量达74.4万亿元（约合11.2万亿美元），远超排名第二的日本。美国为18.6万亿美元，占世界GDP总量的24.3%，排名第一；日本为4.9万亿美元，占总量的5.9%，排名第三；德国为3.4万亿美元，占总量的4.5%，排名第四。

人民生活水平无论从数量上还是质量上均得到显著改善。（1）城乡居民储蓄存款增长迅速。2016年居民储蓄存款余额57.4万亿元，比上年末增加4.1万亿元。（2）住房情况得到根本性改善，城镇居民住房面积从2006年的27平方米增加到2017年的40.8平方米。（3）城乡居民收入持续较快增长。城镇居民家庭年人均纯收入在1980年为477.6元，1990年为1 510.2元，2000年为6 280元，2012年为24 564元，2016年为33 616元；农村居民家庭年人均纯收入1980年为191.3元，1990年为686.3元，2000年为2 253.4元，2012年为7 916.6元，2015年为10 772元。（4）人民生活质量显著提高。2017年城镇、农村居民家庭恩格尔系数①分别下降0.7和1.0个百分点，单从恩格尔系数看，中国城镇居民的总体生活水平已进入国际标准意义上的富裕阶段，而农村居民生活水平则进入小康阶段（见表15－2）。

①恩格尔系数是国际通用的分析消费结构的指标，即食品支出占消费支出的比重。根据联合国粮农组织的标准划分：恩格尔系数在60%以上为贫困，在50%～59%为温饱，在40%～49%为小康，在30%～39%为富裕，30%以下为最富裕。

表 15—2　**2010～2017 年农村居民家庭、城镇居民家庭恩格尔系数变动情况**

指标＼年份	2010	2011	2012	2013	2014	2015	2016	2017
农村居民家庭恩格尔系数(%)	41.10	40.40	39.33	37.70	37.80	33.00	32.20	31.20
城镇居民家庭恩格尔系数(%)	35.70	36.30	36.23	35.00	34.20	29.70	29.30	28.60

资料来源:世界银行和中国国家统计局。

进入 21 世纪以来,在中国经济保持持续快速增长的过程中,一直伴随着过高的对外依存度。1998 年中国贸易对外依存度仅为 32%,到 2012 年上升至 52%,中国经济与全球经济已紧密相连,中国经济与全球经济的关联度越来越高,这也意味着国际经济对中国经济的传导作用越来越强。

(二)经济发展不平衡,消费对 GDP 贡献度不高

中国经济发展不平衡,主要体现在以下几方面:

1. 区域发展不平衡

我国的自然地理状况是西高东低,而经济发展水平却是东高西低,区域经济发展不平衡,东西部地区差距巨大。

(1)从区域 GDP 总量来看,东、中、西部地区以及东北老工业基地之间的差距明显,地区发展不平衡。2012 年,东部地区 GDP 总量为 295 892 亿元,中部地区 GDP 总量为 116 277 亿元,西部地区 GDP 总量为 113 904 亿元,东北老工业基地 GDP 总量为 50 477 亿元,西部地区 GDP 总量只占东部地区的 38%,东北老工业基地 GDP 总量只占东部地区的 17%(见表 15—3)。

表 15—3　**2010～2017 年 GDP 总量地区分布**　单位:亿元

地区＼年份	2010	2011	2012	2013	2014	2015	2016	2017
东部	232 030.7	271 354.8	295 892	324 765	350 100.9	372 982.7	410 186.4	449 680.8
中部	86 224.67	104 620.9	116 461.9	128 122.6	138 924.1	146 950.5	160 645.6	179 412.4
西部	81 408.49	100 234.96	113 904.80	126 956.18	138 099.80	145 018.92	156 828.17	154 423.95
东北	37 493.45	45 377.53	50 477.25	54 714.53	57 469.1	57 815.82	52 409.79	55 430.84

资料来源:中国国家统计局。

(2)从区域 GDP 增长率来看,区域差距也非常明显。2002～2012 年 10 年间,东部、中部、西部和东北地区的 GDP 增长速度差异明显(见图 15—1)。

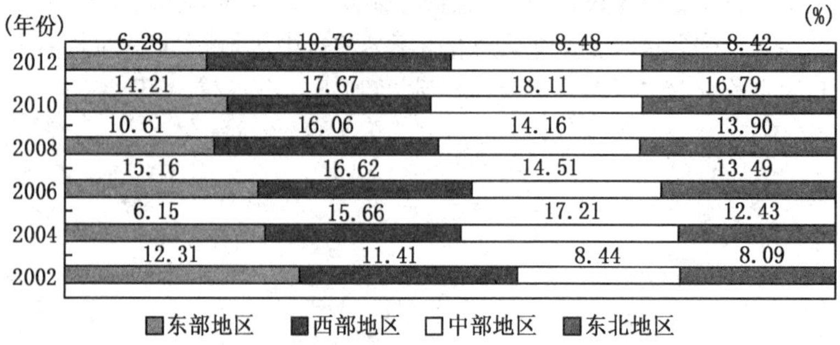

资料来源:根据《中国统计年鉴》数据整理所得。

图 15—1　2002～2012 年中国 GDP 增长速度区域分布

(3)从区域人均GDP看,地区差距也非常明显。如表15—4所示,东部人均GDP与西部人均GDP之比由1999年的3∶1扩大到2004年的3.2∶1,到2005年东西部人均GDP之比缩减到2.6∶1,2007年这一比例进一步缩减为2.4∶1。但是,东西部人均GDP仍然存在较大的差距,2012年西部地区人均GDP刚超过东部地区的一半。

表15—4　　2010～2016年人均GDP的地区分布　　单位:元

地区＼年份	2010	2011	2012	2013	2014	2015	2016
东部	50 584.10	57 935.60	62 532.90	67 834.00	72 420.02	76 460.11	83 648.10
中部	24 249.17	29 317.33	32 461.83	35 482.50	38 109.25	40 028.27	43 352.50
西部	23 458.08	28 783.25	32 426.17	35 909.35	38 798.46	40 410.25	43 172.17
东北	33 676.67	40 679.67	45 258.33	49 040.38	51 529.17	51 967.33	48 363.67
西部占东部百分比(%)	46.37	49.68	51.85	52.94	53.57	52.85	51.61

资料来源:中国国家统计局。

2. 城乡发展不平衡

中国经济发展的另一个特色是农村和城市反差巨大,在城市居民收入大幅增长的同时,农村居民的收入增长却相对停滞。如表15—5所示,城乡居民收入差距在改革开放后进一步拉大,由1978年的2.57∶1扩大到2009年的3.33∶1,如果加上城市居民享受到的各种补贴和福利,城乡居民的实际收入差距估计会达到4.5～5∶1。2002年,全国农村人均年纯收入为2 476元,大约可折合300美元,即人均不足1天1美元。按照国际上公认的1人1天低于1美元属于贫困的标准来衡量,我国有超过50%的农村人口处于生活贫困状态。而同时期,我国财政和金融用于农村的资金长期达不到10%。基础设施、能源、通信、水利等也是优先以城市发展为主,这些方面都造成了城乡之间发展差距的进一步拉大,使城乡发展不协调的矛盾更加突出。

表15—5　　1978～2017年城乡居民人均可支配收入对比

年　份	城镇居民(元)	农村居民(元)	城乡收入比
1978	343.40	133.60	2.57
1982	535.30	270.10	1.98
1986	900.90	423.80	2.13
1990	1 510.20	686.30	2.20
1994	3 496.20	1 221.00	2.86
1998	5 425.10	2 162.00	2.51
2002	7 702.80	2 475.60	3.11
2006	11 759.50	3 587.00	3.28
2010	19 109.40	5 919.00	3.23
2015	31 790.30	10 772.00	2.95
2016	33 616.20	12 363.40	2.72
2017	36 396.00	13 432.00	2.71

数据来源:2017年《中国统计年鉴》。

二、世界区域经济发展

世界经济区域化是第二次世界大战后世界经济运行格局发生的重要变化之一。早在20世纪50年代,区域经济合作就开始在西欧等地区出现,并开始由小到大、由少到多、由浅到深的逐步发展。冷战结束以来,区域化的发展势头进一步增强,几乎所有的国家和地区都参加了一个或几个区域经济合作组织。世纪之交是世界区域性经济活跃发展时期,区域性经贸组织成集团形式遍布世界各地。冷战结束以来,各大洲区域经济的主要动态简述如下:

(一)亚洲地区

亚洲占全球陆地面积的30%,世界人口的59%。亚洲是世界文明的重要发源地,曾经有过辉煌的历史,但在近代因为遭受列强侵略掠夺而长期陷于落后衰弱之地。第二次世界大战后的半个多世纪以来,亚洲经济发展取得了举世瞩目的巨大成就,改变了东西方经济力量的对比。据世界银行的报告,亚洲国家的GDP在世界总量中的比重已由1990年的15%提高到2016年的33.8%。据美国亚洲协会预计,到21世纪中叶,全球最大的四个经济体,即美国、中国、日本和印度,有三个在亚洲,亚洲将成为世界经济的重心。

亚洲经济作为世界经济增长的亮点,已成为世界经济中最具活力的地区。据国际货币基金组织的数据,2016年,世界经济增长率从2015年的3.5%降至3.2%,2017年为3.8%;2014年、2015年和2016年非洲的经济增长率分别为3.4%、1.5%和2.8%,拉美和加勒比海地区分别为0.3%、-0.7%和1.3%;亚洲发展中国家和地区的经济增长率分别为6.8%、6.5%和6.5%,仍远远高于其他地区。从国际贸易数字来看,亚洲在国际贸易中所占比重不断上升。2014年,亚洲出口在世界出口中所占的比重为32%。

(二)非洲地区

20世纪90年代中期以来,虽然全球经济增长起伏不定,但非洲经济基本上保持稳定的增长势头。据国际货币基金组织统计,1989~1998年非洲大陆GDP年均增长2.2%。1999~2007年,年均增长则高达4.6%,这标志着非洲经济步入健康增长的轨道。2016年,非洲经济增长达1.8%。经济持续增长,使得非洲在世界经济舞台上的砝码有所加重,其经济总量占世界的比重从1999年的2.0%增加到2006年的3.0%。伴随着经济总量的增长,非洲宏观经济正趋于稳定。

2016年非洲国家与世界其他地区的贸易逆差降到了近3年来的最低水平。非洲国家2016年第四季度月均贸易逆差仅为29.9亿美元,创2014年4月以来的最低值。其中,南非2016年贸易逆差约为2.1亿美元,较上一年度下跌了94.4%,其中进口较上一年度减少5%,出口仅略微下降;肯尼亚贸易逆差占GDP比重自2012年的20.4%逐年稳步下降至2016年的7.7%。

2015年,非洲外国直接投资项目增长7%。尽管2015年外国直接投资额由上年的885亿美元降至713亿美元,但仍高于2010~2014年680亿美元的平均值,创造就业数也高于2010~2014年平均水平。分地区看,东非地区外国投资项目数量占非洲地区总量的26.3%,西非地区占16.2%,且西非地区吸引外资额领跑非洲。近年来,非洲地区吸收外资结构发生了变化,由原先集中于几个国家和行业,转为更加分散化,商业服务、汽车、环保技术和生命科学成为投资者新的投资热点。

非洲大陆共有54个国家,无论是经济发展水平还是经济增长速度,都存在较大的差距,不平衡发展特征凸显。2016年,在可获数据的47个非洲国家中,人均GDP增长超过3%的国家有 14 个，人均 GDP 下降的有 26 个。北非地区是非洲大陆经济发展水平较高的地区，2016 年经济增长为 3.4%。撒哈拉以南非洲地区，除尼日利亚和南非外，其他国家的 GDP 增速平均为 1.5%。2016 年，非洲经济巨人尼日利亚，GDP 总量为 4 369.5 亿美元，比上一年下降 1.5%，人均 GDP 为 2 211 美元；南非经济则保持 0.3%的增长势头，GDP 总量为 2 941.3 亿美元，人均 GDP 为 5 261 美元。

(三)欧洲地区

经受了国际金融市场动荡、欧债危机、国际原油价格上涨和欧元升值等不利因素的多重冲击，近年来，欧洲经济可谓步履艰难，在颠簸中前行。2016 年欧盟 28 国经济的平均增长率仅为 2.0%，欧洲经济年均增长率为 1.7%。

2017 年，欧盟进口和出口总额分别为 5.2 万亿及 5.1 万亿欧元，同比均增长 8%，外贸逆差 911.3 亿欧元，低于 2016 年 1 013.9 亿欧元的贸易逆差。欧盟经济大国德国 2017 年的出口增幅为 6.3%，其中对欧盟伙伴国家的出口平均增长 8%，但对非欧盟国家的出口仅增长 4.4%。据欧盟统计局发布的数据，2016 年 12 月的失业率已降至 8.2%。2016 年 12 月份，欧元区 19 个成员国的消费价格指数有所上升，这标志着通货紧缩的威胁已经减弱。

欧盟是目前世界上规模最大、一体化程度最高、经济发展程度最高的区域经济政治联合体。根据国际货币基金组织公布的数据，2016 年，欧盟 28 个成员国国民生产总值达到 16.4 万亿美元，占世界 GDP 总量的 22.2%，人均 GDP 超过 3.5 万美元。

(四)拉丁美洲地区

新世纪初，拉美金融形势稳定，外资流入增加，生产恢复增长，就业形势改善，2004～2007 年保持经济温和增长，而且增长率都在 4.5%以上。据联合国拉丁美洲和加勒比经济委员会发表的公报显示，2006 年拉美和加勒比地区经济增长率达 5.3%，保持了连续四年经济较快增长势头。

据有关资料显示，2007 年拉美国家出口达到了 7 150 亿美元，比前年增加了 11%；拉美地区 33 个国家全部为贸易顺差，外汇储备增加到地区国内生产总值的 3.5%，其中外汇储备最多的国家是巴西(1 600 亿美元)，其次是墨西哥(近 700 亿美元)。2007 年拉美地区私人投资活跃，就业形势好转。失业率由 2006 年的 8.6%下降到 8%，而且就业质量有所提高，贫困人口进一步减少。目前，拉美和加勒比地区的 5.5 亿人口中贫困人口已经从 44%下降到 37%。2007 年流入拉美地区的外国直接投资总额达到 950 亿美元(净额为 771.26 亿美元)，相当于 GDP 的 2.3%。仅巴西就吸收了 350 亿美元的外国直接投资，占整个地区外资的 1/3 左右。

尽管 21 世纪初，拉美经济保持了中速增长，但在发展中国家中仍处于相对落后的水平。2007 年世界经济增长 3.7%，其中发展中国家增长 6.9%，非洲增长 5.8%，西亚增长 8.1%，欧洲转型国家增长 8%；拉美的经济增长率再次低于其他发展中地区。近年来，拉美地区总体经济形势恶化。2011 年拉美经济增长率为 4.3%，2013～2016 年，拉美经济增长率持续下降，分别为 2.7%、0.9%、－0.2%和－0.7%。

三、中国在世界区域经济格局中的地位

进入 21 世纪的中国经济处于信息化和经济全球化的背景之下。在资源日益在全球范围有效配置以及国际分工不断深化的过程中，2017 年中国 GDP 排名世界第二，货物贸易总量位居世界第一，中国经济在世界经济中具有举足轻重的地位和影响力。中国经济增速保持高位水平，人均 GDP 从 1978 年的 379 元即当时的 168 美元，上升至 2016 年的超过 8 000 多美元，

GDP 总量从 1979 年的 0.4 万亿元人民币上升至 2017 年的 82.7 万亿元人民币，这样的经济崛起已经改变了中国在全球经济中的地位。

(一)从 GDP 看中国整体实力在世界区域经济中的地位

从 GDP 观察中国在全球经济中的地位，可以使用两套指标和两个角度进行观察。两套指标分别是指，使用以美元计价的 GDP 和以购买力平价法计算的 GDP 构成的指标。两个角度是对中国 GDP 占世界总额比重的时间序列观察和有选择的国别比较。

以美元计，中国 GDP 占世界总额的比重呈现有规律的上升。1980 年该指标值是 1.85%，10 年后即 1990 年，这个指标的数值是 1.6%，但是随后这个指标随时间推移稳步增长，到 1994 年超过 2%，到 1997 年超过 3%，到 2003 年达到 3.9%，到 2016 年达到 14.8%(见图 15—2)。中国整体的经济规模在全球经济中的份额，使其日益具有重要影响力。

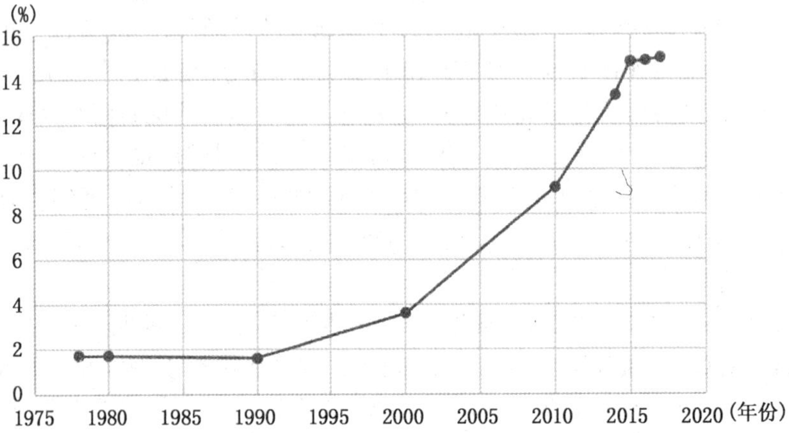

资料来源：《国际统计年鉴》。

图 15—2　中国 GDP 占世界总额的比重

从国别比较的角度来看，中国经济规模位居世界第二，仅次于美国。表 15—6 显示，2016 年以美元计，中国 GDP 占世界份额的 14.8%，日本是 5.9%，印度是 2.8%，美国是 24.3%；从按购买力平价计算的 GDP 来看，2016 年中国占世界份额的 17.7%，日本仅占 4.4%，印度为 7.2%，美国为 15.4%。

表 15—6　　2016 年有关国家 GDP 占世界份额的比较　　单位：%

GDP 占世界的比重	中　国	日　本	印　度	美　国
以美元计	14.77	6.51	2.98	24.56
购买力平价	17.74	4.44	7.21	15.43

资料来源：世界银行。

(二)从国际商品市场看中国经济的影响力

观察由商品流动规模即进出口规模产生的中国经济影响力，也可以采用两个指标和两个角度。两个指标分别是中国进出口总额占世界进出口总额的比重以及中国进出口总额占亚洲进出口总额的比重。两个角度分别是对中国进出口总额占世界总额比重的时间序列观察和国别的比较。

1. 出口比重以及进口比重的时间序列

总体来说，中国进出口总额占世界进出口总额的比重以及占亚洲进出口总额的比重始终是稳步上升的。2013～2014 年，中国占亚洲进出口总额的比重已经达到 35%，占世界进出口总额的比重超过 10%。图 15－3 和图 15－4 显示，中国进出口总额占亚洲总额的比重自 1990 年以来飞速上升，大大超过中国进出口总额占世界总额比重的上升速度，这说明中国在世界商品市场中尤其是在亚洲市场上具有不可替代的地位。

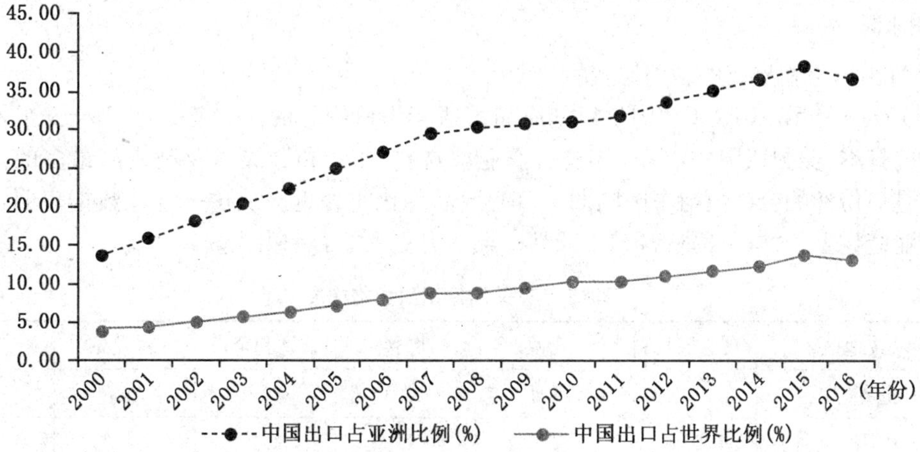

资料来源：WTO 和中国国家统计局数据。

图 15－3　中国出口总额占世界出口总额的比重以及占亚洲出口总额的比重

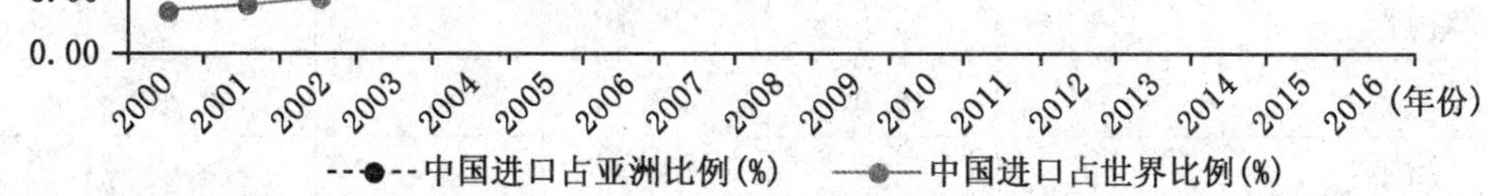

资料来源：WTO 和中国国家统计局数据。

图 15－4　中国进口总额占世界进口总额的比重以及占亚洲进口总额的比重

2. 出口比重的国别比较

表 15－7 的部分国别比较显示，无论是在国际商品市场上还是在亚洲商品市场上，中国的影响力都远远超过印度，比日本略胜一筹。这印证了上文的观察结论：中国在全球经济中的地位和影响力，首先表现为在亚洲经济中的地位和影响力。

表 15-7　**2016 年有关国家出口比重的比较(货物贸易)**　单位:%

国家	占世界比例	占亚洲比例
中国	13.12	—
印度	1.65	4.59
日本	4.03	11.19
美国	9.08	36.39

资料来源:WTO。

3. 进出口货物构成的国别比较

表 15-8 显示,2015 年中国出口制成品占所有出口物品的 94.3%。表 15-9 显示,在中国、印度、日本、美国四国中,2015 年进口农业原材料、矿物和金属以及制成品最多的是中国,这三项进口份额的合计值与中国同期出口制成品的比重相近。从这一统计数据表明,中国经济在产业结构上,对国际原材料和制成品市场具有更大的影响力。

表 15-8　**2015 年有关国家出口货物构成**　单位(%)

国家或地区	农业原材料	食品	燃料	矿物和金属	制成品	其他
世界	1.6	9.4	10.1	4.2	71.2	3.5
中国	0.4	2.8	1.2	1.2	94.3	0.1
印度	1.5	11.6	12.1	3.3	70.6	0.9
日本	0.8	0.8	1.8	2.5	88.0	6.1
美国	2.3	10.1	8.3	2.9	64.0	12.4

资料来源:《国际统计年鉴》。

表 15-9　**2015 年有关国家进口货物构成**　单位(%)

国家或地区	农业原材料	食品	燃料	矿物和金属	制成品	其他
世界	1.5	8.2	11.5	3.9	72.1	2.8
中国	3.6	6.7	12.7	10.2	61.7	5.2
印度	2.0	5.8	29.4	7.0	52.7	3.1
日本	1.4	10.0	20.5	6.5	59.8	1.7
美国	0.9	5.9	8.7	2.0	78.9	3.6

资料来源:《国际统计年鉴》。

从上述统计数据可以得出的结论:一是中国经济在全球经济中具有日益重要的影响力,主要表现在中国经济可以起到平稳全球经济的作用;二是中国在世界商品市场中具有不可替代的地位,在产业结构上对国际原材料和制成品市场具有更大的影响力;三是中国经济对世界经济的影响更多地表现为区域性影响,主要是在亚洲经济中具有举足轻重的地位和影响力。

第二节　中国因素与世界经济的互动

一、中国对世界经济的影响加大

自改革开放以来，伴随着融入经济全球化程度的加深，中国经济实力空前增强。1978～2005年，中国经济年均增长率达到9.4%。世界银行2006年7月发布的世界发展指数数据库(World Development Indicators Database)显示，按官方汇率计算，2005年中国GDP为22 288亿美元，已高于英国成为世界第四大经济体；若按照购买力平价计算，中国2005年的GDP为85 726亿美元，仅次于美国的124 094亿美元，位居世界第二。2008年金融海啸爆发后，中国对世界经济的增长作出的贡献最大，在2007年至2012年，经济增长率平均为10.0%。最大经济体美国，这6年的经济增幅平均为0.9%。随着中国经济实力的增强，中国对世界经济的贡献也日益显著，中国的经济发展已经成为推动世界经济发展的重要引擎之一。2016年中国GDP已达11.2万亿美元，仅次于美国。

自改革开放以来，中国经济对世界经济增长的贡献率一直在上升。据世界银行统计，以市场汇率计算，1980～2000年，中国经济对世界经济增长的贡献率年均为14%，美国为20.7%；2001～2005年，中国对世界经济增长的贡献率上升到14.5%，美国则下降到19%；按购买力平价计算，2001～2006年，中国对世界经济增长的贡献率年均达到31%，超过美国的12.8%(见表15—10)。

表15—10　　2001～2006年中国经济增长对世界经济增长的贡献率　　单位：%

指标＼年份	2001	2002	2003	2004	2005	2006
世界经济增长率	2.6	3.1	4.1	5.34	5.4	—
世界经济增长率(扣除中国后)	1.8	2.0	2.8	3.9	3.3	4.0
中国对世界经济增长的贡献率(按购买力平价计算)	33.6	36.9	32.4	26.8	30.3	26.4
中国对世界经济增长的贡献率(按市场汇率计算)	18.7	16.3	12.8	10.3	16.5	11.4

资料来源：日本贸易振兴会，《贸易投资白皮书》2004年期和2006年期；2006年以世界银行《世界发展指数》2007年版的数据计算。

2007年，世界经济发生的情况与2001年有类似之处，但是全球经济扩张势头不变。主要原因是中国等新兴市场和发展中国家经济形势良好。2007年，虽然美国次贷危机引发全球金融市场混乱，使世界经济阴霾笼罩，但是中国、印度、俄罗斯等新兴大国经济形势不错，抵消了美国经济增长减缓风险。特别是中国，2007年经济增长11.5%，无论按购买力平价(见图15—5)还是按市场汇率计算(见图15—6)，中国都已经成为世界经济最大的引擎。

二、中国为世界各国提供巨大的市场

随着中国经济的持续增长和国内产业结构、消费结构的不断升级，中国已经成为许多国家出口商品的重要市场，给世界各国带来了巨大的市场。在改革开放初期的1978年，中国商品进口只有108.9亿美元，1990年增加到了533.5亿美元，增长了3.9倍，年均增长速度为14.2%；2000年，中国商品进口额增加到2 250.9亿美元，占世界商品进口比重增加到了

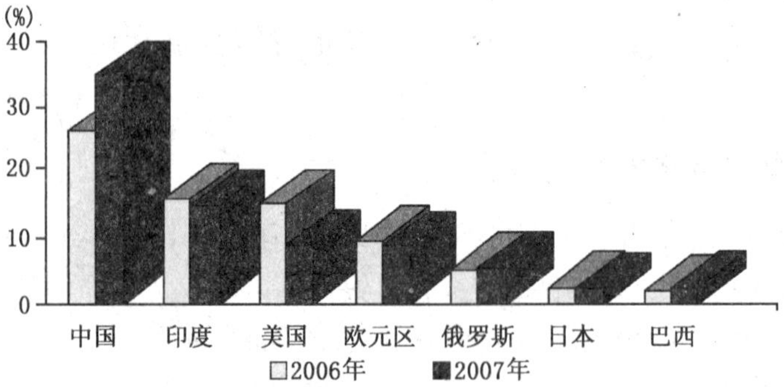

资料来源:IMF:*World Economic Outlook* 2007。

图 15—5 2006～2007 年主要经济体对世界经济增长的贡献率变动(按购买力平价计算)

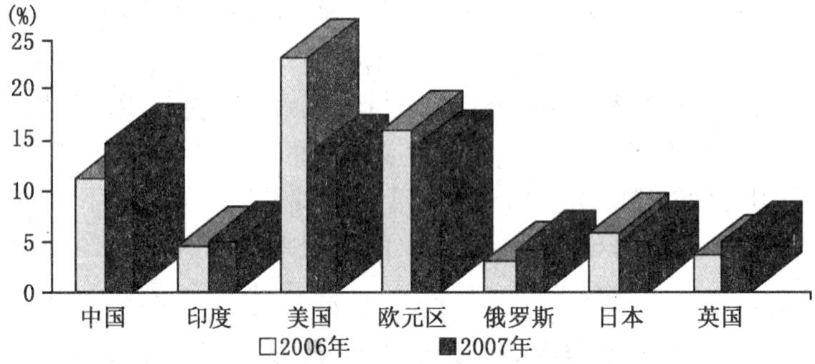

资料来源:IMF:*World Economic Outlook* 2007。

图 15—6 2006～2007 年主要经济体对世界经济增长的贡献率变动(按市场汇率计算)

3.0%,比 1990 年增加 13.2 倍,年均增长速度为 15.5%;2006 年,中国商品进口达到 7 916.1 亿美元,比 2000 年增加了 2.5 倍,年均增长速度为 23.3%。由此可见,中国商品进口的增长速度一直在加快,由 20 世纪 80 年代的年平均增长 14.2%和 90 年代的 15.5%,加快到 2004～2012 年的 17.9%。2013 年中国货物贸易量达到 4.16 万亿美元,成为全球第一货物贸易大国(见图 15—7)。这是中国在成为最大的外汇储备国和最大出口国后的又一大突破。

改革开放初期,中国商品进口额在世界商品市场所占比重低,影响小。据中国国家统计局统计,1978 年,中国商品进口额占世界商品市场出口额的比重为 0.8%;改革开放前 20 年(1978～1998 年),中国商品进口额占世界比重增加 2.1 个百分点,至 1998 年的 2.9%;1999～2006 年,情况发生变化,进口商品增长速度几乎一年上一个台阶,占世界的比重增加 3.8 个百分点,至 2006 年时达到 6.4%,年均增长 0.54 个百分点。2016 年,中国商品进口达到 15 879 亿美元,比 2000 年增加了 7.1 倍,占世界比重增加到 9.8%。(见图 15—8)。

中国商品进口为世界各国商品市场创造了机遇,尤其是对发展中国家商品出口的贡献最大。据世界银行统计,进入 21 世纪以来,中国已经成为发展中国家增长最快的出口地。据世界银行估计,在中国的进口商品市场中,63%为中间品,31%为半成品,79%以上的进口来自发展中国家。

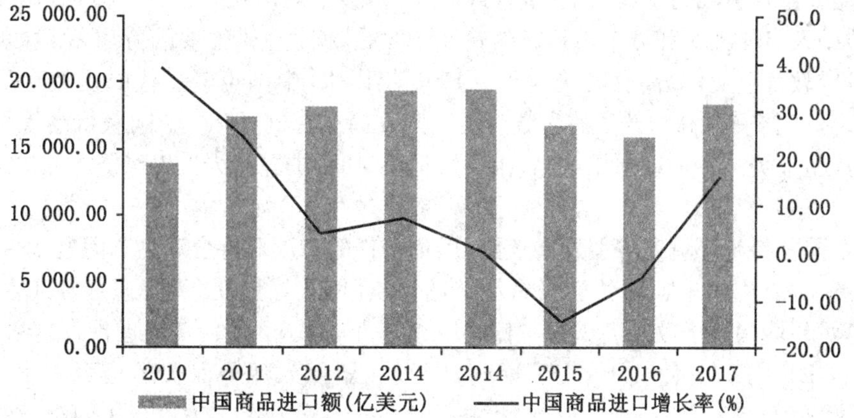

资料来源:世界银行。

图 15—7　2010～2017 年中国商品进口额及其增长率

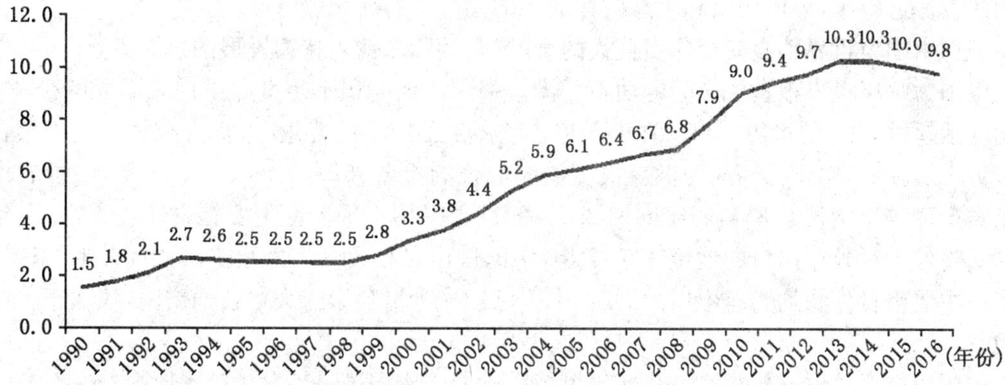

资料来源:IMF 数据库和 WTO。

图 15—8　1990～2016 年中国商品进口占世界比重

三、中国促进世界经济持续发展

中国以和平发展的方式发展经济,其持续快速发展不仅对本国,而且对整个世界的稳定和谐都产生了相当积极的作用,为世界经济可持续发展作出了巨大的贡献,主要表现在以下三个方面:

(一)中国重视人口管理,缓解了世界人口老龄化压力

人口老龄化是经济和社会发展的必然趋势,其原因在于出生率下降和人均寿命增加。联合国世界老龄化大会曾指出,人口老龄化在世界范围内具有普遍性,将在 21 世纪长期持续而且不可逆转。1998 年,在较发达国家中,老年人口数量历史上首次超过年轻人口。2000 年,在世界总人口中,60 岁以上的老年人口比例超过 10%,表明全球正式进入人口老龄化阶段。老龄化会使劳动人口下降,给世界经济增长带来压力。过去一段时期,中国在迅速参与全球化的同时,国内劳动年龄人口快速增长,为世界经济提供了宝贵的低成本劳动力资源。2012 年,中国 60 岁以上老年人口比例为 14.3%,远低于发达地区约 20%的平均水平。

中国充分重视劳动力问题，积极进行人口管理，缓解老龄化压力。一方面，用好农村剩余劳动力，帮助人口向工业和城市转移。随着经济发展，农业生产需要的劳动力将大幅减少。另一方面，发展教育事业，提高劳动力素质。1998 年以来，中国年轻一代的受教育程度迅速提高。2000 年，中国受过高中教育的人数与美国几乎持平。2005 年，中国获得高等学位的应届毕业生人数超过美国。可以预见，今后相当长一段时间，中国将为世界经济注入更多高素质的劳动力。

（二）中国坚持走环境友好型发展道路，以负责任的态度对待全球生态问题

中国提出科学发展观，加快建设资源节约型、环境友好型社会，促进人与自然和谐发展。首先，政府对环境问题予以高度重视。1996～2004 年，中国环境污染治理投入达到 9 522.7 亿元，占同期 GDP 的 1.0%。“十一五”期间，中国计划投入环境保护的资金将增加 47%，占 GDP 的比例提高 0.5 个百分点。其次，提高社会意识和公众参与程度。民间组织和环保志愿者已经成为环境保护公众参与的重要力量，中国目前有非政府环保组织 1 000 余家。第三，积极参与国际合作。中国已参与《联合国气候变化框架公约》《京都议定书》等 50 多项涉及环境保护的国际条约，并积极履行条约义务。同时，加强多边环保工作，积极参与区域环保合作机制化建设。近年来，环境污染和生态破坏加剧的趋势已有所减缓。

（三）中国为世界粮食安全作出巨大的贡献，是国际农业可持续发展的重要力量

中国为解决世界粮食供应问题功不可没。中国耕地面积不足世界耕地总面积的 10%，却成功养活超过 20%的世界人口。在世界粮食整体供不应求的背景下，极大减轻了世界粮食供应压力。实际上，中国已经成为世界粮食供应增长的重要来源。1995～2004 年，中国农作物和家禽产量年均增长 4.8%，高于同期 2.5%的世界平均水平。在主要粮食作物方面，多年来中国始终处于对外净出口的地位。2012 年，中国进出口粮食 8 302 万吨，其中，大米、玉米、小麦三种主要粮食作物均为净出口。同时，中国已经成为世界第三大粮食捐赠国，仅次于美国和欧盟。

中国促进全球农业依靠科技化实现可持续发展。中国既是粮食生产大国，也是消费大国。科技对中国农业增产的贡献率为 48%，对发达国家更高达 60%。今后中国粮食和农业产品需求量的进一步增长，将促使国内外农业部门加速升级、技术密集型发展模式持续深化。在国内，农业生产的科技含量提高，2020 年农业科技进步贡献率可能达到 63%，农业科技整体实力率先进入世界前列。农业单位生产能以科技为动力大幅提高，这将使 2020 年中国粮食总产量达到 6 亿吨，保障供需基本平衡。

四、中国经济在世界经济发展中越来越重要

世界经济一度呈现美国、欧盟和日本三足鼎立的格局，然而中国的崛起将影响世界经济格局未来的结构。

20 世纪 80 年代以来，随着中国开始了经济自由化、市场化改革，禁锢已久的巨大生产力被释放出来，经济发展速度空前提高。而此时正值经济全球化和信息化浪潮如火如荼地展开，新的技术正在推动中国生产力的第二次提速。世界经济论坛主席施瓦布指出，由于近年来中国经济崛起，世界经济的重心已经由西向东转移。按照高盛公司的预测，到 2050 年，中国、印度、巴西和俄罗斯的经济规模总和会超过六国集团，但是其人均收入仍然低于发达国家。于是，这将出现一种崭新的世界经济格局：美国仍然在世界经济中扮演重要作用但无法再占据统治性地位，发展中大国将逐渐崛起，它们在经济总量上占有优势但却不是最富裕和发达的国

家，传统意义上的发达国家随着经济比重相对下降、人口老龄化等问题在国际舞台上的影响力会逐渐下降。未来的世界经济很可能出现大国不一定是富国，大国不一定是发达国家这样一种新的格局。从地缘政治经济的角度来看，东亚正在成为世界上最重要的经济大陆，相比之下，美洲和欧洲在世界经济地图中的中心地位将有所下降，地缘政治和地缘经济都会发生板块的裂变。

从世界经济目前的发展变化来看，西欧占世界 GDP 比重呈下降趋势，中国呈上升趋势，美国的比重可能呈现先不变后下降的趋势。几个世纪以来，世界一直是西方国家较量的舞台。中国的崛起，既代表着全球力量的第三次转移——亚洲崛起，又意味着一次历史的回归，世界经济重心将再度回到中国这个文明古国。

第三节　美国金融危机对中国经济的影响和展望

一、中国创造了“中国奇迹”

世界经济在一段时期内由美国、欧盟和日本构成三足鼎立的格局，然而中国经济发展将从根本上改变这种世界经济大格局。

(一)改革开放 40 年 GDP 平均增长率超过 9%

自 1978 年以来，中国经济发展取得了巨大的成就，40 年经济的平均增长率超过 9%；2017 年中国的国际贸易额达到 4.1 万亿美元，40 年增长了 195 倍；从 1978 年占世界出口量不到 1%到 2008 年占世界出口量超过 10%；自 1997 年以来一直保持着物价和汇率的稳定，FDI 超过了 500 亿美元，居世界第一位；近年来，外汇储备超过了 3 万亿美元；2016 年人均国内生产总值超过 8 000 美元；成功举办 2008 年北京奥运会以及 2010 年上海世博会等。这些无不表明，中国社会经济正在发生巨大变化，并取得引人瞩目的成就。

我们不妨将中国和美国的经济增长率进行比较。从图 15－9 可以看出，1978 年以来，美国的经济增长也是强劲的，其经济增长比欧洲和日本都快得多。不过，同中国放在一起比较，我们就不难看出，中国经济增长率更高。一般来说，发展中国家早期的发展速度比发达国家快，原因之一是技术相对落后的国家，可以通过引进技术迅速地迎头赶上。虽然中国的增长速度也有一些波动，但还是非常惊人的，这已是所有经济体中的一个奇迹。

(二)已成为世界第二大经济体

2008 年美国金融危机前，如以国民生产总值(GNP)来比较中国与七大工业国的经济规模(见表 15－11)，美国现在是世界上最大的经济实体，并且一直保持着这个地位。如果把欧盟、欧元区放在一起，则欧盟是第一大经济体。如果按国家来分，2005 年则日本排在第二位，德国排在第三位；第四大经济体是英国。2008 年中国 GDP 总量达到 4.222 万亿美元，仅落后于美国和日本，成为世界第三大经济体。金融危机后，中国经济平稳发展，2010 年 GDP 总量已超过日本，成为第二大经济体，2016 年 GDP 总量达 11.2 万亿美元。

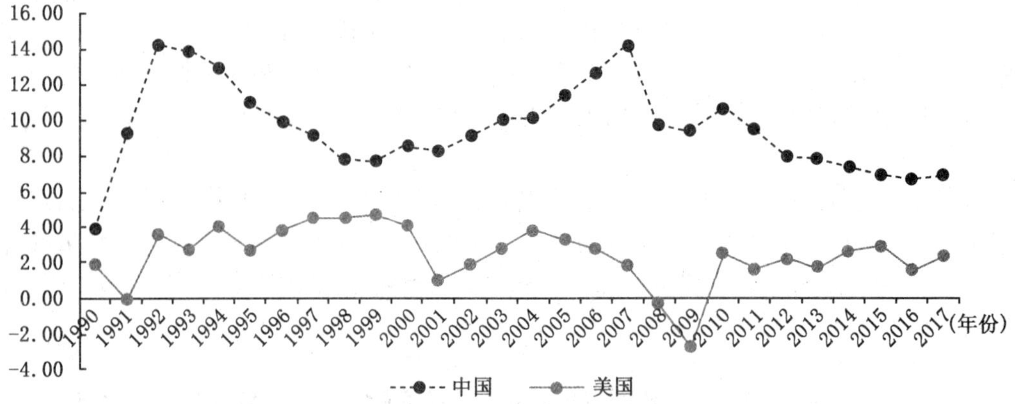

资料来源：美国经济分析局和世界银行。

图 15－9　1990～2017 年中美经济增长率比较

表 15－11　　**七大工业国与中国的 GNP 比较**　　单位：万亿美元

国家＼年份	2004	2005	2006	2007
中国	1.6	1.8	2.1	2.4
美国	11.7	12.5	13.1	13.8
日本	4.7	4.8	5.2	5.4
德国	2.6	2.8	2.8	2.9
英国	2	2.1	2.2	2.2
法国	1.6	1.7	1.8	2.1
意大利	1.6	1.7	1.8	1.9
加拿大	1.1	1.1	1.2	1.2

资料来源：IMF：*World Economic Outlook* 2007。

二、美国金融危机对中国经济的影响

始于 2007 年的美国次贷危机愈演愈烈，终于导致全球金融海啸，国际货币基金组织称之为"自 20 世纪 30 年代以来世界最严重的一场金融危机"。2008～2009 年金融海啸对实体经济的影响不断加深，世界经济增长步伐明显放缓。作为最大的发展中国家，2008 年下半年以来，中国经济在持续了 8 年的快速增长后，出现了缓慢下行趋势。2008～2009 年美国金融危机对中国经济的影响主要体现在以下几个方面：

首先，危机对中国的金融市场和资本市场都产生了较大的负面影响。一是对中国银行业的资产质量、流动性、资本充足率、利润等方面产生了不利影响；二是危机的持续加深给中国各类金融投资机构带来损失；三是股市起伏不定，股民利益受损；四是由于金融危机带来的美元疲软和人民币升值，使得中国企业的价格优势不再，出口进一步受到抑制。

其次，危机使我国出口锐减并对实体经济造成冲击，进而对 GDP、财政收入、就业以及市场信心等产生较大程度的影响。

(一)对产业结构及 GDP 的影响

据《中华人民共和国 2008 年国民经济和社会发展统计公报》显示：全年国内生产总值为 300 670 亿元，比 2007 年增长 9.0%。分产业看，第一产业增加值为 34 000 亿元，增长 5.5%；第二产业增加值为 146 183 亿元，增长 9.3%；第三产业增加值为 120 487 亿元，增长 9.5%。第一产业增加值占国内生产总值的比重为 11.3%，比 2007 年上升 0.2 个百分点；第二产业增加值比重为 48.6%，上升 0.1 个百分点；第三产业增加值比重为 40.1%，下降 0.3 个百分点（见图 15－10）。分季度来看，第一、二、三、四季度 GDP 增长率分别是 10.6%、10.1%、9.0%、6.8%。

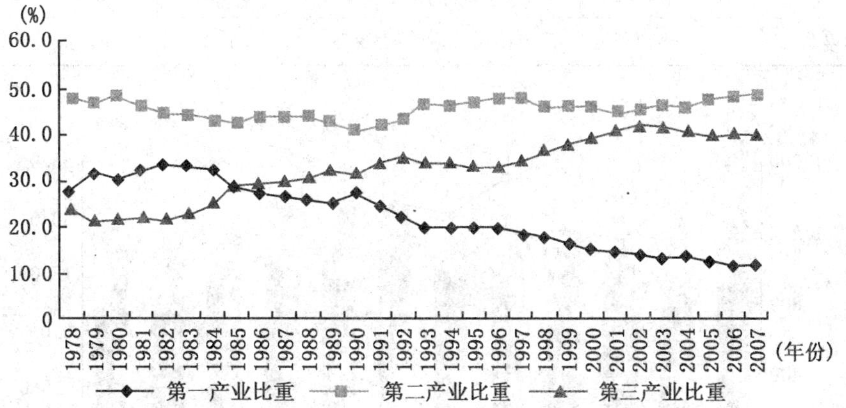

资料来源：《2008 年中国统计摘要》。

图 15－10　1978～2007 年中国三大产业比重

(二)对国际贸易的影响

在 21 世纪初中国的贸易结构中，加工贸易超过了 50%，主要是低档品，所以在这种情况下，金融危机对中国出口的打击会比较大。至少在 2008～2009 年，对中国的贸易增长有较大不利影响。在 2008 年，中国的进出口在总量和增幅上，特别是加工类贸易方面都有下行的趋势（见表 15－12 和图 15－11）。在这次金融危机中，特别是东部地区有出口的企业受到了较大影响，经济在第四季度受到的影响也比较大。虽然进出口额全年保持平稳较快增长，但是四季度增速回落较快。2008 年进出口总额为 25 616 亿美元，比 2007 年增长 17.8%。受国际市场需求萎缩、国际初级产品大幅下跌等因素影响，四季度进口同比下降 8.8%，出口同比只增长了 4.3%。

表 15－12　　2008 年中国对主要贸易伙伴进出口情况

国家(地区)	金额(亿美元)			比 2007 年增减(%)		
	进出口	出口	进口	进出口	出口	进口
欧盟	4 255.8	2 928.8	1 327.0	19.5	19.5	19.6
美国	3 337.4	2 523.0	814.4	10.5	8.4	17.4
日本	2 667.8	1 161.3	1 506.5	13.0	13.8	12.5
东盟	2 311.2	1 141.4	169.7	13.9	20.7	7.9

续表

国家(地区)	金额(亿美元)			比 2007 年增减(%)		
	进出口	出口	进口	进出口	出口	进口
中国香港	2 036.7	1 907.4	129.2	3.3	3.4	0.9
韩国	1 861.1	739.5	1 121.6	16.2	31.0	8.1
中国台湾	1 292.2	258.8	1 033.4	3.8	10.3	2.3
澳大利亚	596.6	222.4	374.2	36.1	23.6	44.8
俄罗斯	568.3	330.1	238.3	18.0	15.9	21.0
印度	517.8	315.0	202.8	34.0	31.2	38.7

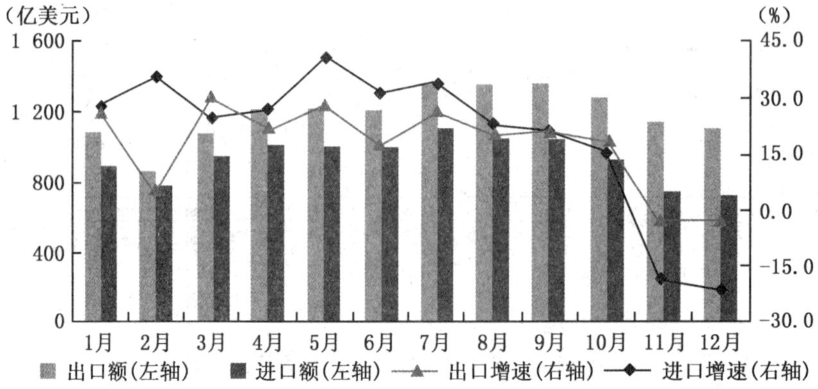

图 15—11 2008 年中国月度进出口额及增速走势

在美、日、欧经济不好的情况下,贸易摩擦呈上升趋势,而现在的摩擦不同于过去的摩擦,过去是反倾销,而现在更多的是反补贴,如美国加大了对中国国有企业,包括银行利率的定价机制等方面的调查工作。

(三)对实体经济的影响

美国出现的这场危机不只将通过金融体系传导,而且正通过市场需求的紧缩直接传导到中国的实体经济。加入世贸组织初期的中国,经济外贸依存度高达 60%,作为全球制造业中心,中国企业的订单主要集中在欧美市场。一旦这一市场出现问题,导致订单大量减少,将直接影响出口企业的生存,以至工人的收入和就业。由此对中小出口企业,包括我国港澳台地区和周边东亚国家生产体系的这些中小企业打击是比较大的。

(四)对就业的影响

在中国的加工贸易企业都受到这次外需下降的影响。中小企业倒闭,失业工人增多,尤其是广东、江苏、浙江等东南沿海城市受此次危机影响较为严重。

因此,总体上看,危机对中国经济的影响是不能低估的。2008 年的国际金融危机对中国的实体经济(尤其是加工类贸易企业)产生了前所未有的冲击。中国东南沿海等城市的中小型企业在此次经济危机中遭受了相当大的创伤。同时,对中国的金融、房地产等相关行业也带来了很大的负面影响。

第四节　中国经济发展的展望

一、中国经济高质量发展的动力依存

未来 20 年，中国经济将继续以平均超过 6%的增长率增长，GDP 将接近翻两番。

(一)发展动力依存

中国的增长动力有以下几方面：一是高储蓄率；二是强劲的出口需求增长（中国的产品价格弹性很高），虽然在 2008 年遭受世界经济危机的影响，但是，中国经济在“保出口，拉内需，调结构”的政策下，还是会获得稳定发展的；三是强劲的 FDI，带来了技术资金市场的同时，也带来了国外市场；四是中国目前实施的创新驱动战略，将实现现代化和科学技术的赶超；五是中国有大量的外汇储备；六是中国拥有训练有素且规模庞大的劳动力资源，可以大量地使用廉价新技术来培训工人。与此同时，中国高效的政府职能，能够有力地推动和保障其经济的高质量发展。

(二)能源缺口问题的解决

中国经济增长的关键因素在于解决能源缺口问题，这可能是一个潜在的“瓶颈”。如 2005 年左右，拉闸限电已成为浙江等沿海地区和四川等内陆地区面临的主要问题。中国 90%的电是依靠传统能源煤和石油生成的，水力发电占 6%，核能发电仅占 1% 。煤相对石油来说似乎更为重要，而中国的煤矿业却造成了严重的污染。而中国的一次能源消费结构（见图 15－12）却与有限的能源资源形成冲突，这就要求中国寻求和开发新能源以及可再生资源，充分利用核能、水能、风能、太阳能等，来缓解中国能源紧张问题。

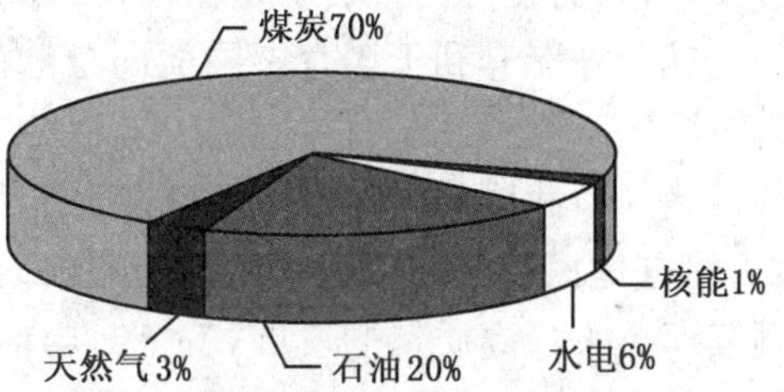

资料来源：英国石油公司，《英国石油公司 2008 年世界能源统计报告》。

图 15－12　中国一次能源消费结构

(三)和平环境的维持

中国经济的进一步增长在很大程度上依赖其和平的环境。但是，目前存在一个危险，就是台海问题。它牵涉到亚洲和全世界和平安定的环境，以及世界经济的发展，任何一方都不愿看到危险变为现实。

二、走具有中国特色的可持续发展之路

冷战结束后，世界格局的多极化及高科技的飞速发展，大大加速了经济全球化的进程。市场经济、生产活动全球化、跨国公司高速发展及全球金融市场的形成等一系列经济全球化所包含的特征，对世界经济的发展和各国经济政策的制定都产生了深刻的影响。中国在经济全球

化的浪潮中，必须坚持走有中国特色的可持续发展之路，才能在21世纪的世界经济全球化中找到自己的位置，以便更快地提高综合国力和国际竞争力。

1. 以经济建设为中心

坚持以经济建设为中心，本身就是在世界发展大势中抓住了机遇，在中国发展进程中抓住了机遇，加快推进了中国的发展。改革开放40年来，我国生产力水平迈上了一个新台阶，但也存在经济结构不合理、发展不平衡不充分等问题，这突出表现在产业结构不合理、地区发展不协调、城镇化水平低、国民经济整体质量不高等方面。因此，要加快产业结构调整的步伐，促进地区经济协调发展，完善市场经济体制，扩大对外开放等。

2. 以可持续发展为中心

走具有中国特色的可持续发展之路，是中国在21世纪和未来发展道路上的必然选择。坚持走可持续发展之路，使人口、资源、环境与经济、社会协调发展，才能既实现综合国力的增长，又使人民的生活质量得到切实提高，同时为子孙后代的发展留下充足的资源、奠定良好的环境基础。

3. 以人为中心

以人为本、建设和谐社会的基本要求是让社会成员中大部分特别是低收入者，除了解决温饱问题之外还有机会享受来自政府和社会提供的最低标准的社会生活保障和义务教育。“吃得饱、穿得暖、孩子上得起学、医疗和养老方面无后顾之忧”，在相当长的时期内，将是中国式和谐社会的核心内容。

4. 以知识为中心

为保持我国经济的持续、快速、健康发展，必须狠抓人才培养，科教兴国，实施创新驱动战略。培养人才，是经济发展中不可缺少的基础条件。历史与现实表明，落后国家要赶超发达国家或发达国家要保持长期繁荣，对人力资源的投资都是比较大的，也就是要大力发展本国的教育。因此，加大教育人力资本投资，才能有利于培育中国面向全球的竞争新优势，拓展经济增长新空间，打造中国经济“升级版”。

由于受2008年金融危机的影响，我国的国际经济环境发生了巨大的变化，为此，我们应积极调整产业结构，扩大内需，促进地区经济协调发展，完善市场经济体制，力保中国经济平稳高质量发展。中国经济能继续保持平稳高质量的发展，就是对当前及今后国际社会抵御金融危机及保持经济平稳增长最大的贡献。

案例剖析

中国是世界各国的竞争对手还是效仿对象?

无论是谈到2008年的北京奥运会，还是说起2008年的国际金融危机，作为全球战略稳定的坚强柱石和推动世界经济发展的高效发动机，中国都是话题的中心，并且充满希望和魅力。是的，中国充满魅力。当世人发出这样的感慨时，他们更真实的想法和更迫切的愿望是解开“中国飞速发展之谜”。从最近来自世界各国的报道中可以发现，无论是在欧美发达国家，还是在亚非拉发展中国家，无论是政府官员、专家学者，还是企业高管、商界领袖，人们在感叹中国魅力之际，都会反复提到“中国模式”，并且对这一概念充满兴趣。

“中国模式”的提法是外国学者的“专利”，人们从这一提法中既可以获悉世人对中国毫不吝啬的夸赞，又能够体会到其读懂中国的迫切心意。世界为何对探究“中国模式”充满兴趣呢?

中国改革开放40年来取得的巨大成果，让整个世界为之称奇。从越南到巴西，从莫斯科到布鲁塞尔，从北美大陆到非洲草原，到处都在谈论中国的富裕，惊叹中国崛起的速度，感慨中国广阔的发展前景。西方媒体惊呼:"西方国家在午餐后小憩之时,中国就变成了世界第二大经济体",并且"顺便让一半中国人摆脱了贫困"。西方媒体承认,在中国奇迹面前,美国学者福山 1989 年在其《历史的终结》一书中作出的"美国模式优于任何发展模式"的断言,显然不堪一击。众多西方学者指出,中国不仅在借鉴他国发展模式的过程中找到了一条独立自主的发展道路,而且提供了可被其他国家效仿的强国富民的途径。德国社会学家韦尔策先生指出,中国模式甚至有可能成为比西方模式更具魅力的模式,而傲慢的西方模式已经让时间停顿。

寻找经济快速发展的秘诀,这恐怕是世人热衷研究"中国模式"的一个重要原因。"中国模式"意味着经济高速发展,谁不想在这一新型发展模式中找到可借鉴的秘方呢?新加坡《海峡时报》在一篇题为"中国模式的胜利"的文章中称,中国的成功故事和经济崛起,导致人们把"中国模式"赞誉为华盛顿共识的替代物。中国经济增长率之高令处于各个发展阶段的所有国家羡慕。穷国希望在经济上赶上富国和创造财富,而富国则想在竞争中继续领先。它们都希望发现中国经济高速增长的秘诀。俄罗斯学者坦言,"中国模式"是俄罗斯领导层的政治灵感之源,增强了俄罗斯人再度崛起的信心。分析家们认为,世界各国的政治家们已经注意到一种"中国式的新的外交理念"在"中国模式"中发挥着越来越重要的作用。中国在对外关系上,不把经济问题政治化,不搞虚张声势的威胁,不搞小圈子,不拉帮结伙,并尽可能考虑到对方国家民众的感受。在习惯了冷战思维的国际舞台上,中国冷静、务实而又不乏儒家风范的外交风格令人耳目一新。正如布鲁塞尔当代中国研究所主任霍尔斯拉格先生所言,中国外交有效地使其他国家认可中国发展,并确信中国的发展对世界并非挑战,而是难得的机遇。

"中国模式"对世界充满魅力,因为它的意义和影响已关系到世界将以何种方式走向哪里。德国学者贝特霍尔德先生早就说过,西方资本主义越来越暴露出其低效无能,并已无法解决包括环境恶化在内的日益严重的全球性问题。

你从以上的阐述中领悟到中国在今后的经济发展中应特别注重哪些问题?

思考与练习

一、关键概念

和平发展、共同发展、可持续发展

二、思考题

1. 简述目前中国经济发展的主要特点。
2. 简述中国在世界区域经济格局中的地位。
3. 简述新经济危机对中国经济的影响。
4. 中国为什么要继续坚持改革开放政策?

三、讨论题

1. 中国如何才能实现经济的可持续发展?
2. 中国为什么要继续改善与周边国家及地区的政治经济关系?

参考文献

1. 贝娅特·科勒一科赫等著,顾俊礼等译:《欧洲一体化与欧盟治理》,中国社会科学出版社 2004 年版。

2. 陈宝森:《美国经济与政府政策:从罗斯福到里根》,社会科学文献出版社 2007 年版。

3. 陈华:《转轨时期国有银行脆弱性的理论分析与实证研究》,经济科学出版社 2006 年版。

4. 陈凤英:《中国经济与世界和谐发展》,时事出版社 2008 年版。

5. 池元吉:《世界经济概论》(第三版),高等教育出版社 2017 年版。

6. 成思危:《中国经济改革与发展研究》,中国人民大学出版社 2001 年版。

7. 查尔斯·金德尔伯格著,朱隽等译:《疯狂、惊恐和崩溃:金融危机史》(第 4 版),中国金融出版社 2007 年版。

8. 池田信夫著,胡文静译:《失去的二十年:日本经济长期停滞的原因》,机械工业出版社 2012 年版。

9. 成新轩:《欧盟经济政策协调制度的变迁》,中国财政经济出版社 2003 年版。

10. 丹·塞诺等著,王跃红等译:《创业的国度:以色列经济奇迹的启示》,中信出版社 2010 年版。

11. 恩格尔曼等著,高德步等译:《剑桥美国经济史》(第三卷),中国人民大学出版社 2008 年版。

12. 冯煦明:《石油之眼:洞察中国与世界经济新格局》,社会科学文献出版社 2017 年版

13. 弗里德曼:《世界是平的——"凌志汽车"和"橄榄树"的视角》,东方出版社 2006 年版。

14. 郭连成:《经济全球化与转轨国家经济发展及其互动效应》,经济科学出版社 2007 年版。

15. 郭振玺:《金砖之国》,中信出版社 2012 年版。

16. 谷源洋、林水源等:《世界经济概论》,经济科学出版社 2002 年版。

17. 戈莱比著,刘曼红等译:《国际金融市场》,中国人民大学出版社 1998 年版。

18. 格泽戈尔兹·W. 科勒德克著,刘晓勇等译:《从休克到治疗——后社会主义转轨的政治经济》,上海远东出版社 2000 年版。

19. 胡舒立:《新常态改变中国 3.0:世界经济与中国机会》,中国文史出版社 2015 年版。

20. 胡以男:《日本经济》,中国商务出版社 2006 年版。

21. 黄卫平、丁凯等:《全面深化改革与世界经济》,中国人民大学出版社 2015 年版。

19. 金雁:《从东欧到新欧洲:20 年转轨再回首》,北京大学出版社 2011 年版。

22. 姜春明、佟家栋:《世界经济概论》,天津人民出版社 2007 年版。

23. 江秀凯:《当代世界经济变革追踪》,经济科学出版社 2008 年版。

24. 罗伯特·吉尔平著,杨宇光等译:《全球资本主义的挑战——21 世纪的世界经济》,上海人民出版社 2001 年版。

25. 克鲁格曼等著,黄卫平等译:《国际经济学》(第 9 版),中国人民大学出版社 2011 年版。

26. 李秉强:《世界经济概论》,大连理工大学出版社 2007 年版。

27. 李国平:《美元如何掠夺世界财富》,浙江大学出版社 2011 年版。

28. 李晓西:《新世纪中国经济报告》,人民出版社 2006 年版。

29. 李若谷:《世界经济发展模式比较》,社会科学文献出版社 2009 年版。

30. 刘宁宁:《欧洲经济货币联盟政策协调机制研究》,经济科学出版社 2006 年版。

31. 刘骏民:《从虚拟资本到虚拟经济》,山东人民出版社 1998 年版。

32. 刘昌黎:《东亚双边自由贸易研究》,东北财经大学出版社 2007 年版。

33. 刘文秀、埃米尔·J. 科什纳等:《欧洲联盟政策及政策过程研究》,法律出版社 2003 年版。
34. 兰天:《欧盟经济一体化模式》,中国社会科学出版社 2006 年版。
33. 莱斯特·瑟罗著,周晓钟等译:《21 世纪的角逐——行将到来的美、日、欧经济战》,社会科学文献出版社 1999 年版。
36. 罗伟林:《赤道之南:巴西的新兴与光芒》,中信出版社 2011 年版。
37. 拉哈著,彭姝祎、陈志瑞译:《欧洲一体化史(1945～2004)》,中国社会科学出版社 2005 年版。
38. 迈克尔·波特:《国家竞争优势》,中信出版社 2012 年版。
39. 米尔顿·弗里德曼著,宋宁等译:《货币稳定方案》,上海人民出版社 1991 年版。
40. 马克思:《资本论》(第三卷),人民出版社 1975 年版。
41. 米什金著,李扬等译:《货币金融学》,中国人民大学出版社 1998 年版。
42. 全毅:《十字路口的东亚区域合作——东亚经济合作新思维》,经济科学出版社 2011 年版。
43. 萨缪尔森等著,萧琛等译:《经济学》(第 19 版),商务印书馆 2012 年版。
44. 世界银行编写组:《2007 年全球经济展望》,中国财政经济出版社 2007 年版。
45. 苏珊·斯特兰奇著,杨宇光等译:《国家与市场》(第 2 版),上海人民出版社 2012 年版。
46. 吴敬琏:《比较》,中信出版社 2002 年版。
47. 王与君:《中国经济国际竞争力》,江西人民出版社 2000 年版。
48. 王义德、杨守明:《当代世界经济与政治》,中国科学技术大学出版社 2006 年版。
49. 王怀宁:《世纪之交的世界政治与经济格局》,中国物价出版社 1994 年版。
50. 王国培:《中国——下一个日本 》,浙江人民出版社 2012 年版。
51. 肖炼:《美国经济研究》,中国友谊出版社 2007 年版。
52. 西达尔塔·德布著,白榆译:《美丽与诅咒:全球化时代的新印度》,中信出版社 2012 年版。
53. 伊恩·戈尔丁、肯尼斯·瑞尼特著,张蓝予、王林译:《全球化与发展问题研究——贸易、金融援助、移民和政策》,经济科学出版社 2008 年版。
54. 岩本沙弓著,崔进伟等译:《别上美元的当:以日本金融战败为鉴》,广东经济出版社 2011 年版。
55. 余胜海:《能源战争》,北京大学出版社 2012 年版。
56. 庄起善:《世界经济新论》,复旦大学出版社 2001 年版。
57. 张孝德:《模式经济学新探》,经济管理出版社 2002 年版。
58. 周念利:《欧洲经济与货币联盟中的财政约束研究》,武汉大学出版社 2008 年版。
59. 张季风:《挣脱萧条:1990～2006 年的日本经济》,社会科学文献出版社 2006 年版。
60. 张曙光:《思考变迁》,郑州大学出版社 2004 年版。
61. 张永安等:《世界经济概论》,上海人民出版社 2005 年版。
62. 詹姆斯·吉尔伯著,强永昌等译:《国际经济学》(第 5 版),格致出版社 2012 年版。
63. 陈华、赵俊燕. 美国金融危机传导过程、机制与路径研究. 经济与管理研究,2009(2)。
64. 陈华. 金融监管、最后贷款人与存款保险相关制度安排. 山东经济,2007(5)
65. 程极明. 美国单极独霸战略的失败与世界经济格局的变化. 世界经济与政治论坛,2007(1)
66. 程极明. 世界经济格局的新变化. 国际经济评论,2007(1)
67. 成思危. 防微杜渐,未雨绸缪. 经济界,1998(2)
68. 成思危. 东亚金融危机对我国的挑战和机遇. 经济界,1998(4)
69. 崔岩. 国际金融危机与日本经济的景气衰退. 日本研究,2008(4)
70. 窦圣勃. 2007 年美国金融危机的背景分析. 现代商贸工业,2008(3)
71. 杜永红. 中美新型大国关系、"一带一路"建设与世界经济格局发展. 中国流通经济,2018 (4)
72. 冯科. 解析美国金融危机对中国企业影响几何. 国企,2008(10)
73. 冯肇伯. 论经济转型的三大宏观问题——中东欧国家经济转型研究. 经济学家,1997(1)
74. 国家统计局. 中华人民共和国 2008 年国民经济和社会发展统计公报,2009(2)

75. 郭吴新．20世纪初的世界经济格局．经济评论，1997(3)
76. 顾秉维．对中东欧国有企业改革的回顾与思考．外国经济与管理，1997(11)
77. 管清友．“一带一路”将改变世界经济版图．中国产经，2015(1)
78. 何菊香、汪寿阳．“金砖四国”利用FDI的业绩与潜力比较研究．管理评论，2007(12)
79. 何帆、张明．美国次贷危机是如何酿成的．求是，2007(20)
80. 何帆、郑联盛．美国政府接管“两房”：原因、计划及影响．中国金融，2008(10)
81. 何一民、关洁淳．全球视野下陆海经济时代与“一带一路”倡议．财经科学，2018(3)
82. 贺力平．新时代世界经济新趋势及对策．世界经济研究，2018(3)
83. 黄梅波、熊爱宗．美国金融危机：东亚的挑战与应对．亚太经济，2009(1)
84. 纪军．当代世界经济格局及其走势．中共中央党校学报，2008(3)
85. 加藤义喜著，汪慕恒摘译．世界经济2006年的回顾和2007年的展望．经济资料译丛，2007(2)
86. 李洁．中国、巴西、印度三国利用外资政策和绩效比较．世界经济和政治论坛，2005(6)
87. 罗熹．美国次贷危机的演变及对我国的警示．求是，2008(18)
88. 刘明兴、罗俊伟．东亚金融危机的拯救及其宏观经济效果．东南亚研究，2001(1)
89. 蓝发钦．东南亚金融危机的影响．金融研究，1998(1)
90. 李泊溪．世界经济发展若干重大问题分析．经济研究参考，2008(9)
91. 李庚倩．世界经济增速同步放缓及其前景探究．金融经济，2018(2)
92. 李天德．当前国际金融危机的影响及应对思路．决策咨询通讯，2008(6)
93. 李妍俐．论中国发展经验及其世界影响．厦门特区党校学报，2018(2)
94. 罗伯特·蒙代尔．世界经济格局中的中国：前景与挑战．厦门大学学报，2006(6)
95. 刘昌黎．日本的景气复苏及其前景展望．日本研究，2007(1)
96. 劳拉·泰森．世界经济复苏与美国政策选择．全球化，2012(9)
97. 姜红．国际多边贸易并非零和博弈．智库时代，2017(4)
98. 闵小宝、朱红根．东南亚金融危机与美国次贷危机的比较及启示．商场现代化，2009(2)
99. 全毅．亚洲金融危机的再认识(二)——亚洲金融危机的特点、影响与对策．亚太经济·亚太纵横，1998(7)
100. 乔玉强．人类命运共同体：应对全球治理困境的中国逻辑．理论月刊，2018(4)
101. 日本综合研究所调查部．日本经济展望，200(10)
102. 孙培钧、华碧云．印度当前经济形势与面临的问题．南亚研究，2005年(1)
103. 宋玉华、方建春．发展中经济体整体兴起与世界经济格局的动态演变．国际问题研究，2007(3)
104. 孙秀峰．东欧国家经济体制改革的经验与教训．对外经济贸易大学学报，1998(1)
105. 田玉蛟．当前世界经济发展的新趋势与新特征．中国商论，2018(3)
106. 田中景、池元吉．日本经济的现状和前景分析．世界经济与政治论坛，2004(3)
107. 王晨．浅析全球经济一体化对发展中国家的影响及对策．经贸实践，2017(1)
108. 王晓雷．金融危机对美国对外贸易、贸易收支和经济增长的影响．国际贸易问题，2000(1)
109. 王永昌．把握高质量发展阶段的关系转折．政策瞭望，2018(2)
110. 王静．美国金融危机的根源及教训．文汇报，2008年9月25日
111. 徐亚平．次贷危机产生原因简述．现代商业，2008(17)
112. 徐凡．美国次优抵押贷款危机的回顾与展望．国际金融研究，2007(9)
113. 杨文捷．美国次贷危机剖析．经营与管理，2008(6)
114. 张勇．金砖四国’的改革与发展模式比较——基于投资与制度视角的实证分析．经济与管理研究，2008(12)
115. 张明．美国次级债危机的演进逻辑和风险含义．银行家，2007(9)
116. 郑良芳．美国次贷危机的影响、成因剖析和十点警示．经济研究参考，2007(66)

117. 查振祥．债务危机是亚洲金融危机的主要特征．调研世界，1999(9)

118. 张虎．当前日本经济现状及走势分析．中国集体经济，2007(12)

119. 张国祚．中国发展新的历史方位．中国社会科学报，2018 年 4 月 13 日

120. Archer, C. and B. Fiona, *The European Union: Structure and Process*, 2nd edn, Pinter, 1996.

121. Chryssochoou, Dimitris et al. *Theory and Reform in the European Union*, Manchester University Press, 2003.

122. Wiener, Antje and D. Thomas, *European Integration Theory*, Oxford University Press, 2004.

123. Sinn, Hares-Werner(ed), *European Monetary Integration*, The MIT Press, 2004.

124. Molle, Willem, *The Economics of European Integration: Theory, Practice, Policy*, Ashgate Publishing Company, 3rd edn, 1997.

125. Joseph A. McMahon, *Law of the Agricultural Policy*, Person Education Limited, 2000.

126. Alba, Pedro, Amar Bhattacharya, Stijn Claessens, Swati Ghosh, and Leonardo Hernandez(1998), World Bank, The Role of Macro-economic and Financial Sector Linkages in East Asia's Financial Crisis, Mimeo.

127. Alba, Pedro, Amar Bhattacharya, Stijn Claessens, Swati Ghosh, and Leonardo Hernandez(1998), Volatility and Contagion in a Financially-Integrated World: Lessons from East Asia's Recent Experience, Mimeo, World Bank.

128. A Survey of the World Economy, Sep. , 2006.

129. Berg, Andrew(1999), The Asia Crisis: Causes, Policy Responses, and Outcomes, WP/99/138, IMF.

130. Bernanke, Ben, Non-Monetary Effects of the Financial Crisis in the Propagation of the Great Depression, *American Economic Review*, 1983.

131. Bernanke, Ben and Harold James, The Gold Standard, Deflation, and Financial Crisis in the Great Depression: An International Comparison, 1991.

132. Bernanke, Ben, The Macroeconomics of the Great Depression: A Comparative Approach, *Journal of Money, Credit and Banking*, XXVII, 1995.

133. BIS, Central Bank Operations in Response to the Financial Turmoil, CGFS paper No. 31, July 2008.

134. Cecchetti, Stephen G. , Crisis and Response: The Federal Reserve and the Financial Crisis of 2007-2008, NBER working paper 14134, June, 2008.

135. The Department of Treasury of USA, A Blueprint for Financial Regulatory Reform, March 31, 2008.

136. Dooley, Michael P. David Folkerts-Landau, Peter Garber, An Essay on the Revived Bretton Woods System, NBER working paper 9971, September 2003.

137. Economist (2008), Saving Wall Street, the Last Resort, Sep. 2008.

138. Eichengreen, Barry (1984), Central Banks Cooperation under the Interwar Gold Standard, Explorations in Economic History, 1984.

139. Eichengreen, Barry and Eichard Grossman (1994), Debt Deflation and Financial Instability: Two Historical Explorations, University of California at Berkeley, 1994.

140. Friedman, Milton and Anna Schwartz(1963), A Monetary History of the United States, 1870-1960. Princeton University Press, 1963.

141. IMF, The Recent Financial Turmoil: Initial Assessment, Policy Lessons, and Implications for Fund Surveillance, April 2008.

142. IMF, World Economic Outlook, April 2008.

143. IMF, Direction of Statistics Yearbook 2007.

144. IMF, International Financial Statistics, Nov. 1999. Institute of International Finance, Inc. (1999), Capital Flows To Emerging Market Economies, January 27, 1999.

145. Lane et al. , IMF-Supported Programs in Indonesia, Korea, and Thailand: A Preliminary Assessment,

IMF Occasional Paper 178.

146. Reinhart, Carmen and Kenneth S. Rogoff (2008): Is the 2007 Subprime Financial Crisis So Different? An International Historical Comparison, Feb 2008. Draft.

147. Roubini, Nouriel (2005) and Setser, Brad: Will the Bretton Woods 2 Regime Unravel Soon? The Risk of a Hard Landing in 2005-2006. http://ideas.repec.org/a/fip/fedfpr/y2005ifebx13.html, 2005.

148. Roubini, Nouriel (2008), The Worst Financial Crisis Since the Great Depression, http://www.rgemonitor.com.

149. Roubini, Nouriel(2008), Radical Policy Steps Necessary to Avoid a Systemic Meltdown, Oct. 7, 2008. http://www.rgemonitor.com.

150. Stigliz, Joseph(2008), The Fruit of Hypocrisy, September 16, 2008, http://www.guardian.co.uk/.

151. WTO, World Trade Statistics 2008.